예배갱신의 이론과 실제

예배 코칭과 컨설팅 안내

▌ 저자소개

허도화 박사는 서울신학대학교(Th.B.; M.Div.), 연세대학교(Th.M.), 미국 George Fox대학교(M.A.) 미국 Drew대학교(S.T.M.; Ph.D.)에서 수학했으며 현재 계명대학교의 예배학, 설교학 교수이다. 주요 예배학 저서로 한국교회예배사(한국강해설교학교 2003)가 있다.

예배갱신의 이론과 실제

예배 코칭과 컨설팅 안내

초판1쇄 인쇄 | 2013년 6월 21일
초판1쇄 발행 | 2013년 6월 27일

지은이 | 허도화
펴낸이 | 신일희
펴낸곳 | 계명대학교출판부
704-701 대구 달서구 달구벌대로 1095
전화 053-580-6233 팩스 053-580-6235

등 록 | 1970년 9월 1일 (신고번호 제347-1998-1호)

ISBN 978-89-7585-634-1 93230

값 17,000원

예배갱신의 이론과 실제

예배 코칭과 컨설팅 안내

허도화 지음

계명대학교 출판부

머리말

> 우리 교회는 모양만의 교회가 아니었다. 기도 모임도, 주일학교도, 사회봉사도 없었다. 그냥 예배만 드렸다. 점차 교회가 성숙해지면서 그런 부수적인 활동들이 추가되었지만, 기본적인 예배의 정체성이 잘 확립되기 전까지는 아무것도 하지 않았다.[1]

I

교회와 그리스도인 삶의 변화와 성장을 위한 예배갱신. 변화 없이는 개인이나 가족, 심지어 교회까지도 하나님을 예배하고 그리스도의 제자를 추구하는 성장과 성숙이 멈출 수밖에 없다. 이런 전제를 근거로 본 저서는 교회 안에서 예배를 기획하고, 집례하며, 교육 또는 코칭하고, 평가 또는 컨설팅 하는 사람들과 예배갱신에 관심을 가진 자들에게 다양한 예배갱신의 이론과 실제들을 제공하려는 의도로 기획되었다.

예배 코칭worship coaching과 예배 컨설팅worship consulting을 위한 예배갱신. 이 책은 예배코칭과 예배컨설팅을 통해 예배갱신의 이론과 실제를 다루려는 하나의 시도이기 때문에, 예배의 변화에 부담을 느끼거나 적응하지 못하고, 그래서 성장에 한계를 느끼는 교회들에게 예배갱신을 독려하고 자발적으로 비전을 추구하도록 동기를 부여

1 Eugene H. Peterson, **유진 피터슨: 부르심을 따라 걸어온 나의 순례길**, 양혜원 역 (서울: IVP, 2011), 274.

하고 역량을 향상시킬 뿐 아니라(예배 코칭), 문제들에 대한 분석과 진단, 그리고 해결 방법까지를 제시한다(예배 컨설팅). 예배를 어떻게 시작할 것인가? 예배를 효과적으로 인도하는 방법은 무엇인가? 예배자들이 예배로부터 은혜와 감동을 받게 하는 방법은? 그리고 예배자들에게 필요한 "주사 한 방"은 무엇인가? 이와 같은 질문들에 대해 예배 코칭은 예배를 통한 변화와 성장을 원하는 교회, 예배 사역자, 또는 개인 예배자의 잠재력, 책임감, 가능성이 최대한 개발되도록 돕기 위한 긴 과정의 사역이다. 예배 컨설팅이란 예배에 관한 특수한 이슈나 도전을 다루려는 교회의 문제들을 진단, 분석하고 대안을 제시함으로 변화와 성장을 돕기 위한 보다 짧은 과정의 사역이다.

정기적으로 예배를 기획하고 집례하는 개 교회의 목회자와 예배사역자들은 예배에 관해 교육하고 평가할 필요를 느낀다. 본 저서를 출판하려는 배경에는 필자가 수십 년 동안 교회와 대학에서 예배 코치coach와 컨설턴트consultant로서 어떻게 예배를 시작하고 확대해야 하는지 그리고 무엇이 필요한지에 관해 배우고 실제로 경험한 것들이 작용했다. 또한 필자는 하나님을 예배하는 예배자들 중의 한 사람으로 하나님을 신령과 진정으로 예배할 때 우리의 영혼에 일어나는 내적 변화에 관한 연구도 예배갱신에 매우 필요하다는 것을 나누고 싶었다. 이런 필자의 예배 코칭과 컨설팅 경험들은 예배자들을 영적으로 그리고 실제적으로 하나님의 임재 안으로 인도하는 하나의 창문을 제공해왔다.

예배갱신은 한국교회의 목회자들과 예배학자들, 예배사역자들, 그리고 예배학에 관심을 가진 자들에게 끊임없는 과제이며 연구 주제이다. 한국교회는 지금 어떻게 하면 예배를 참되고 신령하며 활력 있게 운영 할 수 있는가에 대해 고심하고 있다. 많은 목회자, 학자, 예배사역자들이 예배를 갱신하는 방법과 대안에 대해 저마다 다양한 주장을 하고 있지만 교회마다의 여건과 상황의 차이로 인하여 예배갱신의 모범답안은 있는 것 같지 않다. 하지만 분명한 것은 예배갱신의 대안으로 기독교의 예배전통에 충실하며 동시에 현대 문화에 적절한 생동감 있는 예배를 운영해야 한다.

예배갱신은 다음과 같은 질문들로부터 시작된다. 다양한 예배들 가운데 어떤 유형의 예배가 혹은 어떤 교회의 예배가 좋은 것이며 그 이유는 무엇인가? 성경은 예배의 내용과 구조, 그리고 순서에 대한 분명한 기준들을 제시하는가? 예배의 구조나 순서의 변화를 누가 결정할 수 있는가? 현재 한국교회들의 주일예배의 내용과 흐름, 그리고 순서들은 많은 의문점들을 제공한다. 그럼에도 개 교회에서 현재 드리고 있는 실제 예배순서들을 어떻게 선정하고 나열하고 활용하느냐에 대한 기준과 방법, 그리고 평가는 쉽지만은 않다. 왜냐하면 교회마다 성서적이며 예배신학적인 기준이나 이해 없이 나름대로의 기존의 예배순서를 지키고 있으며, 때로는 교회의 특수한 상황, 그리고 담임목사나 프로그램들에 의해 예배의 순서가 변화되기 때문이다. 혹자는 그 어떤 예배방법을 다른 것보다 더 바람직한 것으로 규정하고 적극적으로 권장하기보다는 개교회의 현실에 따라 적용하는 편이 적절하다고 주장한다.

본 저서는 이런 다양한 의문점들과 견해들을 다룬다. 동시에 이 연구는 국내외 교회들의 주일예배형식들 가운데 예전적 갱신을 추구하는 입장에 있으면서도 오늘의 한국교회의 현실에 비추어 볼 때에도 예배의 패턴이나 요소 등에 있어서 크게 괴리를 느끼지 않을 성경적 주일예배의 내용, 구조, 형식과 순서들을 소개한다. 그렇게 함으로 본 저서는 일선 교회 목회자들과 평신도 지도자들에게 예배갱신에 관한 성경적, 역사적, 그리고 신학적인 근거와 함께 실제적인 도움을 줄 수 있을 것이다.

II

어느 한 유대인 랍비의 고양이가 회당예배에서 주인이 설교를 할 때마다 회당 안을 휘젓고 다니며 회중들의 집중을 방해하였다. 회당 지도자들은 설교만 시작되면 그 고양이를 구석의자에 묶어 놓는 해결책을 얻었다. 이 특이한 일은 오랜 동안 계속되어 마치 예배의 한 순서와도 같이 여겨지게 되었다. 그들은 설교가 시작되면 고양이를 의자에 묶어 놓아야 한다는 사항을 회당록에까지 기록하고 담당순서를 짜서 교대로 그 일을 진지하게 행하였다. 어느 날 랍비는 나이 많아 자신이 사랑하던 고양이를 남기고 죽게 되었고 새로운 랍비가 그 회당에 부임하였다. 후임 랍비가 자신의 첫 예배에서 설교를 시작하려 할 때였다. 몇 사람이 진지하게 고양이를 의자에 묶고 있는 것을 이상하게 여긴 랍비는 그들에게 물었다: "왜 예배 중에 고양이를 의자에 묶어야 합니까?" 회당지도자들은 랍비에게 그 일이 과거로부터 지켜오던 예배순서의 하나라고 대답하였다. 랍비는 또 다른 질문을 던졌다. "그것이 여러분의 신앙에 어떤 결정적인 도움을 줍니까?"

"왜 이렇게 하는지는 알지 못하지만, 그저 지금껏 해 왔으니 그대로 하는 것입니다!"We have always done it this way! '교회의 마지막 일곱 마디'로 통하는 이런 대답은 설교에 대한 열정에 비해 예배의 기원, 역사, 신학에 관해 무관심한 한국교회 안에서도 들을 수 있다. 그래서 우리도 이와 같은 질문을 우리가 현재 속해 있는 교회의 예배의식이나 방식, 음악이나 공간들에 적용하여 던져 볼 필요가 있다. 그 이유는 이런 질문이 예배요소들의 내용과 구조 또는 형식에 대한 갱신의 필요성과 타당성을 생각하도록 하기 때문이다. 우리는 예배에서 사용되는 어떤 물체나 의식儀式 속에 필요 이상의 의미를 부여하여 그 본질의 의미를 손상시키는 우상화의 작업을 하기도 하지만, 때로는 그 본질의 의미를 상실한 채 습관적으로 아무 생각 없이 의례했던 관습과 전통을 따른다.

예배갱신이란 주제는 전통과 변화, 또는 형식과 자유 사이에서 예배 패러다임의 충돌이 심화되고 있는 21세기를 맞이한 한국교회가 가장 관심을 가지는 것들 중의 하나일 것이다. 그러나 지역교회에서 예배의 변화를 시도하는 것은 그리 쉬운 일이 아니다. 그 이유는 모든 교회 안에 예배의 변화에 대하여 최소한 두 종류의 의견이 대립되어 있기 때문이다. 한쪽은 전통적으로 내려온 예배 형식을 고수할 것을 주장하고, 다른 한쪽은 시대와 지역 문화에 맞는 예배의 변화를 요구한다. 그들은 정기적으로 예배를 드리면서 저마다 예배가 어떠해야 하는지를 알고 있다고 생각한다. 그러나 그들 모두가 매 주일의 예배에서 자신들의 기대가 성취된다고는 생각하지 않는다. 목회자는 이 두 가지의 기대 사이에서 양쪽을 행복하게 할 방법(제3의 길)을 찾아 갈등한다. 이렇게 교회 안에서 일어나고 있는 예배의 전통 유지와 예배의 변화 추구 사이에 있는 긴장의 원인이나 변화의 필요성을 인식하는 것으로는 만족할 수 없다. 이제는 우리 가운데 있는 그 긴장을 완화시키면서 바람직한 예배의 방향을 제시하려는 시도가 필요하다.

교회에서 예배갱신이 먼저 일어나야 할 대상은 무엇보다 가장 많은 사람들이 정기적으로 모이는 주일예배일 것이다. 아직까지 주일예배는 교회의 다양한 예배들 가운데 중심에 위치하고 있다. 주일예배는 교회의 얼굴이라고 말할 수 있다. 그래서 한 번의 주일예배 참석으로도 그 교회의 첫 인상을 말할 수 있다. 그러나 주일예배는 항상 갱신이라는 수술대 위에 올라갈 필요가 있다. 점차 많은 목회자들뿐만 아니라 교인들까지도 주일예배가 교회 사역에서 가장 중요하다는 것을 깨닫고 매 주일 드리는 예배가 새로워질 필요가 있음을 주장하고 있다. 이런 점에서 바른 예배에 관한 이해를 더욱 깊게 하고 하나님이 원하시는 방향으로 우리의 예배를 더욱 풍성하게 할 수 있는 주일예배에 관한 연구는 무엇보다 우선 되어야 한다.

III

본서는 예배갱신과 관련된 다음의 주제들과 문제들을 이론, 실제, 그리고 유형 등 세 부분으로 나누어 다룬다. 주일예배에서 찬송가와 복음송가를, 그리고 파이프 오건과 드럼을 함께 사용할 수 있는가?(제1장) 우리의 주일예배가 우리의 삶에 필요한 것들을 제공하고 우리를 하나의 공동체로 연결시켜 주고(제2장) 영성을 회복시켜 주는가?(제3장) 오히려 많은 사람들이 한 주일 동안 기다리며 기대하고 찾아간 교회에서 기계적인 예배, 지루한 예배, 생동감이 없는 예배를 경험하고 돌아오지는 않는가? 주일예배가 맥 빠진 찬송, 단조로운 기도, 허공을 치는 무딘 설교, 그리고 장례식 분위기의 성만찬으로 이어지지는 않는가?(제4~7장) 그리고 최근 한국교회에 새로운 트렌드로 불고 있는 이른바 '열린 예배'처럼 비신자나 초신자를 잡기위해 기존 예배의 내용, 구조, 형식, 공간에서 벗어나는 주일예배를 어떻게 보아야 하는가?(제8장) 그리고 회중찬송과 춤 중심으로 진행되는 예배(제9장), 주일에 영상으로 진행되는 예배(제10장), 치유(제11장)와 생태(제12장)와 같은 주제들을 다루는 공예배를 어떻게 보아야 하는가? 그리고 이와 같은 다양한 예배 현상들에 대해 어떻게 평가와 컨설팅을 할 것인지(부록1) 새로운 예배를 기획할 것인지(부록2), 그리고 바른 컨설팅과 기획을 위한 예배신학은 무엇인가?

본 연구는 예배에 대한 열정은 있지만 그 신학적 깊이나 역사적 배경이 약한 한국교회의 주일예배 속에서 일어나고 있는 이와 같은 문제들을 해결하기 위한 하나의 신학적 고찰이며 갱신을 위한 시도이다. 물론 이 연구가 주일예배의 갱신을 위한 마지막 대답은 아니다. 오히려 이 연구는 필자가 중요하다고 믿고 있는 예배의 문제들에 대하여 예배공동체가 교회의 중심 활동인 예배를 통해 그들의 깊은 경험을 나타내려는 바램을 증언하려는 것이다. 또한 예배 형식에 대한 선택의 여지가 항상 예배공동체에게 남아 있음을 그리고 그 이유를 이해시키려는 것이다. 이 연구의 또 다른 목적은 20세기 후반에 일어난 서구의 예전갱신운동(Liturgical Renewal Movement)과 의해 영향을 받은 한국교회의 주일예배를 보완하여 주일예배를 기획하고 진행하고 평가하는 자들에게 바람직한 예배안내서를 제공하려는 것이다. 한국교회의 주일예배갱신에 대한 체계적인 연구와 실제적인 안내서가 부족한 때에 본 저서가 도움이 되어 바람직한 예배를 어떻게 적절하게 기획, 진행, 평가하며 또한 어떻게 표현하고 축하할 것인가에 대한 대화가 계속되길 바란다.

2013년 3월 계명대 동천관에서

허도화

차 례

머리말 _ 5

제1부 예배갱신의 이론과 실제

|제1장| 예배갱신에 대한 이해

1. 예배 형식의 변화 _ 23
2. 예배갱신이란 _ 25
3. 예배갱신 방법론 _ 29
4. 예배갱신을 위한 연구자세 _ 43

|제2장| 예배갱신의 방향 : 공동체성 회복

1. 예배의 공동체성 _ 49
2. 공동체예배 기획과 준비 _ 54
3. 공동체예배의 실제 _ 64

|제3장| 예배갱신의 목표: 영성 회복을 통한 변화

1. 영성을 상실한 목회 _ 75
2. 영성 목회에 대한 신학적 준거 _ 81
3. 예배의 영성에 대한 새로운 이해 _ 87
4. 영성 목회 패러다임 _ 106

|제4장| 예배갱신의 실제
1. 예배 분석과 평가 _ *110*
2. 예배갱신의 방향과 목표 이해 _ *115*
3. 주일예배갱신의 실제 _ *121*

제2부 주일예배의 갱신

|제5장| 모이는 예배
1. 모이는 예배의 내용과 구조 _ *138*
2. 모이는 예배의 순서 _ *141*

|제6장| 말씀 듣는 예배
1. 말씀 듣는 예배의 내용과 구조 _ *163*
2. 말씀 듣는 예배의 순서 _ *165*

|제7장| 감사하는 예배
1. 감사하는 예배의 내용과 구조 _ *195*
2. 감사하는 예배의 순서_ *199*
3. 성만찬의 내용 _ *205*
4. 성만찬의 구조 _ *208*
5. 성만찬의 경험과 형식 _ *212*

|제8장| 파송하는 예배
1. 파송하는 예배의 내용과 구조 _ *215*
2. 파송하는 예배의 순서 _ *218*

제3부 예배갱신의 유형

|제 9 장| 회중찬송예배

1. 예배 행위로서 출애굽 사건과 바다의 노래 _ 229
2. 찬양의 노래와 춤 _ 212
3. 회중찬송의 교창 _ 239
4. 예배에서의 바다의 노래 _ 244
5. 회중에 의한 찬양, 연주, 춤 _ 248

|제 10 장| 영상예배

1. 한국교회 예배의 새로운 현상 _ 253
2. 현대 예배와 미디어 _ 256
3. 예배자의 경험과 영상 이미지 _ 259
4. 영상예배를 위한 준비 _ 265
5. 영상예배의 미래 _ 267

|제 11 장| 치유예배

1. 치유예배에 대한 성서적 근거 _ 271
2. 신유집회 _ 273
3. 신유집회의 오순절적 배경 _ 279
4. 치유예배의 형식 _ 283
5. 치유예배의 실제 _ 292

|제 12 장| 생태예배

1. 예배갱신과 생태 _ 300
2. 생태학적 예배신학 _ 306
3. 예배갱신 패러다임 _ 321
4. 생태예배의 실제 _ 338

부록 1 예배 평가 _ *351*
부록 2 예배갱신을 위한 기획과 안내 _ *393*
부록 3 예배 평가서 _ *409*

참고문헌 _ *412*

제 1 부

예배갱신의 이론과 실제

제1장　예배갱신에 대한 이해

제2장　예배갱신의 방향 : 공동체성 회복

제3장　예배갱신의 목표: 영성 회복을 통한 변화

제4장 예배갱신의 실제

일반적으로 한국교회의 예배갱신은 교회의 성장 프로그램의 하나로 시작되었다. 한국교회는 국가의 경제 위기를 경험하던 IMF시대를 전후하여 충격적인 소식을 접하였다. 20세기 후반부터 시작된 한국교회의 급속한 성장이 멈추기 시작하였다는 보고가 나왔다. 성장의 정체 현상에 당황한 한국교회는 서서히 양적인 성장으로부터 질적인 성장에로 관심을 전환하기 시작하였다. 특별히 이 질적인 성장을 위한 노력이 예배에 대한 새로운 이해의 눈을 뜨게 하였다. 그래서 여기저기에서 한국교회의 갱신은 예배갱신으로부터 시작되어야 한다는 자각의 소리가 나왔다. 바른 예배가 교회갱신의 비결이며 교회 갱신이 곧 바른 예배를 드린 결과임을 깨닫기 시작한 것이다. 포도나무 가지가 전적으로 포도나무에 붙어있어야 생명을 가지고 열매를 맺는 것처럼, 교회의 갱신도 각 예배자를 하나의 공동체로 하나님에게 연결시키는 바른 예배를 통하여 가능하다는 이해가 싹트기 시작하였다. 또한 예배는 예배자들을 준비시켜 교회의 생명과 사역을 극대화하기 때문에 교회갱신을 위한 힘을 제공한다는 확신의 목소리도 들을 수 있었다.

그러나 예배신학자들에 의한 예배갱신 주장은 교회 성장보다는 예배의 내용, 구조, 그리고 형식에 대한 비판으로부터 시작되었다. 예배학자들은 미국 선교사들이 한국에 소개한 19세기 청교도형 예배the Frontier Worship[1]와 그 전통을 신학적인 조명 없이 한 세기 이상

1 청교도형 예배는 개신교 예배가 미국화된 것으로 약 1800년부터 미국의 경계선 지역 또는 변두리 지역에서 주로 교회에 다니지 않은 자들을 대상으로 며칠 동안 열린 야영 집회(Camp Meeting)를 통하여 형성된 예배를 말한다. 다음의 두 권을 참고하라. James F. White, *Protestant Worship: Traditions in Transition* (Louisville, KY: Westminster/John Knox Press, 1989), 172. Franklin M. Siegler & Randall Bradley, *Understanding, Preparing for, and Practicing Christian Worship*, Second Edition (Nashville, TE: Broadman & Holman Publishers, 1996), 44-45.

따르던 것에 문제를 제기하였다. 그들은 하나같이 회심을 목적으로 하는 전도설교(율법과 복음) 중심의 한국교회의 전통적 예배가 의식적인 면이 최대한 간소화되어 그리스도의 부활을 경험하는 예배의 축제성과 예배자들이 참여하는 공동체성이 결여되어 있는 비예전성을 비판하였다. 이런 비판은 부분적으로 1980년대부터 한국교회 내에 예배갱신의 필요성을 강조하는 것으로부터 시작되었다.[2] 그리고 곧 서구교회의 예전회복운동Liturgical Renewal Movement에 대한 소개로 이어졌다.[3] 1990년대 후반에 와서는 예전갱신운동이 한국 개신교 안에 전체적으로 확산되면서 각 교단마다 새로운 예식서를 내놓기에 이르렀다.

이제 우리는 예배갱신이란 단어를 한국교회 안에서 자주 들을 수 있게 되었다. 그러나 한국교회를 위한 예배갱신이 감히 쉽게 손을 댈 수 없던 예배순서들을 바꾸거나 새로운 예식들을 소개하는 작업으로 이해되어서는 안 된다. 예배갱신이 바른 절차와 순서를 따라 이루어지지 않으면 오히려 교회 안에 혼돈만 늘어난다.

이런 이유로 제1장은 예배갱신이란 무엇을 말하며 또한 예배갱신

2 정용섭, "한국 Protestant 교회 예배의 갱신" **신학사상** 14집(1976) 또한 **교회갱신의 신학**(대한기독교출판사, 1980); 김기현, **한국교회의 예배와 생활**(양서각, 1984); 정장복, **예배학 개론**(종로서적, 1985); 우문선, "한국 개신교 예배의 문제점들과 갱신의 제언과 실제," **생수** 7집(1989); 박은규, **예배의 재발견**(대한기독교출판사, 1990); 소의수, "한국 장로교회의 예배," **월간목회** 1987년 1월호; 김소영, "한국적 예배, 그 실제의 모색," **목회와 신학** 1993년 2월호; 정일웅, "한국교회 예배유형 연구," **목회와 신학** 1993년 2월호 참조.

3 한국교회의 부분적인 예전회복운동(Liturgical Renewal Movement)은 박근원이 1982년 초 페루의 Lima에서 열렸던 에큐메니칼 대회에서 사용된 리마성만찬 예식을 소개한 것과 정장복이 1984년부터 매년 출판하는 **예배와 설교 핸드북**(홍성사)을 통해 공동 성서일과(Common Lectionary)를 소개한 것으로부터 시작되었다. 리마성만찬 예식에 관하여 박근원, **한국교회 성숙론**(대한기독교서회, 1986), 90-95쪽과 **오늘의 예배론**(대한기독교서회, 1992), 239-266쪽을 참조하라.

에 대한 연구는 어떻게 진행되어야 바람직한지를 다룬다. 그리고 이제 모처럼 어렵게 시작된 한국교회의 예전갱신운동이 바른 방향으로 지속되고 그로 인하여 한국교회의 질적인 변화와 성장이 일어나도록 도울 수 있는 구체적인 연구가 필요하게 되었다. 이런 점에서 제2장은 예배갱신의 바른 방향을 공동체성 회복이어야 함을 강조하고, 제3장은 예배갱신의 목표가 교회의 질적인 변화와 성장을 일으키는 영성 회복이어야 함을 다룬다.

제 1 장

예배갱신에 대한 이해

최근 세계적으로 개신교 교회들은 예배 스타일을 두고 서로 싸우는 곳이 많아졌다. 이른바 지금은 예배 전쟁시대이다. 최근 미국과 캐나다 등 북미지역에 나타나고 있는 예배 경향은 개인의 취향과 기호에 따른 예배 스타일을 고집함으로 예배가 분열되고 있다. 이러한 현상은 1960년대에 미국 안에 다양한 문화와 음악들이 많이 쏟아져 나오면서 대대적인 탈 권위현상에 의해 일어나기 시작했으며,[4] 이것

4 예배전쟁은 교회음악에 대한 개인적인 선호 또는 반대의 마찰로부터 가장 잘 일어난다. 약 700년경 교회의 공식 음악이 된 단조로운 그레고리안 찬트, 1517년에는 루터의 찬송들, 1540년에 칼빈의 구약 시편으로만 작곡된 찬송(Genevan Psalter), 그리고 1750년경에 웨슬리 형제들에 의한 신학적이며 교리적인 내용의 찬송들은 모두 동시대의 교회들에 의한 반대에 부딪혔다. Kenny Lamm, "Worship Wars," Renewing Worship web site(February 9, 2011) (http://blog.ncbaptist.org/renewingworship/2011/02/09/ worship-wars/)을 보라.

이 지금의 예배마저도 전통적인, 동시대적(현대적)인, 그리고 진보적인 예배 등 세 가지로 분열시키고 있다. 이러한 예배 스타일이 나타난 배경은 자신들만의 음악을 원했던 집단에 대한 반항으로 전통적인 예배 스타일이 나왔으며, 동시대적인 예배는 현재의 상태에 대한 반응으로 나타났으며, 또한 진보적인 예배는 기존의 예배 스타일에 대한 공허감으로 나타난 현상이다.

1. 예배 형식의 변화

오늘날 기독교 예배에서 가장 어울리지 않는 것은 회색 중후한 고딕식 성전과 그 성전 앞 쪽에 놓인 반짝이는 붉은색 드럼 세트이다.[5] 이 대조적인 이미지가 예배에서 일어나고 있는 긴장과 변화를 가장 잘 말해준다. 빨간색 드럼 세트가 가장 중후한 성전 속으로 들어가 점점 견고한 자리를 차지하고 있는 것으로 비유되는 현대교회의 예배는 서로 어울리지 못할 것 같은 어색한 분위기 속에서 만남과 대화를 시도하는 긴장 속에 있다. 많은 교회들은 표현의 자유를 택하면서도 동시에 과거로 돌아가 풍성한 근간이 되는 전통과의 융합을 시도하고 있다. 동시에 그 비유는 예배가 "바다의 물결과 파도 같이 쉬지 않는" 변화를 경험하고 있는 현상을 말한다. 음악, 언어, 분위기, 설교 스타일, 예배 공간과 시간, 지도력, 심지어 예배위원들의 예복에 이르기까지 거의 모든 것이 새로운 모습과 신선한 소리를 띠면서 부딪치고 있다. 교회 안의 이런 예배 변화들은 교회와 문화의 관계가 의미하는 것을 종합적으로 새롭게 정의하려는 시도라고 볼 수 있다.

5 이 이미지는 Thomas G. Long, *Beyond the Worship Wars: Building Vital and Faithful Worship*(Bethesda, MD: The Alban Institute, 2001), 1로부터 왔다.

이런 예배 변화는 교회의 "새로운 패러다임"으로 불린다.

이제는 전통적인 "옛 패러다임" 교회들도 예배 변화가 전형적으로 느리고 조심스러움에도 불구하고 새로운 문화에 적응하기 위해서는 예배 형식이 더욱 변화되어야 한다는데 동의하고 있다. 10년 전만해도 자신들의 예배에 결코 손을 대지 않았던 교회들이 이제 자유롭게 음악, 시청각 재료, 드라마 등으로 실험을 하고 있는 중이다. 이제는 어떤 교인도 고대교회의 의식 속에 최신식 기술을 사용하는 것에 이중 반응을 나타내거나 놀라지 않는 것 같다. 그래서 이제는 지난 20년 전이나 10년 전 자신들의 예배를 뒤돌아보는 사람들이 거의 없으며 자신들의 예배 분위기가 의미심장하게 변화되었다고 인식하는 사람들도 거의 없다.

이와 같이 최근 예배의 변화 속에 나타난 모든 소요에 대하여 약간의 스트레스와 갈등을 느끼지 않는 교회는 거의 없다. 진정한 변화는 쉽게 일어나는 것이 아니라, 특별히 다양한 사람들의 예배와 관련될 때 일어나는 것이기 때문이다. 예배는 머리보다는 가슴에 더 가깝게 위치한다. 그래서 예배 형식에 철저한 변화를 주는 것은 말할 것도 없고 심지어 예배 순서를 약간 뒤바꾸는 것까지도 예배자들에게 영향을 줄 수 있다. 이렇게 새로운 형식의 예배를 시도하려 할 때 최소한 어느 정도의 긴장이 교회 안에 일어난다. 종종 이런 긴장은 교회 안에서 예배에 대한 성도들 사이의 기호 차이가 경쟁 관계를 이룰 때 일어난다. 어떤 사람들은 쉽게 반응하면서 흥분하고, 극적인 것에 편안함을 느끼고 큰 소리를 내며, 자발적이며 재미있는 예배를 원한다. 반면에 다른 사람들은 조용하고, 경건하며, 전통적이며, 질서가 있으며, 위엄이 있는 예배를 기대한다. 그런데 어느 쪽도 완전히 만족하지 못한다.

2. 예배갱신이란

예배갱신은 기독교, 교단, 그리고 개 교회들 안에서 일어나는 예배 분열, 충돌, 전쟁과 깊은 관련이 있다. 예배설교학자 토머스 롱Thomas G. Long은 예배 형식의 변화로 인해 일어나는 긴장 관계를 한 교회 안에서 일어나고 있는 "예배 교전"Worship Warfare이라고 부른다.[6] 어떤 교회에서는 이 교전으로 심각한 상처를 입으며, 다른 교회는 두 가지의 다른 형식의 예배들을 만들어 해결한다. 우리는 교회 안에 있는 긴장을 전통 예배와 현대 예배사이의 대결로 설명할 수 있다. 이처럼 "교회 안에서 전통과 변화 추구로 인하여 일어나는 예배 교전을 중재하기 위해 진지하게 다루는 것"이 예배갱신이라 할 수 있다. 이런 점에서 토머스 롱은 예배갱신을 기독교의 위대한 예배 유산(전통)에 충실하기faithful 위해 최선을 다하는 예전적 예배와 현대 문화에 적절한 생동감vital 넘치는 비예전적 예배 사이의 예배 교전으로부터 "제3의 길"a Third Way을 찾는, 또는 "예배 교전을 초월하는"Beyond the Worship Wars 노력으로 설명한다.[7] 또한 로버트 웨버Robert Webber는 예배 전쟁들로 인한 부정적인 결과들로부터 벗어나려는 노력을 전통 예배와 현대 예배의 장점들을 "혼합하는 예배"Blended Worship 또는 "균형 있는 예배"Balanced Worship라고 부른다.[8]

6 *Ibid.*, 2. 토마스 롱(Thomas G. Long)은 개 교회들 안에서 일어나고 있는 예배교전들이 전통적-예전적 예배(Hippolytus Force)와 현대적-비예전적 예배(Willow Creek Force) 사이의 대결, 예배의 옛 패러다임과 새 패러다임 사이의 충돌, 구체적으로는 1963년 12월 4일 로마 가톨릭교회가 제2차 바티칸 공의회(Vatican II)를 통해 시작한 예전갱신운동(Liturgical Renewal Movement)과 현대예배운동(Contemporary Worship Movement)의 서로 다른 형식의 예배들로부터 시작되었다고 설명한다.

7 Thomas G. Long, *Beyond the Worship Wars*, ch. 1을 보라.

8 Robert Webber, *Planning Blended Worship*(Nashville: Abingdon Press, 1998)을 보라.

또한 예배갱신은 예배가 지닌 변화의 힘과도 깊은 관련이 있다. 그래서 예배갱신이란 "예배가 지닌 힘을 경험하려는 하나의 시도"이다.[9] 예배가 갱신의 주된 대상이 되는 이유는 하나님을 향하여 나가는 예배 안에는 우리 모두를 변화시킬 수 있는 엄청난 능력이 잠재되어 있기 때문이다. 이런 이유로 우리는 예배 안에서 무슨 일이 일어날지 알 수 없는 하나님의 미래를 바라본다. 또한 현실적으로, 우리는 하나님의 변함없는 사랑에 근거한 예배, 즉 찬양, 기도, 설교, 그리고 성만찬 등으로부터 우리의 삶에 필요한 힘과 믿음을 얻을 수 있다. 또한 정기적으로 드리는 주일예배는 교회를 살아 움직이게 하는 심장의 고동과 같다. 그리고 주일예배는 그 교회의 특성(예배공동체로서의 정체성)을 결정짓는 유전자의 역할을 한다. 이런 이유로 특별히 주일예배는 우리를 하나의 공동체로 형성하는 힘을 가지고 있다. 예배 이외에 그 어떤 연속적인 관습도 우리를 안으로 하나의 공동체로 연합할 수 없으며, 또한 밖으로 한국과 세계 여러 곳의 예배공동체들과 연합하게 할 수도 없을 것이다. 이런 점에서 예배학자 웨인라이트 Geoffrey Wainwright는 역사적으로 현대 에큐메니칼운동ecumenical movement은 현대 예배갱신운동liturgical renewal movement과 함께 변화를 경험해 왔으며, 그러므로 에큐메니칼운동가들과 예배갱신운동가들 사이에는 교회 일치라는 관심사가 공유되어 왔다고 주장한다.[10] 그러므로 교회가 갱신되려면 주일예배의 갱신이 우선되어야 한다.

9 Thomas G. Long, *Ibid.*

10 30년 동안 두 운동들에 적극적으로 참여한 Geoffrey Wainwright의 연구, *Worship with One Accord: Where Liturgy and Ecumenism Embrace* (New York, NY: Oxford University, 1997), ch. 1을 보라. 그는 현대 에큐메니칼운동과 함께 일어나는 현대 예배갱신운동이 어떻게 에큐메니칼 정신을 가지고 교회들 가운데 더 큰 일치를 이루는 데 공헌했는지, 그리고 어떻게 그런 에큐메니칼운동이 예배 안에서 교회 일치를 위한 자원들을 찾으며 더욱 공통된 찬양을 원하는 교회들의 예배에 영향을 주었는지를 보여준다.

그럼에도 불구하고 오늘날 한국교회 안에서 아마 예배갱신이란 말이 가장 수난을 겪는 단어 중의 하나일 것이다. 그 이유는 대부분 예배갱신을 단순히 서구 교회의 예배 형식을 따라 가거나 아니면 새로운 방식의 예배를 시도하는 것으로 잘못 이해하고 있기 때문이다. 예배갱신이란 작업은 단순히 현재의 예배 환경이나 순서들에 변화를 주는 정도로 쉽게 끝나지 않는다. 예배를 갱신하려는 자는 먼저 예배를 오랜 기독교의 역사 속에서 살아온 유기체로 보아야 한다. 그 이유는 한 교회가 기획하고 경험하는 예배 속에서 그 교회의 역사와 전통, 현주소, 그리고 미래를 발견할 수 있기 때문이다. 이런 일이 가능한 것은 우리가 드리는 예배를 통하여 우리 교회의 과거, 현재, 그리고 미래를 동시에 경험할 수 있기 때문이다.

이런 이유로 예배갱신은 먼저 예배가 무엇인지를 이해하는 것으로 시작된다.[11] 좁은 의미의 예배갱신renewal은 주로 우리의 예배를 원래의 순수한 예배상태, 즉 초대교회의 예배에로 되돌아가게 하려는 노력이다. 그러나 바람직한 예배갱신은 과거 본래의 예배 목적과 의의 회복에 대한 관심뿐 아니라, 우리의 현재 예배에서 나타나는 잘못된 것들을 개선하거나 수정하려는 예배개혁reform과 미래의 예배를 위해 예배의 생명과 힘을 회복하려는 예배부흥revival까지를 포함한다. 이와 같은 예배갱신에 대한 이해는 예배갱신에 대한 바람직한 연구의 범위와 방향을 결정한다. 이런 의미에서 한국교회의 예배갱신에 대한 연구는 크게 한국교회의 예배의 과거, 현재, 그리고 미래 등 3 부분으로 나누어져야 한다.

첫째로, 예배갱신에 대한 연구는 주일예배를 중심으로 우리의 지난 예배의 역사를 돌아보며 그 역사를 정리하는 것이다. 이제까지 한

11 Robert E. Webber, ed., *The Renewal of Sunday Worship,* The Complete Library of Christian Worship, Vol. III. (Nashville, TE: StarSong, 1993), 99.

국교회의 주일예배에 관한 역사 연구가 너무 부족하였고 있어도 부분적으로 이루어졌다.[12] 우리는 그 동안 한국교회의 예배를 이해하기 위해 특별한 시대의 예배 현상이나 성만찬과 세례와 같은 의식에 한정된 연구로 만족할 수밖에 없었다. 이처럼 부분적인 연구 현상은 한 교단의 전체 역사 속에 나타난 예배의 특징과 경향을 포괄적으로 다루는 것이 쉽지 않음을 말해주는 것이다. 그러나 주일예배만큼 우리의 예배를 대변할 수 있는 것은 없을 것이다. 주일예배는 한국교회의 역사와 더불어 시작되어 지금까지 예배 의식 가운데 가장 많이 행해지고 있다. 그러므로 한국교회의 예배를 가장 잘 알 수 있는 길은 한국교회의 주일예배 속에서 무엇이 일어났는지를 살펴보는 것이다. 이런 점에서 한국교회의 주일예배의 역사를 중심으로 주요 교단의 예배에 대한 정확한 기록과 이해를 제공하려는 연구는 오늘과 내일의 한국교회의 예배 갱신을 위한 연구에 유익한 자료가 될 것이다.

둘째로, 예배갱신에 대한 연구는 현재의 우리 예배를 진단하여 바른 예배에 대한 안내를 제시하는 것이다.[13] 이런 연구는 한국교회의 주일예배에 관심을 가지고 있는 자들에게 오늘 우리의 예배를 들여다 볼 수 있는 좋은 기회를 제공한다. 현재 우리의 예배를 들여다보면 대부분 진행되고 있는 우리의 예배를 단순히 인정하는 것으로 만족하지는 않을 것이다. 바람직한 예배갱신에 대한 연구는 현재 우리 예배의 위치에 관하여 함께 대화하고, 현재 여러 자료들을 통하여 제공되거나 시도되고 있는 예배의 변화들을 해석하고, 그리고 예배의 갱신에 관심 있는 자들에게 실제적인 안내를 제공한다.

12 필자가 쓴 **한국교회 예배사**(한국강해설교학교, 2003)는 선교 초기부터 21세기 초까지의 한국교회 주일예배의 역사에 관한 최초의 연구라 할 수 있다.

13 본서의 기초가 된 허도화, **예배갱신의 이론과 실제: 주일예배의 공동체성 회복을 위한 안내서**(계명대학교, 2005)는 현재 한국교회의 예배에 대한 진단과 바른 예배를 위한 안내서로 출간되었다.

셋째로, 예배갱신에 대한 연구는 미래의 바람직한 예배를 위한 근거와 방향을 정립하는 것이다.[14] 바람직한 예배갱신을 위한 방향 제시는 무엇보다 먼저 한국교회의 정체성, 즉 우리의 과거와 현재의 예배에 대한 정확한 이해가 전제되어야 한다. 그런 다음, 그 정확한 이해를 바탕으로 우리 미래의 바람직한 예배를 위해 새로운 방향과 예배모범을 제시하는 것이다. 이와 같이 예배갱신은 우리 예배의 과거 역사적인 형성과 현재 현상학적인 경향, 그리고 미래 바람직한 방향을 위한 연구를 동시에 필요로 한다.

3. 예배갱신의 방법

우리의 과거와 현재의 예배에 대한 정확한 이해, 그리고 바람직한 미래의 예배에 대한 방향을 제시하는 예배갱신 연구는 다음의 네 단계로 진행될 필요가 있다: (1) 성서적 근거Biblical foundation (2) 역사적 고찰Historical research (3) 신학적 해석Theological interpretation 그리고 (4) 실제적 적용Practical application.[15] 특별히 실천신학에 적절한 4중적 방법론은 각기 다양한 관점들로부터 진행되기 때문에 서로 적절히 연결될 때 효과를 거둘 수 있다.[16] 먼저, 예배와 관련된 연구에

14 예로, 허도화, 한국교회 예배사의 제6장 "주일예배의 미래"를 보라.

15 이 방법론은 20세기 웨슬리 학자인 아우틀러(Albert C. Outler)가 개념화한 "웨슬리의 사중신학방법론"(Wesleyan Quadrilateral)에 기초한다. 요한 웨슬리는 일찍이 신앙에 관한 지침을 주는 권위로서 성서(성서적 근거)뿐 아니라 전통(역사적 고찰)과 이성(신학적 해석)과 경험(실제적 적용)의 도구를 사용함으로 조화와 균형을 특징으로 하는 신학의 기준을 제시했다. Albert C. Outler, ed. *John Wesley*(Oxford, UK: Oxford University, 1964), Introduction(3-34); 또한 http://en.wikipedia.org/wiki/Wesleyan_Quadrilateral(23 March 2013)을 보라.

서 다루는 주제에 대한 성서적 기초를 마련하는 일은 매우 당연한 것이다. 그 다음, 이 주제가 기독교의 역사 속에서 어떻게 발전되어 왔는지를 알아보는 단계가 이어진다. 또한 성서적 기초를 가지고 역사적인 발전을 거친 이 주제는 새로운 환경 속에 놓인 오늘의 교회를 위해 새롭게 해석되어야 한다. 마지막으로, 성서적, 역사적, 신학적 연구는 실제적인 상황에 적용되어야 한다. 그러나 한국교회의 예배갱신을 다루는 연구에서 다루는 모든 주제들에 대한 성서적 기초를 마련하는 일은 너무 많은 시간과 노력을 요구할 수 있다. 이런 이유로 여기에서는 성서적 기초 단계를 생략하고 한국교회의 예배갱신 작업의 나머지 세 단계에 대해서만 알아보자.

첫째로, 한국교회의 예배갱신 작업은 우리 예배의 역사적인 형성 및 발전 과정을 고찰하는 것으로 시작되어야 한다. 과거의 예배에 대한 연구는 교회의 역사와 전통을 밝히는 일이라고 할 수 있다. 이 첫 번째 단계는 한국교회의 예배사를 전체적으로 기술하는 것보다는 예배의 흐름과 변화에 더욱 초점을 둔다. 먼저, 각 시대별로 한국교회의 예배흐름과 예배변화를 보여주는 역사를 중심으로 각 교단이 여러 세대에 걸쳐 연속성 있게 보여준 예배의 전통을 찾아본다. 그 다음, 각 교단이 예배전통 속에서 나타내는 특별한 예배양식의 문제, 즉 예배자들의 태도와 방식 그리고 삶을 살펴본다. 그러므로 각 시대별 교단의 주일예배의 전통과 특징을 알아보는 일은 예배자들의 경험을 중심으로 각 교단이 최초의 시기에 제정한 표준 주일예배와 그 예배 의식의 변화들을 비교하며 분석하는데 집중된다.

이런 점에서 한국교회 예배의 형성 및 발전 과정을 역사적으로 정리하며 분석하는 연구는 두 가지 극복해야할 문제들을 만난다. 하나

16 James F. White, *Sacrament as God's Self Giving: Sacramental Practice and Faith*(Nashville: Abingdon, 1983), 121을 참조하라.

는, 비록 한국교회 예배의 전체 역사를 다루는 연구라 할지라도 대표적인 성격을 띤 연구이기 때문에 모든 교단들의 예배역사를 언급할 수 없다는 것이다. 더구나 각 교단의 예배역사가 시작된 시기가 다르고 대부분 교단들의 예배에 대한 역사적 자료들이 빈곤한 상태에 있기 때문에 한국교회의 예배형성과 그 발전 과정을 기술하는 일은 주요 교단들의 예배사에 한정될 수밖에 없다. 그러나 다행스러운 것은 역사는 달라도 각 교단들의 예배형식에 큰 차이가 나타나지 않는다는 것이다. 각 교단의 예배에서 나타나는 부분적인 차이에 대한 연구는 그들에게 기대할 수밖에 없다.

다른 하나는, 주요 교단들의 예배역사를 종합함으로 한국교회의 역사를 정리한다 해도 모든 시대의 예배를 알 수 있는 연속적인 예배기록이 부족하다는 것이다. 가능한 한국교회의 전체적인 예배의 흐름을 놓치지 않기 위한 연구 방법의 하나는 각 교단이 필요에 따라 시대별로 제정한 표준예배의 변화를 읽는 것이다. 각 시대의 표준예배순서들 사이에 있는 간격은 개 교회들의 예배자료들로 메워질 수 있을 것이다.

둘째로, 한국교회의 예배갱신작업은 각 시대의 사회와 문화의 영향을 받으며 형성된 우리 예배의 현상학적인 경향을 신학적으로 분석 및 해석해야 한다. 현재의 예배에 대한 신학적인 연구는 교회의 내면과 외면을 밝히는 일이라고 할 수 있다. 이 두 번째 단계는 한국교회가 각 시대별로 실시해온 주일예배의 중심 요소들과 특징들이 지니고 있는 공통점을 중심으로 경향을 살펴보는 것이다. 이 신학적인 연구는 주요 교단들이 개 교회의 주일예배의 진행을 돕기 위해 제정된 예배모범을 중심으로 각 시대 예배의 특징들을 결정지은 근거와 기준들을 해석하는 일이 된다.

셋째로, 한국교회의 예배갱신작업은 예배신학을 근거로 우리 예배의 바람직한 방향을 제시해야 한다. 미래의 예배에 대한 연구는 교회의 내재성과 초월성을 밝히는 일이라고 할 수 있다. 이 마지막 단계는 각 시대의 예배에 대한 역사적 고찰과 신학적 해석을 근거로 우리의 예배가 어떤 목적에서 어떻게 표현되는 것이 바람직한 것인지, 그런 예배를 위한 바람직한 예배신학적 근거와 기준은 무엇인지를 제시하여 통일된 우리 예배를 위한 새로운 방향과 모범을 제시하는 것이다. 이 실제적 적용의 단계에서 우리는 한국교회의 예배가 지녔던 특징과 경향을 평가함으로 다음 시대를 위한 예배갱신의 자료로 삼을 수 있다.

예배갱신을 위한 연구가 위와 같이 세 단계로 바르게 진행되기 위하여 먼저 결정되어야 할 세 가지 분야가 있다. 그 세 가지는 바른 연구를 위해 예배사의 시대를 구분하고, 중요한 예배문헌을 발견하며, 그리고 바람직한 예배신학을 선정하는 일들이다. 이런 이유로 다음 부분에서 예배역사, 예배문헌, 그리고 예배신학 이 세 가지를 차례로 다룰 필요가 있다.

1) 예배 역사

세월이 지나감에 따라 역사에 대한 관심과 연구는 더욱 필요하다. 140여년의 한국 개신교 예배의 역사 속에서 비밀을 간직하고 있는 것들을 관찰하고 분석하며 그로부터 새로운 것들을 시도하는 것은 예배학자뿐 아니라 예배를 기획하며 참여하는 모든 이들에게 의미있는 일이다. 1870년부터 지금까지 한국 개신교의 예배 역사는 오늘 우리의 예배가 어떻게 형성되었으며 또한 어떤 변화들을 거쳐 발전되어 왔는가를 연구하는데 중요하다.

불행하게도 한국교회는 예배갱신에 대한 관심과 열정에 비해 한국교회의 예배 역사와 그 유산에 충실하지 못하다. 한국교회의 예배 역사는 변화에 지나치게 민감한 오늘 우리의 예배에 예배의 본질적인 성격들인 실체감, 진실성, 그리고 진지함이 있는 예배를 회복할 것을 요구한다. 21세기에 들어와 다양한 예배 형식을 통해 생동감 있는 예배를 경험하고 있는 한국교회는 예배의 본질과 깊이를 회복하기 위해 한국교회의 예배 전통을 충분히 이해할 필요가 있다. 포스트모더니즘 사회와 문화의 변화에 깊게 영향을 받은 많은 예배자들은 예배를 자신들의 관심과 요구들을 표현하는 종합 예술의 장으로 여긴다. 이들에게 한국교회 예배의 역사와 전통에 관한 연구는 예배를 통하여 자신들의 관심과 요구들이 오히려 하나님을 위해 수정되고 바로잡힐 필요가 있음을 깨닫게 한다.

한국교회 예배의 역사적인 형성 및 발전 과정을 살펴보기 위해 예배사를 시대적인 특징에 따라 구분해야 할 필요가 있다. 한국교회의 예배역사를 크게 구분하는 방법은 중요한 인물이나 사건 중심보다는 각 시대의 사회와 문화에 의해 영향을 받은 예배의 변화에 의존한다. 한국교회의 초기 예배가 부분적으로는 교회의 지도자 몇 사람들에 의해 영향을 받은 것이 사실이지만, 보다 실제적인 예배의 변화는 사회와 문화 속에서 사는 예배자들의 필요에 의해 형성된다. 이처럼 예배공동체에 의하여 일어난 예배의 변화를 예배 형성기, 예배 전통기, 예배 토착기, 예배 굴절기, 그리고 예배 갱신기 등과 같이 시기별로 나누어 연구할 수 있다.[17]

2) 예배 문헌

각 시대의 사회와 문화의 영향을 받으며 형성된 한국교회 예배의 경향을 신학적으로 해석하기 위해 중요한 예배 자료들을 선별해야

17 한국교회의 예배를 시대적인 특징에 따라 구분한 연구에 대해, 허도화, **한국교회 예배사**(한국강해설교학교, 2003), 17-20을 참조하라.

한다. 한국교회의 예배가 역사적으로 어떻게 형성되고 발전되었는지를 살펴보기 위해 이 연구는 한국교회의 예배사를 예배 문헌들을 중심으로 진행될 필요가 있다. 초대교회의 예배는 그것에 관한 문헌들이 나오기 전에 이미 실행되고 있었다. 이것은 마치 성경이 기록되기 전부터 상당한 기간 동안 구전을 통해 전달된 것과 같다. 이런 점에서 항상 실제보다 늦게 문서를 통해 우리에게 알려진 초기의 예배를 연구하거나 그 예배의 원형을 재건한다는 것은 어려운 문제이다. 초기의 예배에 관하여 말해주는 문헌들에 따라 예배 연구는 달라질 수 있다. 그러므로 예배갱신에 관한 연구는 우리 예배의 역사, 변화 및 경향을 살펴보기 위하여 중요한 자료들을 살펴보아야 한다. 그러나 실제로 초기 한국교회의 예배에 관한 자료들이 너무 귀하고 단편적이다. 그럼에도 불구하고 역사적인 연구는 많은 자료들에 의존할 수 밖에 없다. 이런 이유로 초기 한국교회의 예배에 관한 새로운 자료들이 발견됨에 따라 이전에 알고 있던 내용이 수정될 수 있고 새로운 역사적 사실이 추가될 수 있을 것이다.

먼저, 초기 한국교회의 예배 연구를 위해 중요한 자료들은 선교사들이 소개한 예식서들과[18] 선교활동에 관한 보고서들이다. 특별히 선교 보고서들은 초교파적인 선교 보고서,[19] 선교사들이 자신들이 속한

18 초기 한국교회에서 사용된 주일예배에 관한 정보는 세례문답서, 찬송가, 그리고 전도책자들과 같은 예식서들에서 부분적으로 나타난다. 예를 들어 감리교의 경우, 1890년 감리교 선교사 아펜젤러에 의해 한국 개신교에서 출판된 최초의 예식서인 **미이미 교회 강례**와 W. B. Scranton이 *Wesley Sunday Service*를 부분적으로 번역한 **주일예배경**(1895); **장로교의 혼상(婚喪) 예식서**(1924), 클락(Charles Allen Clark)의 **목사 치법**(治法)(1919) 등.

19 예를 들어, *The Council of Missions in Korea, The Minutes of the Annual Meeting of the Council of Missions in Korea, 1893-1904; The General Council of Evangelical Missions in Korea, The Minutes of the Annual Meeting of the Council of Missions in Korea, 1905-1911;* 그리고 *The Federal Council of Protestant Evangelical Missions in Korea,*

교단에 보낸 공식적인 선교보고,[20] 그리고 선교사들의 개인적인 기록들[21] 등 다양하다. 이런 자료들은 선교사들에 의해 시작된 초기 한국교회의 예배가 어떻게 형성되었는가에 대하여 중요한 정보들을 전해준다.

그 다음으로, 한국교회의 예배 연구를 위해 살펴볼 중요한 자료들로는 각 교단의 헌법과 예식서이다. 이 자료들은 선교사들로부터 독립한 한국교회의 한국형 예배의 역사와 변화, 그리고 갱신의 과정을 살피는데 중요하다. 각 교단은 수차에 걸쳐 헌법과 예식서를 수정 및 개정하면서 각 시대별로 개 교회들을 위하여 예배의 규범과 순서들을 소개하였다.[22]

Annual Meeting of the Federal Council(Continuing the General Council) of Protestant Evangelical Missions in Korea (Yokohama, Japan: The Fukuin Printing Co., 1912-1934).

20 장로교의 경우, *Presbyterian Church in the United States of America, Korea Mission, Annual Reports of the Stations of the Korea Mission of the Presbyterian Church in the U.S.A., 1885-1935; Presbyterian Church in the United States, Board of World Missions, Annual Report the General Assembly from the Executive Committee of Foreign Mission of the presbyterian Church in the United States(Southern), 1897-1935.* 감리교의 경우, *Methodist Episcopal Church, Annual Report of the Board of Foreign Missions of the Methodist Episcopal Church*(New York: Missionary Society of the Methodist Episcopal Church, 1884-1935). 성결교회의 경우, 동양선교회(The Oriental Missionary Society)에 의해 파송된 선교사들이 한국을 포함한 아시아지역에서의 선교활동에 대해 소식을 전한 *The Electric Messages*는 일본에서 설립된 동양선교회(도쿄 성서학원)가 발행한 월간 회보로 1901년부터 발행되기 시작했으며 1937년부터 1945년까지는 동양선교회 본부가 있는 L.A.에서 발행하였다. 1914년부터 *The Oriental Missionary Standard*라는 새로운 이름으로 매월 2회씩 발행되었다.

21 장로교의 경우, *Presbyterian Church in the United States of America, Korea Mission Records, 1903-1957. Text-fiche; Korea Mission, Correspondence and Reports, 1884-1911. Text-fiche; Korea Mission, Minutes and Reports, 1898-1936*(Philadelphia: Presbyterian Historical Society, 1977).

또한 각 교단의 목회소식을 전하는 신문,[23] 월간지,[24] 그리고 개 교회가 보존하고 있는 예배자료들(주보와 지역교회의 역사)도 살펴볼 필요가 있다. 그리고 변하는 역사와 사회, 문화 속에서 형성된 각 시대의 한국교회의 예배를 이해하기 위해 한국교회사, 각 교단의 교회사, 그리고 한국교회의 선교 초기 역사와 관련이 있는 중국과 일본 교회에 관한 자료들까지 살펴볼 필요가 있다.

22 대부분의 경우, 한국의 개신교는 고정된 예배순서나 구체적인 예식들과 진행을 소개하는 예식서를 출판하기 전까지는 헌법(장로교와 성결교)이나 교리와 장정(감리교)을 통해 예식과 함께 예배의 모범(또는 규범)을 소개하였다. 이렇게 소개된 예배모범은 각 교단의 간단한 예배신학과 예배인도자 및 참석자들을 위한 예배 지도 내용들을 포함하였다. 예로, 한국성결교회는 1925년부터 1996년까지 11회에 걸쳐 헌법을 수정 및 개정하면서 각 시대별로 개 교회들을 위하여 예배의 규범과 순서들을 소개하였다. 또한 성결교회는 최근에 예식서 수정위원회가 1987년부터 3회(1987, 91, 96년)에 걸쳐 제정한 표준 예식을 예식서에서 소개하였다.

23 아펜젤러에 의해 1897년 2월에 창간된 감리교의 **죠션 그리스도인 회보**(*Korean Christian Advocate*); 언더우드에 의해 1897년 4월에 창간된 장로교의 **그리스도 신문**(*Christian News*); 1905년 7월부터 발행된 장로교와 감리교의 연합신문인 **그리스도 신문** 등. 그리고 초기 한국교회의 예배와 교인들의 삶에 관한 자료를 전해준 **황성신문**(1898-1910), **그리스도회보**(1911-1915), **기독신보**(1915-1937), **성서조선**(1927-1942), **신생**(1928-1934) 등도 유익한 자료가 된다.

24 최초의 한글 잡지는 1900년 감리교 선교사 George Heber Jones가 인천에서 발행한 **신학월보**(*Theological Review*)이다(*Official Minutes of the Annual Meeting*, 1901: 24). 1916년부터 발행된 감리교의 기관지 신학세계, 1918년 평양신학교에서 발간하기 시작한 장로교의 기관지 **신학지남**, 그리고 한국 성결교회가 1922년부터 발행하여 목회소식을 전하는 월간지 **활천과 성결** 등이 있다. **활천**은 1921년에 열린 목회자 간담회의 결정으로 1922년부터 발행되기 시작한 성결교의 기관지이다. **성결**은 1961년 4월에 예수교 대한성결교회가 기독교 대한성결교회로부터 분리한 후에 창간한 교단지이다. 성결은 활천과 편집방향이 같으며 특별히 성결교회의 역사를 연구하는데 유익한 자료이다. 이에 대하여는 이명직, **조선예수고 동양선교회 성결교회약사**(성결교회이사회, 1929), 23-26쪽을 참조하라.

3) 예배 신학

각 시대의 사회와 문화의 영향을 받으며 형성된 한국교회 예배의 특징과 경향을 신학적으로 분석 및 해석하는 예배갱신의 두 번째 단계와 표준예배를 위한 방향을 제시하는 예배갱신의 세 번째 단계를 위해 그 기준이 되는 바람직한 예배신학이 필요하다. 예배신학이란 일반적으로 "기독교 예배란 무엇을 의미하며 예배를 왜 드려야 하는가에 대한 개인 혹은 교회의 이해"를 말한다.[25] 예배신학은 각 시대의 사회와 문화의 영향을 받은 교회의 예배 속에 나타난 경향을 분석, 해석 및 평가하고 바람직한 예배의 방향을 제시하는데 매우 필요하다. 그러므로 우리의 예배에 나타난 문제들의 심각성은 우리가 진행하고 참여하는 예배의식을 뒷받침해줄 수 있는 분명한 예배 신학적 근거와 이유들을 제시하지 못하는데 있다.

어떤 하나의 예배모범을 구체적으로 연구하거나 평가하는 일은 그 예배의 내용Content이 얼마나 신학적인가, 그 예배의 구조Structure, 구성Plot 또는 유형Pattern이 얼마나 성서적이며 역사적인가, 그리고 그 예배의 방식Style 또는 진행순서Order가 얼마나 실제적인가를 살펴보는 것이다.[26] 그러므로 바람직한 예배를 기획하고 진행하고 또한 평가하기 위해 다음과 같은 기본적인 예배의 내용, 구조, 그리고 방식 사이에 있는 차이를 아는 것이 필요하다.

25 Carol Noren, *What Happens Sunday Morning: A Layperson's Guide to Worship* (Louisville, KY: Westminster/John Knox, 1992), 14. 이 책은 **예배를 어떻게 드려야 합니까?**(김원주 역, 생명의 말씀사, 1994)로 번역되었다.

26 예배의 내용, 구조, 방식에 대하여 Robert Webber, *Planning Blended Worship*(Nashville: Abingdon Press, 1998), 20-22쪽을 참조하라.

(1) 예배의 내용

기독교의 신학적인 예배의 내용은 복음을 형성하는 **삼위일체적**인 것이다. 이 삼위일체적 예배의 내용은 사도신경에서 축약하여 잘 표현되었듯이 성부 하나님, 성자 예수 그리스도, 그리고 성령에 관한 이야기에 의해 설명된다. 이 메시지가 교회의 예배에서 행해지는 모든 것의 중심을 이룬다.

첫째로, 예배는 **영원하신 성부 하나님을 높이고 찬양하는 것**이다. 하나님은 거룩하시고 초월적인 분으로 영광스런 영원한 나라에서 감히 우리가 접근할 수 없는 빛 가운데 거하신다. 예배에서 하나님은 말씀하시고 행하신다. 하나님은 우리의 예배에서 우리를 만지시고 치료하시고 하나로 만드신다. 이처럼 예배에서 하나님이 말씀하시고 행하시기 때문에 예배는 위로부터 오는 대화의 행위이며 우리는 말씀과 행위를 통하여 응답한다. 우리는 모두 하나님 아버지의 가족공동체가 되기 위해 예배에로 부름을 받은 한 자녀들이다. 특별히 주일예배의 첫 부분인 모임의 순서들은 특별히 하나님 아버지의 초청을 받은 자녀들이 예배공동체로 하나님 앞으로 나가는, 하나님의 임재를 경험하는 것에 집중된다. 구약의 이스라엘 백성들이 자신들의 삶의 터전으로부터 성전을 향하여 나아가고 제사장은 백성들을 대신하여 지성소에로 들어가듯이, 오늘날 예배공동체도 예배에로의 부름이나 찬양, 시편교독, 고백기도 등의 순서들을 통해 하나님 아버지 앞으로 나아가면서 한 가족임을 경험한다.

둘째로, 예배는 **성자 예수 그리스도가 이루신 일에 대해 감사를 드리는 것**이다. 그를 통해 세계가 창조되어 현재에 이르며, 그 안에서 이루어진 성육신의 신비, 십자가의 능력, 그리고 부활의 영광에 의해 세계가 구원받는다. 우리는 예배에서 말씀을 통하여 그리스도를 선포하고 성만찬을 통하여 그리스도의 죽음과 부활을 기억한다. 이렇게 우리는 예배에서 그리스도가 우리를 위해 이룬 일들에 관하여 말하며 그 일들을 재현한다. 특별히 우리는 주일예배의 말씀에 대한 응답과 감사의 순서들에서 예수 그리스도에 관한 말씀과 성만찬을 통해 그의 제자공동체로 세움을 받는다.

셋째로, 예배는 **중보자 성령의 임재를 간구하는 것**이다. 성령은 우리 곁에 오셔서 우리를 가르치고, 훈계하고, 진리에로 인도하신다. 이렇게 예배의 내용은 교회로 하여금 모든 것들을 통치하실 하나님의 미래를 이 땅에서 미리 간단히 맛보게 하면서 그 교회를 실제적인 그리스도의 몸이 되게 한다. 이런 예배의 내용이 그리스도인의 세계관을 형성하며 교회가 사회를 구원하며 화해시킬 영향력을 나타내도록 만든다. 특별히 우리는 주일예배의 마지막 파송의 순서들에서 성령의 선교공동체로 세상을 향해 보냄을 받는다.

그러므로 주일예배의 각 순서들은 나름대로 신학적인 내용을 담고 있다. 그 예배순서의 초점이 성부 하나님, 성자 예수 그리스도, 또는 성령 가운데 하나이든 아니면 둘이나 그 모두이든지 분명한 내용을 담고 있다면 예배의 목적과 방향을 잃지 않을 것이다.

(2) 예배의 구조

예배의 구조는 복음을 형성하는 **삼위일체적** 내용을 전달하는 역할을 한다. 예배를 통해 삼위일체 하나님의 구원 행위가 기억되고 회상되고 선포되고 그리고 재연된다. 그리고 예배에서 우리는 삼위일체 하나님에게 경배, 찬양, 감사, 고백 그리고 헌신한다. 예배의 내용에서 설명하였듯이, 예배는 성부 하나님의 자녀공동체로 부름을 받고, 성자 예수 그리스도의 제자공동체로 세움을 입고, 그리고 성령의 선교공동체로 파송을 받는 중요한 과정이다. 그렇다면 이런 예배의 신학적 내용이 가장 잘 표현될 수 있는 예배의 구조는 무엇인가?

일반적으로 교회가 동의할 수 있는 기본적인 예배의 구조는 성서적인 근거와 역사적인 증거를 모두 충족해야 한다. 먼저 신약공동체의 예배경험에 근거해야 하고 여러 세기를 통하여 교회 안에서 발전된 것이어야 한다. 교회는 처음부터 하나님의 구원 행위를 주로 말씀선포(회당예배)와 성만찬을 통한 감사(다락방예배)에서 기억하였다. 시간이 지남에 따라 교회는 처음의 두 가지 기본적인 예배구조에 예배의 시작 부분에서 예배공동체가 함께 모이고, 예배의 마지막 부분에서 세상으로 보냄을 받는 또 다른 두 가지 구조를 추가하여 4중의 예배구조를 형성하였다. 이 네 부분의 연결은 모두 성경에 근거하며 예배를 드리는 교회의 경험에 의해 증명된다.[27] 오늘날 세계 교회는 바람직한 예배가 이와 같은 4중 구조Fourfold Pattern를 지녀야 한다는데 전적으로 동의하고 있다.[28]

가장 성서적인 배경을 지니며 특별히 처음 6세기까지 교회에서 사

27 신약성경으로부터 어떻게 교회가 구성되었으며 예배가 이루어졌는지에 관해 매우 자세한 근거들을 얻을 수는 없지만 그렇다고 초대교회에 분명한 예배의 구조(structure)나 유형(patterns)이 전혀 없었다고 추정하는 것은 큰 실수가 될 것이다. 왜냐하면 그리스도인들의 예배는 기독교 교회가 조직되기 전에, 그리고 신약성경이 쓰이기 전에 이미 존재하였기 때문이다. Clark Carlton, "The Structure and Worship of the Early Church," *The Way: What Every Protestant Should Know About the Orthodox Church* (Salisbury, MA: Regina Orthodox, 1997), Introduction을 보라.

28 예배의 4중 구조를 표현하는 데는 다소 각 교단마다 차이가 있지만 실제 내용들은 대체로 유사하다. 미국 장로교회(PCUSA)는 모임(Gathering), 말씀(The Word), 성만찬(The Eucharist), 파송(Sending)으로(*Book of Common Worship*, 34-45), 미국 연합감리교회(UMC)는 들어감(Entrance), 선포와 응답(Proclamation and Response), 감사와 나눔(Thanksgiving and Communion), 파송(Sending Forth)으로(*The United Methodist Book of Worship,* 15), 그리고. 가톨릭은 시작예식(Introductory Rites), 말씀전례(Liturgy of the Word), 성찬전례(Liturgy of the Eucharist), 마침예식(Concluding Rite)으로 표현한다. Robert Webber(ed.), *The Renewal of Sunday Worship,* vol.3. Complete Library of Christian Worship (Nashville, TE: StarSong, 1993), 154-160.

용된 전통적인 예배 구조는 모임Gathering, 말씀 들음Hearing of the Word, 감사Thanksgiving, 흩어짐Dismissal, 또는 파송 Sending-forth 등의 4중 구조로 설명된다.[29] 이 전통적인 예배의 4중 구조의 흔적이 사도행전 2장 42, 46-47절에서 발견된다. 이 구절들은 초대교회의 그리스도인들이 어떻게 예배를 드렸는지를 설명해 준다. 그들은 **함께 모여**, 사도들의 **가르침을 받고**, 기도와 친교를 하면서 **떡을 떼고**, 다시 세상으로 **흩어졌다**.

이와 같은 예배의 4중 구조는 예배를 하나님과 그의 백성들 사이에서 일어나는 하나의 만남으로 이해한다. 예배는 이 만남을 다음과 같이 이야기Narrative로 잘 표현한다.[30] 첫째로, 예배의 구조에 따라 예배자들은 그리스도의 몸으로 "함께 모여" 먼저 하나님이 계신 곳으로 올라간다. 둘째로, 그 곳에서 하나님은 "말씀을 통해" 예배자들과 대화를 나누신다. 그리고 다음 셋째로, 하나님으로부터 말씀을 들은 자들이 주님의 식탁에서 그 말씀에 대하여 적절한 "감사의 반응을" 나타낸다. 특별히 이 감사 단계에서 예배자들은 하나님 나라의 하나님의 보좌에로 나아가 그 곳의 성도들이 드리는 영원한 예배에서 축하되는 "성만찬에 참여한다." 마지막으로, 이렇게 하나님을 만나고 경험한 예배자들은 그 하나님을 계속 사랑하고 섬기기 위해 "세상으로 보냄을 받는다." 이 예배의 4중 구조는 각 예배자들이 모두 자신이 맡은 역할로 참여하는 연극과 같이, 예배의 내용을 가장 효과적으로 전달하여 예배의 순서들이 서로 긴밀하게 연결되어 출발지에서 종착지에로 자연스럽게 흐르도록 한다. 그러나 이와 같은 예

29 박근원은 예배의 4중 구조를 예배 동작의 가닥과 연속성을 지닌 4 마당극(또는 4 막극)으로 표현하였다. 그의 **오늘의 예배론**(대한기독교서회, 1992), 61-62쪽을 참조하라.

30 Robert E. Webber, *Worship Old & New*(revised edition), (Grand Rapids, MI: Zondervan, 1994), 263.

배의 4중 구조는 예배가 프로그램Program이 아님을 밝혀준다. 우리는 주위에서 오락, 교훈, 전도, 또는 특별한 교회의 행사와 같은 일시적인 프로그램을 성취하기 위해 예배 인도자들은 공연자들이 되고 회중은 관객이 되는 프로그램으로 변질된 예배들을 본다.

(3) 예배의 방식(진행순서)

신학적인 예배의 삼위일체적 내용은 결코 타협될 수 없는 것이며, 또한 성서적인 근거와 역사적인 증거를 가진 예배의 4중 구조도 강하게 지켜져야 한다. 그리고 예배의 내용과 구조는 모든 예배공동체에 공통적인 예배요소들이다. 그러나 예배의 방식 또는 진행 순서는 상당한 다양성과 변화를 요구한다. 그 이유는 예배의 방식이 끊임없이 변하는 인간의 문화, 세대, 그리고 선호도에 근거하기 때문이다. 어떤 예배의 방식도 항상 어디에서나 모든 사람들에게 적절할 수는 없다. 오히려 예배의 방식은 변하는 문화의 형식과 연관되어 시간과 장소에 따라 다르게 나타난다. 예배의 방식은 성서적 전통과 관련된 문제가 아니다. 우리의 예배가 일정한 방식을 취할 것인가, 아니면 자유롭게 진행될 것인가, 또는 그 두 가지를 혼합할 것인가는 선택의 문제이다.

예배의 방식은 교회의 창문과 같은 역할을 하기 때문에 우리는 우리의 예배방식을 통하여 우리가 누구인지를 나타내게 된다. 기독교는 많은 다양한 사람들로 구성되어 어떤 사람들은 매우 예전적인 방식의 예배를 더욱 좋아하고, 또 어떤 사람들은 현대적인 음악이나 악기를 사용하는 예배를 더욱 좋아한다. 다른 사람들은 그 두 가지를 혼합한 방식의 예배를 선택한다. 그러나 어떤 한 방식의 예배가 모든 교회에 규범적인 것이 될 수는 없다. 또한 우리는 타문화보다 한국문화에 의해 형성된 예배를 더 좋아 할 수 있다. 이처럼 예배의 방식은 어떤 환경, 음악, 또는 예술 등을 선택하느냐에 따라 매우 다양할 수 있다.

4. 예배갱신을 위한 연구자세

한국교회 안에는 아직도 교파의 높은 벽이 존재하고 있다. 이처럼 다양한 교파들로 구성된 상황에서 한국교회의 예배를 연구하는 일은 무엇보다 먼저 모두의 공통분모를 찾는 것이다. 이것은 곧 각 다양한 교파의 예배전통과 예배신학 그리고 교리를 생산한 종교개혁시대를 뛰어넘어 모두에게 규범적이고 공통되는 예배요소들을 제공하는 초대교회에로 돌아갈 필요가 있음을 말하는 것이다. 그러므로 바람직한 한국교회의 예배갱신을 연구하는 자들에게 다음의 세 가지 태도가 요구된다: (1) 편견을 버려라. (2) 서로 대화하라. 그러나 (3) 역사적 의식을 가지고 대화하라.[31]

첫째로, 바람직한 예배갱신을 위하여 다른 예배전통이나 예배형식에 대한 편견을 버려야 한다. 예배갱신의 가장 큰 장애물은 예배에 대한 개인적 판단이나 편견이었다. 기독교예배의 2000년 역사는 입에서 입으로 그리고 문화와 전통 속에서 우리에게 내려오고 있다. 예배의 역사적 배경을 살펴보면 안타깝게도 기독교의 교회역사는 예배에 대한 서로 다른 이해관계로 나뉘고 또 나뉘었다. 신약성서시대에 안디옥의 바울과 예루살렘교회의 갈등은 할례와 제사음식문제에 대한 편견 때문에 일어났다. 개혁신앙의 선두주자였던 루터Martin Luther는 예배관습 중 성찬과 언어를 평신도들의 언어와 예배참여로 바꾸

31 이 세 가지 예배갱신을 위한 원리는 Hans-Georg Gadamer의 철학적 해석학의 원리를 예배학에 적용한 것이다. 그의 책 *Philosophical Hermeneutics* (Berkeley: University of California Press, 1976)를 참조하라.

고자 구교와 대립하였다. 재세례파는 유아세례문제로 개혁신앙과 나뉘어졌다. 영국성공회는 국왕의 결혼문제로 구교와 갈라섰다. 감리교는 요한 웨슬리의 안수문제로 영국성공회와 분리하였다. 청교도는 기도서문제로 영국성공회를 떠나 미국에 정착하였다. 또한 희랍정교회와 서방교회와의 분열은 성상(聖像; Icon)문제 때문이었다.

본 저서에서 필자는 우리의 교회들에서 진행되는 주일예배에 관한 질문들과 그 예배에 관한 우리의 생각을 형성하는 질문들을 제시하려 한다. 우리는 이런 질문들을 통해 우리의 과거와 현재의 예배 속에서 잘못된 것들을 바로 잡고 예배갱신을 위해 더욱 활성화시킬 것들을 발견하게 될 것이다. 우리가 발견하게 될 것들 중 어떤 것들은 이미 우리에게 일반적으로 알려진 것들이나 전혀 새로운 것일 수 있다. 우리보다 이전에 예배를 기획하고 진행한 자들 모두가 그리스도인에게 끊임없는 생명력을 제공한 초대 교회의 역동적인 예배를 재현하려 했던 것처럼, 우리가 이 연구를 통해 기본적으로 발견하려는 것도 처음부터 초기 한국교회의 신앙과 삶에 변화를 주었던 예배의 생동감을 오늘의 예배공동체에 전하며 이해시키려는 것이다.

둘째로, 바람직한 예배갱신을 위하여 서로의 예배전통과 예배경험으로부터 듣고 배우면서 대화해야 한다. 예배에 대한 개인적 편견을 버리고 대화할 수 있다면 예배갱신의 문은 열리게 된다. 예를 들어, 개혁자중 가장 가까울 수 있었다고 생각되었던 루터와 쯔빙글리Ulrich Zwingli도 마부르그 회담Marburg Colloquy(1529)의 15개 조항 합의서 중 마지막 조항인 성찬 문제로 대립이 되어 지금까지 풀지 못하던 갈등이 1997년 6월 미국장로교총회에서 루터의 후예인 루터교와 칼빈John Calvin의 후예인 장로교 사이의 성찬참여 합의서로 인하여 새로운 면모를 모색하고 있다.

본 저서로부터 우리가 발견하게 될 어떤 것들은 우리에게 예배의 순서 진행에 관한 자료들을 보여줄 것이다. 그 자료들이 몇몇 교회의 예배자들에게는 새로운 것이 아닐 수도 있으나 대부분의 교회들에게는 비교적 최근에 갱신된 것들로 보일 것이다. 이 연구를 통한 발견과 그 발견에 대한 분석과 새로운 방향에 대해 우리는 한국교회의 예배 전통뿐만 아니라 칼빈과 웨슬리John Wesley의 전통과 같은 교단의 예배신학을 존중하는 입장에서 서로 대화하는 자세를 잃지 않아야 한다. 한 걸음 더 나아가 한국교회는 성서적, 역사적, 신학적, 그리고 실제적인 예배에 관심을 가지고 우리의 과거와 현재의 예배에 영향을 준 세계 교회의 예전갱신운동을 적절하게 수용할 필요가 있다.

셋째로, 바람직한 예배갱신을 위하여 자신과 타인의 예배가 지닌 역사적 전통을 의식하면서 대화해야 한다. 최근에 각 교단의 예식서 수정위원회에 의해 제시된 예식서의 수정과 보완을 위한 기본원칙들 가운데 하나는 각 교단 자체의 예배전통과 예배신학을 감안한다는 것이다. 우리가 아는 대로 기독교의 예배전통은 다양성을 존중한다. 예배는 긴 예배의 역사 속에서 발전되어 왔고 계속 발전되어 간다. 이처럼 우리는 우리의 영적 생활과 증거의 중심을 강화시켜온 예배전통을 잘 지켜나가야 한다. 그렇게 할 때 그 결과는 "나 자신"의 주장을 제한하면서 "우리"의 일치를 위한 예배를 확대시키게 될 것이다.

하나의 예배전통을 놓고 올바른 예배, 또는 잘못된 예배로 판단하기는 어렵다. 예배전통이란 여러 세대에 걸쳐 내려온 연속성을 보여주는 상속된 예배관습들과 신앙으로 예배를 행하는 사람들의 태도를 나타내는 특별한 방식이다.[32] 그러므로 어느 한 예배전통 속에서 예수그리스도를 통한 구원의 역사가 예배의 모습으로 표현되어졌다면 아무리 우리가 이해하지 못한다 해도 그 예배전통은 귀하고 아름다

32 James F. White, *Protestant Worship: Traditions in Transition* (Louisville, KY: Westminster John Knox, 1989), 21.

운 것이 분명하다. 우리 개인에게는 맞지 않는다 해도 그 예배형식을 통하여 하나님의 살아 계심이 선포되고 있다는 사실 속에서 일단 비평을 삼가는 것이 바람직하다. 예를 들어, 무조건 가톨릭 의식이라고 거부하는 일은 피하여야 한다. 신학은 서로 자기가 정통이라고 주장하며 우리와 이웃을 여러 교단으로 나누게 하지만 예배는 신학의 이념으로만 존재하지 않는다. 그리스도의 몸과 피로서 하나가 된 하나님의 자녀들, 예수그리스도를 주라 부르는 모든 하나님의 공동체는 준비된 예배의 자리에 같이 참여하여야 하는 것이 세계화시대인 21세기를 맞이한 교회의 사명이기도 하다.

제 2 장

예배갱신의 방향 : 공동체성 회복

예배는 교회의 주된 사역이며, 교회는 예배 공동체이다. 그러므로 교회의 생활을 새롭게 한다는 것은 예배를 새롭게 한다는 것을 의미한다. 그렇다면 예배를 통해 교회를 새롭게 하려는 예배갱신은 어떤 방향으로 진행되어야 하는가? 무엇보다 예배갱신은 예배에 회중의 공동체적 행동과 능동적 참여를 일으킴으로 개인주의가 팽배한 오늘날의 예배를 극복할 수 있는 방향으로 나아가야 한다. 예배갱신은 젊은이와 노인, 힘 있는 자와 없는 자, 초신자와 모태신자의 구분 없이 모든 예배자들이 온전히, 의식적으로, 그리고 적극적으로 참여하는 것으로부터 일어나야하고 그 방향을 유지해야 한다.[33] 그것이 바로 '하나님의 사람들의 공동체적 일'이라는 예배liturgy의 본질적 의미를 가장 잘 나타내기 때문이다.

어쩌면 다음의 질문들이 우리에게 약간의 놀라움을 줄 수도 있을 것이다. 당신의 교회는 주일예배에서 교회력을 따라 성서정과Lectionary를 사용하는가? 복음서를 봉독할 때 예배자들이 일어서는

33 Calvin Institute of Christian Worship, "Worship Renewal: What We Have Learned From Congregations," (November 10, 2010). (http://worship.calvin.edu/resources/resource-library/worship-renewal-what-we-have-learned/)

가? 어린이들이 어른들과 함께 드리는 주일예배에 대해 어떻게 생각하는가? 헌금위원들이 헌금 접시를 앞으로 가지고 나갈 때 성찬식을 위한 빵과 포도주도 함께 봉헌되는가? 주일 낮 예배에서 점차 평신도가 인도하는 대표기도 순서가 생략되고 있는 경향을 어떻게 생각하는가? 고백기도를 침묵으로 진행하는 것은 어떤가? 설교, 헌금, 그리고 광고 순서의 바람직한 위치는 어디인가?

때때로 위와 같은 문제들을 다룰 때 예배에 대한 개인적 차원과 공동체적 입장 사이에 균형을 이루는 것이 쉽지 않다. 우리는 자신에게 이미 익숙한 예배 방식을 고수하려는 경향이 있다. 이런 점이 예배의 변화를 시도할 때 고려되어야 한다. 예배에 대한 새로운 생각이 있다 하더라도 예배의 변화는 조심스럽게 이루어질 필요가 있다. 새로운 예배에 대해 생각할 때 최근 각 교단의 예식서와 교회들의 실제적인 예배에서 많은 변화의 시도가 일어나고 있다. 어떤 이들에게는 예배의 변화가 그들이 바라는 방향을 제공함으로 즉, 교인들의 예배 참여를 증가시키고 성서적이며 역사적인 예배의 뿌리를 회복함으로 흥분을 일으킨다. 그러나 다른 이들에게는 새로운 예배에서 나타난 변화가 종종 그 본래의 예배 표현이 부족함으로 잘못된 방향으로 갈 수 있다.

이런 이유 때문에 예배갱신은 개 교회들이 사용한 후에 따르는 예식서에 대한 비평과 개정을 필요로 한다. 아무리 잘 준비된 성서적, 역사적, 세계적, 현대적, 그리고 한국적인 예배를 드린다 해도 여전히 새로운 질문들과 가능성들이 일어난다. 물론 그렇게 되어야 한다. 하나님을 예배한다는 것은 우리가 기계적으로 행하는 어떤 것이 아니기 때문이다. 우리가 잘 아는 관습과 중요한 전통도 단순히 반복됨으로 끝나지 않는다. 모든 예배는 언제나 모든 교회에서 각기 드려지는 독특한 것이며 실제적인 시간과 장소에서 새롭게 경험되는 영적인 것이다. 이런 이유 때문에 우리는 각 교단이나 교회에서 제정되어 실행되어온 예배, 그리고 우리의 예배 생활로부터 나온 예배에 대해 계속 대화를 나눌 필요가 있다. 우리 예배의 어제, 오늘, 그리고 내일에 관한 대화가 지금 시작된 것은 아니며 또한 여기에서 끝나서도 안 될 것이다.

1. 예배의 공동체성

최근에 우리가 직면하고 있는 도전은 성경적 통전성 회복이다. 어떻게 복음의 개인적인 차원과 공동체적인 차원을 연결할 것인가? 어떻게 하나님의 사랑을 개인과 동시에 세상에 전할 것인가? 어떻게 예배공동체로 모인 자들이 예배 가운데 계신 하나님을 경험하며 세상에서 그 하나님을 증거해야 할 선교적 책임을 준비하게 할 것인가? 우리의 예배가 개인들뿐만 아니라 그들 각자가 생활하는 사회까지 변화시킬 힘을 가지고 있는가? 이와 같은 질문들은 한국교회의 예배갱신이 공동체예배를 회복하는 방향으로 나가야 함을 암시한다.

양적 성장을 향한 한국교회의 끊임없는 열정은 주일예배의 공동체성을 상실하게 하였다. 바른 예배가 없이 사람들을 모으기만 하는 우리의 집회(예배)를 자세히 들여다보면 그 예배는 매우 개인주의적이며, 사유화되고, 주로 종교적인 욕구를 찾는 자들을 위한 것임을 알 수 있다. 대형 교단에 속한 교회의 소속감이나 대형 교회에 속한 교인들의 소속감은 더 이상 바른 예배를 위한 필수조건이 아니다. 아직도 대형교회를 추구하는 한국에서 여전히 자신에게 맞는 교회를 찾아다니는 교인들의 유동성은 높다. 하지만 과거와는 달리 그들은 더 이상 교회의 겉모습에 빠지지 않는다. 그들은 공동체를 형성하는 바른 예배를 통하여 세상에서 하나님의 백성들로 살아가기를 원하고 있다.

지금까지 우리의 예배에서 무시되었던 것은 예배의 공동체성이다.[34] 개인주의적 구원에 대한 강조가 복음의 공동체적 성격으로부터 분리될 수 있듯이 개인적인 구원이나 목적을 강조하는 예배도 공동체의 사명을 희생시킬 수 있다. 하나님의 부름을 받아 함께 모인 자들은 공동체예배를 통하여 새로워져 그리스도의 증인으로 세상으로 보냄을 받는다. 그러므로 이사야가 하나님을 만나는 경험을 통해 새로워져 하나님을 위해 세상으로 간 것처럼(이사야 6장), 예배는 세상에서 하나님을 위한 증인이 되도록 선교공동체를 형성한다. 이와 같은 예배의 공동체성을 회복하려는 노력은 예배의 기본적 내용, 구조, 형식을 성서적, 역사적, 그리고 신학적 통일성에 근거하여 새롭게 이해하려는 노력이다.

첫째로, **예배갱신은 많은 시대의 경험과 역사적 전통, 즉 초대교회의 예배 전통이 상실되지 않고 보존되는 예배의 구조와 그 속에 나타난 예배공동체성을 회복해야 한다.** 예배갱신의 신학과 실제는 서구의 예전 전통에 의해 깊게 뿌리를 내리고 형성되었다. 그리고 이 서구의 예배 전통은 1세기의 교회 역사에까지 거슬러 올라가야 한다. 그러므로 예배갱신에 관심을 가진 자들은 우리의 예배가 초대교회의 예배와 동시에 세계교회의 예배에 빚을 지고 있음을 알아야 한다. 이것은 우리의 예배가 초대교회가 물려준 예배의 공통성과 동시에 세계교회가 경험하고 있는 예배의 다양성을 추구해야 함을 말하는 것이다. 어떤

34 예배에서 공동체성이 회복되어야 한다는 필요성은 개인주의에 대한 하나의 저항으로 나타나기 시작했다. 사회에서는 산업혁명과 그 후유증으로 인해 해체된 가족과 공동체를 회복하고, 교회에서는 그리스도의 몸인 교회의 신약성서적 이미지를 회복하려는 예전갱신운동에 의해 나타나기 시작했다. John Fenwick & Bryan Spinks, *Worship in Transition: The Liturgical Movement in the Twentieth Century*(New York, NY: The Continuum, 1995), 5-6을 보라.

시대의 예배보다 더 많은 공통성을 지닌 초대교회의 예배를 회복하려는 노력은 다양성을 존중하는 루터, 칼빈, 웨슬리 등의 예배신학과 상치되지 않는다. 그럼에도 불구하고 예배갱신을 위한 신학은 16세기 종교개혁자들의 예배보다 초대교회의 예배에 기초해야 한다.

우리가 초대교회의 예배로부터 회복할 수 있는 것은 예배의 4중구조--날마다 모여, 사도의 가르침을 받고, 떡을 떼고, 그리스도의 증인으로 세상으로 나가는—속에 나타난 공동체성이다. 초대 교회는 예배를 하나님에 의해 부름을 받은 공동체의 모임으로 이해하였다. 그들은 예배를 드리기 위해 함께 모일 때 하나님의 백성들로 아버지의 집에 초청되었다. 그들은 하나님의 말씀으로부터 함께 행할 것을 깨달았다. 그들은 함께 떡을 뗌으로 서로 그리스도 안에서 형제와 자매로 연결됨을 경험하였다. 그들은 예배를 통해 최고의 사도 공동체가 되어 성령의 능력을 받아 그리스도의 증인이 되도록 세상으로 보냄을 받았다. 초대 그리스도인들은 예배에서 부활하신 그리스도를 만나는 경험으로부터 그리고 그리스도에게 속한 자들로서 그의 증인이 될 것을 다짐했다. 초대교회의 예배처럼 오늘의 예배도 다양한 사람들을 한 곳에 모아 그리스도의 지체로 변화시켜 공동체를 만든다.

이와 같은 초대교회 예배의 공동체성은 예수님의 부활과 승천 사건을 경험한 제자들의 변화에 의해 형성되었다. 그들은 예수님이 승천하시기 전 함께 모였을 때 자신들의 가장 주된 관심사를 예수님에게 여쭈었다. "주님, 주님께서 이스라엘에게 나라를 되찾아 주실 때가 바로 지금입니까?"(행1:6) 그런데 예수님의 대답은 "너희가 알 바가 아니다!"였다(행1:7). 그런 일은 하나님의 권한으로 정해지는 것이기 때문이다. 승천하시는 예수님을 지켜보면서 제자들은 하나님의 권능과 하나님의 나라를 새롭게 보기 시작했다. 이제 그들은 자신들의 각기 다른 배경들에 기초된 관심사들을 구하는 대신, 먼저 하나님 나라와 그 나라의 의를 구하기 위해 함께 모여 한 마음으로 기도에 힘썼다.(행 1:14) 오순절이 되었을 때 그런 공동체의 한 마음의 기도에 의해 함께 모인 곳에 그리고 함께 모인 각 사람들에게 성령이 가득 채워졌다. 이렇게 초대교회와 예배는 자신의 관심을 버리고 먼저 함께 하나님 나라와 그 나라의 의를 구하는 것으로부터 탄생했다.[35]

둘째로, **예배갱신은 하나님의 나라와 그 의를 실천하는 선교공동체를 형성하는 방향으로 회복되어야 한다.** 초대교회의 예배와 용어들은 예배가 선교적인 확신을 뒷받침한다. 초대교회는 4세기까지 함께 모여 예배를 드리는 사건을 "Mass"라고 불렀다. 이 용어는 저低 라틴어(Low Latin ; 고전 라틴어가 아닌) Missa("보냄")로부터 왔다. 그러므로 예배의 본래 의미는 보내는 의식과 관계가 있었다. 초대 교회의 의식들은 예배자들이 하나님의 일군들과 그리스도의 증인들로 세상으로 보내지는 것을 강조하였다. 그러므로 뮬러A. D. Muller가 말한 것처럼 "[예배]에서 세상을 밝힐 빛이 점화된다."[36] 그러나 중세기에 와서 예배의 선교적인 관심이 교회 내에 속한 자들의 구원을 위하여 축소되기 시작하였다. 이런 예배의 변화는 복음을 축소하는 결과를 낳았다. 21세기의 문턱을 통과한 한국교회는 1세기의 교회가 직면하였던 것과 같은 도전을 맞이하고 있다. 오늘 우리는 초대교회의 예전이 지녔던 선교적 의미를 회복할 필요를 느끼고 있다. 우리는 예배갱신을 통하여 급속도로 변하고 있는 사회 속에서 어떻게 교회가 선교적인 교회가 될 수 있는지를 발견해야 한다.

35 하나님의 행하심에 대한 인간의 응답을 예배로 이해할 때, 사도행전 1, 2장이 말하는 초대교회의 예배가 예수님의 부활과 승천 사건을 통해 하나님의 권능을 경험한 제자들에 의해 시작되었듯이, 구약의 예배 또한 이스라엘 백성들이 출애굽기 14, 15장이 말하는 적군들과 홍해로부터의 구출 사건에서 목격한 하나님의 권능에 대한 찬양과 감사로부터 시작되었다.

36 Jean-Jacques von Allmen, *Worship: Its Theology and Practice*(New York: Oxford University Press, 1965), 52.

셋째로, **예배의 내용이 성직자보다 회중이 중심인 예배공동체의 참여가 확대되는 방향으로 갱신되어야 한다.** 기독교예배의 역사는 예배가 성직자의 역할에 의해 지배되었음을 보여준다. 로마 가톨릭에 의해 확고한 지위를 차지하고 있던 엄격한 예식의 구조물에 작은 틈을 내기 시작한 마틴 루터의 종교개혁은 예식에 자유를 부여하였다. 성직자의 라틴어로 진행되던 예배에서 회중의 언어 사용과 감정 표현이 자유로워졌다. 과거에는 주일예배에서의 회중의 역할이 찬송을 부르고, 교독문을 읽고, 사도신경이나 주기도문을 암송하는 것에 제한되었다. 그러나 에큐메니칼 바람이 우리의 성전 안에 불기 시작하면서 성직자의 역할에 변화가 일어나기 시작하였다. 점차 예배는 성직자가 아니라 모든 예배자들에게 속하고 관계된 하나의 공동체 행위로 강조되기 시작하였다. 주일 낮에 드리는 예배를 "공예배"로 부르는 이유는 그 예배가 개인이나 몇 사람에 의해 지배되어 사유화된 예배가 아니라 모든 하나님의 백성들이 함께 참여하여 역할 분담을 함으로 이루어지는 예배이기 때문이다.

그러므로 21세기를 위한 예배갱신은 종교개혁 때와 같이 예배를 탈성직자화하여 그 예배를 하나님의 백성들(예배공동체)에게 돌려주려는 것이다. 공동체예배에 담긴 기본적인 예배 이해의 하나는 예배의식 또는 예전*liturgy*이라는 단어가 원래 노동*ergon*과 국민*laos*의 헬라어 합성어*leitourgia*가 암시하는 대로 "사람들의 일"(the work of the people)이라는 것이다. 특별히 "하나님의 백성"을 의미하는 헬라어 "*Laos*"는 전문인에 반대되는 일반인이 아니라 모든 사람들을 말한다. 지난 수십 년 동안 우리의 예배 이해에서 어느 것보다 더욱 의미심장한 변화 한 가지가 있었다면 그것은 평신도에 대한 새로운 이해이었을 것이다. 모든 사람은 예배를 실제적으로 기획하고 여러 가지 방법으로 참석하는데 그들 나름대로 역할을 가지고 있다는 것이다.

모든 사람은 예배에 관한 대화에도 그들 나름대로 역할을 가지고 있다는 사실을 알리는 것이 바람직한 예배갱신의 의도이다.[37] 이 시대에는 예배의 균형을 기획하는데 중요한 여러 그룹들에 관한 관심들이 너무 많다. 이런 대조적인 그룹들에 부자와 가난한 자, 남자와 여자, 어린이와 어른, 시골사람과 도시인, 작은 교회와 큰 교회, 지식인과 문맹인, 북도와 남도, 그리고 총회와 신학교 등이 포함된다. 우리는 이런 관심사들을 알고 있으나 또한 그 모두를 해결하기에는 한계가 있음을 인정해야 할 것이다.

2. 공동체예배 기획과 준비

수년 전 미국의 대중잡지 *Life*와 언론들은 일요일 오전 11시를 한 주간의 가장 차별화된 시간으로 언급하였다. 그러나 많은 사람들은 주일예배 시간을 한 주간의 가장 지루한 시간이라고 생각한다. 왜 그렇지 않겠는가! 많은 사람들에게 예배는 마치 관중을 끌기 위한 스포츠와 같이 자신들의 기호에 맞는 것을 선택하라고 경쟁하는 것 같다. 많은 예배가 "나 중심"으로 변하고 있다. "예배에서 나와 내 가족이 얻을 것이 무엇인가?" 그리고 "내 교회가 내가 원하는 것을 주지 못한다면, 나는 다른 교회로 갈 것이다."

예배에서 관중은 없다. 하나님은 마음, 영, 힘, 생각을 다해 때로는 조용하게, 때로는 큰 소리로, 때로는 자연스럽게, 때로는 형식을 갖추어서 축하하도록 우리를 부르신다. 예배는 기쁨과 슬픔, 두려움, 혼동, 분노 가운데서 생명으로 이끄는 축하이다. 축하는 위로하며 문

37 Alan Barthel, et als., eds. A *Guide to Sunday Worship,* 3rd.(The United Church of Canada, 1992), xv.

제를 직면하게 한다. 예배는 삶의 모든 차원, 생존의 모든 면을 축하하기 때문에 하나님의 백성의 일(연기)과 같다.

그렇다. 예배는 "하나님의 백성들이 하는 일" 또는 그들이 맡은 역할을 하는 연극이다. 그러나 생각해 보라. 예배위원들의 조그만 도움을 받기는 하지만 얼마나 자주 예배가 목사에 의해 만들어지는가. 많은 사람들의 생각에는 예배를 효과적으로 인도하든 그렇지 않든 아직도 목사가 유일하게 중요한 예배 인도자이다. 그러므로 바람직한 예배는 모든 회중이 예배에 참여하도록 다양한 방법으로 기획되어야 한다. 예배는 8주에서 10주정도 이른 준비를 필요로 한다. 성서정과를 따르면 가능한 일이다. 이른 예배 기획은 예배 인도자 뿐 아니라 회중에게 창조적인 예배 준비를 자극할 것이다. 적극적이며 자극적인 축하를 준비하기 위해 예배 기획과 준비에 대해 알아보자.

1) 예배 기획

공동체가 예배에 참여하도록 하려면 정기적인 예배 기획이 필요하다. 이를 위해서는 예배를 기획하는 단계부터 공동체와 함께 시작되어야 한다. 다음에 공동체예배를 기획하는 데 필요한 몇 가지 방법들을 제시한다.

첫째로, 예배 전과 후에 설교에 대하여 대화하라. 설교하기 전에 6명에서 10명 정도를 초대하여 설교본문에 대하여 이야기를 나눠라. 예배가 끝난 뒤에는 누구라도 모두에게 대화 모임에 참석할 기회를 제공하라. 그들이 말하는 것을 경청하라. 필요한 것들을 적어라. 명확하게 만들라. 그 모임에서 결코 또 다른 설교를 하지 말라. 목사는 무엇인가 설교에 도움 되는 것을 그들로부터 얻기 위해 그 모임에 참석한 것이다. 참석자들은 목사에게 정보를 제공할 것이며 설교 사역을 강하게 만들 것이다.

둘째로, 예배를 돕는 소그룹들을 만들어라.

1) 기도 그룹Prayer group은 성령께서 우리의 삶을 풍성하게 하며 그리고 변화하도록 기도한다. 몇 개의 기도그룹들은 특별한 시간을 배정 받을 수 있다.

2) 배너 그룹Banner group은 교회력을 따라 계절마다 배너(예배용 기치, 현수막)를 만들뿐 아니라 매 주일의 예배 주제에 맞는 그림이나 글을 짠 배너를 만든다. 교회에서 바느질이나 수를 잘 놓는 여성들을 활용한다.

3) 미술 그룹Artist group은 매 주일의 예배 주제를 반영하는 주보의 겉표지나 상징을 그린다.

4) 센스 그룹Senses group은 보고 듣는 것뿐 아니라 때로는 만지는 것 등, 예배에서 느낄 수 있는 모든 감각들을 사용하는 방법들을 개발한다.

5) 드라마 그룹Drama group은 예배 연극하기를 좋아하는 자들로 구성된다. 예배 연극은 암기하는 것이 아니라 준비하는 것이다. 젊은이들은 특별히 연극하는 것을 즐긴다. 성경도 전통적으로 성경을 단순히 읽는 것 이상인 드라마를 요구한다. 젊은이들에게 성경을 자신들의 언어로 표현한 드라마를 쓰게 하라.

6) 무용 그룹Dance group은 성경과 찬송을 해석한다. 이들은 예배에 새로운 차원을 제공할 것이다.

7) 수화 그룹Sign group은 청각장애를 지닌 자들을 위하여 예배를 통역한다.

8) 평가 그룹Evaluation group은 예배의 결과를 점검한다. 비판의 눈으로 평가할 필요는 없다. 비판의 중요성을 인정하지만 오히려 하나님의 모든 백성과 하나님 안에 있는 모든 백성을 포함할 새로운 가능성들을 발견하는 것이 더 중요하다.

셋째로, 주보(예배 순서를 포함한)를 활용하라. 주보는 그 교회의 예배에 관한 첫인상을 보여준다. 예배를 위해 주보가 필요하지만 때로는 주보를 사용하지 않고 예배를 드리는 회중의 반응에 놀랄 것이다. 주보는 목사와 예배 인도자의 손에 의해 만들어지는 가장 교육적인 도구이다. 그러나 예배가 끝나면 상상이나 성서적인 도움을 주지 못하는 많은 주보들은 주인 없이 바람에 날려 다니거나 구겨져 버려지는 "거룩한 세탁물"이나 마찬가지이다. 대부분의 교회는 매 주 주보를 만들 때 찬송, 성경, 고백기도문, 설교제목, 그리고 광고와 통계나 바꾸면 된다. 모든 것이 설교에 초점을 맞추면 된다. 예배 순서에서 나머지 부분들은 설교를 위하여 준비되거나 받쳐주는 순서들일 뿐이다. 회중은 기계적으로 그리고 원격조정을 받으며 예배의 관중으로 반응한다. 그래서 만일 회중이 설교로부터 아무 것도 얻지 못하면 예배로부터 아무 것도 얻지 못한 것이 되고 만다.

또한 예배 속에 공동체를 포함시키는 간편한 방법들로 주보나 글을 사용할 수도 있다. 부름 받은 자들의 예배 또는 믿음, 소망, 사랑, 정의, 평화의 공동체예배를 위하여 다음과 같은 방법들을 활용할 수 있다.

1) 교회력을 따라 각 절기를 반영하는 예배 주제나 방향을 바꿔라. 교회력을 사용하면 예배가 다양성을 확보할 수 있기 때문이다. 주일예배 순서의 머리에 또는 주보의 겉표지에 사용할 몇 가지 예를 들어보자.

(1) 대림절Advent : 세상으로 오시는 예수 그리스도의 교회는 자주 만나 세상으로 흩어집니다. 그리스도의 다시 오심을 기다리는 계절을 축하합시다.

(2) 성탄절Christmas : 구주가 하나님의 나라를 세우기 위해 오셨습니다. 구주께서 다스립니다. 하나님께서 세계를 다스리심

을 축하하기 위해 매 주 예배에서 만납시다.

(3) 주현절Epiphany : 예수 그리스도의 교회는 매주 기쁜 소식을 축하합니다. 주현절에 세상사람, 동물, 자연과 그리스도의 사랑을 나눕시다.

(4) 사순절Lent : 갱신의 계절. 우리의 존재 이유를 확인하기 위해 모이는 공동체. 예수의 부활을 위하여 준비합시다.

(5) 부활절Easter : 부활의 계절에 부활하신 주의 권능 안에서 우리가 누구인지, 우리는 누구의 것인지, 우리가 해야 할 것은 무엇인지, 우리는 어디로 가야하는지를 발견합시다.

(6) 오순절Pentecost : 살아 계신 그리스도의 교회는 오순절에 그리스도의 사랑에 관한 기쁜 소식을 교육, 쉼, 경제, 정치, 가족, 이웃, 그리고 그 이외의 모든 세계와 나누기 위해 만납니다.

2) 각 예배 순서의 시작과 마지막에 그 날의 주제를 나타내는 간단한 글을 넣어라. 이런 글은 한 주 동안 회중들에게 기억될 것이다. 많은 성도들이 다시 읽고 묵상할 자료가 될 것이다. 예를 들어, 주제를 하나님의 약속으로 정했다면, "오늘처럼 T.V. 문화시대를 사는 그리스도인들은 교회 안에서조차 우리를 위하여 놀라운 일을 행하시겠다는 하나님의 약속을 잊어버렸다. 우리는 오늘의 예배에서 상실한 하나님의 약속을 되찾고 놀라운 일들을 일으킬 능력 또한 회복할 것이다."라는 내용을 예배 순서의 첫머리에 소개할 수 있을 것이다.

3) 교회력이나 성서정과에 따라 각 절기를 설명하는 주제로 예배 순서의 머리 부분을 바꿔라. 매 주일마다 그 주일에 적절한 주제를 설명하여 특별한 예배가 되게 하라. 예를 들어, 미국 듀크 대학채플Duke University Chapel은 2013년 3월 3일 주일주보 첫

머리에 다음과 같은 예배주제를 실었다: "사순절은 하나님의 부르심에 응답하기 위한 초청과 함께 계속된다. 오늘의 성서정과 중 이사야 55:1-9에서는 지혜가 길거리들에서 우리를 하나님의 풍성한 연회 식탁에로 초청하는 분으로 인격화된다. 바울의 고린도전서 10:1-13는 그리스도인 제자들에게 이스라엘이 이집트를 탈출한 것과 영적으로 관계가 있음을 기억하게 하고 그래서 그들은 그들의 조상들이 광야에서 받은 것과 동일한 시험들에 넘어지지 않아야 한다는 것을 경고한다. 누가복음 13:1-9에서 예수님은 무화과나무 비유를 통해 오늘의 우리도 열매를 맺는 삶에로 부르심을 받고 있다는 것을 예리하게 기억나게 한다."[38]

4) "광고" 또는 "알림"이란 단어를 사용하지 말라. 그 대신, 주보에 별도의 난을 할애하여 "오늘을 위한 기회들", "이 주간을 위한 기회들", "이 달을 위한 기회들" 등과 같은 제목으로 변화를 주라.
5) 예배의 모든 부분을 "특별하게" 기획하지 않는다면, "특별 음악"이란 단어를 사용하지 말라. 어떤 한 순서가 특별하다고 말하는 것은 그 날의 예배와 관계가 없음을 의미하는 것이다. 아무리 특별한 음악이라도 연습이 부족하거나 회중이 이해하지 못하여 관중으로 남는다면 적대 행위가 될 수 있다. 그 대신, 음악을 보통 예배 순서에 대한 한 응답으로 사용하라.
6) 새로운 찬송들을 소개하기 위해 "이 달의 찬송"을 이용하라. 대부분의 나이 많은 교인들이 매 주일에 부를 애창곡으로 선정한 10곡은 어린아이들과 젊은이들에게는 거의 의미가 없을 것이다. 간단한 설명과 함께 모든 연령의 자녀들과 함께 부를 수 있

38 듀크대학채플(Duke University Chapel)은 10년 동안 주일예배에서 사용한 주보들을 자료들(Worship Service Archive)로 보관하고 있다. http://chapel.duke.edu/를 보라.

는 찬송이나 복음송들을 소개하라. 불행하게도 목사나 어른들은 어린아이들의 언어로 된 모든 것들을 거의 회피할 수 있다. 주보나 교회의 통신란을 통하여 새로운 찬송의 역사를 제시하라. 한 해의 마지막에, 아마 추수감사절에 회중이 그 해에 배운 새로운 찬송들을 중심으로 예배를 진행하라.

7) 복음서를 봉독할 때에는 회중이 일어서도록 요청하라. 이것은 오랜 동안 잃어버렸던 또는 무시되었던 기독교의 한 전통이었다. 동시에 회중 가운데 연극이나 무용을 하는 자들로 성경봉독과 다른 예배 순서들을 극화하도록 시도하라.

8) 회중이 적절한 예배 언어를 사용하도록 교육하라. 예를 들어, 우리는 헌금을 받는다고 말하지 현금을 걷는다고 말하지 않는다. 우리는 우리의 예물(은사)을 드리는 것이지 기증하는 것이 아니다. 우리는 헌금을 선교를 위해 사용하는 것이지 예산을 위해 쓰는 것이 아니다. 예산은 마지막에 수입과 지출을 따지나 선교는 항상 열려있다.

9) 다음 주일 또는 몇 주일의 성경본문을 주보와 교회 통신란에 미리 소개하라. 많은 교인들은 주어진 주일에 예배 이상의 무엇인가를 기대하고 준비하고 싶어 한다. 교인들에게 예배를 드리러 오기 전에 그 주일의 성경본문을 읽도록 격려하라. 그리고 주일예배를 드리기 전과 후에 자신들이 얻은 것을 서로 그리고 목사와 나누도록 하라.

10) 교인들 가운데 어떤 악기라도 연주하면 예배를 위해 사용하도록 격려하며 악기를 가지고 오도록 하라. 예배에서 사용되는 모든 음악을 연주하는데 참여하도록 요청하라. 연주할 악기가 없다면 허밍이나 휘파람을 불도록 하라. "호흡하는 모든 것들로 여호와를 찬양하라!"

11) 조각, 그림, 색유리, 직물 등 예배예술을 활용하라. 예배는 오감을 통해 표현할 수 있는 음악과 춤 뿐 아니라 조각, 그림, 공예와 같은 시각예술visual art까지 포함하는 종합예술이다. 예배예술이 하나님을 실재하도록 할 수는 없어도 평범한 눈으로는 볼 수 없는 것을 볼 수 있게 하며 하나님을 우리의 의식에 오도록 만들 수 있다. 예를 들어, 시각 예술은 예배에서 우리가 거룩한 현존, 즉 하나님의 실존을 인식할 수 있도록 도울 수 있다.

2) 예배 준비

삶을 변화시키는 예배는 모든 나이 그룹에 대한 상상력, 창조력, 민감성을 요구한다. 우리는 예배에 관여되기를 원하는 모든 사람, 심지어 하나님을 포함하여 어느 누구도 원하지 않고 오히려 성가시게 구는 자들까지도 모두가 참여하는 방법을 찾을 필요가 있다. 그러나 우리는 하나님 사건이 매 주일마다 일어날 것을 그러나 모든 사람들에게는 일어나지 않을 것을 알 수 있다. 그 이유는 사람들이 예배를 드리러 오는 이유를 우리가 알 수 없기 때문이다. 단지 우리는 사람들이 예배를 드리러 오지 않는 이유만 알 뿐이다. 우리는 우리 자신을 제외한다면 어느 누구에게도 책임이 없다. 그러나 우리 자신을 포함한다면 우리는 모든 이에게 책임이 있다.

언제부터 그리고 어떻게 예배를 준비할 것인가에 대한 대답은 너무 다양하다. 예를 들어, 성경을 봉독할 자가 아프다든지 예배위원 중 한 사람이 예배에 참석할 수 없는 일이 생긴 경우에는 예배 시작 몇 분전에 준비가 이루어질 수 있다. 그러나 대부분의 정상적인 예배 준비는 주초에 시작된다. 예배위원들은 교회력과 성서정과에 따라 예배의 주제에 대해 의논하고 부를 찬송 등을 선택한다. 예배 준비는 주중에 진행되는 성경공부나 예배 전에 진행되는 교회학교에서도 이루어질 수 있다. 각 가정에서의 예배 준비는 토요일 저녁에 옷을 다리거나 구두를 빤짝빤짝하게 닦아놓는 것으로도 나타난다.

어떤 교회들은 돌아오는 주일에 사용할 공과교육을 하며 예배를 준비한다. 다른 교회들은 토요일에 주보를 만든다. 예행연습을 하는 교회도 있다. 가족들은 성경을 읽으면서, 찬송을 부르면서, 또는 아침 식사시간에 아이들에게 읽은 성경에 대해 이야기하면서 예배를 준비할 수도 있다. 어떤 준비는 성전에서 일어날 수도 있다. 기도를 하면서, 교회로 모이는 사람들을 바라보거나 그들의 이야기를 들으면서, 성경 본문을 읽으면서, 부를 찬송을 찾으면서, 실내 장식을 음미하면서, 예배에 관한 상징들에 대해 묵상하면서, 조용히 음악을 들으면서 이루어질 수 있다.

특별히 예배를 기획하고 인도하는 자들은 교회에 따라 다양하게 나타나는 준비들을 추가할 필요가 있다. 다음에 가능한 준비들을 열거해 본다:

첫째로, 예배에 필요한 여러 가지 역할들을 조정하고 예행연습을 하고 시간표를 정한다. 예배 참석자들과 예배위원들이 일어서는 순서를 확인하고 일어서는 공간을 결정한다. 특별히 이와 같은 준비는 대형교회에서의 예배나 세례와 성만찬 같이 움직임이 필요한 예식이 거행될 때에 도움이 된다. 회중은 예배가 자연스럽게 흘러가며 품위를 잃지 않도록 시간을 투자하며 준비할 필요가 있다.

둘째로, 회중을 대표하여 예배위원을 선택할 때 특별히 나이, 성별, 인종 등에 주의하며 예행연습을 한다. 예배위원들 가운데 예배를 준비하기 위해 개인적으로 또는 함께 시간을 가질 자들을 구분하고, 누가 무엇을 할 것인지를 재확인하는 것이 중요하다.

셋째로, 예배를 드릴 장소에 필요한 것들을 준비한다: 강단용 성경, 꽃, 촛대, 설교단과 성만찬상보의 색상을 포함하여 교회력에 따른 제단의 장식, 기banners, 또는 다른 미술작업, 찬송가 비치, 예배위원들이 마실 물잔, 마이크의 음량과 음조 등을 확인한다.

넷째로, 모든 회중과 특별히 방문자들이 안내위원들과 주보에 의해 환영받을 것을 확인한다. 안내위원 제도는 중요한 목회이기 때문에 안내위원에게는 특별한 은사가 요구된다. 안내위원은 교회를 방문하는 자나 도움이 필요한 자가 만나는 첫 번째 사람이다. 안내위원의 일은 방문자에게 예배를 소개하거나 안내하는 일까지 포함할 수 있다.

다섯째로, 특별한 순서를 위해서는 회중과 함께 예배 전에 예행연습을 하는 것이 적절하다. 이와 같은 준비를 위해서는 예배를 시작하기 전에 예배에 대한 안내하는 것이 적절하며 이 때 자연스럽게 회중을 환영하는 순서를 진행할 수 있다. 또한 이 때 외부로부터 초청한 손님을 소개할 수도 있을 것이다. 예배를 준비하기 위한 예행연습이나 광고는 분명한 종결이 필요하다. 집례자는 "이제 조용히 묵상함으로 예배를 준비합시다."와 같이 분명한 선언으로 준비 순서를 종결할 수 있을 것이다.

여섯째로, 준비 순서를 진행할 때 집례자(사회자)가 회중과 교제를 나눔으로 자연스럽게 예배를 준비할 수 있다.

일곱째로, 예전적인 방법으로 예배를 준비할 수도 있다. 예배가 시작되기 전에 한 평신도가 강단용 성경을 설교대나 봉독대로 가지고 들어가는 의식을 진행할 수도 있다. 예배가 시작되기 전에 어떤 순서를 진행하든지 중요한 것은 예배의 품위를 떨어뜨리지 않는 것이다.

주일 아침이다. 지난주일 이후로 한 주일 동안 지내던 각자의 생활로부터 사람들이 교회로 모여든다. 주일 낮 공 예배에 참석하기 위해 서로 주위에 모인 자들은 서로가 잘 알기도 하지만 모를 수도 있다.

그들은 제각기 다양한 기대와 관심을 가지고 예배가 시작되기를 기다리고 있다. 그들 모두가 그 이유나 방법을 말할 수는 없겠지만 각자에게 중요한 것은 다음 한 시간동안 진행될 예배에서 무엇이 일어날 것인 가이다. 그들에게 예배는 중요한 관심사이다. 그러므로 예배를 인도하는 책임을 지고 있는 자는 누구나 다음과 같이 질문할 필요가 있다: “어떻게 다양한 기대와 관심을 가지고 모여든 모든 사람들을 하나님을 찬양하려는 공동의 기대와 관심사에로 하나로 묶어 예배를 시작할 수 있을까?” 이와 같은 질문이 예배를 시작하는 부분이나 순서에서 고려되어야 한다. 그러므로 예배를 준비하거나 시작하는 예배 순서는 신앙의 상징들로 둘러 싸여 있는 곳의 고적함을 찾아 모인 회중들이 하나님을 의지하는 마음으로 모인 사람들의 공동체 속에서 자신들을 발견하고 하나님의 능력에 내어 맡기도록 인도할 필요가 있다.

3. 공동체예배의 실제

공동체예배의 기본 형식은 기독교 예배에 관한 성서적, 역사적, 신학적 이해에 근거한다. 이 기본적 형식은 예배를 기획하고 진행하는 자들과 회중에게 다양한 예배의 기본적 내용과 구조를 이해하는데 안내 역할을 한다. 공동체예배의 4중 구조--모이는 교회, 말씀 듣는 교회, 응답하는 교회, 파송 받는 교회--가 구체적인 예배순서는 아니지만 다양한 예배순서들의 기초가 될 수 있다. 공동체예배의 4중 구조 각 부분으로부터 예배자들이 기대하는 경험과 분위기는 다음과 같다: 1) 기쁨으로 하나님 앞으로 나아가는 공동체, 2) 묵상하는 자세로 하나님의 말씀을 듣는 공동체, 3) 성만찬을 통하여 축제를 경험하는 공동체, 그리고 4) 세상으로 파송 받는 공동체. 이 기본적 예배 구조는 다양한 예배들 배후에 있는 공통성을 보여준다.

또한 누가복음 24장은 예배의 요소가 무엇인지를 잘 보여준다. 엠마오로 내려가던 제자들은 성경을 인용하며 자신들과 대화한 사람의 정체를 몰랐다. 그런데 떡을 뗄 때 그가 예수라는 사실을 알게 됐다. 이 이야기에는 성경을 인용하고, 설교를 하고, 떡을 나누는 세 가지 예배의 본질이 들어 있다. 이처럼 예배라는 형식이 처음으로 교회 안에 도입된 것은 예수께서 승천하신 뒤 150년이 지나서였다. 처음 예배 의식을 만든 사람은 순교자 저스틴Justin Martyr이었다. 그가 만든 예식 순서에는 교인들이 모일 때까지 신구약성경을 읽다가 회중이 모이면 설교를 한다. 공동기도를 한 뒤, 떡과 포도주를 가져와 창조와 구원을 감사하는 기도를 드리고 예수께서 제자들에게 한 명령을 상기시키고 나눠줬다. 그리고 가난한 사람들을 돕기 위한 헌금을 했다. 시간이 지나면서 예배 형식이 많이 바뀌었지만 원형은 저스틴이 만든 틀을 유지하고 있다.[39]

이와 같은 기본적인 예배 구조를 중심으로 다양한 시범예배나 실험예배를 통하여 개 교회의 특성에 맞는 예배방식을 제시할 수 있다. 비록 여기에 소개하는 공동체예배가 성서적, 역사적, 신학적인 예배라 하더라도 새로운 예배는 교육이 따라야 효과적으로 진행될 수 있다. 이런 이유로 공동체예배를 진행하는데 필요한 원고 전문과 예배 안내서를 제시한다.

39 Bard Thompson, *Liturgies of the Western Church*(Philadelphia, PA: Fortress, 1980), 9 참조.

대림절 세 번째 주일을 위한
공 동 체 예 배

예전색깔 : 보라/파란색
복 음 서 : 마태복음 11:2-11
주 제 : 하나님의 약속

오늘처럼 T.V. 문화시대를 사는 그리스도인들은 교회 안에서조차 우리를 위하여 놀라운 일을 행하시겠다는 하나님의 약속을 잊어버렸다. 우리는 오늘의 예배에서 상실한 하나님의 약속을 되찾고 놀라운 일들을 일으킬 능력 또한 회복할 것이다.

(*표는 일어납니다) 집례/○○○ 반주/○○○

I. 모이는 공동체

모임 찬양 / 다같이 (먼저, 성서정과에 따른 시편 146편을 읽고 오늘 주일예배의 주제를 중심으로 이 예배의 관심과 방향을 설명하며 예배를 준비하는 마음으로 이에 적절한 찬양을 인도한다. 모임 찬양으로는 묵상을 위한 간단한 복음송이 적절하다. 또한, 모임 찬양을 부르면서 필요에 따라 예배안내, 교회소식, 성도의 교제, 환영사, 묵상기도 등과 같이 형식에 얽매이지 않는 순서들을 진행할 수 있다. 이런 순서들은 예배당으로 모이는 자들에게 자연스럽게 예배를 준비하고 참석하도록 만든다.)

"오늘 주일예배를 위한 시편 146편은 하나님께서 관심을 가지시고 일하시는 것들이 무엇인가를 우리에게 말해주고 있습니다. 하나님은 그 일들을 매일 구체적으로 행하십니다. 그 일들이 무엇입니까?"(할렐루야 시편의 하나인 146:5-10을 읽는다)

***입 례 송** / 다같이 또는 성가대 (예배위원이 입장한다)

***예배 부름** / 집례자 "우리의 하나님 아버지에게 예배드리기 위해 이곳에 함께 모인 사랑하는 주안의 형제자매 여러분, 주님의 사랑으로 여러분을 환영합니다. 우리는 세상을 구원하시기 위해 다시 오실 주님을 기다리는 대림절을 축하하면서, 두 주일 전에 **하나님의 평화**를 위한 대림절 첫 번째 촛불을 켰습니다. 지난 주일에는 **하나**

님의 정의를 위한 대림절 두 번째 촛불을 켰습니다. 오늘 우리는 **치유와 행복에 대한 하나님의 약속**을 밝히는 대림절 세 번째 촛불을 밝히려고 합니다."(화관 모양의 대림절 세 번째 촛대에 빛을 발하게 한다)

"어느 곳에 있든지 누구나 건강, 안전, 행복하기를 원합니다. 이 하나님의 약속의 촛불을 밝힘으로, 우리는 하나님의 치료를 필요로 하는 육체와 정신의 고통을 겪는 자들, 마땅히 살아야 할 곳에서 일해야 할 곳에서 공부해야 할 곳에서 환영받지 못하는 자들, 그리고 위험이 가득한 생활을 하는 자들을 기억하며 예배드리려 합니다. 하나님은 그 모든 이들이 우리와 함께 기뻐 춤추며 행복하게 노래 부를 한 날을 약속하셨습니다. 어쩌면 그 약속된 날이 오늘일지도 모릅니다. 자, 우리 모두 자리에서 일어나 우리를 이 한 곳에 불러 주신 하나님 아버지께 우리의 마음과 뜻과 정성을 모아서 찬양합시다. "새 노래로 여호와께 노래하라 온 땅이여 여호와께 노래할지어다. 만방의 족속들아 영광과 권능을 여호와께 돌릴지어다. 여호와께 돌릴지어다."(시 96:1, 7)

***경배 찬송** / 다같이 (예배 부름에 대한 응답으로 회중은 "아멘!"으로 화답하며 곧 이어 경배에 관한 찬송을 부른다)

***예배 기원** / 집례자 "온 피조물들로부터 예배를 받으시기에 마땅하신 우리의 하나님! 우리의 마음과 뜻과 정성을 모아 이 예배를 드리옵니다. 먼저 주의 영이 임하시어 우리를 정결하게 하시고 하나님을 예배하는 데 합당한 아름답고 깨끗한 심령을 허락하시옵소서. 하나님의 영광만을 위한 귀한 예배가 되게 하여 주시옵소서. 우리 주 예수 그리스도의 이름으로 기원하옵나이다. 아멘" (곧 이어 성가대의 응답송이 따른다)

***고백 권면** / 집례자 "사랑하는 형제자매 여러분, 우리는 하나님이 주신 계명과 우리 주님 예수 그리스도의 가르침을 상기할 때마다 우리의 허물과 죄가 가득함을 고백하지 않을 수 없습니다. 이제 각자 하나님에게 자신의 죄를 고백하며 용서를 구하는 침묵의 기도를 드리겠습니다."

***침묵 기도** / 다같이 (침묵기도를 위해 악기 연주를 멈추며 자비송 반주가 시작됨으로 침묵기도가 끝난다))

***자 비 송** / 다같이 (자비송 "하나님의 어린양"을 성가대가 1,3,5소절을, 회중이 2,4,6소절을 서로 나누어 부른다)

하나님의 어린양

***용서 선언** / 집례자 "하나님의 말씀이 여기 있습니다. 우리 중 누가 정죄하는 자리에 설 수 있습니까? 오직 그리스도, 우리를 위해 죽으시고, 다시 살아나신 주님 뿐 이십니다." 그 주님께서 말씀하십니다. '나도 너를 정죄하지 아니하노니 가서 다시는 죄를 범하지 말라.' 이제 여러분의 죄는 용서되었고 평화가 있을 것입니다. '누구든지 그리스도 안에 있는 사람은 새로운 피조물입니다. 옛 생활은 지나가고 새로운 삶이 시작되었습니다.' (요 8:11, 고후 5:17) 아멘."

***영광 찬송** / 다같이 (하나님의 용서에 대한 응답으로 하나님께 영광을 돌리는 찬송을 부른다)

***공동 기도** / 가정들과 회중 (해당 주일을 위한 성서정과 중에서 하나를

선택하여 공동기도문을 만든다. 다음은 이 주일의 시편 146:7-10을 사용하여 만든 공동기도문이다. 공동기도를 반드시 사회자와 회중으로 나눌 필요는 없다. 기도문 내용에 따라 적절한 사람, 가정, 또는 그룹이 사회자 부분을 담당한다)

가 정 : 주님, 이아침에 저희는 질병과 사고로 고통을 당한 자들과 걸을 수 없는 자들, 그리고 전쟁으로 불구가 된 자들과 가족을 잃은 자들을 기억합니다.

회 중 : 주님, 저희는 더 이상 자신을 지탱하기가 힘든 노인들과 육체적 정신적 지체부자유아로 태어난 어린아이들을 기억합니다.

가 정 : 주님, 저희가 당신과 함께 그들을 높일 수 있는 길을 찾게 하옵소서.

회 중 : 주님, 그들을 치료하고 회복시키기 위해 노력하는 자들과 함께 하옵소서. 또한 약한 자들과 병든 자들의 온전한 삶을 위해 수고하는 자들과 함께 하옵소서.

다같이 : 언젠가 저희 모두가 당신의 나라에서 기뻐 춤추며 행복하게 노래할 것이라는 당신의 약속을 믿음으로 참고 기다리는 자들과 함께 하옵소서.

II. 말씀듣는 공동체

성경봉독/ 구약 : ○○○, 서신서 : ○○○, 복음서 : ○○○

설교/ ○○○목사

구약 봉독 / (**이사야** 35:1-10) 이 이사야의 시적인 예언은 이스라엘 백성들이 바벨론 나라에게 정복당해 그 나라로 끌려갈 때 쇠고랑을 차고 뜨겁고 메마른 사막 지역을 지나가고 있음을 말하고 있습니다. 이사야는 자신의 백성들과 함께 끌려가면서 그들에게, 어느 한 날에 하나님께서 그들을 구출하시어 고향으로 돌아가게 하실 것이라고 말하고 있습니다. 백성들은 질문합니다: "하나님께서 우리를 구하실 때가 무엇과 같을 지를 우리에게 말해주시오!" 이사야의 대답은 이렇습니다. "약한 자들과 불구자들이 노래하며 춤추면서 걷게 될 것이며, 모두 함께 안전하고 행복하게 꽃이 만발한 사막을 지나 하나님의 도시로 돌아갈 것이라. 이사야의 말을 더 들어봅시다." (봉독자가 봉독대 앞으로 나오든지 회중석에서 큰 소리로 구약 본문을 읽는다.)

말 씀 송 / 다같이 (구약말씀에 대한 응답으로 말씀송 "주님의 말씀을" 두 번 반복한다.)

서신 봉독 / (**야고보서** 5:7-10) "이 본문은 개인적으로 직접 하나님의 치료와 도우심을 구하는 자들에게 필요한 인내에 대해 말하고 있습니다. 특별히 우리의 신앙생활에 인내가 필수적인 이유가 무엇일까요? 야고보의 대답을 들어봅시다." (봉독자가 서신서 본문을 읽는다)

말 씀 송 / 다같이 (서신서 말씀에 대한 응답으로 말씀송 "주님의 말씀을" 두 번 반복한다)

주님의 말씀을

***복음서봉독** / (**마태복음** 11:2-11) 예수가 하나님이 약속하신 지도자인지를 알고 싶어 했을 때, 예수께서는 자신이 하고 있는 것들을 열거했습니다. 그가 하신 일들은 하나님의 약속들이 이루어지고 있음을 보여주었습니다. 예수께서는 세례 요한에게 이렇게 대답합니다: "내가 행하는 것으로 내가 누구인지를 알라. 나는 메시야의 일을 하고 있다. 모두 일어서서 복음서의 말씀을 경청합시다." (복음서를 봉독할 때는 회중이 일어서서 들으며 복음서말씀에 대한 응답으로 성가대의 찬양이 따른다)

찬 양 / 성가대

말씀 증언 / 설교자 (설교를 위한 본문을 따로 읽을 필요는 없다. 이미 봉독한 성경 중 하나를 중심으로 설교를 하며 다른 성경은 보조로 사용된다)

Ⅲ. 응답하는 공동체

응 답 송 / 다같이 (설교에 대한 응답으로 응답송 “이 말씀 따라 사는 동안”을 세 번 반복한다)

이 말씀 따라 사는 동안

류형선 글,곡

묵상 기도 / 다같이 (설교에 대한 응답은 다양할 수 있으나 회중이 들은 설교에 대하여 직접 응답 또는 결단할 수 있는 기회를 주는 것이 좋다)

봉 헌 / 다같이

감사기도 / 집례자

***평화 인사** /

집례자 : 우리는 다함께 그리스도의 몸을 이루고 있으며 각 사람은 그 지체입니다. 그리스도께서 자신을 희생하여 평화를 이루셨으니, 이제 우리도 하나님 앞에서 하나가 되십시다. 주님의 평화가 여러분과 함께 하소서.

회 중 : 주님의 평화가 또한 목사님과 함께 하소서.

집례자 : 서로 평화와 축복의 인사를 나눕시다.

회 중 : [주위 사람들과 “평화” 또는 “샬롬”의 인사말을 나눕니다.] (믿음, 소망, 사랑 등 그 날 예배 또는 설교의 주제를 인사말로 나눌 수 있다)

IV. 파송받는 공동체

***파송 찬송** / 다같이 (주기도문송)

주 기 도 문

***파송 말씀** /

집례자 : 지금부터 예배공동체인 우리는 모이는 예배, 말씀 듣는 예배, 응답하는 예배를 마치고 하나님의 백성으로 세상에 흩어지는 예배로 나아갑니다. 그리스도의 몸과 피로 여러분은 죄, 마음의 질

고와 육신의 질병에서 해방되었습니다. 이제 세상에 나아가 기쁨으로 하나님을 섬기십시오. 용기를 내십시오. 선한 일에 앞장서십시오. 아무에게든지 악을 악으로 갚지 마십시오. 마음 약한 이들을 도와주십시오. 병든 자들을 위로하십시오. 모든 사람을 존경하십시오. 하나님을 사랑하고 섬기며 성령의 능력 안에서 기뻐하십시오. 우리에게 향하신 하나님의 은혜를 늘 감사하며 살아가십시오.

회 중 : 예수 그리스도께서 하나님께 순종하며 살아갔듯이 우리도 하나님의 말씀 따라 순종하며 은혜를 감사하며 살아가는 하나님의 자녀가 되게 하소서. 아멘.

***축복 기도** / "야훼께서 여러분에게 복을 주시고 여러분을 지켜 주시며, 야훼께서 여러분을 밝은 얼굴로 대하시고, 여러분에게 은혜를 베푸시며, 야훼께서 여러분을 고이 보시어서 여러분에게 평화를 주시기를 (성부 성자 성령의 이름으로) 빕니다." (민수기 6:24-26) 아멘.

제 3 장

예배갱신의 목표 : 영성 회복을 통한 변화

하나님은 십계명 중 첫째 계명에서 우리의 충성을 요구하시고, 둘째 계명에서는 우리가 하나님을 어떻게 예배해야 하는지를 알려주신다. 하나님은 우리의 예배가 인간적인 형상들을 포함해서는 안 된다고 선언하신다. 하나님은 영이시기에 우리의 예배는 하나님에게 영적인 것으로 드려져야 한다(요 4:24). 하나님이 찾으시는 예배는 "영이신" 하나님의 본성과 "신령과 진정으로" 하나님을 예배하는 방법에 초점을 맞춰야 한다.

그러므로 예배갱신의 목표는 예배의 본질 회복, 즉 영이신 하나님을 향한 영적 예배와 우리의 삶을 거룩한 산 제물로 헌신하여 하나님께 영광을 돌리는 영성 회복이다. 이런 예배갱신은 인간의 창의력에 의해서가 아니라 하나님으로부터 오는 성령에 의해서만 성취될 수 있다. 왜냐하면 예배갱신은 우리가 성취할 수 있는 것이라기보다는 오히려 하나님께서 성령을 통해 교회와 우리들의 삶을 그분의 계획에 따라 그분의 방식으로 형성해 가는 것으로 우리가 얻을 수 있는 하나의 선물이기 때문이다. 그러므로 성경말씀대로 우리의 예배를 갱신할 때 성령의 인도하심을 기도로 분별하면서 믿음으로 예배 변화에 대한 두려움과 위기를 극복해야 한다.[40]

40 Calvin Institute of Christian Worship이 2010년 11월 10일 인터넷에 제공한 "Worship Renewal: What We Have Learned From Congregations,"참조. (http://worship.calvin.edu/resources/resource-library/worship-renewal-what-we-have-learned/)

1. 영성을 상실한 목회

본 연구는 공동 예배가 지니고 있는 영성에 관한 신학적 성찰을 통해 최근 "교회 안으로 성장둔화현상과 밖으로 사회적 공신력 상실"[41] 그리고 "공동 예배의 영향력 및 횟수의 감소"[42]로 나타나는 한국교회의 위기 현상들에 대해 새로운 목회 패러다임을 제시하려는 하나의 시도이다. 이런 한국교회의 대표적인 문제들에 대한 연구와 분석, 그리고 대안들은 학문적으로 영성 목회에 관한 신학적 연구의 필요성을 촉구할 뿐 아니라, 목회적으로도 올바른 영성 목회의 회복과 지속적인 변화, 그것도 외적인 변화보다 영적 변화를 가능케 하는 패러다임의 필요성을 언급한다.[43]

본 연구는 한국교회의 주요 위기 현상들을 목회자들이 영성 목회에 대해 잘못 알고 있거나 영성을 상실하게 된 문제들을 발견함으로

41 교회성장의 급격한 둔화와 사회적 신뢰도 상실 현상이라는 최근 한국교회의 대표적 위기 상황에 관한 연구들로, 이원규, **종교사회학적 관점에서 본 한국교회의 위기와 희망** (KMC, 2009)과 "사회학적 관점에서 바라본 한국교회의 둔화요인: 한국교회 성장둔화 분석과 그 대책(1)," **교회와 신앙** (1996년 12월호): http://www.amennews.com/news/articleView.html?idxno=1031; 이만열, "한국교회성장과 그 둔화현상의 교회사적 고찰," http://blog.daum.net/kmshim/2105384); 허도화, "한국교회의 위기 극복을 위한 대안교회로서의 대학교회," **대학과 선교** 19집(2010)의 제2장을 보라.

42 한국교회의 예배 영향력 문제에 관해 김경진, "한국 교회의 예배 진다," **한국교회의 예배, 어떻게 갱신할 것인가?**(한국교회발전연구원 제1차 연구발표회 자료집, 2011년 10월 18일), 12-16과 한국교회 예배 횟수 감소 문제에 관해 김승연, **예배가 살아야 교회가 산다: 서구교회의 몰락과 한국교회의 미래**(생명의말씀사, 2009)를 보라.

43 최근 한국교회의 영성 목회 회복에 대한 논의들로, 한국교회발전연구원, "한국교회와 예배, 사회, 역사," (2011.9.8.); 기독학술원, "영성과 사회변혁," 제14회 학술대회(2010.11.12.): http://www.christiantoday.co.kr/view.htm?id=242326; 한국기독교목회자협의회, "영성회복," 제9회 전국수련회(2007.6.18.-19):
http://www.1907revival.com/news/articleView.html?idxno=796.

시작되었다. 한국교회의 문제들은 주로 영성 목회의 본질, 능력, 그리고 공동체성의 상실로 나타난다.

첫째로, 한국교회의 각 교단들과 개 교회들은 경쟁적으로 양적 성장을 추구하는 목회 분위기를 조장함으로 영성 목회의 본질인 섬김의 행위를 상실하였다. 현재 한국교회 대부분의 목사들은 교회의 본질과 건강성보다는 교회의 크기와 성장에 관심을 두고 있다.[44] 그들은 목회가 그리스도의 몸인 교회, 즉 하나님의 부름을 받은 사람들의 육체적인, 정서적인, 그리고 영적인 필요들을 섬기는 일이며 그 섬김 행위를 삶의 한 방식으로 삼는 것이 영성임을 이해하지 못한다. 사람들의 필요들을 채워주는 섬김 사역은 곧 그들을 온전한 그리스도의 몸으로 세우기 위함이다. 하지만 많은 대형 한국교회의 리더십 구조가 신약성경에서 말하는 겸손한 종의 모델이 아닌 회사와 상당히 흡사하다. 담임목사들은 맡겨진 교인들을 섬기는 자가 되려하기보다 교회를 기업적으로 관리하고 있다.[45] 이런 권위주의적 모습은 예수와 같은 참된 영적인 스승을 찾는 젊은 목사들에게 큰 실망이 되고 있다. 오늘날 한국교회 안에서 자신을 내어주는 예수의 목회를 따라 사람들을 섬기는 목회를 발견하기는 너무 어렵다는 것이 교인수가 계속 감소하는 하나의 이유로 지적된다.[46]

44 바른교회아카데미가 2011년 5월부터 7월까지 7개 교단 목회자 300여명을 대상으로 설문조사한 '한국 교회 역할모델 조사 연구' 결과에 의하면, 선정된 모델 교회들이 예배, 교육, 선교, 봉사, 친교 등 5가지 교회의 주요 기능 중 현재 가장 집중하고 있는 사역은 디다케(교육, 양육, 훈련; 28.4%), 케리그마(선교, 전도; 23.2%), 디아코니아(봉사, 사회적 책임; 19.5%), 레이투르기아(예배; 18.8%), 그리고 코이노니아(교제, 친교, 성도간의 연합; 10.1%)의 순으로 나타났다. http://www.igoodnews.net/news/articleView.html?idxno=32434 (2011.9.28)을 보라.

45 목회의 본질인 섬김을 상실한 한국교회의 1998-2008년 동안의 문제들에 관해, 정숙희, 그들은 **왜 교회를 떠났을까?**(홍성사, 2007), 제2장 "목사는 상전"을 보라.

46 오랜 동안 한국에서 선교사로 지낸 피터스(Tim Peters)는 한국 개신교가

둘째로, 한국교회의 목회자들과 교인들의 윤리성 하락으로 인한 사회적 공신력 상실이 영성 목회의 변화 능력을 상실하게 만들었다. 사회적 공신력을 상실한 한국교회는 교회 안의 사람들과 그들의 사회를 변화시킬 능력과 영향력을 잃고 있다. 기독교윤리실천운동이 실시한 2010년 한국교회의 사회적 신뢰도 여론조사 결과에 의하면, 그 동안 한국교회는 사람들을 예수의 삶을 따르는 제자들로 변화시키기보다 교회의 제도와 형식에 충성하는 제직들을 세우는데 더 많이 치중했다.[47] 자정능력을 상실한 한국교회는 권력화와 목회자의 윤리 타락으로 사회적 신뢰를 더욱 떨어뜨리고 있다.[48]

셋째로, 한국교회가 개교회주의적이며 기복적 신앙을 추구하는 목회 패러다임을 추구함으로 하나님 나라와 그 나라의 의를 구해야 할 교회의 정체성을 무시한 것이 영성 목회의 공동체성 또는 공동체적 영성을 상실하게 만들었다.[49] 최근 한국교회 안에 교회성장 둔화현상과 사회적 신뢰도 상실의 위기를 벗어나려는 대안들의 하나로 영성 훈련에 관해 높은 관심을 나타내고 있지만, 기독교 영성의 근원인 공동체적 영성보다 자아 발견을 위한 마음의 상태와 자기 개발을 위한 말씀묵상, 고독, 침묵, 기도훈련과 같이 지극히 개인적 영성 훈련에

쇠락하는 이유의 하나로 권위주의적 교회 리더십을 지적한다. 인터넷 자료 (2010.10.25.)
http://www.futurekorea.co.kr/news/articleView.html?idxno=20664.

47 목회와 신학 편집부, "2010 한국 교회의 사회적 신뢰도 여론조사 결과에 대한 분석과," 「목회와 신학」(2011년 1월): 94-101을 보라.

48 미래목회포럼, "시대 상황과 교회의 역할,"(2011.5.11.)에서 해결해야 할 과제로 논의되었다; 정숙희는 사람들이 교회를 떠나는 이유를 목회자의 자질 문제, 지나친 헌금 강요, 교회의 대형화, 목회자의 전권과 전횡, 교회의 금권주의, 불투명한 재정 운영 등을 꼽으면서 목회자 윤리가 기독교의 사회적 공신력을 떨어뜨린 주범이라고 지적한다(op. cit.).

49 이학준, "공적 영성 이렇게 회복하라," Korea Weekly(2011년 9월 25일): http://www.koreaweeklyfl.com/news/cms_view_article.php?aid=12417&start=0&sid=34532f86c37afa67f6784fb7a985af2a.

더욱 치중하고 있다.[50] 개교회주의를 탈피하지 못하는 목회자들은 교회를 예배하는 공동체로보다는 총동원전도 같은 목회전략을 성취하기 위한 예배집단으로 이해하고, 교인들은 문화, 교육 수준, 배경 등의 차이와 다양성을 하나의 공동적인 경험과 표현으로 만드는 공동예배보다 개인적 영성을 추구하는 프로그램들에 더욱 열심을 냄으로 교회자체로서 공동체성을 상실하고 있다.[51] 이런 현상은 그 동안 한국교회가 영성을 문화적, 신학적, 그리고 심리학적 관점들로부터 이해하는 반면, 예배와 영적 변화의 관계에 대해 그리고 예배가 지닌 공동체성을 종종 간과하였기 때문에 나타난 것이다.[52]

이와 같은 한국교회의 문제들을 해결하기 위해 본 연구는 공동 예배의 영성이 교회 공동체 안에 점진적이면서 동시에 지속적인 영적 변화를 일으킴으로 새로운 영성 목회의 분위기를 창출할 수 있다는 전제로부터 출발한다. 예배가 하나님의 임재를 가장 지속적으로 경험하도록, 그리고 하나님의 사람들이라는 정체성을 통해 영적 변화를 공동체적으로 경험하기 위해 제공되는 현장이기 때문이다.[53] 영적

50 유재경, "한국식 영성 훈련 모델이 필요하다," **목회와 신학**(2008년 11월호): 54-61을 보라.

51 목회와 신학 편집부, "2010 한국 교회의 사회적 신뢰도 여론조사 결과에 대한 분석과," **목회와 신학**(2011년 1월): 94-101.

52 그 예로, 김영봉은 자신의 영성 목회를 위해 교회의 공동체성을 가장 중요한 가치로 삼으면서도 목회 역량의 초점을 공동 예배보다는 속회 사역(small group ministry)에 둔다. 김영봉, "영성목회," 와싱톤한인교회 홈페이지(2010년): (http://www.kumcgw.org/2010New/kumc/contemplative_ministry.asp)를 보라.

53 예배를 영적 변화 또는 영성훈련을 위한 현장으로 보는 연구에 대해, Clayton J. Schmit, "Worship as a Locus for Transformation," *Worship That Changes Lives: Multidisciplinary and Congregational Perspectives on Spiritual Transformation*, ed. Alexis D. Abernethy (Baker Academic, 2008), 25-39; Dohwa Huh, "John Wesley's Eucharist as a Context for Christian Spiritual Formation," *Korean Journal of Christian Studies* 51

변화는 실제로 진행되는 하나의 영적 과정에서 일어난다. 하나님께서 이런 변화를 일으키기 위해 우리에게 주신 주요 방법이 바로 예배이다.

최근에 한국교회의 위기 현상의 하나로 그 동안 많은 종류의 예배들을 드리고 교인들에게 열정적인 예배 습관들을 강조했음에도 불구하고, 그들의 삶에 변화가 일어나지 않고 결국, 공동 예배의 횟수가 점차 감소하고 있다는 보고들이 나왔다.[54] 이렇게 지난 수십 년간 한국교회의 폭발적인 성장에 가장 큰 역할을 한 공동 예배에 위기 현상들이 나타남에도 불구하고, 그 동안 공동 예배의 영성과 그 영향들, 그리고 그 건전한 결과들에 대한 연구들이 이루어지지 않았다.[55] 한국교회의 문제들을 해결하기 위해 공동 예배의 영성이 회복될 필요성을 언급하거나 그 대안을 제시하는 논문들은 개론적인 연구일 뿐, 공동 예배의 영성이 어떻게 구체적으로 예배자들을 영적으로 변화시

(2007): 233-256을 보라.

54 김승연은 목회칼럼 형식으로 쓴 자신의 책, **예배가 살아야 교회가 산다: 서구교회의 몰락과 한국교회의 미래**(2009년)에서 경제수준 향상, 주 5일제 시행, 여가문화 확산, 공휴일 없는 학교교육 등으로 인해 예배가 예배다움을 잃고 예배 자체의 횟수, 참석자, 시간 등이 줄어드는 현상을 한국교회의 또 하나의 위기로 지적한다. 이와 대조적으로, 김경진은 오늘날 한국교회가 맞은 위기의 밑바탕에 주일예배를 비롯해 매일 모이는 새벽기도회, 수요예배, 금요기도회, 주일저녁예배, 철야기도회 등 그토록 많은 예배를 드리고 열정적인 예배 습관이 자리 잡고 있음에도 삶이 바뀌지 않은 예배의 위기가 있다고 진단한다. 김경진, "한국 교회의 예배 진다," **한국교회의 예배, 어떻게 갱신할 것인가?**(한국교회발전연구원 제1차 연구발표회 자료집, 2011년 10월 18일), 12.

55 미국의 경우, 최근에 문화적, 신학적, 그리고 심리학적 관점들로부터 영적 변화와 예배에 대한 다양한 연구 결과들을 소개한, Alexis D. Abernethy, ed. *Worship That Changes Lives: Multidisciplinary and Congregational Perspectives on Spiritual Transformation*(Grand Rapids, Michigan: Baker Academic, 2008)과 Anderson, E. Byron. *Worship and Christian Identity: Practicing Ourselves.* Collegeville, Minn.: The Liturgical Press, 2003)을 보라.

키며 목회를 갱신시킬 수 있는지에 관해 다루지 않았다.[56]

본 연구는 앞에서 제시된 한국교회 목회의 주요 문제들을 해결하기 위한 새로운 영성 목회의 패러다임을 제시하기 위해 영적 변화의 구체적인 과정을 중심으로 진행된다. 본 연구는 세 단계로 진행된다: 첫째로, 영성 목회의 모범을 보여준 예수의 몸과 물질로 표현하는 목회를 살펴봄으로 영성 목회에 대한 새로운 신학적 준거를 제시할 것이다. 둘째로, 공동 예배에서 일어나는 영적 변화의 구체적인 과정을 살펴봄으로 예배의 영성에 대한 새로운 이해를 제시할 것이다. 마지막으로, 연구의 결과로 한국교회를 위한 새로운 영성 목회의 패러다임을 제시할 것이다.

2. 영성 목회에 대한 신학적 준거

영성 목회의 본질을 이해하기 위해 무엇보다 먼저 영성 목회의 신학적 준거를 마련할 필요가 있다. 토머스 오든Thomas Oden이 바르게 지적한 것처럼, 오늘날 우리의 영성 목회가 "예수 자신의 의도와 실천을 이어가는 것으로 분명하게 확립될 수 없다면 우리의 목회는 신학적 전제를 상실하게 될 것이다."[57] 이런 이유에서 그는 목회에 관한 적절한 정의를 성경에서부터 찾아야 한다고 주장할 뿐 아니라[58]

56 정진경, "영성목회와 예배갱신: 복음주의적 접근," **정진경 논설집**(기독교리더십연구원, 2006), 제17장과 그의 동일 논문집 제18장에 실린, "예배갱신을 통한 영성개발"(http://sgti.kehc.org/data/person/jung/articles/18.htm); 민장배, "예배를 통한 영성 회복에 대한 연구," 복음과 실천신학 20 (2009): 232-233.

57 Thomas C. Oden, *Pastoral Theology: Essentials of Ministries* (New York, NY: Harper Collins, 1983), 60.

58 *Ibid.*, 50.

예수의 목회를 우리의 목회를 위한 강력한 모델로 제시한다. 그는 "그리스도께서는 우리의 현재 목회들이 세상에 대한 자신의 목회를 계속 구체화할 것으로 의도했다"고 말하면서 그리스도를 가장 뛰어난 목회자로 언급한다.[59] 이제 예수의 영성 목회에 대한 신학적 통찰을 통해 영성 목회의 신학적 준거를 제시해 보자.

교회의 존재 목적은 교회 자체가 아니라 하나님의 뜻을 성취하기 위해, 시대와 세상을 하나님 나라로 만드는 것이다. 목회ministry는 그런 교회의 목적을 성취하기 위한 "섬기는 행위"service이다.[60] 그리고 목사a minister는 그 섬기는 행위를 위임 받은 섬기는 지도자a servant leader이다. 목회자의 사명은 그리스도인들이 그리스도를 따라 영적인 삶을 살아가도록 섬기는 것이다. 이와 같은 교회, 목회 또는 목회자에 대한 이해는 예수의 삶, 사역, 그리고 제자훈련으로부터 온 것이다. 예수는 섬김을 받기 위함이 아니라 오히려 섬기러 왔다고 선언함으로 섬김에 의해 기독교 목회의 형식을 제공하였다(마 20:28, 막 10:45, 요 13:1-17). 예수의 섬김은 세 가지 특징들을 지닌 목회로 나타난다.

첫째로, 예수의 섬김은 자신의 생명을 주는life-giving 목회이다. 예수의 섬기는 목회의 절정은 모든 사람을 위해 자신의 생명을 주는 self-giving 십자가 사건에서 나타난다. 헨리 나우웬Henri Nouwen은 자신의 책, *Creative Ministry*의 영성 목회에 관한 결론부분에서 예수처럼 "생명을 주는 것"을 창조적인 목회라고 생각한다:

59 *Ibid.*

60 성경은 목회를 누군가를 섬기는 행위, 또는 돌봄이나 도움을 제공하는 행위로 설명한다. 이런 간단한 정의는 목회(ministry)란 단어가 '섬기다'를 의미하는 헬라어 동사 *디아코네오*(διακονέω) 또는 '노예로 섬기다'는 의미의 헬라어 동사 *둘레우오*(δουλεύω)로부터 온 것에 기초한다.

> 내가 이 책의 각 장들에서 말하려 했던 모든 것을 매우 핵심적으로 표현하는 한 문장을 복음서에서 찾는다면, 그것은 예수가 죽기 전날 자신의 제자들에게 남긴 말이다: "사람이 친구를 위하여 자기 목숨을 버리면 이보다 더 큰 사랑이 없나니"(요 15:13).[61]

여기에서 예수가 제시한 "생명을 주는 것"self-giving은 목회의 모든 기능들(교육, 설교, 상담, 조직, 경축)의 전문성을 뛰어넘는 것이며 "모든 기독교 목회의 의미를 요약한 것"이다.[62] 목회가 어떤 형식을 취하든, 목회자가 기꺼이 다른 사람들을 위해 자신의 목숨을 버리는 것이 "항상 변하지 않는 목회의 기초이며 전문적 목회 경험의 수준을 초월한 목회의 창조적인 자원"이다.[63] 목회자에게 이런 타자를 위한 창조적인 약함이 요구되는 이유는 이것이 곧 하나님의 생명을 주는 성령을 발견하는 길이며, 그 성령의 능력으로 새로운 관점들, 통찰, 강함을 제공하고, 죽음과 파멸의 고리들을 깨뜨리고, 긍정적인 새 삶을 창조함으로 다른 사람들의 약함을 창조적인 것으로 만드는 것이기 때문이다.

둘째로, 예수의 섬김은 자신의 몸과 물질로 섬기는 목회이다. 자신의 생명을 주는 예수의 목회는 모든 제자들이 실천할 수 있도록 구체적으로 제시될 필요가 있었다. 예수는 십자가 위에서 모든 사람에게 자신의 생명까지 주는 목회를 보여주기 전, 요한복음 13장에서 마지막으로 제자들에게 누구에게나 실천가능한 "주는 목회"self-givingv ministry의 모범을 보여주었다. 그는 마지막 시간을 매우 분명하게 자신의 몸과 자신이 준비한 물질(빵과 포도주)로 제자들을 섬겼다.

61 Henri Nouwen, *Creative Ministry*(New York, NY: Doubleday, 2003), 116.

62 *Ibid.*

63 *Ibid.*, 116-117.

예수가 이 땅에서 자신의 마지막 날 밤을 자신의 제자들에게 발을 씻겨주고 마지막 식사를 나눈 것은 그들에게 행동할 수 있는 구체적인 것들을 남겨주기 위함이었다. 예수는 더 이상 제자들과 함께 거하지 못하고 그들에게 가르칠 수 없게 되어도 그들에게 계속 가르칠 수 있는 방법, 즉 그들의 몸으로 함께 있는 특별한 방법들을 보여주었다. 이것은 하나님께서 매일 구체적인 육체의 언어로 우리에게 말씀하시고 다가오신다는 "인카네이션 실천"practicing incarnation이다(요 1:14).[64] 우리는 성경에서 하나님께서 우리의 육체 안에 거하시며, 육체를 통해 다가오시는 분이라는 사실을 발견한다. 이런 하나님의 인카네이션 실천은 "복음서들만큼이나 역사가 오래된 하나님의 교육방법"이다.[65] 예수가 생애 마지막으로 제자들에게 보여준 섬김 목회는 인간의 몸과 물질은 누구에게나 가능한 섬김의 도구가 될 수 있을 뿐 아니라, 또한 섬김의 대상자들의 오감에 가장 분명하게 경험될 수 있다는 것이다. 이것이 바로 자신을 주는 섬김 목회의 모범이다.[66] 예수가 제자들에게 보여준 섬김 목회, 즉 자신의 몸으로 그리고 자신의 물질로 섬기는 목회는 곧 초대교회의 주요 목회의 형식뿐 아니라 "예배의 형식"이 되었다.[67] 사도행전이 우리에게 증언하는 초대교회

64 Barbara Brown Taylor, "Our Bodies, Our Faith: Practicing Incarnation," *The Christian Century*(Jan 27, 2009).

65 Barbara Brown Taylor, *An Altar in the World: A Geography of Faith* (New York, NY: HarperCollins, 2009), 43.

66 *Ibid.*, 43-44를 보라.

67 예배는 섬김(service)의 의미를 지니고 있다. 신약성서에서 예배를 설명하는 헬라어들로 *latreuo*("천한 노동을 하다")와 *leitourgeo*(liturgy, "공적으로 섬기다")가 있다. 구약성서의 헬라어역(Spetuagint) 성경에서는 성막과 성전에서의 희생제사 의식과 관련되어 사용된다. 하나님은 먼저 백성들의 구원을 위한 희생 제물로 자신을 바치며 섬겼듯이 자신의 백성들도 하나님만을 섬기기를 주장하신다. 그러므로 우리는 예배를 통해 하나님을 섬겨야 한다. 바울은 로마서 12:1에서 예배의 행위를 하나의 섬김으로 말한다. Mel Lawrenz, *The Dynamics of Spiritual Formation*(Grand Rapids,

는 자신들의 신앙을 몸과 물질로 표현했다.

셋째로, 예수의 섬김은 육과 영을 함께 섬기는 목회이다. 예수의 섬기는 목회를 따라 그의 제자들의 초대교회가 몸과 물질로 실천한 인카네이션 목회는 시간이 지남에 따라 약해지기 시작했다. 기독교는 점차 세속적인 것과 거룩한 것을 구분하면서 믿음을 몸과 물질로 표현하지 않고 말로, 그리고 이론으로 설명하며 논쟁하기 시작했다. 이런 믿음의 지성화 또는 개념화에 대해 윤리학자 스탠리 하우어워즈Stanley Hauerwas는 대부분의 그리스도인들이 신앙생활에서 지나치게 영적이라는 것을 발견했다. 그가 이해하는 기독교는 "그리스도인이 되기 위해 믿어야 하는 일련의 믿음들이나 교리들이 아니라, 오히려 하나님을 예배할 때 피할 수 없는 방식으로, 우리의 몸에 [구체적인 삶의] 형식을 취하게 하는 것, 우리의 [거룩한] 습관들을 단호하게 하는 것이다."[68] 그가 던지는 이슈는 순수하게 영적인 거룩함과 같은 어떤 것이 있는지가 아니라 "거룩해 질 수 있는 것이 몸 이외에 어떤 것이 있는지"의 여부이다.[69]

우리의 삶이 구체적인 형식을 취하듯, 우리의 믿음과 교리들 역시 구체적인 몸을 입어야 한다. 우리의 믿음이 육체적인 가치를 전혀 지니지 못하고, 우리가 그 믿음의 결과를 구체적인 삶으로 간단하게 보여줄 수 없다면, 야고보의 말대로 그런 믿음은 죽은 믿음이다. 이것이 바로 로마서 12장에서 사도 바울이 "너희 몸을 거룩한 산 제물로 드리라."라고 권면한 이유이다. 몸과 물질이라도 하나님의 뜻과 영광을 위한 섬김의 도구로 사용되면 영적인 것이 될 수 있다는 의미이

Michigan: Baker Books, 2000), 85-86.

68 Stanley Hauerwas, "The Sanctified Body: Why Perfection Does Not Require a 'Self,'" *Embodied Holiness,* ed. Samuel M. Powell & Michael E. Lodahl (Downers Brove, IL: InterVarsity, 1999), 22.

69 Samuel M. Powell, "Introduction," *Embodied Holiness,* 9.

다. 이런 의미에서 영성 목회는 영적인 몸과 영적인 물질로 섬기는 일이다. 그러므로 영성 목회는 결코 육신적인 면을 섬김의 대상에서 제외시키지 않을 뿐 아니라, 먼저 몸과 물질을 영적인 것으로 만드는 섬김 행동으로 시작되어야 한다. 왜냐하면 몸과 물질이 영혼을 계몽시킬 수 있기 때문이다.

이제 본 연구는 자신의 몸과 물질로 섬김의 본을 보여 준 예수의 영성과 목회를 기초로 기독교의 영성을 "경험과 삶의 방식"과 관련하여 다음과 같이 정의할 수 있다.[70] 영성은 하나님을 점차 알아가게 하는 믿음 안에서 하나님과의 관계에 대한 **경험**일 뿐 아니라, 또한 그 믿음 안에서 기도(예배)와 행동들로 하나님에게 응답하면서 살아가는 **방식**들이라고 이해할 수 있다. 다른 말로 표현하면, 영성은 하나님에게 집중하는 것(우리 안에 계신 성령을 통해 그리스도로부터 듣고 배우는 것) 뿐만 아니라, 우리의 내적 삶과 외적 사역에서 그리스도의 형상으로 형성되어가는 모든 방식들(영성 형성의 과정)까지 포함한다.[71] 영성은 하나님 앞에서 또는 하나님과 함께 살아가는 매일의 삶이며, 그러기에 한 사람의 삶에 변화를 일으키는 것을 의미한다. 이런 영성 형성은 그리스도 같이 되는 것 또는 그리스도를 닮아 가는 것(갈 4:19; 롬 8:29; 고후 3:18), 하나님의 형상을 회복하는 것(창 1:26-27; 고후 4:4), 그리고 (3) 하나님 중심으로 살아가는 하나님의 사람들을 창조하는 것(롬 8:29)을 목표한다. 이런 의미에서 그리피쓰

70 M. E. Moynahan, "The Disclosive Actions of Liturgical Spirituality," *Liturgical Ministry* 4(Spring 1995), 69.

71 영성과 영성 형성의 정의에 관해, John Ackerman, *Listening to God: Spiritual Formation in Congregation*(Herndon, VA: The Alban Institute, 2001), 135를 보라. Ackerman에 의하면, 영성이란 기독교인의 삶에 실제적인 근거를 제시하는 용어로 과거에는 '경건'을 의미했다. 영성은 1960년 이후로 하나님, 다른 사람들, 자신과의 관계로 이해되면서 개념, 교리, 예배, 조직의 외부 구조를 의미하는 종교와 구별되기 시작했다.

Cameron M. Griffith는 "'영성'이란 헬라어 프뉴마πνεύμα가 바울 서신들에서 하나님의 영과 연합하여 살아가는 생활 또는 능력을 표현할 때 사용된다."고 말한다.[72]

이렇게 영성을 그리스도를 따르는 자들의 삶의 방식으로 이해할 때, 기독교의 영성은 인간의 모든 차원을 포함하기 때문에 내적이면서 동시에 외적이고, 개인적이면서 동시에 사회적이다.[73] 우리가 서로에게 관계하는 모든 방식들 그리고 궁극적으로는 우리가 하나님에게 관계하는 모든 방식들이 영성이란 표제 아래 모두 포함된다. 우리는 개인으로 존재하지만 또한 공동체의 일원으로 존재한다. 우리는 개인적이며 내적인 삶을 가지고 있지만 또한 우리는 다른 사람들과 함께 그리고 공적으로 사는 외적인 삶을 가지고 있다. 그 영성의 모든 차원들 중 하나라도 우리의 영적 삶으로부터 제외된다면 매우 건강하지 못한 영성으로 살게 될 것이다. 영성은 단순히 관계의 형태로 나타날 뿐 아니라 또한 훈련으로도 나타나야 한다. 그러므로 영성이란 예수 그리스도 안에서, 성령의 내주하심을 통해, 그리고 믿는 자들의 공동체 안에서 하나님과의 의식적인 관계에 의해 나타나는 인간생활의 전체이다. 이런 포괄적인 영성이 교회의 예배공동체 안에서 형성되기 때문에, "[온전히] 살아있는 예배가 우리가 필요로 하는 모든 영성이다"라고 말할 수 있다.[74]

72 Cameron M. Griffith, "What Is Spirituality?" *Spirituality for the 21st Century: Experiencing God in the Catholic Tradition,* ed. R. W. Miller II (Missouri: Ligouri, 2006), 7.

73 Michael J. Himes, "Panel Discussion," *Spirituality for the 21st Century: Experiencing God in the Catholic Tradition,* ed. R. W. Miller II (Missouri: Ligouri, 2006), 93.

74 P. F. Ford, "Lived Liturgy, First Spirituality," *Liturgical Ministry* 10 (Fall 2001): 186,193.

3. 예배의 영성에 대한 새로운 이해

본 연구는 한국교회의 문제들을 해결하려는 의도로 공동 예배와 그리스도인 삶의 독특한 형성 사이에 필수적인 연결이 있다는 전제로부터 출발했다. 그래서 본 장에서 연구자는 예배의 영성 또한 매일의 생활에서 믿음으로 살아가는 것으로 이해하고, 어떻게 예배의 영성이 예배자들로 하여금 영과 진정in Spirit and in Truth으로 살아가는 삶을 가능하게 하는지를 살펴보려 한다. 샐리어스Don Saliers의 해석처럼, 영성이란 단어, "spirituality" 속에 있는 영spirit이 세상과 이웃과 관련하여 하나님 앞에서 영과 진정으로 살아가는 인간의 삶을 함축하고 있기 때문이다.[75] 예배의 영성에 관한 이런 기본적인 이해로부터 우리가 예배의 다양한 요소들과 관점들로부터 살펴볼 중심적인 질문은 "사람들이 하나님을 예배할 때 무슨 일이 일어나는가?"이다. 더 나아가 여기에서 우리는 예배를 통한 하나님의 임재 경험이 어떻게 우리를 그리스도인으로 형성시켜 가는지, 그리고 주의 깊게 그리고 성경적으로 기획된 예배가 어떻게 그런 하나님 경험과 그리스도를 따르는 행동의 변화를 더 많이 그리고 지속적으로 일으킬 수 있는지를 살펴볼 것이다.

1) 영적 변화

기독교는 성령의 도우심으로 철저하게 개인의 변화와 공동체의 변화까지 일으킬 능력을 가지고 있다. 그리스도인들에게 일어난 가장 큰 첫 번째 경험은 아마도 극적으로 나타나는 중생의 경험이나 성령으로 충만한 다양한 중요 경험들, 그리고 그 직후에 나타나는 삶이나

75 Don E. Saliers, *Worship and Spirituality*(Arkon, Ohio: OSL Piblications, 1996), 1.

세계관 등의 변화일 것이다.[76] 구약성서에서 역사적으로 영적 변화를 의미하기 위해 히브리 성경에서 가장 많이 사용된 동사는 *슈브shubh*로 "되돌아가다"to return 또는 "회개하다"repent를 의미한다.[77] 비록 신약성서도 이런 영적 변화를 하나의 "되돌림"으로 이해하지만, "다시 태어남"(중생)의 개념은 현저하게 그리스도에게서 영적으로 다시 태어나는 것을 의미하기 위해 사용된다(요 3:3). 이와 같이 일반적으로 영적 변화는 회심과 같이 비교적 짧은 기간 동안에 일어나는 종교적 신앙, 태도, 그리고 행위에서 나타나는 극적인 변화로 정의된다.[78]

하지만 그리스도인이 두 번째 경험하는 영적 변화는 한 사람의 삶 속에서 정체성, 의미, 그리고 목적을 철저하게 재구성하는, 점진적으로 그리고 지속적으로 돌아서는 것으로 이해된다. 파가멘트Kenneth Pargament는 이런 변화가 한 개인이 하나님, 그리스도와 동일시 된 영적 힘에 연결된 것으로 느끼기 시작할 때 일어난다고 제안한다. 그의 가정에 의하면, 이런 힘은 초월적일 뿐 아니라 또한 한 사람의 즉각적인 경험을 형성하는 데에도 중요하다.[79] 영적 변화를 경험하는 사

76 개신교의 중생 경험과 관련하여 나타나는 영적 변화와 타종교들에서 나타나는 영적 변화의 모체에 관한 연구 보고서로, Arthur J. Schwartz, *The Nature of Spiritual Transformation: A Review of the Literautre 2000:* http://www.metanexus.net/spiritual_transformation/research/literature_review.html.(Accessed 3/8/06)을 보라.

77 David Klinghoffer, *The Lord Will Gather Me In: My Journey to Jewish Orthodoxy*(New York, NY: The Free, 1999), 4.

78 영적 변화라는 용어는 종교심리학 문헌에서는 광범위하게 하나의 "회심 경험"으로 이해된다. 흥미롭게도, 몇몇 연구자들은 이런 종교적 경험의 깊은 본성을 강조하기 위해 "획기적인 변화"라는 용어를 사용하기 시작했다. 그러나 한 사람의 영적 변화가 점진적으로 일어나는지 아니면 "갑작스런" 변화를 거쳐 일어나는지에 따라 깊어질 수 있다는 것에 유의해야 한다. William R. Miller and Janet C'de Baca, "Quantum Change: Toward a Psychology of Transformation," *Can Personality Change?* Todd F. Heatherton & Joel L. Weinberger (eds.) (Washington, DC: American Psychological Association, 1994), 253-280 참고.

람들은 한 사람의 세계관, 감정의 범위, 그리고 행동들을 변화시키는 거룩한 영적 힘과 접촉된 것으로 느낀다.[80]

성경적인 이해에 기초한 기독교의 영적 변화는 다른 종교들의 경험이나 종교적인 행위들 밖에서 일어날 수도 있는 초월적인 경험들과는 구별된다. 후드Ralph W. Hood Jr.와 그의 동료들은 다른 종교 경험들의 유형들로부터 기독교의 영적 변화를 구별하는 6가지 평가 기준들을 제시한다:

> (1) 영적 변화는 자아 속에서 일어나는 하나의 깊은 변화이다. (2) 그 변화는 단순히 성숙의 문제가 아니라 전형적으로 변화된 자아가 완성되어가는 하나의 과정(갑작스런 또는 점진적인)으로 나타난다. (3) 자아 속에 나타나는 이런 변화는 관심, 흥미, 그리고 행동들의 중심이 새롭게 나타나는 결과들에 의해 철저해진다. (4) 이런 자아에 관한 새로운 이해는 "더 높아진 것"으로 또는 이전의 딜레마나 곤경으로 부터의 탈출로 이해된다. (5) 이런 과정은 사회적 매개나 콘텍스트 안에서 일어나고, 특별히 영적 변화는 변화된 자아가 설명되고 행동하고, 다른 사람들에 의해 인식되는 종교적 틀을 수반한다. (6) 마지막으로, 만일 이런 새로운 생각들과 변화된 삶의 습관들로부터 행동들이 따라오지 않는다면, 어떤 변화도 일어나지 않고 있는 것이다.[81]

79 Kenneth I. Pargament, *The Psychology of Religion and Coping: Theory, Research, Practice*(New York, NY: Guiford Press, 1997), 45를 보라.

80 "다시 태어나는 경험"이란 표현은 개심했거나 믿음으로 자신의 헌신을 강화시킨 개인 안에서 일어나는 깊고 근본적인 변화들을 인식하고 존중하기 위해 "영적 변화"를 대신하여 사용된다. 사도 바울은 고린도후서 5:17에서 이런 변화를 진정한 영적 '재 출생'이라고 말한다: "보라, 옛 사람은 지나가고, 새 사람이 되었다."

81 Ralph W. Hood Jr., Bruce Hunsberger, and Richard Gorsuch, *The Psychology of Religion: An Empirical Approach,* 2nd ed. (New York: Guilford Press, 1996), 276을 보라.

위의 기준들을 고려할 때, 한국교회의 변화와 관련하여 우리가 관심을 가지는 것은 예배공동체에 의해 점진적이고 지속적으로 일어나는 하나의 과정, 그리고 삶의 한 방식으로 나타나는 영적 변화이다.

첫째로, 한국교회에 필요한 영적 변화는 정기적인 공동 예배의 콘텍스트(예배공동체) 안에서 일어나는 지속적인 경험이어야 한다. 아무리 개인적인 중생 또는 회심의 경험, 그리고 그 후에 나타난 극적인 삶의 변화라도 지속적인 변화가 일어나지 않는다면 기독교의 신비성이나 종교성은 사라지고 만다. 한국교회의 성장둔화와 사회적 신뢰도 상실은 바로 우리에게 극적인 변화보다 지속적인 변화, 그리고 개인적 변화보다 공동체적 변화가 절실하다는 것을 의미한다. 하나님의 온전하심과 그리스도의 분량에까지 도달하기 위해 한국교회의 영적 변화는 극적인 변화보다 지속적인 변화이어야 한다. 그리고 개인적인 변화는 공동체의 변화에 영향을 줄 수 있어야 한다.

둘째로, 한국교회에 필요한 영적 변화는 삶의 방식으로 나타나야 한다. 삶의 방식은 그리스도의 부활의 능력이 그리스도인의 매일의 생활에서 경험되는 것을 의미한다. 그렇다면 기독교의 영성은 예수 그리스도의 생활, 죽음, 그리고 부활의 능력에 의해 형성된 생활 방식이다. 예수가 자신의 사역과 가르침, 그리고 특별히 죽음과 부활을 통해 구원의 가능성을 제공하는 삶의 방식을 계시했기 때문이다. 그러므로 영성은 그리스도에 의한 부르심을 받아들이는 삶의 방식이다. 이런 의미에서 윗트릿John D. Witvliet은 영성을 "우리를 더욱 신실하게 그리스도의 형상으로 계속 연마시키고, 형성시키고, 다시 회심시키는 그리스도와 함께 날마다 죽고 다시 사는 것, 회심에 관한 모든 것"이라고 정의한다.[82]

82 J. D. Witvliet, "Liturgy as God's Language School," *Pastoral Music*

2) 예배 영성의 형성 과정

예배의 영성은 예배와 영성을 함께 일어나게 하는 통합적 개념이다.[83] 영성이 인간을 변화시키는 삶의 한 방식을 포함하듯, 그 영성이 예배와 연결될 때 예배의 영성 역시 인간을 변화시키는 삶의 한 방식을 의미한다. 그렇다면 예배의 영성은 어떻게 형성되는가? 어떻게 예배가 영적으로 점진적이며 지속적으로 변화하는 경험들에 대한 이해와 평가를 근거하여 영성의 형성과정을 발전시킬 가능성을 제공할 수 있는가?[84]

위의 질문들에 답하기 위해, 먼저 예배의 영성이 형성되는 과정에 대한 개론적 이해가 필요하다. 예배의 영성은 성경에 기초하여 하나님, 그리고 이웃과의 올바른 관계들을 확립하기 위한 예배 훈련에 의해 점진적으로 그리고 지속적으로 형성된다. 예배는 우리와 세상을 변화시키시는 하나님과 연결된다. 그래서 예배는 자신과 하나님, 그리고 다른 사람들과의 진실한 관계에서 경험되는 본질적으로 그리고 자연스런 변화의 한 행위일 수 있다. 예배는 우리를 개인들로 그리고 하나의 공동체로 변화시킨다. 이런 관계적인 예배 영성의 형성에는 세 가지 특징들이 나타난다.[85] 첫째로, 예배의 영성은 일반적으로 공동체가 정기적인 예배 의식에 참여함으로 형성되기 때문에 본질적으

(April-May, 2007): 23.

83 Philip H. Pfatteicher, *Liturgical Spirituality*(Valley Forge, PA: Trinity Press International, 1997), x.

84 영적 변화의 본질과 개념에 관한 질문은 John Templeton이 던진 것이다, 그의 책, *Possibilities for Over One Hundredfold More Spiritual Information: The Humble Approach in Theology and Science* (Philadelphia & London: Templeton Foundation Press, 2000), 113. 또한 http://www.sirjohntempleton.org/pdf/Possibilities_full.pdffmf 통해서도 참고할 수 있다.

85 J. Dallen, "Liturgical Spirituality: Living What We Sing About," *Liturgical Ministry* 4 (Spring 1995): 49, 59를 보라.

로 공동체적이다. 우리는 "예배 안에서"in worship 하나님에게 그리고 서로에게 속하게 된다. 둘째로, 예배의 영성은 기도, 찬양, 말씀, 감사 등의 예배 의식들을 통해 하나님의 임재에 집중함으로 인식된다. 우리는 "예배를 통해"through worship 하나님의 임재를 경험하고 하나님이 원하시는 공동체가 된다. 셋째로, 예배의 영성은 예배가 삶과 동시에 일어나는 삶의 한 방식이 되도록 세상에서의 실천적 행위를 향한다. 우리는 세상에서의 "예배에 의해"by worship 하나님에 대한 우리의 신앙을 실천하는 공동체로 형성된다.[86]

이와 같은 예배 영성의 특징들을 종합해 볼 때, 정기적인 공동 예배를 다음과 같이 정의할 수 있다: "정기적인 예배 의식은 예배공동체로 하여금 하나님의 임재를 경험하게 하여 먼저 하나님의 사람(또는 그리스도인)이라는 정체성을 형성시키고, 그 다음 예수 그리스도의 삶을 따라 사는 영적 변화를 점진적이면서 동시에 지속적으로 일으키는 실제적인 영성 훈련의 현장이다." 영적 변화는 예배에서 경험되는 하나님의 임재에 의해 시작된다. 그리고 예배에서 하나님의 임재를 경험함으로 나타나는 영적 변화는 두 단계로 나타난다: 의식의 변화와 행동의 변화.[87] 이제 예배의 영성이 형성되는 과정을 하나님의 임재 경험, 의식의 변화, 그리고 행동의 변화를 중심으로 살펴보자.

86 Paul Bradshaw and Peter Moger, *Worship Changes Lives*(London: Church House, 2008), 3.

87 Alvin Dueck은 영적 변화를 "(1) 자신을 변화시키고 있는 것으로 말하는 경험이며, (2) 먼저 그 경험이 실재 영적이라는 것이 언어로 표현되고, (3) 그 결과, 지속적인 행동의 변화로 나타나는 것"이라고 정의함으로, 의식의 변화보다 언어적 인식의 변화를 강조한다. Alvin Dueck, Richard Gorsuch, and Kevin Reimer, "Spirituality, Language and Behavioral Transformation," *The Spiritual Transformation Scientific Research Program of the Metanexus Institute on Religion and Science* (2003), 16.

(1) 하나님의 임재 경험

정기적인 예배에서 영적 변화의 과정이 시작되는 것은 예배 가운데 나타나시고 말씀하시고 행동하시는 하나님의 임재를 경험할 때이다. 하나님의 임재가 먼저 경험된 후에야 우리 안에 영적 변화의 창조적인 과정을 위한 하나의 준비가 이루어진다. 우리가 하나님의 임재를 느낄 때 예배는 단순한 표면적 단계에 머무르지 않고 하나님께서 우리 인간의 마음의 깊은 곳까지 다다를 수 있도록 준비되고 진행된다. 그러므로 하나님의 임재는 하나님의 백성들이 예배하기 위해 모일 때 가장 먼저 직면해야 하는 도전이며 동시에 영적 변화를 위한 첫 경험이다.

예배에서 경험되는 하나님의 임재는 예배자의 중심이 하나님을 향하여 가까이 끌려가는 또는 하나님이 자신에게로 다가오시는 느낌을 의미한다.[88] 예배가 예배자들의 경험을 통해 하나님에게로 나가는 길을 제공하기 때문에 예배자들의 변화 경험들은 하나님의 임재와의 만남에 의해 시작된다. 물론 성령이 예배에서 극적인, 자발적인, 그리고 감정적인 영적 변화를 일으키는 하나님의 역할을 하지만, 예배자가 그 성령의 역사를 위해 기도하고 받아들이도록 동기를 제공하는 것은 하나님의 임재라는 경험이다. 예배는 하나님의 임재를 인식할 때 비로소 행해질 뿐 아니라, 예배의 대상이신 하나님과 그 하나님에게 찬양과 경배를 드리는 예배행위자로서의 백성 그 둘 사이의 관계와 교제를 이루어간다. 하나님의 임재는 그의 백성에 의한 예배언어들 및 행위들 중에 거하며 실재적인 영적 사역의 결과를 가져온다. 이런 점에서 예배는 가장 영적이며 그런 영적 경험을 목표로 하면서 회중을 예배의 위치로 이끌어 간다고 말할 수 있다.

88 Alexis D. Abernethy, "Implications for Theology, Research, and Worship Practice," *Worship That Changes Lives,* 272.

예배를 의미하는 헬라어, "레이투르기아"*leiturgia*라는 용어는 *laos*(사람들)와 *ergon*(일)의 합성어로 그리스도의 희생에 의해 하나님의 모든 백성들이 변화되는 일을 의미한다. 예배는 한 분 그리스도의 희생에 의해 우리 모두가 그의 생명 속으로 들어가 새롭게 창조되도록 만든다. 이런 면에서 공동체의 일로서 예배가 지니는 첫 번째 중요한 면은 "하나님의 임재를 느끼도록 우리를 깨우는 일"이다.[89] 하나님의 임재는 두 가지 도전들을 제공함으로 예배자들을 깨운다.

첫째로, 하나님의 임재는 예배자들이 하나님에게 자신들을 드러내도록 도전한다. 하나님은 자신에게 예배하는 자들을 찾고 계신다(요 4:23-24). 기독교 예배의 방향은 창조주 하나님을 향하고 그 초점은 전능하신 하나님의 임재에 있다. 그래서 구약성서에서 성전의 초점이 하나님이 거하시는 가장 거룩한 곳인 지성소인 것처럼, 예배의 초점은 하나님의 임재이다. 이런 점에서 구약성서는 하나님의 백성들의 예배를 하나님의 임재에로 나가는 것으로 표현한다. 예배를 위해 모이는 하나님의 백성들의 모습들 가운데 하나는 "자신들을 하나님 앞에 보이는지라."(수 24:1)와 "그의 앞에[임재에로] 나아갈지어다."(시 95:2; 100:2)와 같은 구절들에서 나타난다. 이스라엘의 찬송가집(시편 120편에서 134편까지)을 이루는 "성전에 올라가는 노래" 또는 "순례자의 노래"는 예루살렘 성전으로 올라가는 순례자들에 의해 불려졌다.[90] 그들은 하나님을 예배하기 위해 하나님의 임재에로 들어갈 때 영적 변화를 기대했다. 하나님의 백성들은 종종 다양한 삶의 문제들(현실적 갈등들, 무거운 짐들, 회개할 것들)과 많은 혼합된 감정들(기쁨과

89 Lynn C. Bauman, "Spiritual Formation through the Liturgy," *The Christian Educator's Handbook on Spiritual Formation,* ed. Kenneth O. Gangel & James C. Wilhoit (Grand Rapids, MI: Baker, 1994), 104.

90 Susan E. Gillingham, *The Poems and Psalms of the Hebrew Bible* (Oxford: Oxford University Press, 1994), 212를 보라.

감사, 고통과 슬픔)을 가지고 하나님의 임재에로 들어가며 치유를 경험했다. 그러므로 예배 인도자들은 예배자들이 자신들을 "하나님 앞에 드러내는 다양한 심적 경향들을 인식하고 인정해야 한다."[91]

둘째로, 하나님의 임재는 예배자들이 하나님의 계시를 기대하도록 도전한다. 하나님을 예배하는 자들로서 구약의 예언자들과 신약의 제자들은 "여호와께로부터 받은 말씀이 있느냐?"(렘 37:17)와 같은 질문과 "우리가 예수를 뵈옵고자 하나이다."(요 1221)와 같은 요청을 받는다. 예배는 살아계신 하나님의 임재에 대한 계시로 정점에 이른다. 하나님이 말씀하시고 치유하시고 구원하시고 인도하시는 것은 하나님의 임재 안에 있다. 그러므로 모든 예배의 요소들은 하나님의 백성들을 하나님의 임재에로 움직이게 하는 동기를 지녀야 한다.

목사나 예배 인도자의 목표는 하나님의 백성을 하나님의 임재에로 인도하는 것이다. 예배에서 순서를 맡은 자들은 자신들이 인식을 하든지 안 하든지 행위자들로서 예배공동체에게 하나님의 임재를 드러낼 책임을 지닌다.[92] 그리고 하나님의 임재에 대한 예배 경험은 "하나님에 대한 더 많은 순종과 그의 목적들에 대한 헌신으로"[93] 또는 "하나님에게 영광을 돌리며 하나님과 이웃들을 섬김으로"[94] 나타난다. 하디Alister C. Hardy는 이런 경험들을 "목적이나 의미에 대한 이해, 믿음의 변화, 그리고 다른 사람들에 대한 태도의 변화"로 구분한

91 Kenneth C. Ulmer, "Transformational Worship in the Life of a Church," *Worship That Changes Lives,* 188.

92 Clayton J. Schmit, *Too Deep for Words: A Theology of Liturgical Expressions*(Louisville: Westminster John Knox, 2002), xiii 그리고 제2장(27-42)을 보라.

93 Alexis D. Abernethy, "Introduction: Spiritual Experience, Worship, and Transformation," *Worship That Changes Lives,* 17.

94 Don E. Saliers, "Christian Liturgy as Eschatological Arts," *Arts* 11, no. 1(1999): 20.

다.[95] 이런 의미에서 예배를 기획하고 인도하는 자들은 예배 경험을 영적 변화로 이해하려 하고 특별히 중요한 행동의 변화가 나타나기를 기대해야한다.[96]

(2) 의식의 변화

정기적인 예배 의식들을 통해 일어나는 영적 변화의 두 번째 단계는 하나님의 임재를 경험함으로 하나님의 백성 또는 그리스도인이라는 정체성을 발견하거나 재확인하는 것이다. 영적 변화의 창조적인 과정에서 이 단계는 예배자의 내적 변화를 위한 준비 단계인 하나님의 임재가 경험된 다음에 이루어진다. 또한 이 단계는 예배가 공동체에서 가지는 두 가지 중요한 기능들--신앙적 경험들을 형성하고 formative 표현하는expressive--가운데 첫 번째 기능에 해당된다.[97] 성경이 하나님의 백성(그리스도인)을 형성하는 교육적 역할을 하듯 예배 의식은 영적 하나님의 백성(그리스도인)의 영성을 형성하는 역할을 해서 그리스도인 개인과 공동체를 위한 삶의 이상적인 이미지를 제공한다. 구약과 신약은 예배가 사람들의 의식을 변화시키는 과정을 보여준다.

95 Alister C. Hardy는 1969년부터 1976년까지 약 3천명의 개인적인 종교 경험들을 분석한 후 종교 경험이 어떤 결과들로, 그리고 세 가지 유형들로 나타날 수 있다고 보고했다. Alister C. Hardy, *The Spiritual Nature of Man: A Study of Contemporary Religious Experience*(Oxford and New York: Clarendon, 1979)를 보라.

96 Marva J. Dawn and Daniel Taylor, *How Shall We Worship? Biblical Guidelines for the Worship Wars*(Wheaton: Tyndale House, 2003), 9장(115-134)을 보라.

97 I. H. Dalmais, "The Liturgy as Celebration," *Primary Sources of Liturgical Theology: A Reader,* ed. W. V. Dwight(Collegeville: Liturgical Press, 2000), 26; Shawn Madigan, *Spirituality Rooted in Liturgy*(Washington, DC: The Pastoral, 1988), 7; Don E. Saliers, Worship and Spirituality, 2.

첫째로, 구약성경에 나타나는 많은 본문들은 노예이었던 이스라엘의 의식을 하나님의 백성으로 변화시키기 위해 지속적으로 출애굽 사건을 회상하는 것에서 의식의 변화 현상을 잘 드러낸다.[98] 하나님은 그 기적 사건을 통해 이스라엘을 예배공동체로 부르셨고 그 사건을 통해 하나님의 임재를 경험한 이스라엘은 기쁨의 찬양으로 응답했다. 이스라엘은 바닷가에서 이집트 사람들의 무수한 시체들을 보았으며 동시에 하나님께서 행하신 구원의 일도 보았다. 바다로부터 구원을 얻은 경험은 이스라엘 백성들 자신의 실제적인 하나님 경험이며 동시에 확실한 구원 경험이 되어 하나님의 백성으로서의 정체성을 확인시켜주는 신앙고백과 예배의 동기를 부여하기에 충분했다(출14:31).

둘째로, 신약성서에서 의식의 변화는 새로운 영적 출애굽의 경험, 즉 예수의 부활 사건을 경험한 자들인 그리스도인이라는 정체성으로 나타난다. 이 그리스도인 정체성은 사도행전 2장에서 날마다 한 곳에 모이던 자들로 하여금 모든 것들을 함께 나누는 예배를 통해 새로운 공동체로 변화되어 초대교회를 탄생시켰다. 또한 사도행전 4장에서는 베드로와 요한에게 나타난 것처럼 죽음까지도 극복하는 부활의 사람들로 세상을 뒤흔드는 희망의 사람들이란 의식을 형성시켜주었다.

예배에서 경험되는 의식의 변화는 세 가지 특징들에 의해, 그리고 서로의 연결에 의해 나타난다: 공동의 기억들, 그 기억들에 기초한 관계적인 경험들, 그리고 그 경험들의 축적. 이 특징들은 모두 의식의 변화가 "오랜 동안의 신앙의 여정을 통해" 형성된다는 것을 함축하고 있다.[99]

98 구약성경에서 시편 외에 출애굽과 관련된 성경구절들은 출애굽기 1-20장, 여호수아 1:1-5, 이사야 35장, 43:16-21, 예레미야 24:1-10, 31:1-22 등에서 나타난다.

99 Kenneth C. Ulmer는 정기적인 공동 예배에 의한 그리스도인의 삶의 변화

첫째로, 말씀, 세례, 성만찬과 같은 예배 의식들을 통해 하나님과 예수 그리스도가 우리를 위해 행하신 것들을 기억하는 것은 예배공동체의 정체성을 느끼는 데 필수적이다.[100] 출애굽 사건, 그리고 그 사건(유월절)에 대한 공동체의 기억은 노예이었던 이스라엘 백성들이 광야생활을 하는 동안 하나님의 백성으로서의 정체성을 지켜주었으며 하나님의 구원 사건에 대한 응답으로 예배의 중심이 되었다. 또한 예수가 제자들에게 자신을 기억하도록 준비한 식탁 사건이 그리스도인 예배의 중심이 되었다. 구약의 이스라엘이 출애굽 사건을 기억하고 재연하는 예배를 통해 하나님의 백성들이라는 새로운 의식으로 약속의 땅인 가나안을 향한 것처럼, 신약의 예수 제자들도 그리스도의 부활을 기념하고 재연하는 주일 예배를 통해 그리스도인이라는 새로운 의식으로 하나님과 사람들에게 변화된 모습을 보였다. 그러므로 "예배에서 하나님을 찾는 자들은 누구나 자신의 내적인 삶을 이런 공동의 기억들에 개방할 때" 정체성을 경험되고 강화시킬 수 있다.[101]

둘째로, 예배에서 경험하는 하나님의 백성 또는 그리스도인으로서 의식의 변화는 하나님과 예배자들 사이의 수직적인 관계와 예배자들 사이의 수평적인 관계에서 나타난다. 시편들과 예언서들에서, 출애굽 후 하나님과 이스라엘의 새로운 관계는 종종 출애굽 경험 자체에 의해 특징지어진다. 출애굽 경험으로 형성된 예배 대상자와 예배자들의 관계라는 주제는 단순히 출애굽 사건에 관한 이야기를 뛰어넘

과정을 하나님의 임재와 그리스도의 모습을 향한 하나의 신앙의 여정으로 이해한다. 그의 논문, "Transformational Worship in the life of a Church," 185-196을 보라.

100 공동의 기억과 정체성의 관계에 대해, Don E. Saliers, *Worship and Spirituality,* 5-14를 보라.

101 *Ibid.*, 7.

어 구약성경 전체로 확대된다.[102] 그리스도인들은 기능적이기보다는 관계적이고 권위주의적이기보다는 섬기는 사람들로 부름을 받은 자들이다. 그러므로 그리스도인들 자신의 변화는 그들의 관계가 변화될 때 가능하다. 예를 들어, 예배의 결과로 예배 참석자들은 순간적으로 그리고 점진적으로 자신의 개인적 느낌들에서 더욱 정직하고 영적 훈련을 하고 가족과 친구들을 돌보고 용서를 하거나, 덜 비판하고 염려하는 것과 같은 변화를 경험한다.[103]

셋째로, 구약의 이스라엘 백성들과 신약의 초대교회 그리스도인들에게서 나타난 것처럼, 의식의 변화는 계속 우리를 변화시키는 "예배의 축적적인 힘"cumulative power에 민감하고 장기간의 변화 프로젝트를 향해 예배의 창조적인 에너지를 투자할 때 일어난다.[104] 그 이유는 의식의 변화가 예배에 의해 우리 안에 형성되는 부분적이고 복잡한 경험들이 축적되어 나타나기 때문이다. 예배에서 우리는 명백한 개념들, 삶에 대한 새로운 관점들, 일련의 감정들, 분명한 관계들, 그리고 어떤 미덕들을 경험하며 점차 쌓아나간다. 이런 다양한 경험들은 점차 풍성해지면서 성령에 의해 우리의 삶의 모든 면에서 거룩함과 그리스도와 같이 되는 새로운 차원들에로 성장해간다. 예배에서 경험되는 그리스도인에게 필요한 어떤 확신들, 관점들, 감정들, 관계들, 그리고 미덕들은 우리 안에 의식의 변화를 위한 자원이 된다.[105]

102 허도화, "바다의 노래(출애굽기 15:1-21): 성전음악에서 회중의 역할," **대학과 선교** 제14집(2008): 337.

103 Alexis D. Abernethy, "Call and Response: Authors' Commentary on Lesson Learned from the Congregation," *Worship That Changes Lives,* 253.

104 John D. Witvliet, "The Cumulative Power of Transformation in Public Worship," *Worship That Changes Lives,,* 43. John D. Witvliet는 예배의 축적적인 힘을 인정하지만, 평생 예배에 참여한 자라도 더 나은 사람으로 변화되지 않을 수도 있는 복잡한 이유들과 경계해야 할 것들을 제시한다(52-54).

비록 의식의 변화가 처음에는 인식적, 감정적, 그리고 관계적인 차원에서 순간적으로 경험됨으로 시작되지만, 정기적인 공동 예배가 지닌 축적적인 힘을 통해 의미 있는 변화로 나타난다.

이런 경험들의 축적으로 나타나는 의식의 변화는 마치 "매일 일어나는 조수에 의해 끊임없이 오고가는 파도들이" 해변에 널려있던 지저분한 오물들을 점진적으로 정화시키다가 마침내 말끔하게 사라지게 하는 것과 같다.[106] 과르디니Romano Guardini는 예배가 변화시키는 힘을 "세상으로 흩어져나가는 잔물결"로[107], 브루기만Walter Brueggemann은 "세상을 만들어가는 특성"[108]으로 표현한다. 이것이 바로 하나님께서 정기적인 예배가 주는 축적된 의식의 변화 효과를 통해 자신의 백성들이 하나님의 나라를 위한 백성들로 변화되어가기를 원하시기에 "지금 이렇게 예배를 드리는 사람들을 찾으시는" 이유이다(요 4:23).

영성 목회자인 유진 피터슨Eugene Peterson은 의식의 변화가 목회 현장에서 예배를 통해 어떻게 일어나는지를 경험했다. 피터슨은 모세와 예수의 제자들이 목회자들로서 무엇보다 먼저 예배를 통해 하나님의 뜻에 따라 함께 모인 사람들에게 공동체 의식을 심어주었다는 것을 발견했다. 그래서 그는 하나님께서 예배하는 자들을 자신의 백성으로 형성시켜 가는 출애굽기와 사도행전을 본문으로 삼아 예배가 자신의 목사로서의 정체성과 회중의 정체성을 발견하고 유지하는

105 예배가 우리 안에 형성하는 것들의 성격에 관해, John D. Witvliet, *ibid.*, 48-50을 보라.

106 해변의 조수와 파도에 관한 은유는 Clay J. Schmit에게서 왔다. Alexis D. Abernethy, "Call and Response: Authors' Commentary on Lesson Learned from the Congregation," 270을 보라.

107 Romano Guardini, *The Art of Praying: The Principles and Methods of Christian Prayer* (Manchester, NH: Sophia Institute, 1985), 173.

108 Walter Brueggemann, *Israel's Praise* (Philadelphia: Fortress, 1988), 157.

것을 경험했다고 고백한다.[109] 피터슨과 그의 교인들은 정기적인 예배를 통해 자신들을 하나님의 계시와 행동이라는 관점에서 이해하고 하나님의 백성 즉 교회가 된다는 것의 의미를 이해하고 실천하였다.[110] 오늘날의 문화 속에서 점차 그리스도인의 정체성을 상실해가는 사람들에게 공동 예배의 의식들은 그리스도인 삶의 모습, 성품, 그리고 실천을 회복하도록 힘을 제공한다.[111]

(3) 행동의 변화

정기적인 예배 의식들을 통해 일어나는 영적 변화의 세 번째 단계는 삶에서 하나님의 임재를 증거함으로 나타나는 행동의 변화이다. 이 행동의 변화는 의식의 변화라는 틀 위에 일어나는 결과이다.[112] 이렇게 예배와 삶이 서로 분리될 수 없도록 연결되어 있다는 사실은 예배에 관한 어원적 이해, 기능적 이해, 그리고 역사적 이해에 기초한 예배의 완성을 의미한다.

첫째로, 예배에 관한 어원은 행동의 변화를 예배라는 공적인 일이 삶에서 완성되는 것으로 이해한다. 그리스도의 몸으로 매일의 삶에 참여하는 하나님을 예배하는 "사람들의 공적인 일"*leiturgia*이 완성되는 단계이다.[113] 그 용어가 강론의 형식이나 앎의 방식*logos*이라기보다 실행이나 행위*ergon*이기 때문에, 예배는 교회가 생각하는 것이라

109 Eugene Peterson, **유진 피터슨: 부르심을 따라 걸어온 나의 순례길.** 양혜원 역 (IinterVarsity, 2011), 273-276.

110 *Ibid.*, 275.

111 E. Byron Anderson, *Worship and Christian Identity: Ptacticing Ourselves*(Collegeville, Minn.: The Liturgical Press, 2003), vii를 보라.

112 Alexis D. Abernethy, "Introduction: Spiritual Experience, Worship, and Transformation," *Worship That Changes Lives,* 13.

113 Lynn C. Bauman, "Spiritual Formation through the Liturgy," *The Christian Educator's Handbook on Spiritual Formation,* 107.

기보다는 행하는 어떤 것임을 기억나게 한다.[114] 우리의 예배 의식들은 "모든 것을 하나님에게 돌려드리도록, 그리고 우리의 삶과 세계를 하나님을 위해 사용하는 방법을 배우도록" 가르침으로 우리의 마음뿐 아니라 생활까지 변화시킨다.[115] 예배에 참여한 개인과 공동체는 의식적으로든 무의식적으로든 자신 또는 자신의 교회와 하나님, 그리고 이웃, 세상과의 관계들을 해석하고 암시적으로든 명시적으로든 이런 관계들을 표현하는 방법들을 배우게 된다.

이런 점에서 테일러Barbara Brown Taylor는 교회가 세상에서 하나님의 임재를 분별하기 위한 출발점이어야지 멈추는 곳이 되어서는 안 된다고 말한다:

> 사람들에게 교회 밖에서도 지속적으로 하나님의 말씀에 귀를 기울이고 하나님의 성례전을 축하할 수 있는 장소를 제공함으로, 교회는 그들이 다시 하나님이 어떻게 나타나시는지를 느끼도록 도울 수 있다. [이런 하나님의 임재에 대한 경험은] 거룩한 말씀과 거룩한 예전에서만이 아니라 또한 가까운 이웃, 알 수 없는 낯선 이들, 빵 조각, 그리고 식품점에서 구한 포도주에서도 가능하다.[116]

예배자들은 예배가 끝나 교회를 떠나 세상으로 가도 더 이상 하나님을 떠나는 것이 아니다. 그들은 예배에서 얻은 것을 더 넓은 세상 속으로 가지고 가서 세상 사람들에게 필요한 것, 즉 삶에서 하나님의

114 I. H. Dalmais, "Theology of the Liturgical Celebration," *The Church at Prayer, vol. 1: Principles of the Liturgy,* ed. A. G. Martimort, trans. Matthew J. O'Connell (Collegeville, Minn.: The Liturgical Press, 1987), 229.

115 Don Saliers, *Worship as Theology* (Nashville, TE: Abingdon, 1994), 148.

116 Barbara Brown Taylor, *Leaving Church: A Memoir of Faith*(New York, NY: HaperCollins, 2006), 165.

거룩함을 인식하도록 만든다. 하나님의 임재는 세상에서 매일 만인 제사장직을 수행하는 예배자들에 의해 창조되는 새로운 가정 같은 교회에서 하나님의 도움이 필요한 자들에게 더욱 분명하게 나타날 수 있다.[117] 세상에서 하나님의 임재에로 들어가는 입구 역할을 하는 섬김 사역들을 통해 예배자들이나 세상 사람들 모두 피조세계 속에서 더욱 구체적이며 확실하게 하나님을 만날 수 있게 된다.[118]

둘째로, 예배가 교회 안에서 가지는 이중적인 기능(형성적이며 표현적인)에 근거할 때, 행동의 변화는 예배에서 형성된 공동체의 영적 경험들의 완성으로 이해된다. 예배의 경험은 삶에서 구체적으로 표현되어야 한다. 예배는 영성을 훈련하는 학교로 하나님의 사람들인 교회(공동체)의 신앙적 경험을 형성할 뿐 아니라 교회(공동체)의 신앙적 경험을 표현한다.[119] 예배에 의한 교회 표현은 4가지 행위들로 구성된다고 말할 수 있다: 모이는 것, 이야기하는 것, 양육하는 것, 그리고 파송하는 것.[120] 다른 말로 표현한다면, 신앙 공동체는 예배를 통해 모이고, 듣고, 나누고, 세상에서 정의를 실현하기 위해 모두 성령에 의해 능력을 받아 나간다.[121] 이것은 예배에서 나타나는 성령이 예배자를 그리스도의 이미지로 변화시키는 사역을 계속해야 한다는 것을 의미한다.

훌Bill Hull이 말한 것처럼, "예배는 사람들을 목회를 위해 훈련시키거나 계발시키지 않는다. 예배는 사람들을 하나님에 대한 진실한 경

117 Ibid.,165-166을 보라.

118 Ibid., 79-80을 보라.

119 I. H. Dalmais, "The Liturgy as Celebration," 26; Shawn Madigan, *Spirituality Rooted in Liturgy,* 7.

120 M. E. Moynahan, "The Disclosive Actions of Liturgical Spirituality," *Liturgical Ministry* 4 (Spring 1995): 71.

121 Ibid., 75-76.

외심을 표현하는 제자들로 훈련하고 계발시킨다. 예배는 하나님께서 우리 안에서 역사하시는 그 결과이지 원인이 아니다."[122] 그러므로 예배의 가치와 타당성은 예배 모임 안에서 무엇이 이루어지고 심지어 성취되었는지에 있는 것이 아니라, 오히려 축도 후에 그 모임이 생산하고 증거하는 것에 있다. 이런 점에서 효과적인 예배는 예배 경험을 가지고 자신이 예배한 그리스도와 같은 모습으로 세상으로 다시 들어가는 제자들을 만든다. 우리의 예배 안에서 역사하는 그리스도가 우리의 삶으로부터 역사하는 산 예배를 창조한다.

셋째로, 예배에 관한 교회의 역사적 이해는 행동의 변화를 예배의 윤리성의 완성으로 이해한다. 예배에서 경험되는 의식의 변화는 행동의 변화로 연결되어야 한다. 예배 훈련과 그 결과에 대한 아퀴테인의 프로스퍼Prosper of Acqutaine의 원리, *lex orandi statuat lex credendi*("기도의 규칙이 믿음의 규칙을 세워준다.")가 확대될 필요성을 잘 설명해준다.[123] 이 원리 안에는 예배와 윤리 사이에 내적인, 개념적인 연결이 있다.[124] 더 나아가 공동체적 기도(더욱 광범위하게 예배)의 규칙은 *lex vivendi*(삶의 규칙)를 세워준다.[125] 이런 주장은 예배공

122 Bill Hull, *The Disciple-Making Church*(Old Tappan, NJ: Revell, 1990), 73.

123 이 표어는 교황 Innocent 1세(401-417)와 교황 Zozime(417-418)의 교서들과 Carthage 공의회의 교서들의 선집인 *Capitula Coelestini*에 처음으로 나타난다. 이 선집은 435년경 Leo 대제의 비서였던 아퀴테인의 Prosper에 의해 편집되었다. E. Byron Anderson, *Worship and Christian Identity,* 25를 보라.

124 Don E. Saliers, "Liturgy and Ethics: Some New Beginnings," *Journal of Religious Ethics* 7:2(1979): 174.

125 *lex orandi, lex credendi, lex vivendi*의 확대 형식에 대해 Kevin Irwin, *Context and Text: Method in Liturgical Theology*(Collegeville, Minn.: The Liturgical Press, 1994), 55-56. Don E. Saliers, "Liturgy and Ethics: Some New Beginnings," *Journal of Religious Ethics* 7:2(1979): 173-189를 보라.

동체의 기도(또는 예배, lex orandi), 믿음lex credendi, 그리고 삶lex viviendi의 상호관계성이 필요하다는 것을 의미한다. 이런 의미에서 의식의 변화가 예배에서 하나님의 임재를 경험함으로 일어나듯이, 행동의 변화도 우리의 삶에서 하나님의 임재를 경험함으로 "우리가 누구인지 그리고 우리가 어디에 속하는지"에 대한 우리의 반응으로 나타난다.[126]

이 원리는 사도 바울이 로마서 12장(몸을 거룩한 산 제물로 드리라)과 13장(주 예수 그리스도로 옷을 입어라)에서 교리와 윤리, 예배와 삶을 연결시키려 한 것과 연결된다. 신약학자 케제만Ernst Kasemann의 로마서 주석에 의하면, 이 두 가지 사이에는 분명한 구분이 존재하지 않는다.[127] 예배에서 경험되는 세례나 성만찬 같은 의식들은 직접 세상에서의 신앙과 생활에 연결된다. 예배 의식들에 참여하는 것은 그리스도인의 신앙(의식의 변화)뿐 아니라 하나님과 자신과 다른 사람들에 관한 관계적 인식을 구체화하고 실천으로 나타내는 행위의 변화를 위한 훈련도 된다는 것이다. 그리스도인들이 하나님과 이웃에 대한 관계적인 삶에 참여하는 방식들은 우리의 예배 훈련에 의해 형성되고, 모형이 되고, 정의 된다. 이런 관계성에 관한 예배 의식들은 기독교 공동체를 삶에 관한 하나의 도덕적인 방식으로 이해하게 한다.

126 E. Byron Anderson, *Worship and Christian Identity,* 41.

127 Ernst Kasemann, *Commentary on Romans,* ed. and trans. Geoffrey W. Bromiley (Grand Rapids, Mich: Wm. Eerdmans, 1980), 323-329, 360-364를 보라.

4. 영성 목회 패러다임

본 연구는 새로운 영성 목회 패러다임을 제시하려는 하나의 시도였다. 올바른 영성 목회의 회복을 위해 본 연구는 예배가 영적 변화를 위한 현장이라는 전제로부터 출발했다. 그리고 본 연구는 예배가 지닌 역동적이고 어떤 형태를 이루어 가는, 즉 영적 변화를 일으키는 능력을 중심으로 예배의 영성을 통한 영성 목회의 가능성을 제시했다. 정기적인 예배를 통한 경험들이 지속적으로 우리 개인과 공동체의 의식과 행동의 변화를 일으키기 때문이다.

현재 일반적으로 제도적인 구조, 도그마, 의식 등으로 이해되는 목회와 일반적으로 자아 성장과 발전에 개인적으로 참여하는 것으로 이해되는 영성 사이에는 긴장이 존재한다. 하지만 목회와 영성 사이의 경쟁적이거나 대조적인 관계는 그 둘을 인간적인 것과 거룩한 것으로 잘못 이해하는데서 나타난다. 목회와 영성의 연합이 예배에서 가장 잘 연합될 수 있다. 예배는 순수한 영성 목회를 위한 전형적이며 가장 건전한 콘텍스트이기 때문이다. 이렇게 목회, 영성, 그리고 예배의 상호 의존성이 목회자와 교회라고 불리는 신앙 공동체에 의해 인식되고 실천될 때 영성 목회는 향상될 수 있다.

본 연구에 의한 결과, 즉 목회, 영성, 그리고 예배의 상호 의존성이 분명하게 나타날 수 있는 새로운 영성 목회의 패러다임들을 다음과 같이 한국교회에 제시해본다. 첫째로, 몸과 물질로 구체적으로 표현하는 목회. 참 목회는 신앙을 몸과 물질로 표현하는 것이며, 참 변화는 만질 수 있고 볼 수 있어야 한다(롬 12:1-2). 그래서 예배공동체에 의해 구체적인 오감으로 표현되고 경험될 수 있는 예배가 참 예배일 수 있으며 참 영성 목회에로 인도한다.

둘째로, 제자훈련의 현장으로서의 예배. 하나님의 제자도 계획은 개인들만을 위한 것이 아니라 모든 사람들을 제자 삼는 것이다(마 28:18-20). 예수 그리스도의 몸으로서의 한 몸(공동체)이어야 할 한국교회 안에 여전히 존재하는 빈부격차, 계급식 구조, 헌금 액수에 의한 물량적 평가와 같은 그릇된 관습들이 공동 예배의 영성을 통해 한 몸을 이루는 행위로 변화되어야 한다.

셋째로, 섬기는 행위로서의 목회, 섬기는 공동체의 일로서의 예배. 목회는 예수처럼 자신을 주는 섬기는 일이며 목회자는 섬기는 지도자, 그리고 교회는 하나님에 의해 하나님 나라를 위해 섬기는 자들로 부름을 받은 자들이다. 그들에게 "사람들의 공동의 일"liturgy이라는 의미를 지닌 예배는 섬김의 훈련 현장이다. 그래서 언제 어디에서든 섬기는 일도 예배일 수 있다(골 3:23-24). 그러므로 삶 가운데서도 예배의 스위치를 끄지 말아야 한다.

목회자가 예배의 영성을 통해 사람들을 변화시키기를 원한다면, 예배를 통해 영적으로 형성되어가는 원리들을 성경적으로 그리고 신학적으로 이해하고, 예배 속에서 하나님의 임재가 지닌 역동성들을 더욱 주의 있게 인식하고 반응해야 한다. 그리고 어떻게 사람들이 예배에서 영적으로 형성되어 가는지를 분석해야 한다. 더 나아가 지속적인 영적 변화를 일으키는 예배를 창조하기 위해 본 연구의 결론으로 제시한 영성 목회를 위한 패러다임들을 발전시킬 실제적인 예배 신학자가 될 필요가 있다. 무엇보다 외형적 성장주의에 집착하여 예배를 일종의 전도나 교육 프로그램으로 전락시킨 목회자들부터 이제까지의 예배 의식들에 대한 저항감과 불신을 정직하게 인정하고, 스스로 공동 예배가 지니고 있는 영적 변화의 능력을 경험하고(지적으로 이해하지 않고) 자신의 경험을 예배공동체와 적극적으로 나누려는 영성 추구가 분명히 회복된다면 한국교회의 영성 회복은 가능하다.

제 4 장

예배갱신의 실제

21세기의 한국교회는 어떻게 하면 예배를 참되고 신령하며(요 4:24) 활력 있게 운영 할 수 있는가에 대해 고심하고 있다. 많은 목회자와 예배학자들이 예배를 갱신하는 방법과 대안에 대해 저마다 다양한 주장들을 하고 있지만 교회마다의 여건과 상황의 차이로 인하여 예배갱신의 모범답안은 있는 것 같지 않다. 하지만 분명한 것은 예배갱신의 대안으로 기독교의 예배전통에 충실하며faithful 동시에 현대 문화에 적절한 생동감 있는vital 예배를 운영해야 한다.[128]

128 Thomas G. Long에 의하면, 충실한(faithful) 예배란 기독교의 위대한 예배 유산에 충실하기 위해 최선을 다하는 예배로 다음과 같은 특징들을 지닌다: (1) 신비경험을 위한 공간 창조 (2) 낯선 자들에게 환대를 보여줄 노력 (3) 기독교 예배 속에 내재된 시각적인 드라마 회복 (4) 형식과 장르에 뛰어나고 선택적인 회중 음악 강조 (5) 예배 공간과 환경에 대한 창조적 적용 (6) 예배와 지역 복음전도와의 강한 연결 (7) 경고한 예배 순서 유지와 회중이 쉽게 따를 수 있는, 익히 아는 순서와 응답 (8) 예배의 마지막 부분을 향한 기쁨이 넘치는 축제 경험에로 옮김 (9) 예배 인도자로서의 강한 카리스마를 지닌 목회자. 또한 생동감이 넘치는(vital) 예배는 현대 문화에 적절한 예배로 (1) 능동적(active), (2)성장하며(growing), (3) 사람들을 이끄는(drawing) 특징들을 지닌다. Thomas G. Long, *Beyond the Worship Wars: Building Vital and Faithful Worship*(the Alban Institute, 2001), ch. 1을 보라.

본 장의 내용들은 필자가 계명대학교 대학교회의 담임목사로 8년 동안(2003-2010) 매 주일 예배를 직접 기획하고 집례하고 또한 평가하면서 경험했던 예배갱신의 실제이다.[129] 실제로 지역교회에서 예배갱신은 목회자가 생각하는 것보다 훨씬 오랜 시간이 걸리는 마라톤과 같은 과정이다. 그래서 실질적이며 가시적인 변화는 겨자씨가 자라는 속도 정도로 서서히 나타난다. 오히려 예배갱신을 통해 큰 기대를 하다가 역효과가 나타날 수도 있다. 그러므로 예배갱신을 위한 긴 여행을 지속하려면 열정과 성실함이 필요하다. 하지만 또한 예배갱신을 통해 하나님에게 창조적인 예배를 드리는 일은 기쁨과 새로움과 같은 기대하지 않았던 변화의 선물들을 얻게 된다.[130]

비록 대학교 관련자 또는 가족들을 위한 대학교회라는 특수성 때문에 일반인들에겐 접근하기 어려움이 있었음에도 불구하고, 그 교회는 예배갱신 과정을 통해 필자가 담임목사로 재임하던 기간 중 출석 인원은 4배 이상, 재정은 6배 이상 증가했다. 필자의 판단으로는 예배갱신이 가장 큰 성장 또는 변화를 일으킨 요인이었다. 담임목사는 예배갱신을 목회와 교회의 변화를 위한 출발점으로 삼았다. 기본적으로 교인들에게 하나님을 예배하기 위해 모인 하나님의 백성이라는 예배의 정체성이 확립될 때까지는 다른 교회의 사역들을 확대하지 않았다.[131] 이런 시도는 곧 교인들을 예배와 생활에 대한 새로운

129 허도화, "한국교회의 위기 극복을 위한 대안교회로서의 대학교회: 계명대학교회를 중심으로," **대학과 선교** 제19집 (2010): 101-147을 보라.

130 Betty Grit, "Worship Renewal: What We Have Learned," The Worship Renewal Grants Program of the Calvin Institute of Christian Worship (November, 2010) (http://kncsb.org/blogs/dmanner/what-does-worship-renewal-look-like/P).

131 교회의 사역들 가운데 예배의 정체성을 먼저 확립하는 것의 중요성에 대해 Eugene H. Peterson, **부르심을 따라 걸어온 나의 순례길,** 양혜원 역 (IVP, 2011), 273-274를 보라.

비전으로 움직이게 하였으며 영적 신앙훈련의 기회가 되었으며, 목회자들에게는 교인들을 진심으로 섬길 수 있는 기회가 되었다. 교회와 관련된 다양한 문제들을 점진적으로 해결해 주는 역할을 하였다.

다음에 제공하는 내용들은 본 저서의 제1부에서 제시된 예배갱신의 이론들을 대학교회에 적용한 사례이다. 이 사례는 개 교회에서 예배갱신이 어떻게 준비되고 진행되었는지, 그리고 그 결과가 무엇인지를 보여주는 것이다. 본 장은 먼저, 예배갱신을 위한 준비 단계로서 지역 교회가 지니고 있는 예배 습관들을 분석한다. 모든 교회와 교인들은 나름대로 예배 습관들을 지니고 있다. 그들은 그런 습관을 하나의 전통이라고 생각하기도 한다. 오랜 동안 형성되어 온 대학교회의 예배 습관은 대부분의 한국교회들의 예배에서 발견되는 문제들과 다르지 않았다. 그래서 한국교회의 전반적인 예배 문제들을 제시하고 분석함으로 예배갱신 이전의 대학교회 예배에 대한 분석과 평가를 대신한다. 그 다음으로, 예배갱신의 이론에 따라 한국교회에서 나타나는 일반적인 문제들을 해결하기 위해 공동체성 회복, 영성 회복, 그리고 사회성 회복을 예배갱신의 방향과 목표로 삼고 예배갱신을 시도한 대학교회의 주일예배의 특징들을 소개한다. 그리고 마지막으로, 예배갱신의 이론을 예배 현장에 적용한 주일예배의 내용, 구조, 그리고 순서를 소개한다.

1. 예배 분석과 평가

21세기의 한국교회는 1960년대에 시작된 예전회복운동과 현대예전갱신운동과 같은 세계적인 예배의 변화 현상들에 의해 영향을 많이 받아 왔기 때문에 이제는 한국교회의 예배를 새롭게 해야 한다는 당위성은 아무리 강조해도 지나치지 않게 되었다. 하지만 한국교회는 예배갱신을 하기 전, 먼저 현재의 예배 현상들이 지니고 있는 다음과 같은 문제들을 해결해야 한다. 일반적으로 그리스도인들에겐 자신의 교회에서보다 다른 분위기에서 예배를 경험하려는 경향이 있다. 그러나 예배갱신은 예배자들 스스로가 먼저 자신들의 교회 예배의 내용, 구조, 형식 또는 유형을 변화시키려는 의식으로부터 시작되어야 한다.[132]

첫째로, 한국교회는 예배의 본질보다 예배의 형식에 치중되어 있다. 이런 문제는 한국교회의 평신도들이 가장 큰 문제를 틀에 박힌 예배와 다양하지 못한 예배 형식이라고 생각하기 때문에 일어난다. 하지만 예배 형식을 정할 때 예배가 하나님을 섬기기보다 사람을 섬기는 것으로 전락하는 것이 문제이다. 결국, 예배를 통해 공동체 전체가 하나님을 닮아가야 한다는 것을 망각하게 된다는 것이다. 이렇게 예배의 형식에 치중된 교회들은 예배 분위기에 지나치게 기울어지는 경향을 나타난다. 그래서 한국교회는 예배갱신을 예배의 본질을 회복하기보다 어둡고 무거운 예배의 분위기를 바꾸는 것으로 이해하고는 예배 장소의 확장, 조명, 실내장식뿐 아니라 멀티미디어 설치, 예배에 사용되는 음악, 설교의 메시지, 회중의 구성과 참여정도, 그리고 예배 인도자의 자질 등을 더욱 중요하게 여긴다. 하지만 근본적으로 예배의 스타일을 따지는 것은 중요하지 않다. 오히려 예배를 구성하는 신학적 내용과 그 내용을 잘 표현할 수 있는 성경적 구조에 근거하여 어떻게 하면 예배자들이 예배를 통해 하나님을 더 알게 되는가에 초점을 둬야한다. 예배갱신이나 예배회복이란 예배형식의 변

132 Calvin Institute of Christian Worship, "What is Worship Renewal?" (March 03, 2005) (http://worship.calvin.edu/resources/resource-library/what-is-worship-renewal/).

화가 아니라 하나님께 초점이 맞춰지는 것이며, 예배의 본질이란 예배가 사람보다 하나님을 위한 것이며, 오히려 공동체가 하나님을 닮아가는 것이다.

둘째로, 한국교회는 하나님 중심의 예배와 인간 중심의 전도를 혼동하고 있다. 그러나 예배와 전도 집회는 분명하게 구분되어야 한다. 예배는 하나님 중심이지만 전도 집회는 사람 중심이 되기 때문이다. 한국교회 안에는 예배를 총력 전도와 같은 하나의 일시적인 프로그램program 또는 이벤트event로 삼아 사람이 중심이 된 예배들이 많다. 그러나 성경 어디에도 믿지 않는 자들을 모으기 위해 하나님을 예배하라고 말하지 않는다. 모임meeting이 예배가 되려면 하나님이 중심이 되고 하나님이 초점이 되어야 한다. 전도가 믿는 사람과 믿지 않는 사람 사이에 오가는 소개와 우정의 언어라면, 예배는 성도들과 하나님 사이에 오가는 사랑과 성장의 언어이다. 그러므로 불신자에게 초점을 맞춘 구도자 중심의 예배나 열린 예배, 신앙 없는 이들을 위한 예배는 초점 자체가 잘못된 것이다. 새로운 예배 형식이나 음악을 사용하는 것은 하나님을 찬양하는 것을 목적으로 할 때는 필요하지만 그것을 믿지 않는 사람들을 끌어들이려는 도구로 사용하면 전도뿐 아니라, 예배 모두를 크게 훼손할 수 있다. 물론 우리는 그리스도의 증인들로 부름을 받은 자들이다. 하지만 그리스도의 증인이 되는 길은 무엇보다 먼저 하나님 앞에 나와 예배를 하고, 그 예배를 통해 정체성을 분명히 한 후 복음으로 이웃들에게 전하는 것이다. 예배는 원칙적으로 하나님을 믿는 사람들이 할 수 있는 것이다. 하나님을 믿지 않는 사람들은 하나님이 예배 받으실 만한 분이라는 걸 모르기 때문에 제대로 예배를 할 수가 없다.

셋째로, 한국교회의 예배는 이성이나 감성에 치우쳐 사회성을 훈련하는 기능을 상실하고 있다.[133] 오늘날 한국교회가 사회적 공신력을 상실한 이유는 지나치게 설교만을 강조하는 이성적인 분위기 아니면 경배와 찬양 중심의 예배 확산으로 인한 감성적 분위기에 치우치는 예배로 인해 사회성을 상실한 채, 사회와 소통하지 못하기 때문이다. 주일예배는 목회자와 교인들이 사회에서 한 주간을 충실하게 살아가도록 하는 예배의 사회화 기능을 강화시켜 주어야 한다. 메마른 지성 또는 향방 없는 뜨거운 감성만의 예배로는 빠르게 변화는 세상에서 그리스도인의 삶을 감당하기 어려우며 또한 신앙과 삶을 일치시키지 못한다.

예배는 상징적인 요소들과 행위들, 또는 설교를 통해 참여자들에게 기독교적 가치관이나 세계관을 내면화하는 "기독교적 사회화"의 기능을 한다.[134] 이런 예배의 사회화 기능은 예배 참석자들로 하여금 교회 밖에서 자신의 신앙을 실천함으로 사회를 변화시키는 결과를 초래한다. 이처럼 정기적인 예배는 특별히 많은 설교들을 통해 참여자들에게 기독교적 가치관과 세계관을 형성시켜 행동하고 실천하는 그리스도인들을 세울 수 있다. 그럼에도 불구하고 한국교회는 일주일 내내 거의 쉬지 않고 시행하는 각종 예배들을 통해 교인들의 의식과 행동을 사회화하는데 영향을 주기보다는 물량적 교회성장과 함께 개인적이고 기복적이고 정복적인 정서와 덕성을 보유하도록 만드는

133 바른교회아카데미는 2011년 9월 28일에 개최한 세미나에서 모델로 삼아도 될 만한 7개 교단 교회들의 목회자 300여명을 대상으로 설문조사한 '한국교회 역할 모델 조사 연구' 결과를 발표했다. 그 조사에 의하면, 그 모델 교회들은 5가지 교회의 기능들(예배, 교육, 선교, 봉사, 친교) 가운데 현재는 교육, 선교, 봉사, 예배, 친교 사역의 순으로 집중하고 있지만, 10년 후 한국교회의 미래를 위해 추구해야 할 사명과 중점적인 사역으로는 이웃을 향한 봉사와 사회적 책임을 다하는 디아코니아와 예배 회복이 절대적으로 필요하다고 강조했다 (http://www.igoodnews.net/news/articleView.html?idxno=32434).

134 안선희, "한국교회의 위기에 대한 실천신학적 성찰: 재사회화 통로로서의 예배갱신을 중심으로," 한국기독교학회 제37차 정기학술대회 자료집(상), 72-73.

통로로 사용하였다.[135] 이것은 한국교회의 목회자들이 어느 나라의 목회자들보다 가장 많은 예배들을 기획하고 시행하는 동기와 목적이 무엇인지를 의심하게 만들었다. 따라서 이제 한국교회는 자기 아성을 쌓는 일에 몰두한 행위를 회개하고 세상 안의 교회로서 세상 속에서 인정받는 교회가 되도록 교회 안에서의 나눔이 아니라 이웃과 어려운 이웃들을 향한 봉사에 책임을 다해야 한다. 그러기 위해서는 예배를 교회가 합리적으로 사회에 접근하고 또한 하나님의 거룩한 백성들이 민주시민으로 사회로 파송되어 시민참여를 가능하게 하는 통로와 훈련의 장으로 활용해야 한다.

현대 교회의 예배 문제는 사람들이 점점 더 편안히 느끼고, 다양한 문화 형태를 수용하는 것에는 익숙하지만 문화의 흐름을 저항하는 데는 상당히 약하다는 것이다. 우리가 하나님을 예배하거나 찬양하는 것을 개인적인 기호와 시간, 편의와 위안의 문제로 바꾸려는 시대와 문화 속에 살고 있다 보니 예배까지 사람들이 구매하는 또 하나의 소비 품목으로 착각하고 있다. 예수를 따르는 자들인데 예배가 예수를 따르지 않는 경우가 많다는 것이다. 하지만 정기적인 공동체 예배를 하나님, 서로, 그리고 우리 자신과 만나는 삶의 여행과 변화로 이해한다면 지성과 감성보다 영성과 사회성을 회복함으로 해결해 나가야 한다. 무엇보다 먼저 하나님의 목적을 이해하기 위해 예배에서 성경을 많이 읽어가는 예배가 필요하다. 또한 시공간을 넘어서 회중의 화해와 전체 교회 공동체의 연합에 목적을 둬야 하며, 그것을 이루기 위해 역시 성경으로 돌아가야 한다.

135 Ibid., 75-78을 보라. 안선희는 한국교회가 예배를 통해 참석자들에게 주조한 부정적인 사회화의 현황들 네 가지를 제시한다: 신앙을 1) 정신적 과정으로만 이해하도록, 2) 외부지향적이고 발산적으로 표현하도록, 3) 사회문제에 무관심하도록, 그리고 4) 외부세계에 대해 정복적이고 호전적인 태도를 취하도록 사회화시키고 있다.

이와 같은 한국교회의 예배 현상들로부터 예배의 본질, 하나님 중심의 예배, 그리고 예배의 사회성을 중심으로 예배를 새롭게 하기 위해서는 먼저 예배자들에게 정기적인 예배 교육이 필요하다. 단순히 예배 현상들이 지닌 문제들을 제시하는 것만으로는 충분하지 않다. 각 예배의식의 성경적 기원, 역사, 의미를 충분히 이해되고 경험될 때 예배갱신의 효과가 나타날 수 있기 때문이다.

2. 예배갱신의 방향과 목표 이해

먼저 계명대학교회가 지니고 있는 예배의 특수성, 즉 예배의 목적과 기능에 대해 어떻게 이해하는지를 알아보자. 계명대학교회의 목회자와 전체 교인들은 주일에 집중하여 모이는 한 번의 예배에 만족한다. 교직원과 학생들을 중심으로 구성되는 대학교회의 특성상, 목회자와 교인들은 주중에는 대학이나 직장, 그리고 주변의 교회들을 통해 필요한 회수만큼의 예배들에 참석할 수 있다. 그럼에도 계명대학교회의 교인들에게 한 번의 공동체 주일예배는 세 가지 의미들을 부여한다.

1) 공동체성 회복 : 함께 드리는 예배(행 2 : 42)

기독교의 진정한 영성은 바로 하나님과 나와의 개인적 친밀감을 넘어서 믿음의 공동체, 더 나아가 세상과의 관계 속에서 찾아야 한다. 공동체는 기독교의 핵심가치 가운데 하나이다. 현대교회가 무력해진 이유는 바로 건강한 공동체성을 잃었기 때문이다. 이 공동체성은 매주 모이는 예배행위로 드러난다. 사도행전 2장 42절의 '저희가 사도의 가르침을 받아 서로 교제하며 떡을 떼며 기도하기를 전혀 힘

쓰니라.'는 말씀처럼 초대교회의 예배는 말씀과 삶을 나누는 공동체성이 가장 큰 특징이다.

오늘날 예배 역시 모든 예배자들의 참여 속에서 공적으로 드려져야만 한다. 오늘날 예배를 이해함에 있어 팽배해 있는 개인주의의 극복되어야 한다. 예배는 목사와 성가대의 공연이 아닌 공동체적인 행동으로서 회중의 참여가 필수적이다. 예배는 그리스도의 몸을 세우기 위해 자기의 전인격을 가지고 사랑과 충성과 복종과 헌신으로 응답하는 예배가 되도록 공동 행위로서의 예배가 되어야 한다. 공동 행위의 의식을 높이기 위한 예배의 배려로 성찬의 빈도 증가, 관심사의 분담, 평신도의 예배 순서 참여의 확대, 예전의 증가, 찬송의 효율적 활용, 교회 소식, 공동체적 의미의 회복 등이 실제 예배에 적용될 수 있다. 그리고 인사, 평신도의 성경 봉독, 성경 말씀에 대한 회중의 응답, 회중의 중보기도, 교송 및 친교 등이 예배의 공동체적 본질을 회복하는 데 사용될 수 있다. 이렇게 공동체적인 의미가 회복된 예배는 필수적으로 축제로서의 예배의 의미를 회복해야만 한다.

이와 같은 현대교회들의 개인주의형 예배를 해결하기 위해 계명대학교회는 예배갱신의 방향을 평신도 중심의 공동체예배를 진행하는 것으로 정했다. 예배순서가 특정 제직들만을 위한 것이 되면 고정화된 순서와 기계적 진행으로 인해 예배의 생동감이 상실된다. 대학교회의 예배는 평신도들이 찬송과 헌금과 같은 일정한 예배 형식에만 참여할 뿐 언제나 수동적인 청중으로 남지 않도록 모든 교인들이 자신의 다양한 은사에 따라 참여할 수 있는 순서들로 진행된다. 어린아이로부터 시작하여 학생, 청년, 장년 그리고 노인에 이르기까지 십자가 입례, 봉독용 성경 입례, 성서정과에 따른 구약과 신약 성경봉독, 코이노니아 등의 다양한 순서들을 제단 위에서 담당한다. 특별히 절기예배나 분기별 자녀들과 함께 드리는 통합예배는 더욱 다양한 연령층의 교인들이 함께 순서를 맡는다.

흩어져 있던 그리스도의 몸 된 교회의 백성들이 함께 모여 드리는 거룩한 예배 행위는 그리스도인의 본질을 확인하고, 그 본질을 회복하는 사건이다. 예배의 본질은 관계다. 그러나 예배의 본질을 하나님과 나만의 관계로 풀어갈 때 그 예배는 개인 예배로 국한되고, 예배 인도자도 공동체적 영성을 무시한 무질서와 혼란에 빠지게 된다. 그러므로 예배는 개인의 믿음을 고백하고 찬양하는 것에서 그쳐서는 안 된다. 오히려 '교회'의 공적인 예배시간을 통해 공동체적 믿음의 경험을 표현하고 담아내는 소통이 필요하다. 회중 예배는 몸 된 지체가 함께 모여 하나님께 나아가는 공동체적 행위다. 그래서 함께 찬양하고, 함께 기도하고, 함께 말씀 듣고, 함께 응답하는 것은 물론, 예배 전후로 삶을 나누고 떡을 떼며, 세상에서 경험할 수 없는 예수 사랑에 근거한 깊은 친밀감을 확인하는 시간이 필요하다. 그 결과 출신과 배경, 학벌과 빈부를 무론하고 하나님 앞에서 하나라고 하는 진정한 코이노니아Koinonia가 이루어지는 것이다.

2) 영성 회복 : 신령과 진정으로 드리는 예배(요 4 : 24)

예배는 영성을 훈련하는 기능을 지닌다. 대학교회는 예배를 통한 영성 훈련을 먼저 성도들이 충실한 예배 준비를 하면서 영성에 대한 기대를 높이고, 그 기대를 예배팀이 충실히 준비한 예전적 예배를 통해 충족시킨다.

첫째로, 한 주 동안 한 번만의 주일예배는 목회자와 교인들에게 영적인 예배에 대한 기대와 그에 대한 충실한 준비를 가능하게 한다. 영적 예배 경험은 예배의 회수에 비례하는 것이 아니라, 진정성 있는 참여와 헌신을 통해 자신을 하나님에게 온전히 드릴 때 가능하다. 예배를 기획하는 목회자와 자신의 예배를 준비하는 교인들은 주일성수의 의미를 깊이 느끼면서 주일을 기다린다. 영과 진리로 드리는 예배는 무엇보다 헌신을 의미하는 충실한 준비, 기대, 그리고 기다림으로부터 시작되기 때문이다. 대학교회의 실험적인 다양한 예배순서들은 가능한 많은 교인들로 하여금 자신이 맡을 순서들을 충실하게 준비하도록 요구한다. 이런 충실한 준비는 하나님과 동료 예배자들 앞에서 영적인 예배를 도모하게 하며 동시에 수동적인 예배자의 태도를 극복하게 한다.

둘째로, 계명대학교회는 예전적 예배를 통해 영성에 대한 기대를 충족시킨다. 하나님의 백성은 예배를 통해 경건함piety, 즉 하나님 경험이란 영적 체험에 이른다.[136] 예배에서의 영적 경험에 이르는 길은 하나님이 예수 그리스도 안에서 하신 은혜로운 행동에 대해 응답하는 것이다. 예배는 하나님이 예수 그리스도 안에서 하신 은혜로운 행동에 대해 응답하는 것이 목표이다. 로버트 웨버Robert Webber에 의하면, 포스트모던 시대의 사람들은 고대인들처럼 영적인 요소인 신비mystery에 대한 관심을 강하게 느낀다.[137] 신비는 예배 장소에서 하나님의 능력이나 임재를 통해 느낄 수 있는 영적인 경험이다. 예배란, 개인에게든 공동체에게든, 살아 계신 하나님의 현존과의 강력한 만남이다. 그래서 대학교회의 예배 의식들은 교인들이 하나님의 능력과 임재를 의식할 수 있는 행동과 느낌을 제공하도록 기획된다.

대학교회의 교인들은 예배의 시작을 십자가와 강단봉독용 성경을 들고 제단을 향해 입례하는 순서를 통해 하나님 앞으로 나가는 영적 경험을 한다. 또한 교인들은 공동고백기도와 설교 후의 회중결단기도를 한 후 곧 이어지는 개인침묵기도를 통해 외부 지향적이며 발산

136 Jana Childers, "영성과 예배," (http://www.cjob.co.kr/mission-2531.html).

137 Robert E. Webber, *Ancient-Future Faith*(Grand Rapids: Baker, 1999), 34.

적인 신앙표현을 하나님 앞에서 내면적이고 성찰적으로 교정하는 기회를 제공받는다. 침묵으로 고백기도를 한 후에는 집례자로부터 용서의 말씀을 듣고 주님으로부터 오는 평화를 주위 교인들에게 다가가서 그들과 함께 나눔으로 평화의 선물을 확산시킨다. 성경을 봉독하기 위해 제단에 올려놓은 성경을 들고 성찬상 앞에서 두렵고 떨림으로 선포할 때, 그리고 특별히 십자가 앞에서 복음서를 봉독할 때는 모든 교인들은 일어서서 마치 예수님이 직접 선포하는 말씀을 듣는 것처럼 느낀다.

3) 사회성 회복 : 몸과 삶으로 드리는 예배(롬 12 : 1)

예배는 영성뿐 아니라 사회성까지 훈련하는 기능을 지닌다. 대학교회의 예배가 지니는 특수성은 지속적으로 섬김의 동기를 제공하고 실천에로 연결시키기 위해 주일예배를 지성과 영성을 연결시키고 또한 재사회화의 통로가 되도록 예언자적 예배의 특징을 유지한다. 계명대학교회는 예배를 통해 기독교인들의 무실신앙無實信仰으로 인한 사회적 공신력 추락에 책임을 느끼는 지성인들의 사회성 기대를 충족시킨다. 대학교회의 예배는 기독교인의 정서를 형성하는 예배를 통해 사회를 이해하고 그곳에서 행동할 수 있는 동기를 제공하도록 기획된다. 또한 예배가 종교적 정체성을 제공하고 사회적 행동의 방향성을 설정해 주는 역할을 한다. 예배가 사람들을 교회의 울타리 안으로 모아 교회 안에서 행해지는 여러 목회적 행위들에만 관심을 갖도록 하는 수단이 아니기 때문이다. 오히려 예배를 통해 교회의 눈을 교인들이 살고 있는 사회로 돌려 교회와 교인들이 사회에서 어떤 삶과 모습으로 나타나야 하는지를 제시한다.

계명대학교회의 예배는 좋은 신앙을 가진 사람이 사회에 이바지 할 수 있도록 교인들을 잘 훈련시켜 사회로 내보내는 통로 역할로서 다양한 방법들로 진행한다. 첫째로, 그리스도인으로 사회에서 실천할 사랑, 용서, 정의, 화해, 평화, 희망 등과 같은 기독교적 가치들을 강조하고 그런 내용들을 담은 공동기도문, 찬송, 그리고 예언자적 설교들을 사용한다. 이런 시도가 연속성을 잃지 않도록 다음 주일에 실천을 확인하는 내용들로 이어지도록 한다. 정기적으로 예배에서 사명 또는 비전선언문을 함께 선포하며 그리스도인의 사명을 재확인한다.

둘째로, 사회성 훈련을 위해 가능한 몸을 빈번하게 사용한다. 이것은 단순히 입으로만 고백하고 찬송하는 신앙을 극복하고 그리스도의 한 몸으로 기독교적 가치들을 몸에 배게 함으로 행동하고 실천하는 신앙을 갖도록 하기 위함이다. 그래서 대학교회의 예배에서는 예배자들에게 움직임을 많이 요구한다. 대표적인 움직임으로는 입례 순서에서 기독교의 가치들을 가시화하고 느끼기 위해 상징적인 물건들을 제단에 바치는 행위들과 고백기도 후 용서의 선언을 들은 교인들이 자리를 옮겨 다니면서 서로 평화 또는 화해의 인사를 나누는 행위들을 들 수 있다. 가정과 사회에서의 그리스도인의 책임과 화해를 경험하기 위해 부모와 자녀들이, 교수와 학생들이, 그리고 노인들과 청년들이 서로 자리를 옮겨 손을 잡고 상대방을 위해 기도하는 행위, 또한 설교 후 응답의 하나로 회중결단기도 순서를 일어서서 진행하는 것도 기독교적 가치를 몸으로 경험하려는 시도이다.

셋째로, 다양하게 교인들은 찬송을 통해 은혜와 사랑을 경험하고 고백기도를 통해 회개와 용서를 경험한다. 그들은 성경봉독과 예언자적 설교를 통해 정의와 희망을 바라본다. 회중기도(결단기도) 또는 중보기도를 통해서는 사회적 현실을 자각하고 연대의식을 키운다. 그리고 하나님의 피조물로서의 인류공동체 그리고 하나님의 이름으로 세상으로 파송되면서 평화와 화해를 누린다. 특별히 예배의 마지막 순서는 새로운 사명을 가지고 세상으로 나가는 선교사들을 파송하는 기능을 가지고 있다. 이 때 예배는 교회와 사회를 잇는 가능을 가장 강하게 드러낸다.

이런 예배 의식들은 세상 속에서 하나님 나라를 구현하는 일은 사회의 틀이라 할 수 있는 사회적 가치들을 기독교적 가치들에 의해 미리 경험해 본 사람들에 의해서만 가능하다는 것을 의미한다. 이런 면에서 예배는 신앙공동체가 이런 가치들을 미리 그리고 직접 경험할 수 있는 가장 적합한 공간 역할을 해야 한다.

3. 주일예배갱신의 실제

다음에 소개하는 주일예배순서는 계명대학교회에서 사용한 것이다. 물론, 30여 년 동안 사용해 오던 과거 대학교회의 예배의 내용, 구조, 형식을 여기에서 소개하는 예배 형식으로 바꾸는 것은 쉽지 않은 일이었다. 예배 변화는 목회자들과 예배위원들을 중심으로 예배갱신의 필요성에 관한 교육과 함께 점진적으로 진행되었으며 충분하게 변화되는 데는 최소한 약 3년이 걸렸다. 누구나 주보에 실렸던 주일예배순서를 보면 각 순서가 어떻게 진행되었는지 알 수 있겠지만, 대학교회가 예배갱신을 위해 선택한 예배 형식은 예전 중심의 예배이다. 그런 방향으로 예배갱신을 시도한 중요한 이유는 앞에서 언급한 것처럼 지성이나 감성, 프로그램program이나 이벤트event로 치우치는 현상적인 예배 문제들을 해결하고, 동시에 예배의 본질을 경험하게 하는 공동체성, 영성, 그리고 사회성을 회복할 수 있기 때문이었다. 주일예배의 순서에 때라 특별히 설명이 필요한 경우, 그 순서 다음에 어떻게 진행하는지 설명을 추가한다.

아담스 채플 주일예배

Eleventh Sunday after Pentecost

I. 모임

1. 파이프오르간 전주가 진행되는 동안 조용히 개인기도와 묵상으로 참여합니다.
2. 안내석에서 예배용 〈새찬송가〉와 〈새번역성경〉을 제공받아 찬송과 말씀을 미리 찾아 놓습니다.

전　주 / 전주곡과　푸가 다 단조　V. Luebeck

인사와 환영 / 집례자

(집례자는 미리 제단 밑에서 기도로 예배를 준비하다가 시작 시간이 되면 제단 위로 올라가 회중들에게 반갑게 만남의 인사를 하면서 예배에로 초청, 환영한다. 이때의 인사와 환영은 하나님께서 자신의 자녀들을 세상으로부터 하나님의 집으로 받아들이는 의미를 지닌다. 이 때 예배와 관련된 교회력, 주제, 설교자를 소개하며, 때로는 환영이나 기도가 필요한 사람들과 사건을 소개할 수도 있다.)

***입 례 찬 송 (일어서서)　43장** / (통57)(즐겁게 안식할 날)

(예배위원들과 성가대원들이 회중을 대표해 성전 입구로부터 제단을 향해 입례하며, 십자가와 봉독용 성경이 가장 앞줄에 서며, 예배 순서에 따라 미리 제단에 서 있는 집례자를 제외 한 예배위원들--기도자, 성경봉독자들, 찬양대원, 설교자, 축도자--이 뒤를 따른다. 십자가를 들고 들어가는 예배위원으로는 가능한 어린이나 중고등부 학생들을, 봉독용 성경을 들고 들어가는 예배위원으로는 복음서를 읽을 사람이 적절하다. 십자가의 크기는 들기에 적절하고, 최근 예배 중 제단 중앙을 차지하는 대형 스크린이 십자가를 가로 막는 경우에 비해 예배 중 제단 중앙에 세워진 십자가는 상징적으로 예배의 중심 역할을 한다. 또한 십자가가 성전 어느 한 부분에 고정되어 있는 것보다 예배자들과 함께 움직이는 십자가는 구약의 하나님께서 이스라엘 백성들과 함께 하시며 광

야에서 동쪽을 향해 앞서 움직이는 것에 비유될 수 있다. 특별 예배의 입례 시에는 그 주제에 맡는 물건이나 이미지를 제단 앞으로 들고 들어갈 수도 있다. 입례찬송을 부르는 동안 집례자는 앞에서 예배를 인도한다.)

***예 배 부 름**

집례자 / 주님께서 오늘 우리를 자비와 정의의 사람이 되도록 부르셨습니다.

회　중 / 만일 우리가 자신의 만족만을 구하려 한다면 의미 없는 예배가 될 것입니다.

집례자 / 주님께서는 우리의 말이 선한 행실로 나타나기를 원하십니다.

회　중 / 우리에게 도전을 주시고 불러 주시는 하나님께 감사드립니다.

집례자 / 우리의 사역이 희망과 정의를 가져오도록 힘씁시다.

회　중 / 우리의 삶을 통해 하나님의 사랑과 자비를 드러내기를 원합니다. 아멘.

(예배 부름의 내용이 하나님을 대신한 집례자의 부름과 회중의 응답의 구조를 지니는 것처럼, 가능한 모든 예배 순서는 부름과 응답의 구조로 진행되는 것이 예배 표현으로 적절하다. 이 때 찬송가에 실린 교독문이나 성경구절을 사용할 수 있다.)

***화　답　송** 성가대 (성령임재의 기도)

(성가대의 화답송이 끝나면 집례자가 성령임재의 기도를 한다. 이 기도는 비록 인간이 최선의 준비를 했음에도 성령께서 영적인 예배가 되도록 직접 인도 또는 도움을 주시기를 겸손하게 간구하는 내용을 담는다.)

***고 백 기 도**

(다함께) "은혜의 주님, 주님은 우리를 너무나 잘 아십니다. 모든 것이 잘 될 때는 우리의 믿음을 고백하는 일이 어렵지 않습니다. 그러나 삶의 물결이 거칠고 파도가 우리가 탄 작은 배들을 삼키려 할 때는 믿음에 서지 못하고 두려움에 사로잡힙니다. 주님은 거센 바람과 파도 너머에서 우리에게 믿음을 가지고 건너오라고 부르시지만, 우리에겐 그리 쉽지 않습니다. 우리의 시선이 바람과 파도로부터 주님에게로 향하도록 도와주십시오. 우리의 마음과 삶이 주님의 부르심에 민감하게 하시고, 믿음으로 응답하도록 인도하

옵소서. 아멘.

(이어 개인 침묵기도를 한 후, 2회 자비송으로 우리의 용서를 간구합니다.)

자 비 송

(고백기도문은 교회력에 따라 매월 바꾸며 개인침묵기도에로 초청하기 위한 내용으로 작성된다. 고백기도 후에 개인적으로 침묵기도를 하는 이유는 공동기도의 내용을 개인에게 적용하여 보다 구체적으로 고백할 수 있는 기회를 30초에서 1분 정도 주기 위함이다. 이 때 어떤 악기 소리도 나면 안 된다. 침묵기도 훈련은 특별히 말소리와 악기 소리로만 가득 찬 한국교회의 예배에 필요하다. 자비송을 부르는 이유는 초대교회에서 사용하던 전통에 따른 것이며 다시 한 번 고백기도에 대한 용서를 함께 노래로 간절하게 표현하기 위함이다. 자비송도 너무 익숙해졌을 경우에는 다른 곡으로 바꿀 수 있다.)

***확신의 말씀**

집례자 / 하나님의 자녀인 여러분은 복 받은 사람들입니다. 하나님께서 여러분과 함께 걸으시며, 여러분의 길을 인도하십니다. 도움이 필요한 사람에게 여러분의 복을 나누십시오.

회 중 / 우리와 함께 하시며 인도하시는 주님께 감사드립니다. 아멘.

(고백기도에 대한 용서를 확신시키고, 그에 대한 확증, 믿음의 표현이다. 성경에 나오는 용서에 대한 확신의 말씀을 사용할 수 있다.)

***평화의 인사(코이노니아)**

집례자 / 우리를 용서하신 주님의 평화가 여러분과 항상 함께 하기를 바랍니다.

회 중 / 집례자와도 함께 하기를 바랍니다.

집례자 / 주님의 이름으로 서로 평화의 인사를 나눕시다. 주님의 평화를!”

회 중 /"주님의 평화를!"(서로 찾아가 하나님의 평화 표시와 인사말을 나눕니다.)

(용서 받은 자들의 평화로운 마음과 기쁨, 감사를 공동체가 함께 나누기 위해 자리에서 일어나 주위 성도들에게 찾아간다. 여유 있게 시간을 제공해야 성도들이 움직이며, 제단 위에 있는 예배위원들은 서로 인사를 나누고 때로는 가까운 자리에 있는 성가대원들이나 성도들에게로 찾아간다. 이 때 코이노니아를 위해 필요한 함께 나눌 성도들이나 교회의 이야기들을 소개한다.)

경 배 찬 송 (앉아서) 310장 (통410)(아 하나님의 은혜로)

II. 말 씀 선 포

오늘 우리를 위한 하나님 말씀을 듣기 위해 먼저 기도하고 읽고 응답합니다.

말 씀 기 도

(다같이)"은혜와 평강의 주님, 우리는 치유하고 회복시키는 주님의 사랑을 찾아 나왔습니다. 오늘 우리가 주님의 말씀을 읽고 선포되는 말씀을 들을 때, 우리의 마음을 열어 주님이 주시는 평화와 희망의 말씀을 새롭게 경험하도록 도와주십시오. 아멘."

(말씀기도는 가능한 공동체성을 회복하기 위해 대표기도를 대체한 것으로 하나님의 말씀을 어떤 자세로 들으며, 무엇을 기대하는지에 관해 간단한 내용으로 말씀 선포를 담당한 평신도가 함께 기도할 것을 요청한 후 함께 기도한다. 한 번의 예배에서 여러 번 사용되는 기도들에 적절한 내용은 한 사람이 대표로 예배, 목회, 사회, 국가, 세계 등 전체에 관한 기도를 길게 인도함으로 다음의 기도 내용과 중복되는 것보다 앞뒤 관련된 순서들만을 위한 내용의 기도이다. 이것은 각기 다른 주제의 찬송들이 예배의 흐름에 맞춰 배치되어 사용되는 것과 같은 예배의 원리이다.)

말 씀 선 포 에베소서 1:3-14(새번역)

선포자 / 주님이 주시는 말씀입니다.

회 중 / 말씀을 주신 주님께 감사드립니다.

(말씀선포는 성경봉독에 해당되는 순서로 평신도가 제단 앞에서 교회력이나 성서정과에 따라 선택된 본문을 읽으며 그 내용은 주보 1면에 소개한다. 말씀선포는 기본적으로 시편을 포함한 구약과 서신서로 구분되며 복음서 봉독을 보완하는 역할을 한다. 선포자가 성경을 읽은 후 "주님이 주시는 말씀입니다"라고 말하면, 회중이 "말씀을 주시는 주님께 감사를 드립니다."라고 응답한다.)

***응 답 찬 송** (2회 반복)

(응답찬송은 선포된 말씀과 설교에 순종하여 실천하겠다는 내용을 담는다.)

***복음서 선포 (일어서서)** 요한복음 17:6-10 (새번역)
선포자 / 주님이 주시는 말씀입니다.
회　중 / 말씀을 주신 주님께 감사드립니다.

(봉독대에 놓인 성경을 사영하여 복음서를 평신도가 선포할 때 먼저 제단에 세워진 십자가가 제단 앞으로 옮겨지고 그 앞에서 회중을 향해 읽는다. 기독교의 예배전통에 따라 이 때 회중은 말씀을 듣기 위해 자리에서 일어선다.)

***응 답 찬 송** Al-le-lu-ia　al-le-lu-ia　al-le-lu-ia (2회 반복)

성가대 찬양 "나의 눈을 들리라"　C. Edwards

설　　교

III. 응답과 감사

들은 하나님의 말씀을 실천하기 위해 기도로 결단하고 감사로 응답합니다.

***회 중 기 도**
(일어서서)"우리를 택하여 하나님의 자녀 삼아 주신 주님 은혜를 감사합

니다. 주님께서는 우리가 거룩하고 흠 없는 하나님의 사람으로 살기를 원하시지만, 우리는 자주 죄에 굴복하고 하나님의 기대를 저버렸습니다. 주님! 우리를 용서해 주십시오. 우리를 흔들어 깨워 주십시오. 비록 세상의 물결과 파도가 우리를 위협할지라도 주님으로 인해 믿음의 반석에 서게 해주십시오. 우리를 주님의 정의와 평화의 사도로 새롭게 빚어 주십시오. 하나님의 소유된 백성으로 하나님의 기쁘신 뜻을 따라 살 수 있도록 도와주십시오. 아멘"(이어 개인 침묵기도로 세계, 국가, 사회, 교회, 어려운 이웃들을 위해 간구합니다.)

(회중기도는 회중이 들은 설교에 대해 말씀대로 실천하려는 결단을 표현하는 응답의 내용이기에 일어서서 진행한다. 때로는 교회의 사명선언문이나 십계명 같이 실천을 다짐하는 내용을 사용할 수 있다. 또 한 번의 개인적 침묵기도는 중보기도의 성격을 지니며 말씀실천이 세계, 국가, 사회, 교회, 이웃, 자연세계 가운데서 함께 일어나야 함을 강조한다.)

***봉 헌 감 사 634장**(모든 것이 주께로부터 왔으니 이 예물을 주께 드리-나이다. 아멘)

***축 도** 성가대 축복송

(축도는 예배의 끝을 알리는 신호가 아니라 봉헌에 대한 축복뿐 아니라 세상으로 향하는 회중을 축복하는 내용을 포함한다. 축도가 파송의 순서 앞에 놓이는 이유는 예배의 시작이 입례찬송을 부르면서 하나님 앞으로 나아가듯이, 예배의 마지막 또한 파송(퇴례)찬송을 부르면서 세상 가운데서 함께 하실 하나님을 따라가는 순서가 필요하기 때문이다.)

IV. 파 송

우리의 삶속에서 하나님의 백성으로 하나님과 이웃을 함께 섬기기 위해 세상으로 흩어집니다.

***파 송 말 씀**

집례자 / 여러분의 삶을 하나님의 손에 맡기십시오. 평안히 가십시오.

하나님의 평화가 항상 여러분과 함께 하십니다.

회중 / 주님 안에서 평화를 누리며, 신실한 제자의 삶을 살겠습니다. 아멘.

(파송말씀은 세상에서의 예배, 거룩한 산 제물의 삶을 실천하기 위한 권면과 다짐으로 각 성도들을 선교사로 임명하여 세상으로 파송하는 의미를 지닌다. 입례가 성전에서의 하나님의 임재를 인식하는 순서라면, 파송 순서들은 하나님이 우리보다 앞서 세상으로 가시며 세상에서도 함께 하신다는 믿음을 표현한다.)

***파 송 찬 송 288장** (통204) (예수를 나의 구주 삼고)

(파송찬송을 부르면서 예배위원들은 입례순서대로 십자가와 성경이 먼저 퇴례하며 성가대는 회중보다 먼저 퇴례하여 성전 입구 좌우에 서서 찬송을 통해 세상을 향해 개인 선교사로 나가는 회중을 격려한다.)

***후 주** 예수를 나의 구주 삼고

제2부

주일예배의 갱신

제5장 모이는 예배

제6장 말씀 듣는 예배

제7장 감사하는 예배

제8장 파송하는 예배

제2부의 목적은 제1부에서 다룬 예배갱신의 이론이 주일예배에서 어떻게 적용될 수 있으며 또한 예배의 공동체성과 영성이 경험되고 표현될 수 있는 주일예배의 내용과 구조, 그리고 순서에 관하여 구체적으로 설명하려는 것이다. 아무리 잘 기획된 예배라고 해도 모든 예배자들이 그 예배를 이해하고 참여할 수 있는 교육과 훈련이 뒷받침되지 않으면 충분하지 않다. 모든 예배자들이 점차 예배의 주인의식을 경험해야 한다면, 그들에게는 예배 순서에 대한 구체적인 안내가 필요하다. 그 동안 각 교단이 예식서를 통하여 예배 진행에 도움을 주려한 대상은 주로 성직자들과 제한된 예배위원들이었다. 그러나 예배는 모든 예배자들을 위한 것이므로 예배 안내 역시 그들 모두를 위한 것이어야 한다.

예배를 어떻게 진행하느냐에 따라 예배에 대한 우리의 생각과 우리가 믿고 있는 것을 더욱 정확하게 표현하고 많이 발견할 수 있다. 한국교회는 세계 어느 나라의 교회보다 예배의 형식과 표현의 자유를 마음껏 누려왔다. 역사적으로 한국교회는 의식에 매인 예배가 하나님의 영을 소멸할 수 있다고 주장하였다. 그래서 기도문을 읽는 것보다 즉흥적인 기도를 더욱 영적인 것으로 이해하였으며, 매 주일 정해진 성서정과로부터 설교를 준비하는 것에 인색하였고, 예배의 순서를 고정시키지 않았다. 그 결과, 한국교회의 예배는 하나의 통일된 형식으로 표현하기 불가능할 정도로 다양하여 기독교의 예배 역사에서 족보에도 없는 형식의 예배까지 생산했다. 각 교회마다 저마다의 예배 형식을 가지고 있으며 또한 그 형식을 존중하면서 지키고 있다. 이렇게 우리는 각 교단의 특징이 표현된 예배 형식 곧, 예배 전통이 사라지고 있음을 실감하고 있다.

예배는 하나의 공통된 순서를 따라 진행되어야 한다. 이런 이유에서 각 교단은 1990년대에 들어와 예배갱신을 시도하면서 소속 교회들을 위해 새로운 표준 예배순서를 제공하였다. 그러나 이런 노력이 주일예배를 기획하고 진행하는 많은 목회자들에게 반응을 얻지 못하였다. 아직도 많은 교회들이 교단이 제시한 예전적인 예배에 얽매이기보다 자유로운 예배를 진행하고 있다. 같은 교단에 속한 교회들의 예배 내용과 순서에서도 통일성을 찾기 힘들다. 그 이유는 먼저 예배를 기획하고 인도하는 자들과 예배 참석자들이 새로운 표준 예식을 올바르게 이해하고 실행할 수 있도록 충분한 교육과 실제적인 자료를 제공하지 못하였기 때문이다. 더욱 중요한 이유는 목회자들이 그 새로운 예식을 이해하고 실행할 수 있도록 성서적, 역사적, 신학적 근거와 적용 가능한 다양한 예배 모범들을 제시하지 못하였기 때문이다.

이와 같은 현상의 배후에 있는 또 다른 이유는 많은 목회자들이 하나의 시대적 예배 현상으로 나타난 새로운 형태의 비예전적 예배들에 의해 그리고 자체 교단의 예식서보다 타 교단의 예식서에 의해 더 많은 영향을 받기 때문이다. 교회 성장을 추구하는 목회자들은 1980~90년대를 풍미한 경배와 찬양Worship and Praise 운동이나 2000년대에 퍼진 구도자 중심Seeker-Sensitive의 열린 예배(모판예배),[138] 그리고 최근 소개되기 시작한 이머징 예배Emerging Worship[139]와 같은 새로운 예배 형

138 필자는 구도자들을 위한 미국식 열린 예배(The Seekers' Service)를 한국식 "모판 예배"로 표현하고 싶다. 모(구도자)를 논(기존의 예배 현장)에 옮겨심기까지는 먼저 모판(구도자를 위한 특별한 예배)을 통해 약 6주간 적응능력(교육적 성격을 띤)을 배양시켜야 한다.

139 이머징 예배란 영어 Emerging(최근에 생겨난, 만들어진, 떠오르는)과 Worship의 합성어로 '새롭게 떠오르는' 신흥 교회들(Emerging Church)의 예배형식이e다. 그들은 '구도자 중심 예배'와 같은 현대적 예배가 회중을 구경꾼과 소비자로 전락시킨다고 비판하면서 사람들에게 보여주기 위한 소비자 중심의 예배가 아니라 함께 참여하는 공동체 예배를 지향한다. 이머징 예배에서 사용되는 상징, 그림, 양초, 향, 춤 등은 개인의 창조성을 표현하고 다수의 참여를 유도하는 도구일 뿐 필수적인 것은 아니다.

식들에 관심을 갖지 않을 수 없다.

예배는 예배공동체의 행위이기 때문에 하나의 공통된 순서를 따라 진행되어야 한다. 공통된 예배 순서를 따라 어떻게 드리느냐에 따라 예배에 대한 우리의 생각과 우리가 믿고 있는 것을 더욱 정확하게 표현하고 많이 발견할 수 있기 때문이다. 그러나 그 공통된 예배 순서가 어떤 요소들로 이루어져야 하는지를 결정하는 것은 쉽지 않다. 어떤 예배의 요소가 절대적인 것이며 상대적인 것인지를 구분하고 그 요소들을 어떻게 배열할 것인지를 결정하기 위해 성경으로 돌아갈 필요가 있다. 오늘날 끊임없이 격변하는 세계 속에서 예배에 관해 변하지 않는 복음의 진리를 담는 새 그릇은 성경, 특히 초대교회로부터 찾아야하기 때문이다.

본 저서의 제1부 예배갱신의 이론에서 예배의 구조를 설명할 때 언급했듯이, 우리가 초대교회의 예배로부터 회복할 수 있는 것은 사도행전 2:42-47에 나오는 예배의 4중 구조--날마다 **모여**, 사도의 **가르침을 받고**, **떡을 떼고**, 그리스도의 증인으로 **세상으로 흩어지는**--이다. 초대 교회는 예배를 하나님에 의해 부름을 받은 공동체의 4가지 행위들, 즉 모임, 들음, 나눔, 흩어짐으로 이해하였다.[140] 첫째로, 그들은 예배를 드리기 위해 함께 모일 때 하나님의 백성들로 아버지의 집에 초청되었다. 둘째로, 그들은 하나님의 말씀으로부터 함께 행할 것을 깨달았다. 셋째로, 그들은 함께 떡을 뗌으로 서로 그리스도 안에서 형제와 자매로 연결됨을 경험하였다. 그리고 마지막 넷째로,

140 미국장로교회(PCUSA)의 예식서(Book of Common Worship, 1993)의 전문이 소개하는 주일예배의 기본 틀은 말씀과 성례전 두 축으로 되어 있는데, 세분화하면 네 단계, 즉 모임예전(Gathering), 말씀예전(The Word), 성찬예전(The Eucharist), 그리고 파송예전(Sending)으로 되어 있다. 대체로 들음(Hearing)에서 행함(Doing)으로, 선포(Proclamation)에서 감사(Thanksgiving)로, 그리고 말씀의 예전(Word)에서 성찬예전(Table)으로 진행된다.

그들은 예배를 통해 최고의 사도 공동체가 되어 성령의 능력을 받아 그리스도의 증인이 되도록 세상으로 보내졌다. 초대 그리스도인들은 예배에서 부활하신 그리스도를 만나는 경험으로부터 그리고 그리스도에게 속한 자들로서 그의 증인이 될 것을 다짐하였다. 이처럼 예배는 다양한 사람들을 한 곳에 모아 그리스도의 지체로 변화시켜 공동체를 만든다.

이제 예배의 4중 구조--모이는 예배, 말씀 듣는 예배, 감사하는 예배, 그리고 파송하는 예배--의 내용, 구조, 순서에 관하여 차례로 알아보자.

제 5 장

모이는 예배

"모이는 예배"the Gathering는 하나님이 계신 곳(하나님의 임재)으로 올라가는 예배 여행의 시작 부분으로 우리의 개인적인 생활과 예배, 그리고 예배드리는 교회로서 우리의 공동체 생활 사이에 있는 문지방과 같다. 우리가 모일 때, 우리의 예배는 예배공동체를 자아 인식으로부터 하나님 인식으로 옮기게 할 수 있다. 결국, 모임의 예배 성격은 지상에 있는 하나님의 백성들이 하늘의 보좌, 영원한 예배의 장소, 하나님 나라의 영역, 하나님이 계신 곳의 영광을 향하여 여행하는 것처럼 위를 향한 움직임으로 나타난다. 물론, 하나님은 우리가 사는 곳에 항상 계신다. 그러나 예배를 드리는 동안 그 하나님의 임재를 강하게 느끼게 된다. 예수께서는 약속하셨다: "두 세 사람이 내 이름으로 모인 곳에는 나도 그들 중에 있느니라."(마태 18:20) 이런 이유로, 우리는 하나님이 계신 곳에로 들어가는 내적 경험을 일으키는 "모이는 교회" 부분의 예배 내용과 구조에 관심을 가져야 한다.

1. 모이는 예배의 내용과 구조

모이는 교회의 예배 구조를 기획하는 핵심은 모임의 예배 내용에서 나타난다. 구조나 순서는 항상 내용을 전달하는 수단이다. 이런 경험이 기억될 때 두 가지 일반적인 절차가 따른다.

첫째는 하나님의 임재에로 나아가는 3중적 과정의 흐름을 이루고 유지하는 예배의 행위들을 선택하는 것이다. (1) 찬양을 드림, (2) 죄를 고백함, 그리고 (3) 하나님으로부터 오는 치유와 용서의 말씀을 들음. 일반적으로 하나님의 임재에로의 여행은 다음과 같이 단계적으로 영원한 나라에 계신 하나님에게로 올라간다. 어떤 교회들은 찬양 전에 고백 순서를 둔다. 어떻든 모임의 예배의 목표는 하늘나라 즉, 영원한 예배 장소에로 올라가는 영적 움직임을 적절하게 상징하는 예배 행위를 통해 하나님의 임재에로 나가는 것이다.

모이는 예배의 첫 번째 단계에서 예배는 하나님의 백성들을 한 곳에 모으며 그들을 하나님의 임재에로의 여행을 이야기하는 행위들로 시작한다. 두 번째 단계에서 예배는 하나님의 백성들이 하나님의 초월적 타자성에로 여행을 할 때 찬양으로 나타난다. 세 번째 단계에서 하나님 백성들의 공동체는 하나님이 계신 곳에서 자신들의 죄를 고백하고 하나님으로부터 용서의 말씀을 듣는다. 마지막 단계에서 예배는 기도 순서로부터 하나님의 말씀을 듣는 순서에로 넘어간다. 이제 우리는 위와 같은 모이는 예배의 내용을 가장 잘 경험하고 표현할 수 있는 예배의 구조를 생각할 수 있다. 이와 같은 예배의 흐름은 하나님의 보좌에로 나가는 예배자의 마음에 관한 이야기 성격을 깨거나 바꾸는 광고나 다른 예배의 순서들을 추가하려는 유혹을 강하게 반대한다.

둘째로, 예배 기획자들은 모임의 예배가 하나의 프로그램Program이 아니라 이야기Narrative임을 명심해야 한다. 프로그램은 어떤 분명한 연결이 없이 나타나는 일종의 예배의 일시적인 구조 상태를 말한다. 하지만 모임의 이야기 성격은 분명한 흐름과 목적에 의해 나타난다. 모임의 예배는 예배자들을 하나의 분명한 곳, 즉 하나님의 임재에로 인도한다. 하나님의 임재에로의 여행은 간단하지만 하나님의 부름에 의한 관계를 세우는 의미 있고 힘 있는 일이다. 모임의 예배의 외적 순서가 예배자의 내적 경험을 이끌어내는 수단임을 기억하는 것이 중요하다. 예배자의 내적 경험이 조정될 수는 없지만 (그 경험이 궁극적으로는 전능자를 향한 마음의 문제이기 때문에) 내용과 구조가 적절한 배경을 제공한다.

로버트 웨버Robert Webber는 자신의 저서 *Planning Blended Worship*에서 다음과 같이 모이는 교회의 다양한 순서들과 기능들을 소개한다.[141]

[모이는 예배의 단계]

단계	전통적 예배	현대적 예배	공동체 예배1	공동체 예배2	공동체 예배3
	전주(오르간)	밴드 전주 모임송(성경 교훈, 기도와 함께 진행)	모임송		
I	입례송		입례송	묵도	묵도
	인사		인사	고백과 기도	입례송
	예배부름		예배부름1	예배부름	예배부름
	기원		기원	입례송	기원

141 Robert Webber, *Planning Blended Worship*(Nashville: Abingdon Press, 1998), 60-61.

					성경봉독 (구약 시편 서신 복음서)
II	경배찬송 (영광송)	경배찬송들	경배찬송 (찬송 기도송 합창)	경배찬송	경배찬송
III	고백과 용서	고백과 용서확신의 노래들	고백과 용서 (화답송)		
IV	목회기도 (기도문)	목회기도	목회기도 (즉흥적)	목회기도	목회기도

[단계별 예배의 기능]

전통/공동체예배 1

Ⅰ. 하나님 앞으로 나가는 경험
(공동체 1 : 하나님 앞으로 나가는 경험에 의한 예배공동체 형성)
Ⅱ. 하나님의 초월성 경험
Ⅲ. 하나님의 용서와 관계 경험
Ⅳ. 하나님의 말씀에로 넘어감

공동체예배 2

Ⅰ. 침묵으로 하나님의 임재 경험
Ⅱ. 하나님 앞에서 우리가 누구인가를 알고 용서의 말씀 듣는 경험
Ⅲ. 이미 확립된 관계로 하나님 앞으로 나가는 경험
Ⅳ. 찬양으로 하나님의 초월성 경험
Ⅴ. 하나님의 말씀에로 넘어감

공동체예배 3

Ⅰ. 하나님 앞으로 나가는 경험
Ⅱ. 하나님의 말씀을 듣는 경험
Ⅲ. 하나님의 타자성과 초월성 경험
Ⅳ. 고백과 용서의 말씀을 포함한 설교에로 넘어감

주후 4세기나 5세기까지의 예배는 사람들이 일단 모이면 인도자가 인사를 하고 간단하게 성경을 읽음으로 시작되었다. 그러나 교회들이 점점 커짐에 따라 초기의 간단한 예식이 점점 형식을 갖추게 되어 모임의 예배가 더욱 복잡하게 되었다.

모임의 예배가 넓게는 하나님의 이름으로 예배를 드리기 위해 하나님의 백성들을 모으는 기능을 가지며, 좁게는 하나님의 말씀을 듣도록 준비시키는 기능을 가진다. 모임의 예배에서 개인적으로 모인 자들은 자신들이 더 큰 공동체에 속해 있다는 정체성을 경험하는 기회를 가진다. 모임의 예배에서 회중들은 자신들이 세례를 받았을 때 그리스도의 몸인 신앙 공동체의 일원(교회의 지체)이 된 정체성을 다시 경험하는 것이다. 그러므로 모임의 예배를 위해 필요한 순서들은 기본적으로 예수 그리스도의 이름으로 나누는 인사, 경배찬양, 그리고 기도이다. 이 기도는 종종 "말씀 듣는 교회"의 예배 순서에로 연결되는 형식을 갖춘 짧은 기도이다.

2. 모이는 예배의 순서

예배는 하나님께서 시작하셔서 하나님이 주도하시며 우리들을 부르시는 것이다. 그리스도의 이름 안에서 우리는 하나님의 부르심에 답하며, 신앙공동체로서 모이는 것이다. 회중이 모이게 되면, 회중은 신앙가족의 일원으로 서로서로에게 자연스럽게 인사를 나눌 수 있고, 회중은 조용히 기도하거나 묵상에 들어갈 수도 있다. 혹은 해당하는 절기나 그 날의 성경본문에 맞는 음악이 연주될 수도 있다. 그러나 음악은 회중이 그들의 주의를 하나님과 하나님의 나라에 초점을 맞추는 데 도와주는 것이어야 한다. 그 날의 예배순서에 관련된 필수적인 광고는 간략하게 전달한다.

1) 모임 찬양Gathering Songs

예배는 항상 하나님이 계신 곳으로 올라감을 경험하는 "모임 찬양"으로 시작한다. 예배에서 올라간다는 예배 형식은 성전으로 올라갈 때 부른 시편 찬송에서 표현된 것처럼 예루살렘에로 들어간다는 구약성경의 형식에서 유래한다. 세상에서 지내다가 하나님의 자녀들의 공동체로 한 곳에 모여 그 분으로부터 오는 위대한 힘을 재발견하여 새로워지려는 많은 성도들에게는 시편 95편이 모이는 교회를 위한 한 본보기이다: "오라 우리가 여호와께 노래하며 우리 구원의 반석을 향하여 즐거이 부르자"(시편 95:1). 시편 기자가 말하듯이, 모이는 교회(구원받은 자들의 공동체)는 각자의 삶의 현장으로부터 자신이 구원받은 것에 대한 기쁨과 즐거움을 노래 부르며 한 곳에 함께 모인다. 예배를 드리기 위해 모인 예배자들은 구원받은 자들로서의 기쁨을 서로 나누며 여호와께 노래할 수 있다. 측량할 수 없는 하나님의 은혜에 의해 변화된 생활을 보여주는 하나님의 백성들의 "즐거운 함성"은 같은 성도들뿐만 아니라 처음 만나는 자들에게도 즐겁게 감염될 수 있다. 그러므로 모이는 예배의 중요성이 결코 간과될 수 없다.

이런 의미에서 시편 찬송은 모임 찬양으로 매우 적합하다. 많은 시편들은 성전에 올라갈 때 부른 신앙인들의 찬송이었다. 각자 세상에서 흩어져 하나님을 사랑하고 섬기다가 하나님의 부름에 의해 예배를 드리기 위해 성전으로 모이는 백성들이 한 마음으로 시편을 읽거나 시편송을 부르는 것은 예배의 축제 분위기를 고조시키며 자연스러운 예배 준비가 될 수 있다. 이 때 교회력에 맞춘 성서정과로부터 시편을 선택하는 것이 좋다. 그러므로 "모이는 예배"에서 모임 찬양을 위해 시편을 사용하기 때문에 "말씀 듣는 예배"에서 시편봉독은 생략할 수 있다.

예배를 준비하는 시간은 10-15분이 적절하다. 모임 찬양의 순서를 인도하는 자는 먼저 시편을 읽고 그 주일예배의 주제를 설명하면서 하나님의 초청을 받아 다양한 삶의 현장으로부터 한 곳에 모인 회중을 하나님의 가족으로 느끼도록 한다. 시편은 세상과 교회를 연결하며 회중이 같은 목적을 가지고 모인 것을 경험하도록 한다. 시편의 주제 즉, 예배의 주제를 살리는 찬송이나 복음송을 부름으로 자연스럽게 예배안내를 한다. 모임 찬양은 그 주일예배의 필요에 따라 교회소식, 인사, 환영사, 묵상기도, 그리고 찬송 미리 부르기 등을 진행할 수 있다. 모임 찬양의 분위기는 성도의 교제와 환영과 같은 순서들로 밝고 명랑하게 시작하여 전주나 침묵기도와 같은 순서들로 예배 준비를 마무리한다. 모임의 찬양을 마침과 동시에 다음과 같은 말로 예배의 시작을 선언할 수도 있다: "이제 우리의 마음과 뜻과 정성을 모아 우리의 하나님께 예배를 시작하겠습니다."

모임송들은 회중이 성전에 들어와 자리를 잡고 예배를 준비하는 동안 불려진다. 회중이 들어올 때 자동적으로 모임송을 부를 수 있도록 분위기가 이루어져야 한다. 이런 이유로 모임송은 누구나 외워서 부를 수 있는 쉬운 곡이어야 한다. 이 때 간단한 움직임과 함께 다양한 악기를 사용하여 찬양할 수 있다. OHP를 사용할 수도 있다.

2) 인사와 환영The Greeting & Welcome

하나님의 이름으로 서로를 환영하는 것이 우리가 드리는 예배의 중요한 부분이다. 우리가 영적인 집의 살아있는 반석이신 하나님의 백성, 하나님의 사랑을 받은 자들, 하나님에게 찬양의 제사를 드리려는 자들이라면, 이와 같은 그리스도인들의 환대는 필수적이다. 그래서 세상에 흩어져 있던 하나님의 백성들이 아버지의 집에 즐겁게 모이는 경험을 시편 기자는 다음과 같이 표현하였다: “우리가 감사함으로 그 앞에 나아가며 시로 그를 향하여 즐거이 부르자”(시편 95:2). 그리스도인 공동체가 인사하고 환영하는 시간은 논리적으로 그리고 자연스럽게 감사와 찬양하는 시간으로 흘러갈 수 있다. 이런 점에서 우리가 예배를 드리기 위하여 교회에 모이는 것은 위대하신 권능자 하나님이 계신 곳으로 서로가 사람들을 초대하는 것이다.

3) 전주Prelude

우리는 이미 예배를 시작할 때의 전주에 익숙하다. 그러나 이 때에 예배 장소로 모여들며 서로 인사를 나누는 자들의 대화가 종종 방해가 된다. 이것은 우리가 전주를 충분히 이해하지 못하기 때문에 일어난다. 전주prelude는 예배 도입부를 위한 연주, 행위 또는 사건임으로 예배 시작 전에 추가된 준비 찬송과는 다르다. 전주는 그 주일의 주제나 분위기에 맞는 곡으로 약 2분 정도의 짧은 것이 가장 좋다. 전주는 예배에서 첫 번째 말이나 첫 번째 찬송 직전에 진행된다. 또는 교회소식이 예배 시작 전에 진행된다면, 예배를 조용히 준비하는 시간과 연결되거나 그 대신으로 사용될 수 있다.

전주를 효과적으로 운영할 수 있는 몇 가지 방법들이 있다. 전주에 사용되는 곡이 그 주일예배의 중심이 될 찬송들 중의 하나가 될 수 있으며, 전주와 함께 중세기의 채색 유리창과 같은 시각 자료를 사용하여 예배에서 무엇이 진행될 것인지에 관심을 갖고 묵상할 기회를 주거나, 짧은 드라마를 전주와 같이 보여 주거나, 어린이들의 노래, 또는 리듬 악기를 연주하는 것도 가능하다. 이와 같은 전주를 통해 회중은 가장 의미 깊고 조용한 시간을 가지며 엄숙히 제단 앞으로 나아가 기도함으로 하나님의 품안에 있는 어린아이와 같은 자신의 모습을 체험하게 할 수 있다. 입례 순서가 없는 경우에는 예배위원이나 성가대가 전주하기 전이나 또는 전주를 하는 동안 조용하게 그리고 눈에 거슬리지 않도록 옆쪽으로부터 들어가서 의자에 앉는다.

4) 입례 찬송Processional Hymn

많은 교회들의 경우 예배위원과 성가대원이 전주와 함께 또는 전주에 이어 첫 찬송을 부르며 입례송 순서를 가진다. 입례송의 역사적 기원은 주후 5세기에 로마의 시민관들이 법정 안으로 들어갈 때 취한 예식에까지 거슬러 올라간다. 교회는 이 예식을 채택하여 성직자가 성경을 봉독대lectern로 가져가는 데에 사용하였다. 성직자가 성가대원과 함께 입례하는 의식은 19세기 영국교회에서 시작되었다. 입례 순서가 예배에 강한 영향을 줄 수 있지만, 매 주일 진행할 필요는 없으며 특별한 예배를 위해 적절하게 사용될 수 있다.

축제적인 입례 순서는 하나님의 백성들이 함께 모인 공동체로서 우리가 누구인가를 선언하는 다양한 기독교의 상징을 나타낸다. 예로, 잘 준비된다면 축제적인 입례 순서로 십자가, 예배의 주제에 따른 기, 세상의 빛인 그리스도를 나타내는 촛불, 성가대, 성경(바로 세워서 성경이 읽혀질 강단이나 봉독대에로 들고 들어가나 성찬상 위에는 올려놓으면 안 된다) 등의 순서로 담당자들이 앞서 입장하고, 그 다음에 성경 봉독자와 예배위원이, 그리고 마지막으로 사회자가 따라서 입장한다. 어린이가 십자가, 기, 또는 성경 등을 들고 입장하게 할 수도 있다. 입례 순서를 맡은 자들은 군인같이 절도 있는 입장을 흉내 낼 필요는 없지만 똑같은 거리를 두고 같은 속도로 들어감으로 그들이 전하고자 하는 진리에 어울리는 품위와 은혜를 표현한다. 입례 순서가 없다고 해도 예배를 시작하기 직전에 성경을 봉독대에로 가져갈 수도 있다. 입례 순서는 여러 차례에 걸쳐 준비와 연습을 필요로 한다.

교회력에 따라 특별한 주일이나 절기에는 다양하게 입례 순서를 진행할 수도 있다. 예로, 성탄절 전야에는 촛불로 입장하는 예배를, 사순절 첫 번째 주일에는 침묵의 입장으로, 종려주일이나 교회의 중요 기념일에는 회중들이 함께 교회 밖 한 곳에 모여 있다가 그리스도의 한 몸으로서 예배 장소에로 입장할 수도 있다.

입례찬송은 예배위원들의 입례행렬과 함께 진행됨으로 본 예배의 시작을 알리는 역할을 한다. 입례찬송은 하나님의 임재에로 나아가는 내적 경험을 제공하기 때문에 그와 같은 무게와 내용이 있어야 한다. 일반적으로 합창곡이나 복음송은 입례행진을 위해 사용되지 않는다. 그런 곡들은 찬송의 무게와 내용이 부족하기 때문이다. 이런 이유로 입례찬송은 다음과 같이 찬송가에서 선택하는 것이 좋다: 9장(거룩 거룩 거룩), 21장(다 찬양하여라), 29장(성도여 다 함께). 그러나 하나님이 계신 곳으로 나아감을 충분하게 표현한 현대의 곡(복음송)들도 사용할 수 있을 것이다.

5) 예배 부름The Call to Worship

아담과 하와로부터 하나님의 위대하심과 놀라우심을 아는 인간은 그 분의 존전으로부터 피하여 숨는 경향이 있다. 죄인들은 거룩하신 하나님 앞에 서는 것을 두려워한다. 이런 점에서 예배에로의 부름은 하나님으로부터의 초대이다. 성경은 하나님 자신이 거룩하신 것처럼 그의 백성들도 거룩해지도록 각 개인을 먼저 부르셨음을 말한다. 누가 감히 그 분에게 나아갈 수 있는가? 그 분에게 선택받은 백성들이라도 그 분이 계신 산으로부터 거리를 지키도록 경고 받았다. 또한 성경의 하나님은 우리에게 놀라운 은혜를 주셔서 우리가 담대함과 자신감을 가지고 그 분에게 나아가도록 예상치 못한 초대를 하셨다. 예배에의 부름은 창조주와 피조물 사이의 관계를 시작하신 분이 하나님이시라는 것과 구약과 예전법에서 초막이나 성전 예배에의 부름에서 제정되었으며 성경의 기본적인 계시임을 인식하고 인정하는 순서이다.

예배는 하나님에 관한 하나의 진리를 선포함으로 시작된다. 예배자들을 예배에로 초청하는 이 첫 번째 순서는 교회력에 따라 하나님의 축복이나 그리스도의 다시 살아나심, 또는 오래 참으시는 주님의 자비하심과 같은 주제를 선포한다. 이렇게 시작함으로 우리가 누구에게 그리고 왜 예배를 드리는지를 분명하게 선언한다. 예배에서 우리의 여행이 시작되고 진행되는 것처럼 그 끝을 언급한다.

하나님의 백성들은 하나님의 부름에 응답하기 위해 모인다. 교회사를 통해 모임의 예배 순서들이 주기적으로 변화되어 왔으나 항상 하나님의 임재에로 들어가는 특징으로 이해되었다. 하나님 앞으로 나오는 행위는 인간의 의도에 의한 것이 아니라 하나님의 명령에 의한 것이다. 하나님의 임재는 예배공동체에 의해 주문되거나 만들어질 수 없다. 오히려, 하나님께서 우리를 하늘 보좌에로 부르시고 하나님의 초월적 타자성의 눈부신 빛 속으로의 여행을 명령하신다. 여기에서 예배공동체는 영원히 하나님을 찬양하는 천사들에 둘러 싸여 있는 거룩하신 하나님의 초월적 타자성을 깨닫게 된다. 그때 그리고 그때만이 모인 예배공동체가 하늘의 무리들과 합하여 삼위일체 하나님의 위엄을 잘 나타내는 찬양을 부른다.

예배 부름은 예배공동체를 부르는 행위이다. 이 부름은 하나님의 임재에로 이끌림을 받는 행위를 표현한다. 그래서 예배 부름은 예배자들의 경험 속에 예배공동체 안에 계신 하나님을 강하게 느끼게 한다. 예배 부름을 위한 말은 모임송들과 관련되어 사용될 수도 있다. 또는 단순히 회중이 예배를 드리기 위해 모인 것을 선언할 수도 있다. 때로 모임송을 합창으로 부를 때는 합창 부분은 후렴 같이 같은 구절이 되어야 한다. 예배 인도자는 예배 부름의 말을 읽기보다는 외울 필요가 있다. 또한 예배 부름을 OHP나 슬라이드로 나타낼 수도 있다. 성경구절을 활용하는 예배 부름의 예를 들어보자.

(1) 집례자 : 저와 함께 주께 영광을 돌립시다.
　　회　중 : 우리 함께 하나님의 이름을 높입시다.(시 34:3)
(2) 집례자 : 내가 산을 향하여 눈을 들리라,
　　회　중 : 나의 도움이 어디서 올까?
　　인도자 : 나의 도움이 천지를 지으신
　　함　께 : 여호와에게서로다.(시 121:1-2)
(이 예배 부름 후에 찬송 23장 [만 입이 내게 있으면]을 부를 수도 있다.)

예배 부름이 의미하는 것처럼, 예배는 하나님께서 우리를 부르신 것으로부터 시작된다. 예배에의 부름은 하나님과, 우리가 함께 그 분에게 나아오기를 원하심을 반영하는 성경으로부터 오는 말씀이다. 예배 경험의 위엄과 무게가 하나님의 임재에 달려있다. 예배 인도자는 예배에의 부름 순서를 주의 깊게 준비함으로 하나님과 그의 백성 사이에서 일어날 것에 대한 중요성을 조심스럽게 전달해야 한다. 시편, 송영, 성가대, 또는 음악가들을 사용한다. 또는 회중들이 짧은 찬송이나 가사로 하나님의 초대에 화답할 수 있다. 하나님의 거룩하심과 필수적인 초월성이 평범한 것으로 잊혀질 수 있는 시대에 예배에 대한 바른 이해와 더욱 신중함으로 예배를 준비할 필요가 있다. 얼마나 진지하게 하나님의 임재에로 그의 백성들을 불러와야 하는가? 의미 있고 무게 있는 예배에의 부름으로 그 순서가 예배가 시작되는 거룩한 순간이며 하나님께서 은혜롭게 그의 백성들과 성찬과 대화 그리고 새로운 언약을 나누시기 위하여 선택하신 순간임을 깨닫게 한다.

예배 부름은 익숙한 노래나 그 주일의 성경 본문, 특별히 시편과 같은 자료들로부터 선택하여 주보나 OPH에 적을 수 있다. 예배 부름을 준비할 때 다음의 지침이 도움이 될 것이다: 1) 예배 부름은 부름과 응답의 구조를 가져야 한다. 2) 간단한 형식으로 준비하되 지시가 아니라 환호가 되도록 한다. 3) 창조적인 예배 부름이 되도록 찬송이나 복음송, 또는 합창곡 등을 같이 사용한다. 예배 부름을 노래로 진행할 때는 성가대나 찬양팀이 하나님의 임재를 향한 간구를 노래할 수도 있다. 그런 간구가 회중에 의해 불려질 수도 있다.

또한 예배 부름을 인사와 함께 진행할 수도 있다. 최근에는 예배에로의 부름 순서가 인사(예배 인도자가 회중에게 하는)와 함께 이루어진다. 이것은 초대교회가 예배 부름과 같은 성격으로 진행한 인사 Greeting; Salutation에 근거한다.[142] 그러나 항상 인사가 예배에로의 부름보다 앞서 진행된다. 많은 교회들이 종종 인도자와 회중 사이의 간단한 대화 인사 직후 회중을 예배에로 부르거나 그 주일에 적절한 성경을 읽는다.

하나님에게 드리는 예배에서 인사는 하나님이 계심을 인정하는 첫 번째 순서이다. 사회적인 모임이 시작될 때 자연스럽게 인사하는 관습을 가진 시대에서는 더욱 형식을 갖추어 예배를 여는 인사순서가 예배의 독특한 성격을 강조하는데 도움이 된다. "안녕하세요"와 같은 일상적인 인사는 교회 소식이나 예배 안내와 준비를 시작할 때에 적절할 것이다.

예배 인사는 서로가 이해할 수 있도록 짧고 단순한 형식을 취한다. 이 때 인도자가 성경 구절을 읽거나 성가대가 입당송Introit을 부르는 것으로 대신할 수도 있다. 예배에로의 부름은 간단하게 회중을 향하여 "우리 함께 하나님에게 예배를 드립시다" 또는 "이제 우리 마음과 뜻과 정성을 모아 우리 하나님에게 예배를 드립시다"라고 초청하

142 Robert G. Rayburn, *O Come, Let Us Worship*(Grand Rapids : Baker Book House, 1980), 175.

거나 적절한 성경 구절을 사용할 수 있다. 그러나 전통적으로 인사와 예배에로의 부름 순서는 인도자와 회중 사이의 대화로 진행되었다.

모든 회중이 착석한 뒤 예배 인도자와 회중이 서로 우리 주님의 이름으로 따뜻하고 생동감이 넘치도록 그러나 자연스럽게 환영하면서 대화로 주고받는 인사가 이루어진다. 많은 사람들이 참석하는 예배에서 인도자는 여러 다양한 구슬들을 하나같이 이어주는 줄처럼 예배의 일치감을 주어야 한다. 이런 인도자의 역할이 많은 사람들이 참석하는 예배에서는 더욱 중요하게 된다. 예배를 드리는 동안 나누는 인사는 예배 인도자와 회중이 서로 인사를 교환하는 순서이기 때문에 예배 준비를 위한 모임 찬양에서 회중들의 인사 교환과는 다르다. 이 인사 교환은 인도자와 회중이 서로 일어서서 간단한 인사말을 나눌 수도 있으나 친숙한 말들을 적절하게 상호 교환할 수도 있다. 모임의 예배 순서 전체와 함께 인사는 간단하면서도 가능한 하나님의 말씀으로 직접 인도하는 것이 좋다.

입례송을 부르면서 입례를 한 후 예배 인도자는 회중을 바라보면서 강단 중앙, 설교단, 성경 봉독대, 또는 성찬상에서 인사한다. 인도자는 마치 회중을 감싸듯이 손바닥을 편 채로 회중을 향하여 두 팔을 벌리면 더욱 온화한 분위기를 자아낼 수 있다. 대화식 인사에서 회중이 응답할 때에는 사회자는 두 팔을 접는다. 인사는 여러 가지의 형식으로 진행될 수 있다. (1) 인도자는 회중을 예배에로 부르면서 "우리 모두 하나님께 예배를 드립시다"라는 말과 함께 적절한 성경구절을 사용한다. (2) 인사나 예배에로의 부름 순서가 없을 때는 시편이나 찬송으로 시작한다. (3) 전주에 이어 예배에로의 부름을 진행할 때는 적절한 전주가 자연스런 예배에로의 부름 역할을 할 수도 있다.

예배 인사는 다음과 같이 예배 인도자와 회중이 전통적이거나 현대적인 형식으로, 또는 공식적이거나 비공식적으로 교환할 수 있다.

먼저, 전통적인 형태의 인사의 예들을 들어보자:

(1) 집례자 : 주께서 여러분과 함께 하시기를 기원합니다.
　　회　중 : 주의 종과도 함께 하시기를 기원합니다.(룻 2:4)
(2) 집례자 : 우리 주 예수 그리스도의 은혜가 여러분 모두에게 임하기를 기원합니다.
　　회　중 : 주의 종과도 함께 하시기를 기원합니다.(살후 3:18)
(3) 집례자 : 우리 하나님 아버지와 주 예수 그리스도로부터 은혜와 평강이 여러분에게 임하기를 기원합니다.
　　회　중 : 주의 종과도 함께 하시기를 기원합니다.(롬 1:7)

이와 같이 회중들에게 전통적인 예배 인사로 사용할 수 있는 다른 성경들은 다음과 같다: 고후 13:14; 벧후 1:2; 딤후 1:2; 계 1:4-5.

현대적인 형태의 예배 인사는 그 주일의 성경 본문으로부터 준비될 수 있다. 인사는 짧고 간단할수록 효과적이다. 성경으로부터 한 구절을 선택하여 다음과 같이 인사 형태로 만든다:

집례자 : 그리스도 안에서 형제와 자매된 여러분, 오늘 저는 오늘의 성경 본문 에베소서 1:9에 나오는 사도 바울의 말씀으로 인사를 드리려고 합니다: "하나님께서 그 분 뜻의 비밀을 우리에게 알리셨습니다."
회　중 : 하나님에게 감사를 드립니다.

입례 순서가 없을 때는 예배 인도자와 성가대는 눈에 거슬리지 않게 조용히 옆 통로를 통해 들어가서 전주가 끝나기 전에 자리를 잡는다. 인도자가 회중에게 인사하기 위해 일어설 때까지는 회중이 일어설 필요는 없다. 서로가 일어서서 인사를 나누는 행위에서 이 인사 순서는 서로의 존재를 인정하게 만든다. 인도자와 회중이 서로 서서 인사를 나누는 것은 새로운 손님이 방에 들어온 것을 맞이하는 것처럼 그리고 순서 진행에 대한 존경을 표하는 것처럼 서로의 예배 참석을 인식하는 것이며 예의와 환대를 의미하는 것이다. 이를 위한 성경의 보기(겔 2:1, 신 18:5)는 서 있는 것이 다양한 목회를 인정하는 한 방법으로 제시한다. 회중이 일어서는 순서를 위해 주보에 표시를 한다. 인도자가 회중에게 일어서기를 요구하는 행위는 하나님에 대한 인격적인 경의를 요청하는 것으로 해석될 수 있다.

예배에서 사용되는 첫 대화Opening Dialogue로 불리는 인사는 모든 회중에게 예배에서 자신들의 다양한 역할을 확인하는 기회를 준다. 고대 교회에서 사용된 사도들의 인사에서 사회자는 이렇게 말한다: "우리 주 예수 그리스도의 은혜, 하나님의 사랑, 그리고 성령의 교제가 여러분 모두와 함께 하기를 기원합니다." 이 때 회중은 "주의 종(목사님)과도 함께 하기를 기원합니다."라고 응답한다. 이와 같이 기독교의 유산인 고대 교회의 인사를 사용하는 것은 우리들의 예배 이해를 확대시킬 수 있다. 믿음으로 우리가 확신하는 바는, 예배에 참여한 우리는 우리 이전에 참석하여 여러 세기를 통해 신앙의 증언을 제공해 온 신앙인들과 함께 모이는 것이다.

인사는 교회력이나 그 주일의 주제에 따라 다양할 수 있다. 부활절의 인사로 할렐루야를 말할 수 있다 (전통적으로는 사순절에 할렐루야를 후렴 즉, 인사에 대한 회중의 응답으로 사용하였다). 그러나 이처럼 다양한 인사를 주보에 실어 너무 문자에 의존하는 것은 눈과 눈이 마주치는 자연스럽고 생동감 있는 인사를 상실할 수 있는 단점이 있다. 인사가 매 주일 동일할 때 암기된 회중의 응답은 서로를 공동체로 묶어 주는 증거가 되며 다양한 연령층의 참석자들을 확보할 수 있게 한다.

6) 간구Prayer of Invocation

예배부름 후에 집례자가 드리는 간구는 성령임재를 위한 기원이다. 이것은 일반 기도와는 성격과 내용이 다르다. 이 기원은 예배 속에 성령으로 임재하시는 하나님의 권능과 현존으로 예배에 임하는 성도들을 성결하게 해 달라는 것과 우리의 부족한 백성들이 드리는 예배를 통하여 영광을 받아 달라는 매우 짧은 기도이다. 그러므로 하나님께서 원하시는 예배를 드리기 위한 기원의 내용은 두 가지로 요약된다. 하나는 하나님께서 우리가 드리는 예배를 받아주옵소서라는 기원이며, 다른 하나는 우리가 신령과 진정으로 예배를 드릴 수 있도록 성령께서 오셔서 우리를 정결하게 하옵소서라는 기원이다.

7) 경배찬송Hymn of Praise

일반적으로 입례송이 없다면 경배찬양은 집례자의 인사나 예배 부름 다음에 위치한다. 이 때 회중이 부르는 경배찬송 *수르섬 코르다* (Sursum Corda; "마음을 드높이는" 찬송)은 예배 부름에 대한 응답을 나타낸다.[143] 경배찬송은 첫 번째의 찬양 행위로 참석자들 모두를 더욱 하나로 묶는 역할을 한다. 이 찬송은 하나님에게 드린 인사말로서 이해되어 이 찬송으로 우리는 하나님에게 인사와 경배하며 교회력의 계절을 적절하게 반영한다. 여기에서 우리는 우리의 개인적인 것들에 집중하기보다 찬양과 감사를 일으키는 하나님의 품성에 집중한다. 가사와 곡이 모두 강하고 쉽게 불려지는 이 첫 찬송은 회중이 하나님에게로 "함께 나오는 것"을 돕는다.

찬송 번호가 주보에나 찬송가 번호 판에 적혀있다면 사회자가 그 번호를 말할 필요는 없다. 부를 찬송을 말로 알리는 것은 예배의 흐

143 Robert G. Rayburn, *O Come, Let Us Worship*, 175.

름을 방해하는 경향이 있다. 부를 찬송은 충분한 전주와 주보를 참고로 간단히 알려질 수 있다. 잘 알려진 곡을 위한 전주는 전 곡을 다 연주할 필요는 없다. 회중이 부를 곡의 전주는 자유로운 형식으로 그 곡의 멜로디 부분을 소개하고 곡의 정신을 알릴 수 있다. 전주곡의 빠르기에 관한 2가지 주장들이 있다. 한 쪽은 곡의 빠르기가 원래의 속도와 같아야 한다고 주장하며, 또 다른 한 쪽은 찬송의 속도를 자유롭게 바꿀 수 있다고 말한다. 그러나 전주곡의 빠르기가 회중으로 하여금 함께 찬송을 부르게 하는데 그 목적이 있다고 해도 찬송의 속도를 의심 없이 따를 때 우리는 찬송을 가장 잘 부른다.

예배에서 '아멘 코드'를 사용하는 것에 관한 토론이 많이 있었다.[144] 구약 성경에서 아멘의 의미는 대충 "그대로 되기를" 또는 "분명히, 확실히, 진실로"이다. 예수는 많은 경우 자신의 이야기를 시작할 때 자신의 말이 신뢰받을 수 있음을 나타내는 방법으로 아멘(때때로 "사실로" 또는 "진실로"의 의미로 해석되는 아멘)을 사용하였다. 우리가 예배에서 아멘을 사용할 때 그것은 바로 우리의 신앙을 선포하는 것

144 일선 목회자나 신자들이 찬송가를 사용할 때 혼란을 일으키는 문제 중의 하나가 찬송 끝에 있는 '아멘 코드'의 사용이다. 이런 혼란은 찬송가 편찬시 서문을 통해 '아멘 코드'의 유무에 대해 분명한 원칙이나 설명이 제공되지 않기 때문에 일어난다. 찬송 끝에 일률적으로 '아멘 코드'를 붙이는 관습은 19세기 후반에 영국에서 시작되어 20세기에 발간된 영미 계통의 거의 모든 찬송가들에 사용되었다. 그러나 이 '아멘 코드'는 찬송 가사의 성격에 따라 선별하여 붙여진 것이 아니라 일종의 관습으로 모든 찬송들에 일률적으로 붙여진 것이다. 이런 관습은 1950년대 이후부터 영구에서 출간되는 찬송가에서 폐지되었으며 최근에 출간된 미국 교단들의 찬송가들에도 모든 찬송들에 '아멘 코드'를 붙이지 않았다. 초기 미국 선교사들이 사용한 19세기 미국 찬송가에 '아멘 코드'가 붙지 않았기 때문에 한국 최초의 악보 찬송가인 '찬양가'(1894)와 장로교의 악보 '찬셩시'(1905), 그리고 최초의 장감연합찬송가인 악보 '찬숑가'(1909)에는 '아멘 코드'가 전혀 사용되지 않았다. 조숙자, "한국 개신교 찬송가 편찬 100년사 고찰," **한국개신교찬송가 연구논문집,**(서울: 장로회신학대학교 교회음악연구원, 2007), 133을 보라.

뿐만 아니라 또한 그 말의 진실성에 대해 찬성을 나타내는 것이다.

통일 찬송가(1983)는 각 찬송 끝에 아멘을 포함시켰지만 그럼에도 전체 558곡 중 52%에 해당되는 289곡들에만 아멘 코드가 붙어 있었다. 2006년에 발행 확정된 한국 개신교의 21세기 찬송가 또는 새 찬송가는 '아멘'의 삽입여부에 대해 찬송을 만든 자들의 의견을 존중하여 따른다고 결정하였다. 비록 우리의 찬송 끝에 아멘이 없더라도, 그리고 찬송가는 모든 회중이 함께 부르는 찬양이므로 응답으로서의 아멘 코드를 붙이는 것이 논리적으로 맞지 않다고 하더라도 예배에서 아멘 소리를 포기할 필요는 없다. 아멘 소리를 내는 것은 우리들을 대신하여 말해진 어떤 것에 대해 동의를 나타내는 것이다. 우리는 예배의 순서에서 단체나 개인으로 동의할 때 아멘 소리를 낼 필요가 있다.

8) 기도Opening Prayer

모임의 예배에서 드리는 기도는 예배의 첫 부분을 결론짓고 다음 부분인 말씀 듣는 예배에로 직접 인도하는 역할을 한다. 예배 행위가 하나님의 말씀을 듣기 위해 모임으로부터 하나님이 계신 곳으로 이동하기 때문에 음악도 찬양으로 소리를 내는 목소리에서 하나님의 말씀을 주의 깊게 듣도록 만드는 쪽으로 변해야 한다. 이런 분위기 변화는 회중이 말씀 듣는 것을 돕는 묵상 분위기가 되어야 하기 때문에 기도 순서가 적절하다.

이 개회기도를 "그날의 기도"the prayer of the day 또는 "오늘의 기도"라고 부를 수 있다. 그 이유는 그날의 주제와 관련된 내용을 하나님께 아뢰는 기도이기 때문이다. 이 기도는 말씀을 듣기 전에 드리는 짧고 전형적인 기도로 하나님을 강하게 찬양하는 분위기를 제공하면서 직접적이며 요점적인 내용을 포함한다. 어조는 냉담하거나 미지근해서는 안 되며 오히려 객관성을 유지하지만, 특별히 거짓으로 밝혀질 수 있는 지나치게 주관적인 표현(예, "오 하나님, 우리는 ....때에 놀랍니다.")을 피하도록 노력해야 한다. 전통적으로 이 기도는 하나님의 성품과 행위의 하나를 언급함으로 시작한다. 그 다음에는 짧고 단순한, 그러나 분명한 간구가 따르고("하나님의 성품과 행위로부터 깨닫도록 은혜를 주세요."), 그 다음, 결단("하나님의 뜻이 널리 알려지도록...)과 영광(하나님 찬양)으로 끝난다. 이런 기도는 예배에서 우리가 아니라 하나님께서 이 예배 안에 계신 첫 실체임을 깨닫도록 한다. 이 기도가 직접 성경봉독 순서에로 연결될 때는 설교자가 설교 직전에 하는 기도의 성격을 가지며 우리가 하나님의 말씀을 받아들이도록 간구하는 것이 될 수 있다.

많은 교회들은 죄의 고백과 용서의 확인을 개회기도의 한 부분으로 이해하는 경향이 있다. 그러나 개회기도가 권면, 참회, 용서, 그리고 영광송으로 이어지면, 길어지거나 복잡하여 말씀을 듣는 순서에로 자연스럽게 넘어가는데 방해가 될 수도 있다.

9) 고백과 용서Confession and Forgiveness

하나님이 계신 곳에서 예배자는 눈부시고 신비로운 빛에 의해 비춰진 자신이 의존적인 피조물, 창조주를 거슬리는 자녀, 상처받고 깨지고 죄 많은 인간임을 발견한다. 유일하게 적절한 반응은 전능하신 분을 거슬린 피조물로서의 겸손한 고백뿐이다. 그 이후에 하나님은 말씀을 들으려는 마음에 용서와 치료에 관한 위로의 말씀을 주신다. 이런 행위들이 한번 일어나면 개회기도opening prayer가 모임의 예배로부터 말씀을 듣는 예배에로 적절하게 넘어가도록 한다.

정결함을 얻기 위한 참회기도에서 우리는 기꺼이 하나님에 의해 우리의 어떤 비밀도 숨기지 못하고 드러나기를 선언한다. 이것은 우리가 의도적으로 하나님에게 항복하여 방어를 포기함으로 우리가 숨길 수 있을지라도 숨겨지지 않을 것임을 말하는 것이다. 이것은 또한 우리 자신이 하나님 앞에 드러나지 않고서는 하나님의 계시를 구할 수 없음을 기억나게 하는 것이다. 정결을 위한 기도를 통해 우리는 하나님 앞에 벌거벗은 채로 서며 깨끗해질 준비를 한다.

참회기도를 예배의 앞부분에 배치하는 것은 종교개혁의 유산 가운데 하나이다. 칼빈은 루터와 달리 참회기도를 공동체 전체가 행하는 예배의 행위로 도입하였으며 특히 예배의 시작부분에 위치시킴으로써 그 중요성을 강조하였다. 하지만 점차 주일예배를 예수 그리스도의 부활을 축하하는 작은 축제로 이해하는 오늘날에는 예배의 앞부분에 참회기도를 배치하는 것이 예배분위기를 어둡게 만들 수 있다는 주장도 있다.

(1) 권면과 침묵의 회개Call to & Silent Confession

죄의 고백은 다음과 같은 순서들과 함께 연결성을 가진 예배 행위로 이해된다: 하나님의 사랑과 자비를 우리에게 확인시키는 말들을 근거로 고백하기를 권면하는 형식의 초청; 그 다음 예배자들에 의한 고백기도; 개인적 고백을 위한 침묵; 자비송; 용서의 확인; 그리고 찬양이나 영광송. 소리를 내어 함께 고백하는 기도에는 특정한 죄들을 누군가에게 책임을 전가하지 않고 개인적 실수들을 들어내지 않는 일반적인 내용이 가장 적합하다. 특정한 죄들은 우리가 예배를 드릴 때 완전히 깨달아진다고 생각할 수 있는 어떤 것이 아니라, 선포된 말씀을 통해 밝혀지는 어떤 것들이다. 그러므로 이 기도는 교회와 세계의 죄들에 대한 후회를 표현한다; 용서를 구한다; 그리고 새로운 생활로 인도하는 은혜를 요청한다. 개인적 죄들을 침묵으로 고백할 수도 있다. 고백 순서의 길이 때문에 예배자들이 앉아서 진행하고 찬양을 위해서는 일어선다. 각자가 약 1분 정도의 회개의 기도를 할 때는 침묵으로 진행하여 직접 하나님에게 고백하는데 어떤 소리(사회자나 악기)도 방해가 되지 않도록 하는 것이 좋다.

매 주일 고백기도를 모임의 예배 순서에 넣을 필요는 없다. 고백기도가 참회하는 기분으로 하나님 앞으로 나가는데 적절하지만 꼭 그렇게 할 필요는 없다. 시편기자가 말하듯, "이 날은 주가 지으신 날일세 ; 그 날에 기뻐하고 즐거워하세." 또는 "사람이 네게 말하기를 여호와의 집에 올라가자 할 때에 내가 기뻐하였도다"(시편 122:1). 고백기도는 주일 예배의 다른 순서에서 진행할 수도 있다. 목회기도에서 그리고 설교 후에 고백 순서를 포함하거나 봉헌하기 전에 고백하고 바로 후에 서로에게 용서와 화해의 행위로 평화의 인사를 교환한다.

참회의 계절인 대림절과 사순절에는 고백기도를 특별히 고백적인 행위와 함께 예배를 시작하는 것이 적절하다. 성탄절과 부활절(그 후의 주일)의 주된 분위기가 찬양임으로 고백은 다른 예배에 포함시킬 수도 있다.

(2) 자비를 구하는 기도Kyrie

자비를 구하는 기도 끼리에*Kyrie*는 전통적으로 연도(連禱; litany)나 응답기도responsive prayer로 이루어졌다:

인도자 : 주여, 자비를 베푸소서.
회　중 : 그리스도여, 자비를 베푸소서.
인도자 : 주여, 자비를 베푸소서.

자비를 구하는 기도는 고대 유대인의 예배 형식에서 나왔다. 그 이름 Kyrie는 "주는 자비로우시다."를 의미하는 헬라어 "끼리에 엘레이존"Kyrie eleison의 줄인 말이다. 문둥병자들을 고치는 누가복음의 이야기에서 문둥병자들이 멀리 떨어져 서서 예수에게 "주여 우리에게 자비를 베푸소서"라고 외친다(누가 17:12이하). 이 말은 "지금 우리를 구하소서"를 의미하는 아람어의 "호산나"Hosanna와 비교된다. 끼리에는 4세기 예루살렘에서 주기적으로 나타나기 시작했으며 교회를 통하여 중보기도의 간구에 대한 하나의 응답으로 급속히 퍼져나갔다. 이 기도는 예수 그리스도를 통하여 하나님에게 드려진 일반적인 기도라기보다는 예수에게 직접 드려진 특별한 기도이다. 그 기도는 다양하게 3회, 6회 그리고 9회 반복되는 형식의 기도이다.

끼리에는 말로나 노래(자비송)로 표현할 수 있다. 자비송은 교회와 회중마다 다양하지만 성결교회의 경우, 1966년에 발행된 새 예식서에 처음으로 한 가지가 소개된다. 이 예식서에는 집례자가 "자비를 구하는 기도"를 한 후 곧 이어 자비송을 부르도록 소개한다. 자비송은 성가대, 회중, 또는 독창이나 회중과 함께 교창으로 부를 수도 있다.

(3) 용서의 확인Assurance of Pardon

사회자와 회중이 기도를 하는 동안 머리를 숙이는 반면, 사죄의 확인을 위해서는 서로의 눈과 눈이 마주치는 것이 좋다. 사회자는 전체 회중을 대신하여 각 사람에게 그리스도 안에서 우리에게 주어진 용서를 선언한다. 확인의 말씀은 사회자와 회중이 함께 제창이나 대화 형식으로 표현할 수도 있다.

예배에서 우리가 말하는 사죄의 확인은 우리가 먼저 행한 것에 따르는 조건적인 것이 아니다. 하나님의 은혜는 항상 우리의 의지보다 이전에 먼저 존재한다. 용서의 말씀은 기꺼이 용서하시려는 하나님의 의지에 관한 성경적 확인에 주로 의존하거나 기도의 형식이 될 수도 있다. 그 후에 회중이 용서받았음을 선언한다. 조건적인 은혜에 관한 한 예를 포함하여 용서에 관한 확신들은 많다: "그리스도 예수는 죄인들을 구하러 세상에 오셨습니다. 만일 우리가 우리의 죄를 자백하면 저[하나님]는 의로우사 우리 죄를 사하시며 모든 불의에서 우리를 깨끗케 하실 것이요(요일 1:9)." 또는 다른 가능성도 있다: "누구든지 그리스도 안에 있으면 새로운 피조물이라 이전 것은 지나갔으니 보라 새것이 되었도다. 그리스도 안에 있는 형제자매 여러분, 복음의 기쁜 소식을 믿으세요."

10) **찬양**Acts of Praise **또는 소영광송**Gloria Patri

소영광송은 "성부와 성자와 성령께 영광 돌리세. 태초로 지금까지 또 영원토록. 아멘"의 내용을 담은 찬송이다.[145] 소영광송은 고백기도에 따른 용서를 베푸신 하나님에게 영광을 돌리는 찬양으로 우리가 예배드리는 분과의 관계를 더욱 분명히 하고 그분의 말씀을 듣는 순서에로 넘어가기 전 모임의 예배를 마무리 한다. 찬양의 내용들은 다양하지만 지금 그리고 영원히 우리와 함께 거하시며 우리를 다스리시는 우리 주 예수 그리스도와 성령, 한 분 하나님을 찬양한다. 이것은 마치 자석이 우리의 감각들을 정렬하는 것처럼, 우리를 올바른 방향으로 인도하며 우리에게 그 길을 보여주시는 분과 손을 잡게 한다.

고백기도와 용서의 확신 뒤에 나오는 찬양의 순서로는 소영광송, 찬송, 또는 성가대의 찬양이 불릴 수도 있다. 일반적으로 "영광" 또는 "찬양"이라는 말들은 노래 가사에 나오는 단어들이었을 것이다. 이때의 찬양으로는 하나님의 존귀와 영광을 찬양하는(누가복음 2:14에 나오는 천사의 노래와 같은) 곡들이 회중에 의해 불리거나 성가대의 영광송이나 찬양으로 대치할 수도 있다.

145 소영광송은 기독교의 삼위일체 교리가 아리우스 이단과의 논쟁에서 정통교리로 채택된 4세기 후부터 삼위일체 교리 교육을 강화하기 위해 모든 찬양의 끝에 붙여졌다. 중세에는 시편이나 창작 성가를 부를 때 항상 끝에 붙여 불려졌다.

특별한 예배에서는 이 찬양 순서 다음에 행사에 대한 설명이나 손님 소개가 진행될 수도 있을 것이다. 안수, 취임, 추대, 장립 등의 예식에서는 후보자를 소개하는 시간이다.

제6장

말씀 듣는 예배

예배의 4중 구조에서 두 번째 부분인 "말씀 듣는 예배"the Hearing는 첫 번째 부분인 "모이는 예배"the Gathering와 매우 다르다. 이 두 번째 부분에서 예배는 하나님의 임재에로 들어가는 단계로부터 그 임재 가운데 머무는 단계로 옮겨진다. 하나님이 거하시는 곳 로비(lobby; 현관의 홀)에서 그 분의 거실로 들어가는 것이다. 여기에서 사용되는 주 예배행위는 대화로 하나님께서 설교(말씀)를 통해 우리에게 말씀하시며 그 다음 그 주신 말씀에 대해 우리가 응답한다. 하나님과 예배자 사이의 대화 내용은 성경 자체로부터 나온다.

말씀 듣는 예배에서 우리는 하나님의 백성들로 한 곳에 모인 예배 공동체의 일원이 된다는 것이 무엇을 의미하는지를 다시 한 번 경험하게 된다. 어떤 까다로운 문제들이 예배자들 각자를 갈라놓을 수 있다 하더라도 그것들은 하나님을 예배하려는 우리의 공동 목적에 의해 부차적인 것이 된다. 전자 오르간의 익숙한 소리와 삐걱거리는 의

자, 설교단, 세례반, 성만찬상, 십자가와 같은 상징물들, 사회자와 다른 예배위원들의 말들과 우리의 찬송 소리, 위엄 있는 행동과 따뜻한 기도 등에 의해 우리는 하나님 앞에서 연합된다. 이제 우리는 우리를 위한 하나님의 말씀에 초점을 모을 준비가 되어 있다.

1. 말씀 듣는 예배의 내용과 구조

말씀 듣는 예배가 본질적으로 하나님의 이야기(말씀)를 선포하는 것이기 때문에 여기에서의 예배 구조는 모임의 예배에서와 같은 과정이나 여행이 아니라 말씀선포와 응답의 신학에 근거한 대화이다. 또한 이 구조는 마치 거실에서 나누는 주인과 손님들 사이의 대화처럼 하나님과 예배자 사이의 대화 나눔이다. 하나님이 말씀하시고 사람들이 응답한다. 그러므로 말씀 듣는 예배는 수세기 동안 말씀을 선포하고 이에 응답하는 구조로 이루어졌다. 말씀 선포와 응답의 구조는 다음과 같이 짝을 이룬다[146]:

말씀선포	**응답**
1. 구약성경 봉독	2. 시편송(또는 말씀송)
3. 서신서 봉독	4. 할렐루야송(또는 말씀송)
5. 복음서 봉독	6. 찬양(성가대)
7. 설교	8. 응답송(결단찬송 또는 사도신경)
	9. 응답기도(또는 묵상기도)
	10. 평화의 인사

(성만찬이 없을 때는 8, 9. 10은 응답/감사하는 예배 속에 포함된다.)

146 Robert Webber, *Planning Blended Worship*, 85.

예배를 이루는 두 가지 중요한 부분들 중 첫 번째가 성경을 봉독하고 해석하는 것이다(두 번째 부분은 성만찬 예식이다). 고대 유대인 회당에서 진행된 안식일 예배는 성경, 시편, 성경에 대한 해석과 기도 형식을 가진 응답으로 구성되었다. 예수는 이런 예배 중의 하나에 참석하여 누가복음 4장에 나타나는 대로 성경을 읽었다: "주의 성령이 내게 임하셨으니...." 초대 기독교인들이 안식일 말씀 중심의 회당예배를 성만찬 중심의 주일예배와 결합시켰을 때, 각 예배가 본질적으로 손상되지 않고 보존되었다. 그러므로 이 두 가지 중 첫 번째를 말씀 예배라고 부른다.

말씀 듣는 예배는 성경봉독, 성경을 해석하는 설교, 그리고 설교에 대한 응답을 포함한다. 우리에게 설교만이 하나님의 말씀을 선포하는 것이라고 생각하는 경향이 있지만 사실은 성경봉독도 하나님의 말씀을 선포하는 것이다. 그 두 순서 모두 하나님에게 찬양하고 섬기는 행위이다. 그 두 순서 모두에서 하나님은 우리에게 말씀하신다.

말씀 듣는 예배는 성경봉독으로부터 설교에로 자연스럽게 움직인다. 성경봉독은 하나님의 말씀을 우리에게 표현하고 설교는 우리의 상황과 시대를 위해 그 읽은 성경을 해석한다. 전체 예배 순서에서 성경봉독이 중간에 위치하고 설교가 마지막에 위치하면 이와 같은 자연스런 예배의 흐름을 경험하지 못한다. 이 두 순서를 서로 멀리 위치시키는 것은 고속도로를 가운데 두고 두 쪽으로 나누어진 공원의 이쪽에서 다른 반쪽을 즐기기 위해 복잡한 고속도로를 건너가는 것과 같을 수 있다. 이처럼 간격이 넓은 두 순서 사이에서 말씀을 해석하는 시간이 되면 이미 앞에서 읽은 성경말씀은 종종 잊히게 된다(때로는 설교자가 노력함에도 불구하고). 성경봉독과 설교는 하나의 흐름을 형성할 수 있다. 그래서 예배 순서상 서로가 가까이 위치하는 것이 가장 좋다. 두 순서 모두 함께 우리의 삶을 하나님의 말씀에 집중하게 하며 그래서 하나님 자신의 성품과 의지가 우리에게 나타난다.

예수 당시 회당 예배는 성경봉독과 설교 다음에 청중의 응답이 따랐다. 이와 비슷하게 오늘날 말씀 듣는 예배는 응답 순서를 가질 수 있으며 들은 말씀에 대한 응답은 뒤에 진행되는 성만찬 예배에 대한 응답과 매우 다르다. 설교는 이미 우리의 삶에 관련된 문제들에 대해 응답을 요구하기 시작하였다. 그 응답은 다양한 형식을 취하여(예로, 세례예식) 필히 설교와 대화를 해야 하는 목회기도(설교자의)에서 결론이 난다. 이 기도는 우리가 들어 온 복음("기쁜 소식")의 빛에 비추어 우리의 상황을 보며 세계, 교회, 지역사회와 개인적인 요구들에 대한 우리의 관심을 표현한다.

2. 말씀 듣는 예배의 순서

예배는 이제 하나님의 말씀을 낭독하고 선포하며 듣는 것으로 옮겨 간다. 성경본문들이 낭독되며, 그것들로부터 메시지가 선포된다(성경본문이 하나 이상인 경우에). 성경낭독 사이에 시편, 찬송, 영가, 또는 성가를 부를 수 있다. 하나님 말씀을 선포한 후에 신앙과 결단의 표현, 그리고 세계와 교회가 속한 지역의 필요한 것들을 위해 기도를 드림으로 말씀에 응답한다.

1) 성경봉독Scripture Lessons

말씀 듣는 예배 순서에서 잘 준비되어 봉독되는 하나님의 말씀을 듣는 것이 아름다운 일이 될 수 있다. 우리가 잘 아는 이야기들이나 성경 본문들이 다시 봉독되는 것을 들을 때 우리는 어린아이와 같이 기뻐할 수 있다. 성경이 잘 봉독될 때 각 단어는 다양한 강조, 고저,

그리고 속도를 가진 음악처럼 분명하고 특별하게 들린다. 우리가 귀 기울일 때 그 단어들은 살아나게 된다. 하나님이 과거에 말씀하시기 위해 사용하셨던 사건들을 우리의 마음과 생각이 경험하게 된다. 이런 사건들에 대한 증언들을 통해 하나님은 오늘날 계속 우리에게 새롭게 말씀하신다. 그 증언의 말씀들은 귀하게 여겨져 후대의 우리들에게 전달되었다. 우리는 스스로를 하나님의 말씀을 들음으로 믿음이 자라는 사람들 즉, 성경의 사람들이라고 부른다. 이런 이유에서 강단용 성경은 대체로 크며 예배의 중심에 위치하는 것이다. 성경은 우리 예배공동체의 책이다. 그래서 예배에서 성경은 극적인 제스처를 쓰지 않고, 암기되거나 극적으로 표현할 필요 없이 봉독된다. 성경을 봉독하고 그것을 직접 듣는 것은 우리의 예배에서 필수적인 요소이다. 그러므로 성경봉독 순서는 예배의 중요한 부분을 차지한다.

우리는 보통 성경을 3부분으로 나누어 생각한다: 구약성경(율법과 예언자들의 기록), 복음서(예수의 삶, 사역, 가르침에 관한 기록), 서신(바울과 다른 사도들의 편지). 한 예배에서 이 세 가지 본문을 읽는 것은 고대 기독교와 현대의 에큐메니칼 예배 모두를 나타낸다. 전통적인 성경봉독의 순서는 복음서에 비중을 두어 구약, 서신, 복음서의 순서로 진행된다. 때때로 우리는 이 전통적인 성경봉독의 순서에 담겨있는 의미를 잊어버리고 그 순서를 바꾸려고 시도한다. 복음서가 설교에 제일 가깝게 봉독된 이유는 그것이 바로 우리가 그리스도의 복음을 전하고 있다는 것을 상징하기 때문이다.[147] 시편은 원래 노래로 이해되어 보통은 성경봉독의 순서에 포함되지 않고 오히려 구약봉독에

147 복음서를 봉독할 때 모든 예배자들이 일어서는 이유도 복음서를 오늘날 그리스도인들의 삶의 지침서로 이해하는 기독교의 전통에 기초한다. 이 전통은 주전 445년 나팔절 Feast of Trumpets(민수기 29 : 1-6)을 축하하는 예배에서 에스라가 율법서(모세 5경)를 읽는 동안 모든 사람들이 일어선 것에서 시작되었다.

대한 응답으로 사용되었다.

오늘날 예배갱신의 하나로 성서정과로부터 3가지 성경(구약, 서신, 그리고 복음서)을 봉독하거나 2가지 성경(구약과 신약)을 봉독하는 것은 고대 기독교(6세기의 서구 교회)의 전통을 회복하려는 노력이다. 봉독된 성경들을 설교의 본문으로 삼을 필요는 없다. 예배자들이 단순히 봉독되는 말씀을 듣는 것만으로 충분하다. 몇 개의 성경 본문들을 읽는 것은 지나치게 하나의 단순한 본문으로부터 오늘날의 문제들에 대한 성서적인 해답을 찾으려는 위험을 막는 안전장치가 될 수 있다.

(1) 성경봉독을 위한 준비

성경봉독은 교회의 가장 오래된 훈련들의 하나이다. 성경을 우리가 원하는 대로 뽑고 결정하는 대신, 성서정과Lectionary에 의해 봉독할 성경을 받기로 동의한다. 구약과 신약성경을 정기적으로 봉독하는 것은 우리의 시야를 넓히는 길이다. 자주 우리가 결코 생각하지 못했던 그리고 피하고 싶었던 영역으로 우리를 인도한다. 그러나 그것은 아름다운 길이다. 선택된 성경을 읽음으로 우리의 삶으로 오는 모든 것들과 우리가 좋아하는 것들만이 아닌 모든 것 속에서 우리는 하나님을 찾는 것을 배운다. 성경이 기쁜 소식이든 아니든 우리는 성경봉독에 대해 하나님에게 감사로 반응해야 한다. 우리가 들은 것을 인정하거나 그것에 동의해서가 아니라, 그 속에 하나님이 계신 것과 그 분이 우리를 위하시는 분인 것을 믿기 때문이다.

성경봉독은 교회 목회의 하나이다. 성경봉독을 통해 하나님의 말씀이 선포된다. 설교가 잘 준비되는 것이 중요한 것처럼, 성경봉독도 잘 읽혀지고 들려지기 위해 잘 준비되는 것이 중요하다. 그래서 성경봉독자는 성경을 읽는 기술이 있어야 하며 준비를 위해 시간을 드려야 한다. 교회(예배위원회)는 교인들 모두에게 균등하게 기회를 주는 것보다는 정기적으로 평신도 가운데서 성경봉독에 은사가 있는 몇 명을 선택할 수도 있다. 어린이와 청소년도 성경봉독 순서를 담당할 수 있다. 중요한 것은 하나님의 말씀은 남녀노소의 다양한 목소리로 읽혀질 수 있다는 것이다. 그들은 교회의 다양한 회중을 대표하기 때문이다.

이런 점에서 큰 교회는 특별히 성경봉독을 위해 성도들을 훈련시키고 또한 그들에게 다른 사람들을 훈련시키는 책임을 맡긴다. 이 훈련에서 중요한 부분은 정기적인 성경공부 그룹을 통해 다가오는 주일예배에 읽을 성경본문을 다루는 것이다. 성경봉독 훈련을 위해 사용할 수 있는 훌륭한 자료는 성서정과이다.[148] 현재 세계 교회들은 예전갱신운동의 산물인 성서정과를 사용하고 있다. 이 성서정과는 교회력에 맞추어 성경 전체를 3년 주기로 구약, 시편, 서신서, 복음서의 4부분으로 나누어 매 주일예배에서 읽도록 만든 것이다. 한국의 주요 교단들은 예식서를 통해 성서정과를 소개하고 있다. 예배 안내위원들과 봉사위원들을 위한 목회처럼, 성경 봉독자들을 위한 목회도 교회 안에서 중요한 목회로 생각하고 예배에서 표현할 필요가 있다.

오늘날 시각 중심의 사회에서 구두로 표현된 말에 대한 관심이 점차 사라지고 있다. 그러므로 회중이 인쇄된 글에 주의를 기울이도록 노력하는 것 보다 그들의 듣기 능력을 증대시킬 수 있는 성경 봉독자들을 키우는 것이 중요하다. 예배는 여러 감각들과 관계가 있는데 성경봉독은 무엇이 일어나고 있는 가를 보고 듣는 감각에 의존한다. 바

148 성경 봉독자들을 훈련시키기 위한 유익한 자료는 Fred A. Baumer와 Stephen Wroblewski에 의해 매년 출판되는 *Celebrating Liturgy: Workbook for Lectors and Gospel Readers*(Liturgy Training Publications)이다. 출판사 주소와 전화번호는 다음과 같다: 1800 North Hermitage Avenue W., Chicago IL 60622-1101(312/ 486-7008). 이 책에서 저자들은 성서정과를 따라 강조하고, 쉬고, 읽기 속도를 조절할 성경본문과 단어들을 해석하는 것과 여러 가지 중요한 것들을 제시한다.

람직한 성경봉독을 위하여 좋은 장비가 필수적이기 때문에 마이크 장치가 방해가 되지 않는 가를 확인해야 한다. 청각 장애자를 위한 준비도 갖추어야 할 필요도 있다.

(2) 성경봉독을 위한 시작 말과 마침 말

성경봉독을 맡은 자가 성경을 읽기 전과 읽은 후에 해야 할 말이 있다. 아무런 말도 없이 앞으로 나와 단순히 성경 본문을 읽기 시작하여 마친 뒤 곧 바로 다른 본문을 읽는 것은 자연스럽지 못하다. 성경봉독은 나름대로 통일성이 있다. 성경을 읽을 때 서론과 결론적인 말을 하는 것은 예배에서 성경봉독을 존중하는 하나의 방법이다. 성경봉독에 대한 서론과 결론을 의식화한 것은 중세기에 시작되었다. 이 방법은 예배자들로 하여금 직접 성경봉독에 참여하도록 하기 위함이다. 그러므로 현대 교회들도 이 전통에 따라 성경봉독에 따른 의식의 중요성을 인식할 필요가 있다.

성경봉독은 서론과 결론을 포함하여 다음과 같이 진행될 수 있다.

첫째로, 성경 봉독자는 첫 번째 성경을 읽기 전에 "하나님의 말씀을 들읍시다, 첫 번째 성경본문은 어느 책, 어느 장, 어느 절입니다."라고 말한다. 이와 같이 두 번째 성경과 마지막 성경을 읽은 후에 "주께서 거룩한 말씀으로 우리에게 축복하소서. 주의 이름에 영광과 찬양을 돌립니다."라고 말한다.

둘째로, 첫 번째 성경을 읽기 전에 "첫 번째 성경은 어느 곳 어느 장 어느 절부터 시작됩니다."라고 말하고 그 성경을 읽은 후에는 "첫 번째 성경 본문은 여기에서 끝납니다."라고 말한다. 두 번째와 세 번째 성경 본문을 읽기 전과 읽은 후에 이와 같이 말한다.

셋째로, 성경을 읽기 전에 "오 주여, 당신께 영광을 돌립니다."라고 말하고 구약성경이나 서신을 읽은 후에는 "오 주여, 당신께 감사를 드립니다."라고 말한다. 복음서를 읽은 후에는 "오 그리스도여 당신께 영광을 돌립니다."라고 말한다.

넷째로, 필요하다면 성경을 읽기 전에 본문에 대한 간단한 설명(해석)을 소개할 수도 있다. 그러나 이때는 회중이 들을 설교를 미리 말함으로 효과를 줄일 수 있기 때문에 본문의 배경만을 간단하게 설명한다. 잘 준비된 설명은 말씀을 듣는 자와 전하는 자 모두에게 가장 좋은 성경봉독의 서론일 수 있다. 특별히 이런 방법은 연속설교를 듣는 회중에게 지난 주일설교와의 연결점을 설명함으로 도움을 줄 수 있다.

다섯째로, 성경 봉독자와 청중과의 대화를 시도할 수도 있다. 이 방법은 성경을 잘 읽을 수 없는 어린아이들에게 도움이 된다. 대화를 시도하는 의도는 읽는 것과 듣는 것이 하나의 상호 보완적인 행위이기 때문이다.

전통적인 형식의 성경봉독을 소개한다.

① 구약성경이나 서신서를 읽기 전에 봉독자는 "성경은 구약(또는 서신서) ___장___절부터___절입니다."라고 말한다. 읽은 후에 봉독자는 "하나님의 말씀입니다."라고 말하고, 이에 대해 회중은 "하나님께 감사를 드립니다."라고 응답한다.

② 복음서를 읽기 전에 봉독자는 "주 예수 그리스도에 관한 복음은 마태(또는 마가, 누가, 요한)복음 ___장___절부터___절입니다."라고 말한다. 이에 대해 회중은 "주 그리스도께 영광을 돌립니다."라고 응답한다. 그리고 복음서를 읽은 후에는 봉독자가 "주 그리스도께 찬양을 돌립시다."라고 응답한다..

현대적인 형식의 성경봉독을 위해, 봉독자는 전통적으로 구약과 서신 및 복음서를 읽은 후에 "하나님의 말씀입니다." 또는 "오늘 하나님께서 이 말씀을 통하여 우리에게 은혜주시기를 원합니다."라고 말하며 이어 회중은 "하나님 감사합니다." 또는 "주께 감사합니다." 라고 응답한다. 이런 전통적인 응답은 "하나님께 감사합니다."라는 뜻의 라틴어 "*Deo Gratias*"의 번역으로 매번 성경을 봉독한 후에 그리고 폐회 시 파송사 다음에 회중이 응답한 말이었다.

성경 봉독자가 복음서를 읽기 전에 "마태(또는 마가, 누가, 요한)에 의한 예수 그리스도의 복음 어느 장 어느 절을 읽겠습니다."라고 말하면 회중은 "오 그리스도 당신에게 영광을 돌립니다."라고 응답할 수도 있다. 봉독자가 복음서를 읽은 후에 "그리스도의 복음입니다" 라고 말하면 회중이 "오 그리스도 당신에게 찬양을 드립니다."라고 응답할 수도 있다. 이렇게 복음서에 대해 표현이 구약이나 서신서 봉독과 다른 것은 복음서에 특별한 가치를 두는 것이 아니라 그리스도의 임재를 인식하려는 한 방법일 뿐이다. 즉, 그리스도에게 직접 표현하려는 것이다. 이런 점에서 복음서봉독에 대한 표현은 자비를 구하는 기도Kyrie와 비슷하다.

친교인사와 찬양의 순서에서 우리가 나타내려는 것과 같이 복음서를 봉독하는 것은 그리스도의 임재를 나타내려는 것을 상징할 수 있다. 이것은 4세기 후반과 사도의 헌장Apostolic Constitutions이나 예배의 규범으로 알려진 것까지 거슬러 올라간다. 이런 자료들은 복음서 봉독을 장로들deacons에게 맡겼다.

또한 각 성경본문을 봉독한 후에 들은 말씀에 대해 묵상을 하도록 간단한 침묵의 시간을 가지는 것도 도움이 된다.

성경을 봉독할 때 나타나는 모든 면들은 어떤 나이의 사람들에게도 말할 수 있다: 봉독자의 태도와 몸짓, 봉독대 또는 설교단 위에 놓인 성경의 가시적 상징, 하나님의 말씀이 빛이라는 것을 나타내기 위해 가능한 성경을 빛(촛불)이 비취는 곳에 두는 것, 품위 있게 읽는 것, 그리고 침묵의 시간 등.

만일 성경의 본문 외에 추가로 성경 본문을 읽을 필요가 있다면, 다음의 3가지 방법으로 가능하다: 1) 말씀과 직접 관련이 있는 찬송과 유사하게 성경 본문에 대한 한 반응으로, 2) 설교 본문의 부분으로, 또는 3) 설교에 대한 반응의 부분으로. 그러나 추가로 읽는 성경이 원래의 본문을 대신한 것으로 생각할 수도 있으므로 두드러지게 나타나지 않도록 해야 한다.

성경봉독의 주된 목적은 성경을 읽고 듣는 것이지만, 특별한 경우에는 본문이 암기되거나 연출로 표현할 수도 있을 것이다. 이런 변화는 한 사람이, 다같이 한 목소리로, 읽는 부분을 분담해서, 또는 어떤 부분을 회중에게 할당하는 등으로 이루어질 수 있다. 이런 방법이 본문에 대한 해석으로 구성된다면 본문을 대신한 것보다 더 좋은 성경봉독이 될 것이다. 또한 성경봉독은 경우에 따라 영화, 슬라이드, 춤, 무언극, 또는 노래 등을 동반할 수 있다.

성경봉독은 강단용 성경이 위치한 곳 즉, 설교단으로부터 또는 봉독대와 설교단이 있는 경우에는 봉독대로부터 진행된다.

(3) 시편봉독Psalm

시편은 성경 중에서 노래와 기도로 이루어진 책이므로 구약, 서신, 복음서와 같은 다른 성경봉독과는 약간 구별된다. 시편을 노래로 이해할 때(시편이란 말의 뜻이 "노래"이다) 시편을 단순히 읽기만 한다면 그 의미가 상실된다. 기독교의 대부분의 역사를 통해 시편은 다른 성경 본문들과 구별되어 왔다. 성 아다나시우스Athanasius는 이와 같은 구별에 대해 "다른 성경이 우리에게 말하는 반면, 시편은 우리를 위해 말한다."라고 언급하였다.[149] 시편은 "사람들의 기도"라는 점에서 다른 성경과 구별된다.

149 *Lutheran Book of Worship*(Green, 1978), 45.

전통적으로 시편은 모든 회중이 말할 수 있는 예배의 한 부분이다. 회중은 시편을 짧게 반복되는 후렴으로 사용하여 다른 성경봉독에 대해 응답한다. 성 요한 크리소스톰John Chrysostom은 그 반응이 하나님과 맞은 계약의 행위로 이해되어야 한다고 충고하고 사람들에게 "후렴을 진주같이 모아 영원히 지키고, 묵상하고, 모든 친구들과 친척들에게 노래로 불러 주라"고 제안하였다.[150]

시편은 고대 히브리인들이 성전 예배에서 다양한 방법으로 그리고 다양한 장소에서 노래로 불렀던 때까지 거슬러 가기 때문에 우리의 예배 유산에 중요한 부분을 형성한다. 시편은 성가대, 독창자, 그리고 회중의 연합으로 불려진다. 유대인이 시편을 노래로 부른 것으로부터 기독교의 교회 음악이 탄생했다. 초대 교회는 시편 사용을 채택하였다. 기독교가 시편을 성서일과로 사용하기 시작하였다. 그 이유는 이런 증거가 8세기 이전의 회당 예배에서 발견되지 않기 때문이다.[151] 시편은 성서정과로 읽혀지거나 성경을 가지지 못한 자들을 인도하는 독창자와 함께 응답송으로 사용되었을지도 모른다. 그러나 4세기까지 사도헌장Apostolic Constitutions에 나오는 교회는 각 성경 본문을 읽은 후에 시편을 노래로 부르는 의식을 어느 정도 확립하였다. 이것이 어떻게 이루어졌으며 어떤 시편의 형태이었는가에 따라 시편은 때로는 교회 안에서 성경 본문에 대한 응답의 하나로 또 때로는 말씀 선포의 하나로 간주되었다.

제네바Geneva로부터 시작된 영어를 사용하는 개신교 전통은 기독교에 시편송Metrical Psalms, 즉 운율을 붙여 노래로 부르는 시편을 주었다. 예배에서 이런 형식의 찬송에 정식 위치를 제공한 첫 번째 사

150 Lucien Deis, *Spirit and Song of the New Liturgy*(World Library of Sacred Music, 1970), 107에서 인용.

151 Eric Werner, *The Sacred Bridge: Liturgical Parallels in Synagogue and Early Church*(Schocken Books, 1970), 131.

람은 칼빈이었다. 거의 300년 동안 시편은 장로교의 유일한 찬송이었다. 1650년의 스코틀랜드 찬송시집Psalter은 그 이전과 이후에 영어로 출판된 많은 운율을 붙인 것 중 가장 잘 알려진 것이다. 시편을 교독문처럼 나열하여 인도자가 먼저 한 줄을 노래로 인도하면 회중이 따라서 부르던 것이 16세기 영국에서 시작되어 1650년의 새로운 찬송시집이 17세기 스코틀랜드로 퍼졌다. 이 방법은 많은 문맹율과 책이 부족하던 신대륙의 개척시대에 매우 필요하였다.

시편은 예배에서 찬송으로 불려질 수 있다. 그러나 공통적으로 첫 번째 성경을 읽은 후에 시편을 읽거나 응답송으로 사용하는 것은 보통 회중의 적극적인 참여를 의미하였다. 그래서 오늘날 시편은 교독이나 통독, 또는 응답송으로 사용되어 회중의 참여를 제공한다. 회중, 성가대, 그리고 인도자에게 각각 다른 부분을 할당하여 극적으로 읽을 수도 있다. 20세기에 와서야 시편봉독이 공통적으로 예배의 순서가 되었다.

시편은 통독이나 교독으로도 읽혀질 수 있다. 불행하게도 대부분의 회중이 일제히 시편을 읽을 때 그 합쳐진 목소리가 표현력이 있고 활기차게 느껴지기보다는 단조롭고 지루하게 들린다. 첫 번째 성경을 읽은 후 시편송을 회복하려는 회중을 위해 많은 가능성들이 있다. 세계 교회의 예전갱신운동이 이런 방향으로 움직이기 때문에 시편송을 생동감 있고 따뜻하게 그리고 아름답게 만드는 많은 자료들이 나오고 있다.

시편을 노래로 부르는 것은 어린이들의 예배에서 좋은 효과를 나타낼 수 있다. 어린이들은 짧은 응답송(교창송)을 쉽게 배우기 때문에 시편을 노래로 부르면서 그들을 가르치며 인도할 수 있다. 시편송을 반주하는데 여러 가지 악기가 사용될 수 있다. 특별히 축제적인 분위기를 위해 핸드벨, woodwind(목관악기), brass(금관악기), 기타 등의

반주가 가능하다

시편을 노래로 부르는 몇 가지 형식들이 있다: 1) 응답송responsorial singing은 시편을 읽는 동안 중간 중간에 회중이 노래로 부르는 응답(후렴 또는 교창)을 말한다. 응답 부분은 보통 핵심 사상을 담고 있는 한 절이 된다. 시편의 앞부분은 선창자cantor나 성가대에 의해 읽혀지거나 불려질 수도 있다. 음악가들은 자신들의 응답 부분을 익숙한 찬송의 한 부분에 맞추어 부를 수 있다. 예로, 시편 146-150편을 읽는 경우에는 "온 천하 만물 우러러"(찬송가 33장)의 마지막 부분 "할렐루야, 할렐루야, 할렐루야"가 잘 어울린다. 2) 교창송antiphonal singing은 두 그룹이 교대로 같은 멜로디를 노래하는 것이다. 두 그룹은 성가대와 회중, 또는 두 부분으로 나누어진 회중이 될 수 있다. 이 형식의 노래는 종종 8가지 중세 "시편 음율"의 하나에(예로, 시므온의 노래) 맞추어진다. 회중이 응답 부분을 노래하고 다른 두 그룹이 차례로 한 절씩을 노래한다면 응답송과 교창송 형식이 함께 사용될 수도 있을 것이다. 3) 합창direct singing은 한 그룹이 시편 전체를 찬송의 형태로 부르거나 성가대가 많은 성가 부분들 가운데 한 부분을 부르는 것이다.

2) 성가대 찬양Canticle/Anthem

성가대 찬양 또는 영창(Canticle; 시편이 아닌 성경본문으로 가사를 붙인, 그러나 특별히 운율이 없는 찬송)은 서신서와 복음서 봉독 사이에 위치하는 응답송이다. 짧은 예배를 위해서는 응답송을 생략하고 직접 서신서 봉독에서 복음서봉독으로 진행할 수 있다. 이런 경우에는 다른 두 성경본문을 읽는 것을 나타내도록 봉독자도 다른 두 사람으로 정하는 것이 바람직하다. 어떤 교회는 찬양대신 춤을 추기도 한다. 춤이 예배의 한 표현으로 받아들여진다면 찬송이나 봉독과 함께 진행하거나 그 춤이 봉독에 대한 응답이 될 수 있다.

만일 회중의 찬송으로 응답송을 대신한다면 반드시 성경본문의 주제와 관계가 있어야 한다. 이럴 경우 회중찬송은 성가대의 찬양과 같이 우리가 성경 말씀을 듣도록 도울 수 있다. 그 주일의 찬송이 있다면 성경 본문의 주제에 맞는 새로운 찬송을 부를 수도 있다. 회중은 그 주일의 찬송을 성경공부 시간이나 집에서 준비할 수 있으며 예배 준비시간에 소개받을 수도 있다.

복음서를 봉독하기 전에 찬송을 부르는 것의 선례를 3세기에 시편을 노래로 부른 것에서 찾을 수 있다. 교회력에서 대림절과 사순절을 제외한 모든 계절에 할렐루야를 후렴으로 부를 수도 있다.

기도서 송가canticle 또는 "작은 노래"는 시편이 아닌 성경 구절을 음악에 맞춘 것이다. 이것은 성가대나 회중에 의해 불려질 수 있다. 이런 노래들 중에는 마리아 송가(Magnificat; 눅 1:39-56)와 시므온 송가(Nunc Dimittis; 눅 2:29-32)가 있다. 아직 한국교회의 찬송가에는 기도서 송가가 소개되어 있지 않다. 전통적으로 기도서 송가는 성만찬 예배에서 불려지지 않고 아침이나 저녁 기도회를 위해 사용되었다.

잘 준비된 성가대 찬양(Anthem; 성가)은 성경본문이나 교회력에 직접 연결된다. 그러므로 성가대 찬양은 음악적인 우수함 뿐만 아니라 전체적으로 예배의 주제와 관련이 있도록 선택되어야 한다. 성가anthem는 "대답하는"sounding or answering back 의미를 지닌 그래서 응답하는 교창antiphon에서 온 말이다.

3) 설교 전 기도Prayer for Illumination

설교 전에 하는 기도 또는 '조명을 위한 기도'는 성경봉독과 설교를 통해 하나님께서 우리에게 말씀하시는 것을 듣기 위해 우리의 생각과 마음을 열어주도록 간구하는 기도이다. 말씀을 읽는 것과 그 말씀을 설교에서 해석하는 것 모두 하나님의 말씀이다. 만일 이런 기도의 내용이 개회기도opening prayer에서 빠졌다면 이 때 할 수 있다. 시편 19:14은 설교하기 전의 기도로 적절하다: ("나의 반석이시요 나의 구속자이신 여호와여 내 입의 말과 마음의 묵상이 주의 앞에 열납되기를 원하나이다.")

4) 설교Sermon

설교는 선택적인 것이 아니다. 그 이유는 하나님의 말씀이 인간의 대담한 반응을 요구하기 때문이다. 분명히 예배 후반부가 복음에 대한 우리의 반응으로 구성되지만, 한편으로, 설교는 매주 변화 없는 것들을 신학적으로 바로잡는 말씀이다. 다른 한편으로, 설교는 한 매우 어리석은 인간이 다른 사람을 대신하여 각 사람에게 말하고 말씀이 설교단으로부터 살아 있도록 만들기 위해 기도하면서 하나님과 인간 양측에게 이야기하려는 것처럼 위험한 창조 행위이다. 설교자에게 설교는 하나님과 그의 백성 모두를 대신하는 자로 하나님의 말씀에 반응하는 것이다. 회중에게 설교 훈련은 말씀이 어떻게 만들어지는지를 배우기 위해 설교자가 해석한 말씀을 듣는 것이다. 그 이유는 좋은 설교는 설교자가 앉을 때 멈추지 않고 끝난 후에도 오래 동안 질문을 제시하고 반응을 일으키기 때문이다. 회중의 일은 단순히 설교의 말씀을 받아들이거나 무시하는 것이 아니라 하나님의 말씀이 각 자를 위해 특별한 축복을 줄 때까지 설교자가 싸우고 있는 동일한 성경 구절과 싸우는 것이다. 설교자의 임무는 사람들에게 귀에 듣기 좋은 말씀을 주어 집으로 보내는 것이 아니라 그들이 자신들의 삶의 특수한 상황 속에서 그들에게 말씀하시는 하나님의 목소리를 분간할 필요가 있는 도구들을 가지고 집으로 보내는 것이다.

개신교의 예배는 성경을 읽는 것만으로는 충분하지 못하다. 그 성경 본문은 해석될 필요가 있다. 하나님의 말씀은 하나의 "사건", "일어난 일" 또는 "행위"로 잘 이해된다. 여기에서 말하는 하나님의 말씀은 성경에 쓰여 있는 말들과는 다르다. 오히려 하나님의 말씀은 성령의 도움으로 회중이 그것을 들을 때 그들의 삶 속에 살아 움직이는 말들을 말한다. 그래서 각 예배는 그 말씀이 육신이 된 것, 성육신을 축하하는 것이다. 좋은 설교는 자신의 사명을 위해 기도하고 연구하고 시간을 투자하는 설교자와 설교를 통하여 하나님께서 말씀하시는 것을 듣는 청중들 모두에게 달려있다. 본훼퍼Dietrich Bonhoeffer는 자신의 학생들에게 설교를 들을 때마다 부활하신 그리스도와 만날 것을 기대하며 들어야 한다고 충고하였다.

설교 사역은 전통적으로 말씀과 성례전 사역을 위한 안수와 훈련을 전제로 한다.(최근에는 말씀과 성례전 뿐 아니라 목회 상담에 대한 안수를 말한다.) 사실, 미국의 대학들은 교회에 의해 말씀과 성례전 사역을 위해 목회자들을 준비시키기 위해 세워졌다. 설교의 목적은 안셀름Anselm이 신학을 정의한 것처럼 이해를 통해 믿음의 신비를 탐구하는 것Faith-seeking-understanding이다. 설교는 고대의 문화와 시간 속에서 이루어진 성경 본문을 택하여 최초의 청중들에게 주었던 같은 생명력을 가지고 오늘에로 가져오는 것이다. 성경의 각 절들은 서로 격리된 상태로가 아니라 각 절과 연결된 맥락 안에서 그 의미를 나타낸다.

설교의 권위는 마태복음 마지막에서 모든 민족을 제자로 만들라는 그리스도의 명령으로부터 온다. 우리가 설교로 전하는 것은 그리스도이다. 이런 권위를 강조하는 이유는 전통적으로 설교가 복음서를 봉독한 직후에 진행되기 때문이다. 성경봉독이 복음서에서 절정을 이룰 때 설교는 오늘날 그리스도의 기쁜 소식을 전하려는 것으로부터 직접 흘러나온다. 복음서가 설교의 본문이 아니라도 구약, 서신서, 복음서로 진행되는 성경봉독의 순서는 동일하다. 우리가 그리스도에 관해 이해하는 대로 우리는 성경을 해석하게 된다.

성경이 읽혀지고 해석되는 것이 필수적이지만 봉독된 모든 성경의 본문이 해석될 필요는 없다. 단순히 성경을 듣는 것도 가치 있는 일이다. 그러나 설교를 위해 하나의 본문만을 취급하는 것은 매우 어렵다.

설교는 회당에서 기원되어(눅 4:16이하; 행 13:14이하) 초대교회에 의해 채택되었다. 바울은 드로아에서 떡을 떼기 전에 설교하였다. 복음서들이 나오기 전에는 설교를 위한 자료들로 예수에 관한 이야기들이 사용되었다. 바울은 자신의 편지들이 예배에서 읽혀지기를 원했으며(고전 16:22-24) 그래서 설교 자료가 되었다.

초기의 설교는 다양한 기능을 가지고 있었다. 그 모든 기능들이 예배에서 나타난 것은 아니었다. 어떤 기능들은 기독교를 모르는 자들을 가르치려는 목적을 가진 복음전도나 선교적인 설교였다(행 10:42). 어떤 설교의 기능은 이미 그리스도에게 헌신한 자들을 양육시키기 위한 것이었다(예로, 히브리서). 그리고 어떤 기능은 기독교의 교리를 가르치기 위한 것이었다. 설교가 항상 예배에서 이루어지는 것은 아니지만 최소한 중세기에 잘못 이용될 때까지는 정기적인 예배의 한 부분이었다. 그러나 이 중세기 동안에도 도미니칸 수도승들의 위대한 설교들에 의해 설교 회복을 위한 움직임이 있었다. 개신교 종교개혁자들도 설교의 중요성을 회복하려고 노력하였다. 많은 종교개혁자들이 예배의 의식적인 순서와 가시적인 요소들을 거부한 결과로 거의 말씀 중심의 예배를 낳았다.

설교는 많은 기능들을 가지고 초대교회로부터 온 유산 가운데 강한 부분을 이룬다. 20세기에 와서 설교는 다양한 형태로 나타났다: 기독교의 교리나 교훈을 전하는 교리적 설교, 성경 본문 때로는 각 절을 다루는 강해설교, 그리고 특별한 주제나 개념을 성경적 이해에 근거하여 발전시키는 주제설교 등. 부분적으로 우리의 자유로운 강단 전통은 설교자가 읽을 본문뿐 아니라 설교의 방법까지도 결정할 수 있게 만들었다. 1970년대에 개신교의 설교에 새로운 형식으로 등장한 성서정과 설교Lectionary Preaching는 설교의 본문 선택을 광범위하게 만드는 수단이 되었으며 또한 설교를 성서적으로 이끄는데 일조를 하였다.

설교는 성경봉독과 다르다. 성경봉독 순서에서 우리는 봉독되는 성경의 단어들에 귀 기울인다. 설교Homilia/Sermo의 원래 의미는 강화나 대화이다.[152] 설교는 책으로부터 온 것보다는 책을 읽은 사람으로부터 온 것이다. 설교는 대화에 필요한 여러 가지 특징들을 가지고 있다: 다양하고 표현력 있는 목소리, 모든 사람에게 들리는 충분한 음량, 눈과 눈의 마주침, 몸짓. 상자형의 강단은 설교자의 몸을 가로막기 때문에 설교가 지니는 물리적인 영향을 감소시키는 경향이 있어서 최근에는 강단 앞으로 나와서 설교를 하는 설교자들도 있다.

한국교회에서 설교자들이 가운이나 예복을 입도록 강요받지는 않지만 가운이나 예복 착용은 점차 확대되고 있다. 설교자가 가운을 착용해야 하는 이유의 하나는 설교 시간에 초점이 되는 것은 사람으로서의 설교자가 아니라 설교자의 직무이기 때문이다. 가운이 목사 안수의 표시는 아니다. 스톨stole을 가운 위에 입는다. 스톨은 가운과 함께 입도록 만들어진 것임으로 거리 복장 위에 입을 수 없다.

설교의 길이는 10분에서 30분 정도로 다양하다. 최근 예배갱신의

152 히브리적 *호밀리아(**Homilia**)*는 2세기경 설교를 지칭하는 최초의 설교 용어이며 "서로서로 이야기한다"는 뜻이다. 회중 예배에서 선포되는 말씀을 지칭하는 전문어로 형식적으로는 성경본문을 순서대로 주석하는 주석 설교에 해당되며 교훈적 연설 혹은 훈계의 말씀이 주된 내용을 이룬 것으로 오늘날 강론(Homily)의 어원이다. 호밀리아는 4세기경 라틴어가 예배의 공식 언어로 확정되면서 라틴어 *프래디카치오*(*Praedicatio*; "공적으로 알린다")로 번역되어 오늘날 영어권에서 설교를 가리키는 Preaching의 유래가 되었다. 헬라적 *세르모(**Sermo**)*는 중세시대에 설교가 예배에서 중요한 위치를 상실하게 되고, 설교자의 관심과 회중의 흥미에 초점을 맞추게 됨으로 주제설교의 범람을 초래하고만 것으로 오늘날 Sermon의 어원이다.

한 결과는 설교 이외의 다른 순서들이 전통적으로 설교로부터 기대되는 것의 얼마를 전할 수 있다는 것이다(예로, 추수감사절의 기도). 설교 중심의 예배에서 그리고 설교가 마지막 순서로 나오는 예배에서 설교가 약하면 예배 전체가 약해질 수 있다. 그러나 예배가 설교에 의해 덜 지배받는 경우에는 다르다. 예배의 다른 순서들이 메시지를 전하는데 도움이 될 수 있다.

간단한 설교가 약한 설교는 아니다. 사실, 간단한 설교가 잘 준비된다면 더욱 강한 설교가 될 수 있다. 긴 설교보다 좋은 짧은 설교를 준비하는 것이 더 어렵다. 그 이유는 오늘날 회중이 집중할 수 있는 평균 시간이 12분이나 13분이기 때문이다. 설교가 더욱 짧아질 필요가 있다는 주장은 결코 설교의 중요성을 약화시키는 것이 아니다. 루터Martin Luther가 "하나님의 살아 있는 말씀"viva vox Dei이라고 부른 설교의 말씀은 예배에서 절대 필요한 부분이다. 설교에서 우리는 믿음으로 부름을 받아 우리의 믿음이 계속 양육되고 새로워진다. 설교를 하나님의 말씀이라고 말하는 것은 성만찬에서와 같이 설교에서도 그리스도의 실제적인 임재를 인정하는 것이다.

5) 설교에 대한 응답Responses to the Word

예배에서 설교에 대한 응답으로 설교 바로 다음에 따라오는 적절한 순서들은 여러 가지가 있다. 설교에 대한 응답으로 가능한 순서들로는 침묵, 사도신경, 결단찬송, 제자도에로의 초청, 세례, 신앙갱신, 간증, 중보기도the Prayers of the People, 설교문답Talk-back Sermon, 회중의 생활과 일에 관한 광고 등이 있다.

(1) 침묵Silence

성경봉독 후에 침묵할 때처럼, 설교 후에 짧은 침묵시간은 들은 말씀에 대해 묵상할 수 있게 한다. 우리의 예배에서 침묵이 종종 무시되어 왔지만 그 힘은 대단하다. 불행하게도 오늘날 우리는 침묵을 "죽음의 공간"으로 생각한다. 그러나 침묵은 우리를 경외심으로 살아나게 하는 공간이다. 그래서 성경은 "너희는 가만히 있어 내가 하나님 됨을 알지어다."(시46:10)라는 교훈을 준다. 또한 침묵의 중요성은 하박국에 의해서도 언급되었다: "오직 여호와는 그 성전에 계시니 온 천하는 그 앞에서 잠잠할 지니라(합 2:2)." 우리가 말로 표현하는 것이 항상 하나님의 말씀에 대해 응답할 수 있는 유일한 방법은 아니다. 우리의 말이 성상聖像이 될 수도 있다. 그러나 침묵의 시간은 성령으로 하여금 비언어 또는 언어가 사용되기 이전의 방법으로 우리에게 말씀하도록 만든다. 위대한 곡이 소리와 침묵의 혼합으로 이루어진 것처럼 예배도 그 두 가지가 함께 짜임으로 이루어진다.

침묵은 우리의 생각과 마음에 창조하고 묵상하며 청취할 시간을 준다. 그래서 기도 후에 성가대의 기도송이나 반주가 흐를 때 침묵의 묵상을 하거나 각 성경봉독 후에 잠간의 침묵을 진행하는 것처럼 설교 바로 다음에 간단한 침묵은 들은 말씀에 대한 묵상을 가능하게 한다. 특별히 침묵의 기도는 매우 중요하다. 회중은 침묵의 기도를 할 때 개인으로 그리고 공동체로서 자신에게 집중할 시간을 가지게 된다. 그럼에도 불구하고 우리의 예배는 우리가 침묵을 두려워한다는 것을 말해준다. 텔레비전과 함께 사는 우리들은 종종 침묵을 죽은 시간으로 생각한다. 그래서 예배에서 우리는 침묵의 시간이 될 수 있는 것을 음악으로 채우는 경향이 있다. 우리가 시골에서 도시로 올 때는 얼마나 소리에 압도당하는지, 반대로 도시에서 시골로 갈 때는 어떻게 듣는 방법을 다시 배워야 하는지를 경험한다. 침묵이 효과를 나타내도록 회중은 교육을 통해 잘 준비될 필요가 있다.

(2) 신앙고백/사도신경Confession of Faith/Creed

설교는 인간이 만든 다른 것들과 같다. 그래서 어떤 때는 역사가 일어나고 어떤 때는 그렇지 않다. 이런 이유로 설교로부터 직접 신앙고백으로 가는 것이 지혜로운 진행이다. 그래서 우리는 이야기 형식으로 교회가 수 천 년 동안 사용한 말씀에 대한 신앙의 요약을 암송한다. 신앙고백은 우리의 귀에 너무 익숙하여 우리 대부분은 각자에 대해 피를 흘리게 한 전쟁까지 잊어버리면서 잠자리에서 암송한다. 그 때 이단을 쫓았던 삶이 교리에 의해 분쇄된다. 삼위일체 하나님, 동정녀 탄생, 최후 심판, 죽은 자의 부활과 같은 신앙에 관한 모든 어려운 신비들은 여기에서 구체화된다.

사도신경은 단수가 아니라 복수인칭대명사를 사용한다. "우리는 전능하신 아버지 하나님, 천지의 창조주를 믿습니다."라고 말할 때, 지금 내가 믿을 수 없는 것을 덮어 가리기 위해 "나는..."이 아니라 "우리"라는 복수로 고백한다. 나의 신앙이 절뚝거릴 때는 복수로 표현되는 교회의 신앙에 의지하면서 "나의" 신앙이 회복될 때까지는 "우리의" 신앙으로 충족시킨다. 나중에 내가 스스로 갱신된 확신을 가지고 "우리는... 믿습니다."라고 말할 수 있을 때, 다른 사람들이 당분간 준비가 안 된 나를 메워주었듯이, 나도 준비 안 된 그들을 메워주고 있는 것이다. 내가 사도신경을 전적으로 고백하려는 결정은 나보다 앞서 고백했던 자들이 나에게 위임하였던 신앙을 품으면서 그들을 신뢰하려는 결정이다.

사도신경이 전통적으로는 예배의 전반부에서 신앙고백으로 사용이 되지만 현대 교회들은 사도신경을 암송하기보다는 교리에 관한 노래를 더 선택한다. 이런 이유로 점차 사도신경은 설교에 대한 한 응답이나 신앙선언으로 사용된다. 사도신경은 창조주 하나님으로 시작하여 예수 그리스도의 구원 사역을 언급하고 성령의 현재 역사로 결론을 맺는 교회의 역사적인 암송이다. 사도신경은 원래 교회의 신앙 선언이었다. 설교가 공동체를 대표하는 해석이 되도록 노력함에도 불구하고 부분적으로는 개인의 해석이기 때문에 어떤 면에서 위험을 가지고 있다. 그런 설교에 신앙고백은 공동체성을 주어 예배자 각자를 교회와 서로에게 긴밀하게 연관시킨다.

1세기의 교회에서 매주 행하는 성만찬 전에 드리는 긴 기도(성찬기도 또는 대감사기도로 알려진)가 사도신경의 기능을 가지고 있었다. 그 성만찬 기도의 내용은 그리스도에 관한 필수적 신앙을 요약하여 하나님이나 하나님의 위대한 행위에 대해 감사하는 유대인의 감사 형식을 따랐다. 별도의 신앙고백은 없었다. 사도신경 특별히 니케아신경Nicene Creed을 암송하는 것은 4세기의 이단에 대처하기 위한 주요 교리적 논쟁으로부터 나온 것이다. 사도신경은 기도가 아니라 성도들을 바로잡기 위한 목적으로 만들어진 것이다. 사도신경을 암송하는 것이 11세기까지는 유럽에서 일반적인 예배 순서가 되지 않았다. 사도신경은 세례에 관한 신앙선언으로, 세례 예식에서 말하는 "예수는 주이시다"와 같은 초기의 고백적 선언으로부터 나왔다. 여하튼 사도신경은 특별히 세례 예식과 갱신을 다짐하는 예배에서 말씀에 대한 응답으로 적절하다.

가장 충분하게 동시대의 신앙을 표현한 것은 성찬기도들에서 나타난다. 각 성찬기도는 새 신자들을 위한 성경공부를 위한 기초를 제공하였다. 사도신경을 암송하는 순서의 위치는 성만찬이 집행되지 않는 예배나 다양한 교회 그룹들이 활동하는 예배에서는 하나님의 말씀을 영혼의 양식으로 함께 나눈 한 가족으로 세계교회의 공동신앙을 고백하는 설교 다음 순서가 가장 적절할 수 있다. 어떤 사람들은 자신들의 신앙이 표현되어 있지 않다는 이유로 혹은 다른 나라에서 나온 과거의 신앙 표현이라는 이유로 사도신경을 주일예배순서에서 생략해야 한다고 주장한다. 그러나 오늘날 우리가 예배에서 사도신경을 암송하는 이유는 이단을 바로 잡기 위해서가 아니라 공동의 신앙고백 행위 즉, 우리를 과거, 현재, 미래의 모든 기독교인들에게 연결시키는 공식적인 신앙 선언으로 사용되는 "고백"을 하기 위함이다. 루터가 한 것처럼 신앙고백을 곡으로 부를 수도 있다.

(3) 결단찬송A Hymn of Faith Response/Dedication

들은 설교에 대한 신앙적 응답이나 헌신으로 결단찬송이 설교와 밀접한 관계를 유지하는 것은 오랜 전통이 되었다. 설교 전에 부르는 찬송과는 달리 이 찬송은 설교의 주제와 관련하여 헌신에 초점을 두게 된다. 예배를 준비하는 순서가 있다면 이 때 설교의 주제와 관련된 새로운 찬송이나 익숙하지 않은 찬송을 부를 수 있다.

(4) 초청과 신앙갱신Invitation and Renewal of Baptismal Faith

말씀을 들은 후 신앙갱신(신앙의 확증, 고백, 재확인)을 위하여 제자도에로의 초청이나 세례와 세례신앙의 갱신과 같은 의식을 포함할 수 있다. 세례는 후보자의 나이에 상관없이 그리스도의 지체가 되어 기독교 공동체의 성만찬을 받는 회원으로 가입하는 유일한 의식이다. 세례 의식은 유아와 성인 세례뿐만 아니라 견진Confirmation과 신앙고백을 통해 각 개인과 회중의 세례 신앙을 갱신하도록 한다. 그러므로 이때의 예배는 기독교의 입회의식initiation들—세례교육, 물세례, 견진, 첫 성만찬--을 재결합한다.

물론 세례는 유일회적 의식이지만 세례신앙의 갱신은 여러 번 일어날 수 있다. 견진을 일생에 한 번 하는 것으로 생각하는 한국교회에는 자주 갖는 신앙갱신을 위한 의식이 비교적 생소하다. 신앙을 갱신하는 의식은 여러 가지 경우에 이루어질 수 있다. 다양한 이유로 개인들은 세례서약을 갱신하고 축복을 받을 기회를 환영한다: 성인식, 졸업, 장기간의 출타(군입대, 유학, 외국근무 등), 교회 이적, 결혼, 출산, 은퇴 등. 모든 회중은 기념식에서 자신들의 세례신앙을 갱신할 수 있으며 그 때 자신들의 사명선언을 채택하거나 공동체 계약을 갱신할 수도 있다.

세례예식은 다음과 같이 그 나름대로의 통일성을 가지고 있다:

첫째로, 예식의 서론으로 집례자는 세례탕 앞에 서서 그리스도의 이름으로 적절한 성경이나 간단한 대화로(회중의 응답을 포함하는) 예식을 소개한다.

둘째로, 세례 후보자들을 소개한다. 후보자들, 부모들(유아세례의 경우)과 후원자(신앙 보증자)들이 세례탕으로 모인다. 세례탕과 회중을 같이 바라보면서 서 있는 것이 이상적이다. 후원자들을 소개한 다음, 성인 후보자와 부모들에게 세례를 받을 의향에 관한 질문들을 한다.

셋째로, 세례신앙을 갱신하는 자들을 소개한다. 이 갱신 의식에 참여한 자들을 앞으로 나오게 하여 위와 같은 과정으로 진행한다.

넷째로, 세례 후보자들로 하여금 세속적인 과거의 일들에 대한 포기Renunciation와 선포Declaration를 하게하며, 이에 대해 회중은 신앙고백을 한다. 포기선언은 참석자들이 악을 버리고 그리스도에게로 돌아선다는 선언이다. 선포는 자신의 신앙을 선포하고 예수 그리스도를 구세주와 주로 받아들이는 선언이다. 회중의 신앙고백은 회중이 세례자들에 대한 지원을 서약하고 사도신경을 암송한다.

다섯째로, 감사기도와 물을 붓는다. 이 기도는 물에 대한 성경구절로 하나님의 구원 행위를 자세히 알리는 감사이다. 이 기도에는 다시 회중이 응답하는 기회가 주어진다. 물그릇으로 "눈에 보이며 소리가 나도록" 물을 세례탕에 붓는다. 이 때 물을 탕에 붓는 일을 어린아이들이나 후원자들에게 맡기거나 아니면 서론을 진행하기 전에 물을 탕에 채울 수 있다.

여섯째로, 세례를 준다. 세례는 삼위일체의 이름("성부, 성자 성령의 이름으로")을 사용하여 물로 집행한다. 삼위일체의 이름으로 물세례를 주는 것은 세계 교회가 인정한 유일한 공식이다. 물세례를 베푼 후에 바로 세례를 받은 자들의 이마에 기름을 사용하든 하지 않든 십자가 표시를 할 수도 있다. 그 다음 세례의식은 견진의식 즉, 안수를 하며 성령 충만을 위한 기도로 마친다. 이 때 새로운 삶을 시작하는 세례자들에게 촛대에 불을 밝히게 하거나 새로운 하얀 의복을 주는 것과 같이 다양한 다른 상징적인 의식을 추가할 수 있다. 그 다음 세례 받은 자들이 회중에게 소개될 수 있다.

일곱째로, 세례교인들이 자신의 신앙을 갱신한다. 자신의 세례신앙을 갱신하는 자들은 자신의 세례를 기억하며 감사하고 성령세례를 위해 안수기도를 받는다. 이때 가능하면 그들이 자신의 물세례와 다시 한 번 연결되도록 하기 위해 사철나무 가지를 사용하여 그들에게 물을 뿌릴 수도 있다.

여덟째로, 축복기도를 한다. 축복기도를 한 후 참석자들이 자신의 자리에로 돌아간다.

세례와 세례신앙 갱신은 헌신의 시간을 말한다. 이 순서들은 우리의 삶의 주인이신 그리스도에 대한 응답으로 말씀을 들은 후에 진행되는 것이 자연스럽다. 그러나 어린아이들과 함께 예배를 드리다가 설교 순서 전에 교회학교 성경교실로 흩어지는 미국 교회에서는 세례예식을 설교 전에 진행하는 교회들도 많다. 그 이유는 대체로 두 가지이다. 첫째로, 성인뿐 아니라 어린아이도 자신들의 세례서약을 기억하는 것이 중요하기 때문이다. 둘째로, 세례예식이 설교 후에 거행될 경우 그때까지 어린아이들이 오래 기다리는 것을 부모들이 염려하기 때문이다. 들은 말씀에 대한 응답으로 세례예식을 거행하기를 원할 때는 교회학교가 끝나고 어린아이들이 성전으로 돌아온 후 그들이 참석할 때 가능하다.

세례예식이 회중들을 위해 최대의 가시적 효과를 가지고 자연스럽게 진행되려면 항상 주의 깊게 예행연습을 할 필요가 있다. 특별히 세례탕이 중앙에 위치하지 않아 회중이 보기 힘들 때는 예행연습이 필요하다. 때로는 효과 있는 예식을 위해 세례탕을 성전의 중앙 위치로 옮길 수 있다.

(5) 간증Testimonies

예배의 첫 부분은 객관적인 경향이 있다. 그러나 말씀으로 은혜를 받은 후에는 예배가 더욱 주관적인 분위기를 띤다. 이런 이유로 간증은 설교 후에 진행하는 것이 적절하다.

복음주의 계통의 교회들은 개인의 신앙을 간증하는 순서를 진행해 왔다. 특별히 작은 교회의 예배에서는 즉흥적이거나 계획에 의해 간증할 수 있는 기회가 가능하다. 그러나 일반적으로 예배가 기획되고 형식을 갖추는 대형교회에서는 간증이 잘 준비될 필요가 있다. 간증이 설교에 포함될 수도 있다. 주일 오전에 신앙 간증을 위한 특별 예배를 기획할 수도 있다. 이런 특별예배는 주로 찬송, 간증, 기도로 이어지는 형식을 취하여 일반 예배의 구조와 다르게 진행될 수 있다.

(6) 중보기도/목회기도Prayers of the People/Pastoral Prayer

중보기도는 공동체적인 고백에서 표현된 "우리"라는 말을 더욱 확대시킨다. 우주적인 교회를 위해서 뿐 아니라 전 세계의 번영을 위해 기도함으로, 하나님의 백성은 "우리"라는 표현 속에 창조된 모든 것이 포함되어 있음을 발견한다. 우리는 우리가 사랑하는 자들과 함께 결코 만난 적이 없던 자들을 위해 기도한다. 우리는 스스로는 기도하지 않으려 하거나 할 수 없는 자들을 위해 기도한다. 우리는 지구와 그 속의 피조물들을 위해 기도한다. 우리는 원수들을 위해서도 기도한다. 우리는 살아 있는 자들과 죽은 자들을 위해 기도한다. 우리는 우리가 속해 있는 모든 피조물 세계를 위한 중보자가 되며, 그렇게 함으로써 우리는 제사장 역할을 하며 기도를 통해 전 세계를 다시 하나님에게로 드리게 된다.

동시에 우리는 우리 자신의 죄들을 고백한다. 우리는 사적인 죄의 목록을 하나님에게 넘기기 위해 개인적으로가 아니라, 하나님을 우리의 전심으로 사랑하지 못하고 우리의 이웃을 우리 자신처럼 사랑하지 못하면서 모든 인간이 우리를 위해 세워진 목표물을 놓친 것을 고백하기 위해 그리스도의 지체로 무릎을 꿇는다. 우리는 하나님의 형상으로 창조된 모든 사람들을 대신하여, 그리고 우리 자신까지 포함하여 고백한다. 그리고 우리는 우리 모두에게 하나님의 자비와 용서가 임하기를 간구한다. 우리는 생애에 단 한번이나 두 번이 아니라 규칙적으로 용서를 받는다. 그 이유는 우리가 음식이나 물 또는 공기를 필요로 하듯 하나님의 용서가 주는 갱신의 힘을 필요로 하기 때문이다. 만일 여기에 부끄러움이 있다면, 그것은 명예회복을 위한 부끄러움이다. 그 이유는 그 부끄러움이 바로 우리가 어떤 사람이 되었어야 하는지를 그리고 하나님의 은혜로 앞으로 어떤 사람이 되어야 하는지를 생각나게 하기 때문이다.

예배에서 중보기도는 모든 예배자에게 항상 힘을 공급한다. 성경봉독과 설교는 회중 속에 있는 우리 각자에게 다르게 영향을 준다. 우리는 거의 들을 수 없을지 모르는 한마디의 말이 암으로 고생하는 자에게 새로운 희망을 준다는 것을 알 수 있다. 이와 비슷하게 우리에게 중요한 것이 한 이웃에게는 들어보지도 못한 것일 수 있다. 중보기도는 말씀 선포를 통해 그리스도를 만난 것에 대한 우리의 응답으로 이해될 수 있다. 중보기도는 성경봉독과 설교에 대한 대화를 나누는 것이기 때문에 설교자나 사회자보다는 심방이나 선교 목회를 대표하여 성도들의 생활을 잘 아는 평신도 대표나 평신도 목회자에 의해 인도되는 것이 좋다.

이런 점에서 중보기도는 목회자에 의해 인도되는 목회기도와 다르다. 초대교회는 기도를 회중의 사역으로 이해하였다. 그런데 시간이 지남에 따라 기도가 평신도에게서 성직자의 손으로 넘어갔다. 그러나 오늘날 예배갱신의 한 경향으로 기도가 간구, 교독, 통성기도, 원형기도 등을 통하여 다시 회중에게로 돌아가고 있다. 기도를 회중에게 돌리는 것은 예배 참여도를 높일 뿐 아니라 그들을 기도하는 사람들로 발전시키는 한 방법이 된다. 그러므로 중보기도는 교회밖에 대한 관심으로 성도들이 목회상담이나 세계선교에 관한 훈련을 시작하는 것이 될 수 있다.

어떤 교회들은 중보기도 대신 목회자가 인도하는 목회기도를 순서로 넣는다. 목회기도는 묵상으로 인도하는 형식과 영적 향상을 위한 시간으로 진행된다. 목회기도는 종종 매우 깊은 목회적 관심을 나타내어 목회자가 성도들의 모든 생활에 깊이 관계가 있음을 보여준다. 결과적으로 성도들은 종종 자신들의 관심이 목회기도 속에 표현되는 대로 알려진다고 느낀다. 목회기도는 아름답고 거룩한, 그리고 하나님과 가까워지는 시간일 수 있다. 이 기도의 성공은 종종 목회자 개인의 능력에 달려있다. 하지만 목회기도의 위험은 그 기도가 성도들의 관심을 사로잡는 기도라기보다는 또 하나의 설교가 될 수 있다는 것이다.

설교 후에 들은 말씀에 대한 응답으로 기도를 하는 것은 2세기에까지 거슬러 올라간다. 이 기도는 점차 중보기도의 형식을 갖추어 성도들의 응답으로 주님의 자비와 용서를 구하는 기도 끼리에Kyrie와 함께 장로에 의해 인도되었다. 나중에 중보가 사라지고 끼리에만 남았다. 종교개혁자들은 예배 속에 중보기도를 회복하려고 하였다. 장로교 예배의 뿌리를 형성한 1664년의 웨스트민스터 교리Westminster Directory는 이 기도를 설교 앞에 위치시켰다. 이 기도가 어떤 기능을 가지고 있는지에 대해 5쪽을 할애하였다(예, "우리의 어두운 생각, 굳은 마음, 불신앙, 완고함, 안일함, 무미건조함, 초라함을 애통합니다....."). 그 기도의 내용은 고백으로부터 고상하고 잘 선택된 언어로 모든 것을 위한 간구와 중보로 움직인다(예, "우리의 기도에 은혜가 넘치도록 응답하심으로 용기를 주시어 은혜의 보좌에로 가까이 이끄소서."). 이 기도는 종종 성경구절들로 가득 차 있다. 목회기도의 길이는 다양하지만 3분에서 5분 정도가 이상적이다.

중보기도의 내용은 간단한 죄 고백과 용서를 위한 기도(설교가 특별한 어떤 것을 제시하였다면) 그리고 특수한 축복에 대한 감사가 될 수 있다. 그러나 감사의 내용은 다음에 나오는 성만찬 예배에서 나타나기 때문에 중보기도의 주요 내용은 중보Intercession이다. 중보기도는 특별히 다음의 영역들에 주목하면서 관심과 감사를 표현한다: 세계, 하나의 교회, 지역 공동체, 도움이 필요한 자들과 죽은 자들(이런 영역들은 설교를 위해서도 중요한 주제가 될 수 있다). 회중의 생활과 일에 관하여 다양한 면들이 다루어질 수 있다. 회중은 직접 기도제목을 제시할 수 있고 기도를 준비하고 진행할 때 소개될 수 있다. 짧은 기도나 간구로 이루어지는 기도litany는 교독문versicle과 다음과 같은 응답들과 함께 사용될 수 있다: "하나님, 우리의 기도를 들으소서." "당신의 사랑으로 응답하소서." 또는 "우리가 주께 기도하나이다." "주여 자비를 베푸소서." 이런 응답들은 말이나 노래로 이루어질 수 있다.

중보기도는 회중이 참여할 수 있는 가장 직접적이고 자발적인 순서가 될 수 있다. 중보기도에는 각 개인의 관심들이 침묵이나 큰 소리로 표현될 수 있는 기회가 주어진다. 이런 관심들이 매우 특수한 것일 수 있으나 간단해야 한다. 그 관심들은 하나님께서 해야 하시는 것을 가리키지 않고도 단순히 관심을 불러일으킬 수 있다. 큰 교회에서는 이런 관심들을 기도요청 카드에 적어 성전 입구에 비치된 기도함에 넣도록 하거나 광고 시간에 적어 내도록 할 수도 있다. 이렇게 모여진 기도요청 카드들의 일부를 크게 읽을 수도 있다. 작은 교회에서는 성도들이 자신들의 관심을 침묵이나 소리를 내어 제시할 수 있다(각자가 자신의 기도 제목을 "하나님 우리의 기도를 들어주소서."와 같은 교독문 끝에 이어 표현할 수 있을 것이다). 각자가 자신의 기도를 표현할 때까지 기다릴 때 침묵이 필요한데 그 길이는 성도들이 자신의 생각을 표현할 수 있을 만큼 충분해야 한다(최소한 1분). 기도는 인도자가 마지막으로 모든 기도 제목들을 하나님에게 위탁하고 성도들이 "아멘"을 말할 때 끝난다. 이런 기도의 종류는 교회의 모임에서 진행된다면 효과가 있을 것이다. 그리고 서로가 기도를 나눔으로 친근하게 된다.

이 중보기도를 인도하는 자는 봉독대나 세례탕을 바라보며 복도 중앙에 서거나 머리를 숙일 수 있다. 그것은 기도가 성도들의 생활과 필요로부터 나온 자신들의 것임을 상징하는 것이다. 특별한 경우에는 우리 기도의 관심들을 가시화 하는 묵상적인 방법을 제공하기 위해 영상자료들을 사용할 수도 있다.

(7) 설교 문답Talk-back Sermon Response

작은 교회뿐 아니라 큰 교회에서도 설교 후 문답을 통하여 회중이 들은 하나님의 말씀에 응답하게 할 수 있다. 17, 18세기의 개신교 예배에서 설교 후에는 거의 항상 회중의 토론이 따랐다. 설교자는 설교가 끝 난 후에는 설교단을 떠나 장로들과 함께 성찬상 뒤에 앉아 다양한 회중과 설교에 대해 토론을 하는 관습이 있었다. 이런 관습은

19세기에 일어난 부흥회 형식의 예배가 소개되면서 사라지게 되었다.[153]

작은 교회의 경우, 설교가 끝난 후에 목사는 회중을 향하여 "오늘 하나님께서 성경봉독과 설교를 통해 당신에게 무엇을 말씀하셨습니까? 일서서서 모두가 들을 수 있도록 분명하게 말해주시겠습니까?" 라고 묻는다. 이에 대하여 회중은 간단한 말로 대답한다. 설교 문답의 목적은 회중의 삶이 어떻게 하나님의 말씀에 의해 변화될 수 있는가에 있다. 따라서 들은 하나님의 말씀에 대한 응답이 또 다른 설교가 되지 않도록 주의해야 한다. 오히려 예배자가 변화와 결단의 필요성을 깨닫고 자신의 영적 성장과 성숙을 가져오도록 자신이 들은 것에 대한 간증이 되도록 진행하여야 한다.

큰 교회의 경우에는 모든 회중이 자신의 간증을 주위에 앉은 자들과 서로 나눌 수 있다. 설교가 끝난 후 목사가 "서로가 돌아가면서 하나님의 말씀에 대하여 간단하게 응답하시기 바랍니다. 하나님의 말씀으로부터 당신이 듣고, 보고, 느끼고, 경험한 것은 무엇입니까?" 라고 질문한다. 이런 간증의 기회를 통하여 동료들의 반응을 자신의 느낌과 비교하면서 하나님의 말씀 속에 더욱 참여하게 된다.

(8) 회중의 생활과 일에 관한 광고Announcements

광고가 들은 말씀에 대한 응답으로 설교 후에 위치할 때는 회중의 생활과 일을 하나님에게 드리는 것으로 이해되어야 한다. 이순서는 회중(광고위원)에게 맡겨 공동체의 생활 속에 회중 모두가 참여할 수 있도록 진행한다. 이 때 나음 순서인 중보기도를 위하여 개인적 관심을 모을 수도 있다.

그러나 광고가 설교 후에 진행되면 예배의 흐름을 깰 수도 있다.

153 Robert Webber, *Planning Blended Worship*, 103-4.

한편으로 우리는 예배가 자유로우며 자발적인 분위기를 유지하기를 원한다. 또 다른 한편으로 우리는 예배의 흐름과 통일성(말씀과 성만찬 예배)을 깨뜨리며 여러 가지 도움을 요구하는 광고 순서를 원하지 않는다. 광고를 지루하지 않게 진행한다면 회중의 생활과 일을 대표하는 순서가 될 수 있다. 광고는 평화의 인사, 봉헌과 함께 성만찬이 없는 예배에서 응답/감사하는 예배순서에서 진행될 수 있다.

제 7 장

감사하는 예배

말씀 들음이 행함으로 이어짐에 따라 십일조와 회중의 헌금이 모아진다. 그리고 성찬 식탁에 떡과 포도즙이 준비된다. 회중은 주님의 식탁에 초청되어 창조와 섭리의 하나님을 찬양하고, 그리스도의 구속사역에 감사를 드리며, 교회 위에 그리고 교회 안에 성령의 임재를 간구하는 기도를 드린다. 떡이 떼어지고 떡과 포도즙이 회중에게 나누어진다.

1. 감사하는 예배의 내용과 구조

예배의 4중 구조에서 세 번째 부분 "감사하는 예배"the Thanksgiving는 성만찬을 통하여 그리스도의 부활을 축하하는 부분이다. 성만찬 예배는 예배의 4중 구조상 다음과 같이 두 가지 성격을 지니고 있다.

첫째로, 성만찬 예배는 말씀에 대한 교회의 응답이다. 설교가 보이지 않는 말씀이라면, 성만찬은 보이는 말씀으로 이해되기 때문이다. 동시에 성만찬 예배는 삼위일체 하나님에게 찬양과 감사를 드리는 시간의 성격을 지닌다.

둘째로, 이 특별한 축하는 예배의 4중 구조 중 두 번째로 하늘나라로 올라가 신령한 자들을 더욱 깊게 그리고 더욱 충분하게 경험하는 것을 나타낸다. 성만찬을 통해 하늘나라의 예배에 참여하고, 천사들, 천사장들, 스랍들, 그룹들과 함께 영원히 하나님을 찬양하는 노래를 부르며 큰 소리로 외치게 된다.

성만찬 예배의 중요성을 인정하고 있는 세계 교회는 점점 성만찬을 축하하지 않는 주일예배를 적절하지 못한, 충분하지 못한, 또는 받아들일 수 없는 것으로 이해하고 있다. 한국교회는 성만찬 없이 진행된 주일예배에서 말씀에 대한 충실한 표현으로 하나님에게 예배를 드렸다. 비예전 전통으로 이어진 한국교회들은 설교를 하나님의 이야기가 충분히 제시된 것으로 이해하였다. 그러나 성만찬 없이 말씀을 중심으로 드린 예배는 성만찬 이전까지 행해진 예배Ante- communion로 불려진다. 이 말은 성만찬까지 축하해야 충분한 예배가 된다는 것이다.

매 주일 성만찬을 행하는 예배가 한국교회에는 이국적이거나 타종파의 것으로 받아들여지지만 사실은 성서적이며 초대교회의 풍성한 전통으로 역사적인 지원을 받아 왔다. 16세기의 종교개혁자들은 매 주일 성만찬을 축하하는 예배를 성서에 근거한 필수적인 것으로 이해하여 말씀과 성만찬을 분리하려고 싸웠다. 우리가 설교에서 만나는 말씀은 성만찬에서 만나는 말씀과 동일하다고 주장하였다. 요한 웨슬레도 매 주일예배에서 성만찬이 축하되기를 원하였다. 그러나 종교개혁자들의 후예들, 특별히 한국교회는 그 전통을 이어가지 못하였다.

매 주일 성만찬을 축하하는 것은 초대 교회의 전통을 회복하는 것이다. 성만찬 예배는 예수님 자신의 사역에 근거를 두고 있기 때문에 가장 기독교적인 특징을 나타내는 예배 형식이다. 기독교의 성만찬 예배는 유대인 가정의 식탁 예배로부터 온 것이다. 예수와 제자들은 사역을 하는 동안 유대인의 식탁 예배를 따라 함께 먹었다. 예수는 이 예식을 변형시켜 자신이 죽기 전날 밤에 성만찬The Lord's Supper으로 제정하였다.

우리는 예수께서 제정하신 성만찬을 생각할 때 어렵지 않게 다락방을 떠올린다. 또한 성경에 기록된 많은 식사들을 회상할 수도 있다: 예수께서 자신을 따르던 자들과 친구들, 세리들과 죄인들과 함께 나눈 식사를 포함하여 5천명을 먹이신 일, 부활하신 후에도 엠마오에서(눅 24;13-35) 그리고 갈릴리에서(요 21:4-14) 제자들과 함께 나눈 식사들. 더구나 예수께서는 다가오는 하나님의 통치를 대 향연(마 22:1-14)으로 표현하셨다. 초대 기독교인들이 예수의 부활을 축하하기 위해 주일--유대인들이 안식일을 지키기 위해 회당에 모이는 하루 전날--에 모일 때 그들과 함께 계신 예수의 임재를 축하하고 그의 다시 오심을 기다리면서 예수의 이름으로 식사를 하기 위해 모였다. 신약성경은 이런 의식을 단순히 "떡을 떼는 것"으로 전한다(행 2:42, 46; 20:7).

그러나 이런 의식이 진행된 지 오래되지 않아 초대 교회의 교인들은 주일예배를 형성하기 위해 회당예배로부터 채택한 말씀예배를 성만찬예배와 결합시켰다. 그들은 이렇게 형성된 예배를 감사의 뜻을 가진 헬라어 "유카리스트"Eucharist라고 불렀다. 두 종류의 예배가 하나의 예배가 되면서 기독교 예배의 특징을 이루는 형식이 되었다. 이렇게 합쳐진 예배는 이미 주후 150년경 로마에서 글을 쓰던 한 평신도 순교자 저스틴Justin Martyr의 때에 규범이 되었다. 그는 제1 변증서

First Apology에서 기독교인들이 주일 아침에 모여 한 일을 다음과 같이 기록하였다:

> 주일이라고 불리는 날에 도시와 시골에 사는 모든 사람들이 한 곳에 함께 모인다. 그리고 사도들의 글과 예언서들이 시간이 주어지는 한 오래 동안 읽혀진다. 그 다음, 성경봉독이 끝나면 사회자가 강화를 통해 사람들이 말씀대로 행하도록 훈화하고 권면한다. 그 다음 우리 모두 일어서서 기도를 드린다. 그리고, 우리가 전에 언급한 것처럼, 기도가 끝날 때 빵, 그리고 포도주가 물과 함께 제공된다. 이어 집례자는 자신의 능력에 따라 기도와 감사를 드리고 사람들은 아멘으로 응답한다. "감사로 드려진" 떡과 포도주는 각 자에게 분배된다. 그리고 장로들에 의해 예배에 참석하지 못한 자들에게 보내진다.[154]

저스틴의 글에 의하면 모든 사람이 예배에서 능동적인 역할을 하는 것으로 나타난다: 성경 봉독자들, 사회자, 장로, 그리고 다른 순서들을 위해 일어서고, 자신들의 기도를 드리며, 말로 화답하고, 노래하며, 그리고 성만찬을 받는 자들. 저스틴이 전하는 예배의 기본적인 모든 것들이 오늘날 새로운 예배에 의해 회복되고 있다.

모든 사람이 오늘날 우리의 예배가 초대교회의 예배에 의해 영향을 받을 필요가 있다고 설득되지는 않는다. 그러나 초대교회의 예배가 모든 교단에 공통적으로 적용되기 때문에 그 공통된 예배가 기독교의 더 큰 일치를 향한 하나의 길이 될 수 있음을 부인할 수 없다. 오늘날 세계 교회뿐 아니라 한국교회에 속한 대부분의 교단들은 매주일에 성만찬을 축하하고 예배 속에 평신도의 참여를 증대시키는 것을 바람직한 목표로 삼고 있다.

모든 교회가 매주일 성만찬을 축하하지 않기 때문에 많은 교회들

154 Bard Thompson, *Liturgies of the Western Church*(Meridian), 9.

은 성만찬을 대신하여 들은 말씀에 대한 응답으로 그리스도의 구속 사역에 대해 하나님에게 다양한 감사를 표현한다. 많은 교회들은 다음의 다섯 가지 방법으로 성만찬을 대신하여 감사를 표현한다.

첫째로, 말씀 초청에 대한 응답으로 그리스도를 영접하는 초청, 세례예식, 목회자 헌신, 또는 치유집회를 진행한다. 둘째로, 하나님을 찬양하는, 그리스도의 사역을 기억나게 하는, 그리고 성령의 임재를 구하는 응답(화답)찬송을 여러 곡 부른다. 셋째로, 중보, 감사를 위한 응답기도나 통성기도를 진행한다. 넷째로, 말씀을 듣고 은혜 받은 것을 간증한다. 다섯째로, 선교(전도) 또는 지역사회에 대한 봉사 등의 행동으로 응답한다.

2. 감사하는 예배의 순서

1) 평화의 인사The Passing of the Peace

평화의 인사는 많은 교회들에 의해 채택되어 왔다. 초대 그리스도인들은 평화의 인사(입맞춤)를 서로의 입술로 기도를 봉인封印하는 한 방법뿐 아니라 화해의 표시로 사용하였다. 오늘의 문화 상황에서는 키스로 평화의 인사를 할 수는 없지만, 그럼에도 고대교회에서처럼 연합의 기능을 가질 수 있다. 평화의 인사에 대한 성서적 근거는 마태복음 5:23-24에서 찾을 수 있다: "그러므로 예물을 제단에 드리다가 거기서 네 형제에게 원망들을 만한 일이 있는 줄 생각나거든 예물을 제단 앞에 두고 먼저 가서 형제와 화목하고 그 후에 와서 예물을 드려라." 또한 신약성경에는 "너희는 서로 입맞춤으로 피차 문안하라. 그리스도 안에 있는 너희 모든 이에게 평강이 있을지어다."(벧전 5:14)와 같이 입맞춤 인사에 관한 말씀들이 많다.

우리가 주님의 이름으로 서로에게 인사를 나누는 동안 평화를 교환하는 것은 우리의 예배가 공동체적 성격을 띠고 있음을 의미한다. 어떤 사람들에게는 그것이 부드럽게 흐르던 예배가 여러 사람과 돌아가며 춤을 추기 위해 분위기가 바꾸어지는 두려운 순간이 된다. 마치 강풍이 지나가는 기분이 된다. 물론, 평화로움이 시끄러운 소리, 어색하고 제어하기 어려운 순간이 될 수 있다. 그러나 이것은 성령이 우리 가운데로 통과하실 때 하나님의 백성들이 어떻게 해야 하는지를 경험하는 순간이다. 우리가 우리의 머리 위로 불꽃 일으키든 아니든 로켓을 쏘아 올리는 느낌을 가질 수 있다. 또한 평화의 인사는 말씀 예전에서 식탁예전으로 옮겨가는 표시이다.

이런 점에서 평화의 인사는 설교가 끝난 후 회중으로 하여금 성만찬을 준비하게 하는 순서로 적절하다. 원래 "평안할 지어다"라는 평화의 인사는 부활하신 예수께서 다락방에 모여 있던 제자들에게 준 첫 번째 말씀이었다. 후에 베드로와 바울도 교회가 함께 모일 때마다 서로 평안을 나누도록 권면하였다. 순교자 저스틴Justin Martyr의 예배 보고에 의하면, 평화의 인사가 설교 후에 위치하였다: "우리는 [들은 말씀에 대한] 중보기도 끝에 서로에게 입맞춤으로 인사를 나누었다. 그 다음에 집례자에 의해 떡, 그리고 물을 섞은 포도주 잔이 모인 자들에게 분배되었다." 이와 같이 초대교회는 평화의 인사를 예배의 두 기둥인 말씀과 성만찬을 연결하는 행위로 이해하였다. 신앙인의 양식인 하나님의 말씀을 함께 먹은 자들이 한 형제와 자매로 떡과 잔으로 그리스도의 살과 피를 함께 나눈 것이다. 또한 평화의 인사가 성만찬을 준비하는 순서로 적절한 이유는 주의 성찬을 받기 전에 먼저 이웃과 화해를 회복할 필요가 있기 때문이다.

오늘날, 실제로 입맞춤을 하던 고대교회의 인사는 점차 예배에 참석한 자들 간에 악수를 하거나 간단한 포옹, 또는 서로의 손으로 손뼉을 치는 것으로 표현된다. 이 표현은 상징적으로 우리를 위해 만들어진 그리스도의 부활의 기쁨과 그 분 안에서 우리가 연합됨을 말한다. 평화의 인사를 나누는 시간은 즐거운 시간으로 서로가 몸으로 사랑을 느끼면서 인사를 나누는 시간이다. 그러므로 모든 회중이 평화의 인사를 신앙공동체의 체온과 사랑을 표현하고 경험하는 방법으로 이해하고 자유롭게 그리고 따뜻하게 표현하도록 격려해야 한다. 그리고 이순서는 서로에게 자유롭게 옮겨 다니면서 평화의 인사를 나눌 수 있도록 일어서서 진행하는 것이 적절하다.

평화의 인사 형식은 다음과 같다. 집례자가 먼저 회중에게 평화의 인사를 건네면, 회중들은 서로에게 평화를 나눈다. 두 사람 모두 "주님의 평화가 형제(자매)에게 항상 임하기를 바랍니다."라고 인사를 나누거나, 먼저 한 사람이 "그리스도의 평화가 당신과 함께 하기를 바랍니다."라고 인사를 건네면 다음 사람은 "당신에게도 임하기를 바랍니다."라고 응답한다. 또는 "우리 주께서 제자들에게 말씀하셨듯이 '평화가 당신에게 있기를 바랍니다.'"라고 말하면, 다음 사람은 "당신에게도 있기를 바랍니다."라고 응답한다. 간단하게 "그리스도의 평화", "평화" 또는 "샬롬"으로 서로 인사를 나눌 수도 있다.

중요한 것은 집례자가 "이제 서로 그리스도의 평화로 인사를 나눕시다." 또는 "일어서서 서로에게 사랑과 화해의 표시로 인사를 나눕시다."라고 말하면서 평화의 인사가 그리스도 안에서 우리를 연합하는 중요한 의미로 나누도록 초청하는 것이다. 평화의 인사가 친구나 이웃들 사이에서 나누는 간단한 인사가 아니기 때문이다. 이것은 하나님의 평화를 서로가 선물로 나누는 인사이다. 때로는 신앙공동체를 결합시키는 특별한 시간으로 평화의 의미를 강조할 필요가 있다. 또한 중요한 것은 이 인사가 매우 자발적인 행위가 되도록, 그 행위를 결론짓는 분명한 것이 있어야 한다. 그 한 예로, 제단에 올라온 예배위원들이 찬송을 부르거나 자신의 자리로 돌아갈 때 봉헌에 대한 알림이나 찬송을 부르면서 평화의 인사를 할 수도 있다.

점차 사람들이 서로의 신체를 접촉하는 것을 꺼려하는 오늘날 문화에서 친근함을 나타내는 예배 행위는 진행되기 어렵다. 어떤 이들은 평화의 순서를 부담스럽게 느낄 수 있다. 그러나 동시에 이순서는 점차 세계적으로 인정받고 있다. 그 이유는 예배가 하나님의 창조, 목회적 돌봄, 우리에게 나타난 하나님과 서로의 임재를 축하하는 하나의 수단으로 모든 감각을 사용할 필요가 있기 때문이다. 이런 이유로 평화의 인사에 대한 교육이 필요하다. 주간에 모이는 소그룹에서 평화의 인사 의미와 행위에 대한 이해가 가능하고 그래서 친숙해지도록 할 수 있다.

예배에서 평화의 인사는 다양한 위치에서 진행될 수 있다. 일반적으로 광고, 봉헌과 함께 성만찬이 없는 예배에서 응답/감사하는 예배 부분(설교 직후 또는 성만찬 직전)에서 진행될 수 있다. 어떤 경우에는 예배의 첫 부분에서 평화의 인사가 고백기도 후에 위치하여 용서를 받은 표시로 진행된다. 가톨릭은 성 어거스틴이 한 것처럼, 떡을 뗀 후 그리고 떡을 나누기 전에 평화의 인사를 나눈다. 성공회는 평화의 인사를 떡을 나누기 전에 위치시키되 행동 없이 말로만 진행한다.

2) 헌금 또는 성체봉헌Presenting of the Gifts

헌금이나 성체를 제단(성찬상)에 바칠 때, 세상의 구원을 위해 우리 자신이 변화되도록 삶을 함께 드린다. 헌물은 사람들에 의해 성찬상 앞에 드려진다. 이 봉헌 행위는 우리가 세례를 받을 때 맺은 계약의 한 부분이다. 성체를 드리는 것은 전통적으로 지켜오던 예배순서로 헌금과 함께 봉헌위원들에 의해 제단 앞으로 드려진다. 빵과 포도주를 드리는 순서는 중세기 이전에 있었으나 회중의 위치가 점점 수동적이 됨에 따라 서구교회에서는 상실되었던 예식을 회복한 것이다. 동방정교회는 대입례Great Entrance로 알려진 이 순서를 계속 유지해 왔다.

봉헌은 단순히 헌금을 걷는 것이 아니라, 회중이 복음에 응답하여 자신의 생명을 드리는 한 표시로 이해된다. 우리의 삶을 드리는 것에 대한 상징은 성만찬 예식에서 빵과 포도주를 드리는 것에서 충분히 드러난다. 빵과 포도주는 땅에서 얻은 결실이며 인간의 손에 의한 노동으로 만들어진다. 이성체들은 하나님과 피조 세계와의 관계에서 우리의 생명과 일을 상징한다. 예수 시대에 팔레스타인에서는 빵과 포도주가 이 땅에서의 생존에 필요한 음식과 음료수로 기본적인 식사였다.

예수님은 빵을 취하여 떼신 것과 관련하여, 우리는 자신의 성체들을 성찬상으로 가져간다. 이런 봉헌을 중세기까지는 "사람들의 예전" liturgy of the people이라고 불려졌다. 그 이유는 사람들이 빵과 포도주뿐 아니라, 때때로 초, 기름, 밀, 꿀, 포도, 그리고 다른 귀한 물건들도 함께 드렸기 때문이다. 장로들은 이 예물들을 예배에서는 회중에게 그리고 예배 후에는 가난한 자들에게 분배하는 일을 맡았다. 물질로 된 예물을 드리는 것은 예배와 목회적 돌봄과 세상에서의 섬김 사이에 있는 연결을 보여주는 직접적인 방법이었다.

많은 예배에서 우리의 수고와 삶을 드리는 봉헌은 중요하다. 그러나 일반적으로 봉헌을 진행하는 방식에서 다음과 같은 여러 가지 문제들이 나타난다. 첫째로, 헌금을 미리 준비하도록 하지 못함으로 헌금함이나 헌금바구니를 종종 그냥 지나쳐가게 한다. 둘째로, 어떤 교회에서는 전체 회중(남녀노소)을 대표하지 못하는 자들이 헌금위원이 된다. 셋째로, 헌금순서가 지나치게 군대식이거나 즉흥적으로 진행될 수 있다. 넷째로, 때로는 헌금접시를 성찬상 위에 놓았다가 예배가 끝나기도 전에 집계를 목적으로 옮겨지는 경우가 있다. 이 경우 두 가지 문제들이 나타난다: (1) 헌금이 예배 중 성찬상 위에 놓여있지 않을 때, 우리의 삶을 드린다는 상징이 약화된다. (2) 헌금 담당자들이 예배가 끝나기 전에 헌금을 집계하기 위해 일찍 예배를 떠나는 것은 남은 예배의 순서들의 중요성을 약화시키는 것이다. 다섯째로, 성만찬 예식에서 성찬상이 예배 시작 전에 차려진 경우에도 다른 문제가 나타난다: 미리 차려진 빵과 포도주는 우리의 손과 하나님의 손에 의해 수고한 것으로부터 온 것을 상징하는 일상적인 빵과 포도주로 이해되지 않고, 오히려 제단이나 성직자로부터 온 것으로 이해될 수 있다.

예물을 성찬상 앞으로 가지고 나오는 것은 드려지는 예물의 가치를 인정하는 것으로 이해될 수 있다. 빵과 포도주는 교회 입구에 두어 회중이 교회로 들어올 때 볼 수 있도록 할 수도 있다. 봉헌할 때, 필요하다면 먼저 빵 한 덩어리와 포도주 한 잔만을 앞으로 가져가고 뒤따라 작은 유리잔들과 빵을 봉헌할 수도 있다. 이런 방법은 성찬상 위에 놓인 빵 한 덩어리와 포도주 한 잔에 집중하도록 하기 위함이다. 필요에 따라 빵과 포도주를 추가하여 회중이 볼 수 있도록 성찬상 옆쪽이나 제구대(祭具臺, credence table)위에 둘 수 있다.

이때에 다른 예물들도 봉헌할 수 있다. 예를 들어, 병원에 입원한 환자를 위해 꽃을 봉헌하고 병문안을 가는 팀에게 전달할 수도 있다. 특별한 교회 행사나 선교사역을 위한 예물들을 성찬상이나 그 옆 가까운 곳으로 가지고 나와 그리스도의 사역을 위해 봉헌할 수도 있다. 또한 아이들의 예술작품, 배너, 춤과 음악연주 등과 같은 예술도 예물이 될 수 있다. 축가도 단순히 배경음악이 아니라, 다른 예물이 드려지는 동안 불러질 때, 예물이 된다.

3. 성만찬의 내용

논리적인 왼쪽 뇌의 활동이 끝나고, 이제는 오른쪽 뇌가 또 다른 방법으로는 이해될 수 없는 상상력과 직관력을 훈련하는 시간이다. 그 움직임은 강단으로부터 제단으로 옮겨간다. 빵과 포도주가 제공된다. 촛불이 빛을 발한다. 집례자의 손은 윤기 나는 은색과 흰색 가운의 빛을 받으며 공중을 나는 새가 된다. 빵과 포도주를 만지고, 빵을 자르며 잔을 높이 든다. 깊은 침묵이 흐른다. 간간히 전달되는 말들도 침묵 속에 잠기며 집례자는 우리의 삶을 지탱해주는 음식을 취하여 축복하고는 잘라 우리에게 준다.

성만찬의 마지막 순서는 성만찬에 대한 우리의 감사를 표현하는 감사기도이다. 그 속에서 우리는 매우 은혜로운 환대를 우리에게 베푸신 하나님을 찬양한다. 그러나 또한 우리는 하나님의 말씀을 양식으로 받은 이유를 인식하게 된다. 우리는 "이제 평화와 함께 우리를 세상 속으로 보내주소서. 당신이 우리에게 행하도록 주신 사역을 행하도록 세상 속으로 보내소서."라고 기도한다. 이 거룩한 식사는 하늘의 천사들을 위한 식사가 아니라, 하나님께서 우리에게 행하라고 주신 사역을 행하기 위해 필요한 칼로리를 주는 음식이다.

이와 같은 성만찬 예배의 내용은 다음과 같이 3가지로 설명될 수 있다. 첫째로, 성만찬 예배는 아버지 하나님을 찬양하고, 아들 그리스도의 공로를 기억하고, 성령의 임재를 기원한다. 그러나 성만찬의 핵심은 그리스도 중심적이다(계 5:9, 12, 13). 하늘나라에는 죄악과 죽음의 권세에 대한 그리스도의 위대한 승리가 계속적으로 그리고 영원히 낭송된다. 그리스도는 영원히 예배를 받을 자격이 있다. 그 이유는 그가 죄악에 얽매임으로부터 창조된 질서를 구했으며 그 질서를 하나님을 위해 구속하고 새롭게 하였기 때문이다.

둘째로, 성만찬 예배의 내용은 신약성경에 나타난 것같이 하나님께서 예수 그리스도를 통해 피조물을 구속하신 4가지 이미지--떡을 뗌, 주의 만찬, 공동식사, 감사--에서 잘 나타난다. 이 이미지들이 성만찬 예배의 내용을 이해하는 열쇠가 된다.

(1) 떡을 뗌(The Breaking of the Bread, 행 2:42) : 떡을 떼는 표현은 눅 24장에서 처음 나타난다. "주께서 떡을 떼어줄 때"(35절) 부활하신 주를 인식하였다. 초대교회의 경험은 예수께서 떡을 떼는 자들에게 알려진다는 것이다. 결국, 떡을 떼는 것은 항상 부활하신 그리스도의 임재와 관련이 있었다.

(2) 주의 만찬(The Lord's Supper, 고전 11:20) : 주의 만찬이란 표현은 헬라 도시인 고린도의 아가페 식사(부활을 강조하는)로부터 유래하였다. 바울은 고린도 교회에 2가지를 제안한다. 하나는, 각자의 식사를 집에서 하라.(고전 11:34), 다른 하나는, "그리스도를 기념하여" 떡과 잔을 나누어라(고전 11:24-26). 여기에서 비록 이 예식이 계속 죽음과 부활 모두를 말하지만, 바울은 떡과 포도주의 상징을 식사와 분리시켜 그 초점을 예수의 부활로부터 그의 죽음으로 옮겼다. 결국, 바울은 주의 만찬을 부활의 기쁨보다 분별하는 것에 더욱 강하게 연결시켰다.

(3) 공동식사(Communion, 고전 10:16) : "우리가 축복하는 축복의 잔은 그리스도의 피에 참여함이 아닙니까? 우리가 떼는 빵은 그리스도의 몸에 참여하는 것이 아닙니까?" 이 용어는 계약 식사를 의미하는데 공동식사communion 대신 참석participation이란 단어를 사용하는 경우도 있다. 빵과 포도주는 하나님께서 그리스도를 통해 우리와 함께 맺으신 계약을 나타낸다. 그리스도의 죽음과 부활은 구원의 약속이다. 그가 죄악의 권세를 정복하고 죽음을 짓밟았으며 궁극적으로 모든 사단의 권세를 부술

것이다. 또한 이 "식사"는 장차 올 하나님의 나라를 미리 맛보는 것으로 미래에 하늘에서 열릴 잔치를 위한 가시적이며 구체적인 약속이며 그 잔치에서 우리 모두 죄와 죽음에 대한 그리스도의 승리를 축하할 것이다. 우리가 그 식사를 할 때 우리는 시간과 장소를 초월하여 하나님이 베푸신 잔치의 식탁에 앉고 그 향연에 참석한다. 그 곳에서 우리는 하나님과 함께 그리고 다른 성도들과 함께 죄악에 대한 하나님의 궁극적 승리를 축하한다. 함께 먹음으로 우리는 하나님과의 관계를 세우고, 개선하고, 변화시킨다. 그러므로 공동식사는 우리가 부활하신 그리스도와 갖는 친밀한 관계를 언급한다.

(4) 감사(Eucharist, 고전 14:16) : 유카리스트Eucharist는 "감사하다"를 의미한다. 성만찬 식탁 앞에 서서 본질적으로 감사를 드리는 목사는 예수 그리스도를 통한 구원의 선물에 대해 하나님께 감사를 드리고 있는 것이다.

셋째로, 성만찬 예배의 내용은 예수 그리스도의 죽음을 기념하고 Lord's Supper, 그의 부활을 축하하고breaking of bread, 식탁에서 부활하신 그리스도와의 친밀한 관계에로 들어가고communion, 그리스도의 사역에 대해 감사를 드리는 것이다Eucharist. 그 초점은 그리스도 사건들 즉, 그의 생활, 죽음, 부활; 세상의 권세와 주권들에 대한 승리; 세상의 권세들이 영원히 사라지고 하나님의 평화Shalom가 영원히 재창조된 모든 질서에 임할 역사의 마지막에 있을 최후 승리에 있다. 또한 성만찬 예배의 내용은 복음이다: 말로 표현된 기도에서, 행동에서, 먹고 마시는 떡과 포도주에서 구원 역사에 관한 역사적 낭송과 상징적 재현이 절정을 이룬다. 회중은 성령에 의해 우리 안에서 완전히 인식되는, 구원하며 치유하시는 예수 그리스도의 권능을 가장 열정적으로 찬양한다.

성만찬은 예배를 하나님의 통치와 연결시킨다. 성만찬은 예수를 통해 이미 임재한 하나님의 나라와 장차 완성될 하나님 나라를 예배에서 구현시키는 역할을 한다. 예배에서 가장 중요한 것은 예수를 통해 이미 임재한 하나님 나라를 기억하고 감사하며, 마지막 날에 대한 소망을 기대하는 일이다. 성만찬을 통해 예수께서 이 땅에서 사는 동안 비유로 말씀(설교)하신 하나님 나라를 다시 기억하고, 떡을 떼고 포도주를 나눌 때마다 부활하신 주님이 우리 가운데 임재하는 경험을 한다. 그러나 성만찬에서 나누는 떡과 포도주가 이미 온 하나님 나라를 기억하는 것뿐만 아니라, 장차 올 나라에서 펼쳐질 우주적인 잔치를 미리 맛보는 일종의 예시물이다. 성만찬은 그리스도인들이 마지막 날에 신부가 되어 신랑 예수와 결혼하는 잔치를 미리 맛보는 행위이다.[155]

4. 성만찬의 구조

성만찬 예배의 역사적 구조는 하나님께서 그리스도 안에서 우리를 위해 역사하심에 관한 내용 즉, 생명을 주고 삶을 변화시키는 내용이 전달되는 수단이다. 다른 예배 행위에서와 같이 성만찬 예배에서도 전달되는 것은 메시지이다. 그래서 아직도 성서적이며 초대 교회의 성만찬 예배 형태가 대단한 다양성과 창조성을 허락할 정도로 단순하다.

성만찬 예배는 최후의 만찬(마태 26:26-29)에서 기원되어 처음에는 다음과 같이 일곱 부분으로 구성되었다: 예수께서 먼저 (1) 떡을 취하여took, (2) 축사하시고blessed, (3) 떼어broke, (4) 제자들에게 주

155 Geoffrey Wainwright, *Eucharist and Eschatology* (London: Epworth, 1971)를 참조하라.

셨다gave. 그 다음, (5) 잔을 취하여took, (6) 축사하시고gave thanks, (7) 제자들에게 주셨다gave. 그러나 시간이 지남에 따라 이 7가지의 행위들이 4가지 행위들four actions로 축소되었다: 예수께서 떡을 취하사*took* 축사하시고*gave thanks* 떼어*broke* 제자들에게 주기 시작하셨다*gave*(눅 24:30).[156] 이 4가지 행위들이 고대 교회에서 성만찬에서의 통일적인 행위가 되어 빵과 포도주 모두에 대한 4가지 의식으로 축약되었다: (1) 취함the taking (2) 축복함the blessing (3) 뗌the breaking (4) 분배함the distribution. 이 4가지 행위들은 점차 시간이 지나면서 기독교 예배의 역사 안에서 봉헌예식Offertory, 성찬기도Eucharistic Prayer, 분병Fraction, 수찬Communion 등의 네 가지 성만찬의 장으로 발전하였다.[157]

또한 성만찬의 4가지 행위들은 각기 예배의 4 구조들에 상응한다. 모임gathering은 하나님께서 자신의 자녀들을 세상으로부터 하나님의 집으로 취하시는 것taking이며, 말씀 들음hearing은 하나님께서 말씀을 자녀들을 위한 영적 양식으로 축사하는 것blessing이며, 그리고 파송sending-forth은 하나님께서 자신의 백성들을 하나님의 이름으로 세상으로 분배함distributing에 해당된다. 이것은 예배가 먼저 하나님의 자기 주심self giving에 대한 인간의 응답을 의미하듯, 성만찬이 십자가를 통한 예수 그리스도의 자기 주심을 의미함으로 예배의 중심 역할을 한다는 것을 의미한다.[158]

156 공관복음서(막 14:22-26; 마 26:26-30; 눅 22:14-22)와 바울 서신(고전 11장 23-26)에 나타난 제정기사는 비록 각각의 순서가 조금씩 다르기는 하지만 4가지 핵심적 행위들을 묘사하고 있다.

157 Dom Gregory Dix의 주장에 의하면, 성만찬의 의미는 필수적으로 성만찬의 형식과 연결되며, 그 형식은 전통적으로 4중 행위들로부터 온 것이다. 그의 저서, *The Shape of the Eucharist* (England: Norfolk, 2007), 48을 보라.

158 성만찬을 하나님의 자기 주심(God's Self Giving)으로 이해하는 James F.

하지만 예배가 발전됨에 따라 성만찬 예배의 네 부분이 각기 기도, 응답, 상징적 행위와 함께 확대되었다. 중세기에는 이런 성만찬 예배의 속 부분들이 지나치게 꾸며졌다. 종교개혁자들은 성만찬 예배를 더욱 초기의 단순한 예식으로 돌아가게 하려고 하였으나 그런 과정에서 중요한 요소들을 상실하였다. 오늘날에도 종교개혁의 관심이었던 예식의 단순함을 추구하는 교회들이 있지만 보다 더 큰 강조점은 처음 5세기까지의 교회에서 발전된 성만찬 예배의 본질을 회복하는 것으로 나타나고 있다.

그러나 성만찬 예배의 갱신은 단순히 고대의 형식들을 회복하는 것이 아니다. 오히려, 이런 예배 형식들이 성경에서 독특한 이미지로 나타나기 때문에 그 당시 그것들이 행해졌을 때의 의미를 전달하려는 것이다. 그러므로 현재 갱신된 예배에서 사용되는 고대 성만찬 기도의 개정된 형식들은 성서적 그리고 역사적 전통에 충실한 것들이기 때문에 관심을 기울여야 할 필요가 있다. 그 형식들은 성만찬의 4가지 상징들에 관한 의미심장한 경험을 전달한다: 죽음, 부활, 그리스도와의 친밀한 관계, 그리고 감사 경험.

1) 취하는 행위The Taking

순교자 저스틴Justin Martyr에 의하면, 기도 후에 "빵, 포도주, 그리고 물을 가지고 왔다brought." 성만찬 예배의 주된 행위가 가져오는 것bringing이라는 것에 주목할 필요가 있다. 오늘날 많은 갱신 교회들이 말씀 예배에 이어 빵과 포도주를 회중에게로 가져오는 행위로 돌아가고 있다. 이런 변화가 예배 시작 전에 성만찬을 미리 설치하는 교회들의 현재 예식 순서에 도전을 주고 있다. 빵과 포도주를 가지고

White, *Sacraments as God's Self Giving,* Revised (Nashville, TE: Abingdon, 2001)을 보라.

나오는 것이 축제성을 느끼게 한다. 이런 빵과 포도주 절차는 예배자들의 영적 여정에 강력한 정서적 영향을 일으킨다(공동식사에로 초청하는 노래에 맞추어 빵과 포도주를 어깨나 머리 위로 올리면서 성찬상으로 가져가는 행위는 회중의 영적 느낌을 말씀 듣는 것으로부터 성만찬 예배의 중심에 있는 중요성에로 옮긴다.).

2) 축복하는 행위The Blessing

감사 기도의 내용은 삼위일체에 관한 것이다. 그 내용은 성부 하나님을 찬양하고 송축하며, 성자 그리스도의 공로를 기억하며, 성령의 임재를 간구하는 것이다. 이 감사 기도의 3중 형식의 기원은 히브리인의 축복 기도 **베라카***berakhah*에 있다. 이 **베레카** 기도의 내용은 찬양, 기념, 그리고 간구의 3중 순서로 되어 있다. 예로, 이런 감사 기도는 "하나님을 송축하라(찬양), 우리를 이집트로부터 이끌어 내신 분을(기념), 약속의 땅으로 우리를 인도하실 분을(간구)." 이 감사 기도가 주는 정서적인 영향은 관계에 대한 3중적 강조에 기초한다. 우리는 찬양을 통해 성부와의 관계에로, 구원의 행위에 관한 감사하는 기억을 통해 성자와의 관계에로, 그리고 독특하고 강력한 하나님의 임재를 통해 성령과의 관계에로 들어간다.

3) 떡을 떼는 행위The Breaking)

이 행위는 역사적인 회상과 상징적 재연을 함께 가져온다. "이것은 너희를 위한 내 몸이니"라는 말은 역사적 회상에 관한 말이며 그 빵이 떼어질 때 이 말은 상징적 재연에 의해 따라온다. 성만찬 예배의 드라마에서 빵과 포도주 잔을 모든 사람이 볼 수 있도록 높이 드는 순서에 앞서 빵을 떼는 행위는 이 예배의 구조에서 절정과 전환점을 이룬다. 성공회 전통에 의하면, 이 행위들은 집례자의 환호에 의해

증대된다: "할렐루야! 우리의 유월절 그리스도께서 우리를 위해 희생당하신다!" 이에 사람들이 응답한다: "그러므로 축제를 열자. 할렐루야." 이런 말들과 이에 따른 행위들은 성만찬 예배가 찬양과 감사를 나타내며, 공동체가 빵과 포도주를 받는 기쁨에 찬 경험 즉, 구원의 상징인 떡과 포도주를 배속으로 그리고 육체 속에서 흐르는 생명의 피로 섭취하는 경험을 하도록 준비시킨다. 회중은 빵을 떼는 것에 대한 응답으로 하나님의 어린양 노래를 부를 수도 있을 것이다.

4) 나누어주는 행위The Distributing

이 행위는 공동 식사에 관한 노래를 통해 진행된다. 회중들이 빵과 포도주를 받기 위해 앞으로 나오기 시작하는 순간, 그들은 노래를 부르면서 갑자기 연합되기 시작한다. 그 다음, 성만찬 예배는 구원의 전체 역사를 이루신 삼위일체 하나님에게 드려지는 영광에 관한 기도로 결론 맺어진다.

5. 성만찬의 경험과 형식

성만찬 예배에서의 경험은 식탁 경험의 내용과 구조에 의해 형성될 것이다. 이것은 모임의 예배나 말씀 듣는 예배에 의해 형성되는 경험과는 매우 다른 경험이다. 그 이유는 식탁에서 예배자는 하나님과의 긴밀한 개인적 관계에로 들어가기 때문이다. 식탁에서 예배자는 찬양과 감사로 감정을 표현하고 성령의 치유를 경험할 수도 있을 것이다.

삼위일체 하나님과 강한 영적 관계를 가지기 위해, 예배자는 빵과 포도주를 위해 드려진 감사 기도를 잘 이해할 필요가 있다. 삼위일체 교리에 의해 이루어진 이 기도는 사람들이 하나님과 개인적 관계를 가질 수 있다는 기독교의 믿음이다. 인간관계에서 우리는 우리가 사랑하는 자들을 찬양하고, 그들이 우리를 위해 행한 것들로 감사하고, 그들과 함께 있기를 원한다. 예배자는 식탁에 관해 동일한 태도를 기질 필요가 있으며 자신의 기도를 하나님에 대한 관계 표현으로 만들어야 한다. 의도적인 찬양은 공동체의 헌물일 뿐만 아니라 예배자의 강한, 열정적인, 그리고 매우 개인적인 기도가 된다. 이 기도에서 그리고 이 기도를 통하여 하나님과의 개인적이며 내적인 만남이 일어난다.

이와 같은 경험은 다음과 같이 3가지에서 일어난다. 첫째로, 하나님의 초월적 임재와의 친밀한 만남은 빵과 포도주를 받을 때 일어난다. 둘째로, 성만찬의 개인적 차원은 또한 나눔송the communion song에서 표현된다. 나눔송은 선포의 노래가 아니라 예배자가 그리스도와의 매우 개인적이며 긴밀한 경험에로 들어가도록 돕는 기도송이다. 셋째로, 주의 식탁에서의 강하고 감동적인 경험은 기름을 바름으로 일어날 수도 있을 것이다. 이 순서에서 예배자는 치유와 능력 모두를 경험할 것이다. 성만찬과 기름을 바르는 것은 모두 죽음을 이긴 생명을 축하하는 것이 된다. 자신의 부활된 생명의 능력에서 예배자는 예수 그리스도의 능력에 의해 새롭게 태어남으로 미래에로 담대하게 걸어가게 하는 치유와 능력을 발견한다.

이와 같은 성만찬 예배에서의 예배자 경험이 대부분의 현대 교회의 성만찬 예식에서 간과되어 왔다. 예배갱신의 목적은 죽음, 부활, 하나님과의 긴밀한 관계, 그리고 이런 것들에 대한 찬양과 감사를 드리는 진정한 경험을 회복하는 것이다. 그런 영적인 일이 우리의 예배를 개혁시킬 것이며 개인적인 신앙을 강하게 하며 공동체 사역을 이루게 할 새로운 영적 힘으로 나타날 것이다.

형식은 성만찬 예배에서 중요한 문제가 아니다. 예배 기획자들이 성만찬 예배의 내용과 구조를 이해할 때, 그 예배의 형식은 각 회중의 다양한 문화나 독특한 배경과 일치해야만 한다. 동일한 내용과 구조가 매우 예전적인 예배나 자유로운 예배를 형성할 수도 있지만 형식의 문제는 장소, 음악, 그리고 다양한 형식의 기도와 관련된다.

예전적이고 전통적인 교회들은 대부분 역사적인 성만찬 예배의 내용과 구조를 반영하는 것 같다. 이것은 특별히 천주교와 주요 개신교 교회들의 경우 사실이다. 각 교단들이 약간씩 다를 수도 있다. 여기에 소개하는 성만찬 예배의 순서는 대부분의 예전적이고 전통적인 교회들에서 사용되는 방법을 대표한다.

[전통]	[현대]	[혼합]
1. 봉헌사/초청사	성찬에로의 초청송	찬양시 또는 성찬초청송
2. Sursum Corda	찬양과 고백기도	The Sursum Corda
3. 기도		기도
4. 삼성송(Sanctus)		삼성송
5. 감사의 기도	감사의 기도	감사의 기도
6. 성찬제정사		성찬제정사
7. 찬양	성부를 찬양하는 노래	찬양
8. 기념	성자에게 감사하는 노래	
9. 성령임재의 기원Epiclesis	성령임재 기원송	성령임재의 기원
10. 주의 기도	성찬제정사	주의 기도
11. 분병	분병	분병
12. 하나님의 어린양송	하나님의 어린양송	하나님의 어린양송
13. 분병초청	분병초청	분병초청
14. 성찬송	성찬송합창	성찬송과 합창
15. 찬송	찬송	찬송
16. 감사기도	감사기도	감사기도

제 8 장

파송하는 예배

이제 예배의 끝부분에 이르러서 그리스도인들은 또 다른 결단과 다짐의 예전행위를 표현하게 된다. 회중은 구체적으로 개인적인 혹은 공동체의 세상을 위한 사명을 결단하여 전도와 사랑과 정의와 화해와 평화의 도구가 될 것을 다짐한다.

1. 파송하는 예배의 구조

예배의 4중 구조에서 마지막 부분은 세상에서 하나님을 사랑하고 섬기기 위해 성도들을 "파송하는 예배"the Sending-forth이다. 최근에 주일예배에 나타난 새로운 경향은 예배의 마지막 부분을 통하여 예배공동체의 선교적인 기능을 강조하는 것이다. 한 교회의 주보는 이 마지막 부분을 "말씀을 따라 열매를 맺기 위해 세상으로"라는 표제를 붙였으며 또 다른 교회의 주보는 교회의 직원Staffs 명단을 소개하는 부분에서 제일 먼저 "목회자: 모든 교인들"로 시작하고 그 밑에 담임목사, 목사, 장로, 고용인 등의 이름을 소개하였다. 어떤 교회는 교회 출구나 주차장 출구에 "당신은 지금 선교 현장으로 들어가고 있습니다."라는 글을 붙여 교회를 떠나는 교인들에게 파송되고 있음을 기억나게 한다. 이런 노력들은 교회와 예배의 현장에 대한 이해가 선교적으로 변하고 있음을 말해주는 것이다. 예배자들에게 세상은 선교의 현장이다.

예배의 마지막 부분인 파송되는 예배는 간단하고 목적이 분명하다. 이 부분의 순서들은 예배 전체를 결론짓는 방향으로 움직인다. 예배의 마지막 부분에서 우리는 하나님의 축복과 주를 사랑하고 섬기기 위해 세상으로 가도록 위임하는 성경 말씀을 기억한다. 이런 순서들을 강조하는 것은 우리가 세상의 고통을 알고 믿음을 실천함으로 우리의 예배가 계속된다는 것을 이해하기 때문이다.

파송하는 예배의 성격은 롬 12:1에 잘 나타난다. 바울은 로마의 교인들에게 예배로부터 위임받은 것의 본질을 말한다: "그러므로 형제들아 내가 하나님의 자비하심으로 권하노니 너희 몸을 하나님이 기뻐하시는 거룩한 산 제사로 드리라 이는 너희의 드릴 영적 예배니라." 바울의 이해에 의하면 예배는 생활이다. 예배가 교회의 문을 나오기 전에 끝나는 것이 아니라 우리들의 생활 여러 곳(가정, 직장, 여행)에서 계속된다.

만일 파송의 예배가 예배자들에게 더욱 의미를 부여하기를 원한다면 먼저 다음의 간단한 질문을 할 필요가 있다: 파송 순서가 무엇을 해야 하는가? 주로 파송은 하나의 축복이다. 우리가 예배에서 하나님에게 찬양과 경배를 드릴 때 이것은 실제적으로 우리가 하나님을 송축(축복)하는 것이다. 이런 의미에서 하나님을 송축(축복)한다는 것은 하나님의 이름이 지닌 능력과 역사를 선포하며 그 이름에 합당한 영광을 돌린다는 것이다. 그러나 우리가 찬양과 경배를 통하여 하나님을 송축할 때는 우리가 하나님에게 어떤 것을 드리는 것이 아니다. 오히려 하나님이 기뻐하시는 것(하나님을 인정하고 섬기는 것)을 행함으로 하나님을 송축하는 것이다.

그러나 반대로, 하나님이 우리를 축복하실 때는 그 분이 우리를 예수 그리스도 안에서 의로움과 거룩함에로 부르신 것을 성취할 수 있는 능력을 주신다. 하나님이 우리를 축복하시는 것은 하나의 선물 즉, 실제적으로 성령을 부어주시는 것이다. 우리에게 축복을 부어주신다는 의미가 민 6:24-26에 잘 나타난다: "여호와는 네게 복을 주시고 너를 지키시기를 원하며 여호와는 그 얼굴로 네게 비취사 은혜 베푸시기를 원하며 여호와는 그 얼굴을 네게로 향하여 드사 평강 주시기를 원하노라." 이 말씀과 성경의 다른 모든 축복 말씀들의 핵심은 27절에 있다: "그들은 이같이 내 이름으로 이스라엘 자손에게 축복할지니 내가 그들에게 복을 주리라." 축복을 하실 때 하나님은 우리에게 그 분의 이름을 부여하신다. 이것이 바로 우리가 세상에서 어떻게 살아가야 하는가를 말하는 것이다. 만일 매일 우리의 구체적인 삶에서 "나는 하나님께서 나에게 주신 이름을 가지고 있다!"는 것을 의식적으로 인정한다면 우리의 삶이 얼마나 달라질까?

파송의 예배는 공예배를 끝내고 하나님의 백성들을 그들의 생활 속에서 예배를 계속하도록 파송하는 내용을 가지고 있다. 이 파송의 내용을 완성시키는 3가지 예배행위가 있다: 축복, 찬송, 파송. 파송의 예배는 축복기도(하나님의 축복), 파송의 찬송(사명을 주어 하나님의 백성들을 파송하는 찬송이나 복음송), 그리고 파송의 말씀의 순서로 진행되는 것이 가장 적절하다. 찬송, 파송, 축복의 순서로 진행하는 교회들이 있지만, 각 순서의 의미를 고려한다면 파송이 마지막으로 예배 장소를 떠난다는 것을 의미하기 때문에 가장 마지막 순서로 적절하다. 회중이 세상에서 교회로 부름을 받았음을 먼저 알리기 위해 파송(위임) 순서를 축복 앞에 둘 수도 있다.

2. 파송하는 예배의 순서

1) 축복Benediction/Blessing

하나님에게 제단을 잘 쌓았던 아브라함이 세상에서 만나는 자들에게 축복의 근원이 되었던 것처럼 모든 예배자들은 예배의 마지막 순서에서 세상에서 축복이 되기 위해 먼저 축복을 받을 필요가 있다. 이런 의미에서 축복 또는 축도는 예배공동체에 대한 하나님의 사랑을 선언하는 것이다. 축복하는 성직자는 회중을 바라보면서 제단 앞으로 나와 두 손을 펼쳐 들고 손바닥을 약간 아래쪽을 향한다. 일반적으로 이와 같은 축복 의식이 교회에 나타난 것은 대다수의 회중이 성만찬을 받지 못하고 교회를 떠날 때이었다.

회중이 곧 세상에서 생활하고 일할 것을 암시하는 의미로 광고 순서를 파송의 예배에 포함할 수도 있으나 어디까지나 첫 번째 파송의 예배순서는 축복이나 축복기도이다. 오늘날 예배갱신 운동은 축복기도의 참 의미를 재이해함에 강조점을 두고 있다. 축복이 선언될 때 예배자들은 그 축복을 하나님으로부터 오는 의식적이고 개인적인 축복선언으로 받기 위해 자리에서 일어서도록 요청을 받는다. 어떤 목사들은 축복기도에서 생활의 특별한 부분들에 대해서도 언급함으로 예배자들로 하여금 하나님께서 일상생활의 모든 면에 계신다는 것을 기억나게 한다. 축복 다음에 세상으로 파송되는 것에 관한 찬송이나 노래가 따라온다. 이 때 섬김, 선교, 또는 그리스도인의 삶을 다룬 위임에 관한 찬송을 부르는 것이 가장 적절하다. 복음송이나 폐회송도 어울린다.

축복을 선언하는 것은 최고의 특권과 책임을 이행하는 제사장적 기능이다. 예배의 마지막 순서임으로 따뜻하게 그러나 권위 있게, 목회적인 면을 제공하는 기회이다. 축도를 통하여 목사는 회중들에게 하나님의 애정 깊은 축복의 말씀을 선언한다. 축도benediction는 라틴어 **베네딕코**(*benedico*; "좋게 말하다" 또는 "길조의 말을 하다")에서 유래하였다. 그 반대어malediction는 저주나 악을 보내는 것을 의미한다. 히브리인들에게는 선언된 말이 상징 이상으로 목적을 성취하는 힘을 지녔다. 말하는 것이 많은 것을 성취할 수 있기 때문에 말하는 것과 행하는 것을 구분하지 않았다. 말을 모아 놓은 것 이상으로 실제적인 선을 가져왔다. 그리고 축도에 해당하는 신약시대의 헬라어 **율로지아**(*eulogia*; "칭송," "좋은 말")는 동사 **율로지오**(*eulogeo*; 다른 사람 위에 하나님의 섭리를 불러온다는 의미의 "축복하다")와 매우 관련 있다. 히브리어의 축도가 대부분 물질적인 축복을 지녔다면 신약에서 영적인 축복의 의미가 추가되었다 .

축도는 기도가 아니다. 기도는 하나님에게 말하는 것이지만 축도는 하나님을 위하여 말하는 것이다. 축도에서 목사는 기도로 하나님에게 말하는 것이 아니라 하나님으로부터 좋은 것을 회중에게 주는 것이다. 또한 축도는 짧은 설교(설교의 요약)가 아니다. 축도는 회중들을 위해 간구한 어떤 것이 아니라 그들에게 베풀어진 호의이다. 그러므로 축도는 목사에게 설교를 재생하거나 마지막으로 호소하기 위한 순서나 하나의 짐이 아니라 따뜻하고 사랑스런 선물을 의미한다. 그리고 축도는 기원도 아니다. 축도는 인사를 대신하는 카드가 아니라 목사를 통하여 역사 하셔서 실제적으로 그의 백성들에게 선한 것을 주시는 하나님의 권능이다.

축도를 하는 바른 자세는 회중을 향하여 움직인다. 강단 뒤에서부터 회중들에게로 움직임으로 그들과 가까움과 긴급함을 상징한다. 축도의 자세로 두 손을 높이 올린다. 축복의 상징은 두 손을 사람의 머리 위에 올리는 것이다. 목사가 회중 전체의 머리 위에 육체적으로 두 손을 둘 수 없기 때문에 마치 예배자들 개인을 만지는 것처럼 상징적으로 회중을 향해 손바닥을 편다. 축도는 사람들에게 말하는 것이다. 눈과 눈이 마주치는 행위로 축복을 선언한다. 성전 여러 곳에 있는 개인들을 선택하여 순간순간 각자에게 초점을 맞춘다. 마치 친한 친구를 떠나보낼 때 말하는 것처럼 축복의 말을 부드럽게, 따뜻하게, 개인적으로, 그러나 결정적으로 선언한다. 그리고 축도는 얼굴로도 말하게 한다. 때로는 얼굴이 말보다 더욱 효과적인 대화를 가능하게 한다. 눈과 미소가 자기 백성들을 위한 하나님의 신실함과 애정을 강하게 나타낸다.

성경에는 전형적인 축도들이 나타난다. 가장 오래 사용되는 구약의 축도는 신 6:24-26에 있다. 신약에 나오는 전형적 축도는 고후 13:14이다(롬 15:13; 고전 16:23; 갈 6:18; 엡 6:23-24; 빌 4:23; 살전 5:23, 28; 딤후 4:22; 히 13:20-21; 계 22:21 등 참조).

2) 파송의 찬송A Commissioning Hymn

파송의 찬송을 부르면서 하나님의 부름을 받아 함께 모인 교회(하나님의 백성)로서의 회중은 세상에서 계속 교회가 되도록 위임받는 것을 확인한다. 예배가 끝난 후 특별한 축제 행사를 계속할 경우에는 파송의 찬송은 예배 후에 다시 들어올 예배 위원들과 성가대를 위한 폐회송으로 부를 수도 있다. 입례송을 부르며 입례하는 것처럼, 오순절에는 전 회중이 세상으로 나가는 교회를 상징하여 예배 후에 성전으로부터 교회 앞뜰로 나가는 폐례식(閉禮式; 폐회행진)을 가질 수 있다. 대림절이나 사순절과 같은 참회하는 절기에는 침묵이 마지막 찬송을 부르는 것보다 더욱 적절할 수 있다.

3) 파송의 말씀Commissioning Words

파송sending-forth 또는 위임commissioning은 집례자(성직자)가 "그리

스도의 이름으로 나가시오" 또는 "주를 사랑하고 섬기기 위해 세상으로 평안히 가시오."라는 말을 하는 순서이다. 이에 대해 회중은 "하나님께 감사를"하고 응답한다. 원하는 경우에는 파송사와 응답을 노래로 할 수도 있으며 이미 곡으로 된 위임사가 사용될 수도 있다.

폐회송(또는 성가대의 송영)을 부르는 동안 예배 인도자들은 가능한 성전의 뒤쪽으로 나가는 것이 좋다. 전통적으로 폐장 순서는 입례 순서와 동일하다: 1) 십자가, 2) 기, 3) 성경 봉독자, 4) 성가대, 5) 목사(설교자, 사회자). 이 폐장 순서가 의미하는 것은 폐회송을 부르는 동안 목사들은 성전 뒤쪽에 모여 마지막 찬송을 인도한 다음에 파송의 말씀으로 예배의 결론을 내린다. 이 파송의 말씀이 교회에서의 예배 경험을 종결하고 그 예배를 세상에서의 예배자들의 삶과 연결시킨다. 일반적인 폐회 순서는 다음과 같다: 1) 마지막 찬송(또는 성가대의 송영) 2) 목사, 예배위원, 성가대원은 성전 뒤쪽에 선다. 3) 목사가 두 손을 들고 "이제 모두 주님을 사랑하고 섬기기 위해 세상으로 나가십시오."라고 외친다. 4) 그 다음 회중은 "할렐루야!" 또는 "아멘!"으로 힘 있게 응답한다.

4) 후주Postlude

최근의 예배에서 후주는 전형적인 순서가 아니다. 어떤 회중은 후주를 듣지만 다른 회중은 후주를 배경 음악으로 여기고 대화를 나누기 시작한다. 후주가 끝날 때까지 회중이 자리에 앉아서 듣도록 주보나 성가대를 통해 알릴 수 있다. 후주를 듣도록 하는 또 다른 방법은 성도의 교제 및 교회소식을 진행할 수도 있다. 이 때 새로운 찬송을 배우거나 간단한 연주를 진행할 수도 있다. 파송을 받는 자들로서 교회를 떠나기 전에 기도할 수 있는 기회를 주기 위해 오르간 연주를 제시하는 것도 좋다.

제3부

예배갱신의 유형

제 9 장 회중찬송예배

제 10 장 영상예배

제 11 장 치유예배

제 12 장 생태예배

하나님은 우리의 오감을 사용하여 자신의 사랑하는 존재를 우리에게 전달하신다. 하지만 우리의 예배들은 너무 많은 말들로만 가득해 때때로 비언어적이거나 비이성적인 면들을 무시하곤 한다. 예배는 점토를 만지는 것을 포함하여 춤 동작, 창문에 그려진 성화 이야기 관찰, 옛 찬송을 부르는 것 등 모든 감각들을 사용할 수 있다. 이런 면에서 예배갱신은 그리스도인들의 몸으로부터 나오는 음악과 춤 형식들, 분장 등과 같은 다양한 예배 표현들을 포함한다. 그림, 상징, 또는 육체적 움직임, 자연물 등은 종종 말로 표현할 수 없는 것들을 전달한다.

이런 다양한 예술적 표현들로 표현되는 찬송과 춤의 예배, 그런 표현들을 담은 영상예배는 예배자들로 하여금 예배 안에서 다른 유형의 예술적 표현들을 보고 경험할 수 있는 기회를 제공한다. 치유와 관련된 육체적인 행위들에 의한 예배도 영적 성장과 갱신에 이르는 강력한 길을 제공한다. 또한 자연 생태를 통해 창조주 하나님을 예배하는 것은 신학적 이성에 의한 예배에 지루함을 느끼던 예배자들에게 새로운 가시적 요소들과 예배의 사회성을 제공함으로 예배를 더욱 풍성하게 경험하도록 하며, 또한 예배 자체에 관한 새로운 대화들에로 문을 열어주어 예배갱신에 대한 가능성과 변화를 기대하게 한다.

제 9 장

회중찬송예배

본 연구는 출애굽기 15장의 바다의 노래가 기독교 예배에서 찬양의 한 행위로 그리고 회중찬송의 모델로 지니고 있는 기능을 밝혀 예배음악의 원형을 회복하려는 하나의 시도이다. 이런 연구가 필요한 이유는 최근 한국교회의 예배음악에서 회중과 회중찬송의 역할이 점차 교회의 높은 자리나 특별한 자리에 위치한 성가대의 고급 연주나 발표와 같은 음악에 의해 약화되고 있기 때문이다.[159] 또한 정체불명의 무분별한 교회음악이 교회 안에서 젊은이들 중심으로 확산되면서 CCM 연주자들의 세속적 공연과 같은 경배와 찬양에 의해 예배의 대상자이신 하나님을 높이는 회중찬송이 점차 자리를 잃어가고 있기 때문이다.[160] 더욱 심각한 문제는 개 교회의 지도자들이 이와 같이

159 엘리트 집단에 의한 예배 비판에 대해 문성모, "한국교회 예배의 갱신과 과제," http://blog.daum.net/dbs3551/409045 [2006.11.30])을 보라.

160 박근원은 몇몇 리더 중심의 찬양단 공연과 같은 경배와 찬양이나 CCM의

예배의 공동체성을 약화시키는 음악들에 대해 칭찬과 격려를 아끼지 않음으로 예배 주체자로서 하나님께 찬양을 드려야 할 회중을 성가대나 찬양단의 음악을 감상하는 예배 구경꾼으로 전락시키는 현상들을 더욱 부추기고 있다는 것이다.[161]

기독교의 공동체 예배에서 회중이 지니는 역할과 또한 회중찬송이 지니는 중요성을 회복하는 일은 예배갱신운동의 과제 중 하나이다. 20세기 후반에 시작된 개신교의 예배갱신운동은 구약성경과 신약성경, 그리고 초대교회의 예배의 원형을 회복하려는 노력의 하나이다. 예배의 원형을 찾으려는 노력의 중심에 예배 안에서 소외된 회중의 자리와 역할을 회복시키는 작업이 자리를 잡고 있다. 예배의 원형을 회복하려는 노력은 이미 성직자의 권위와 특권을 높이는 수단이 되고 성직자들로 구성된 성가대에 의해 예배찬양이 독점되던 중세교회의 예배를 비판한 종교개혁자들에 의해 시작되었다. 루터가 만든 루터의 코랄(Corale; 회중찬송)과 칼빈이 만든 시편송Psalmnody을 통해 출애굽 15장에서 시작된 회중찬송이 회복되었다.

그러나 최근 한국교회 안에는 종교개혁자들이 회복하기 시작한 회중 중심의 예배음악을 성직자와 음악가 중심의 구약시대의 성전음악Temple Music과 중세의 성당음악Cathedral Music으로 되돌리는 현상들이 나타나고 있다. 회중의 자리에서 회중을 대표하여 하나님께 찬양을 드려야 할 성가대가 오히려 혈통적으로 선택 받아 찬양을 전담하던 제사장들인 레위지파처럼 그리고 중세기의 성직자들처럼 높은 자

역기능을 지적한다 ("21세기 한국 교회의 예배 갱신 과제," http://blog.naver.com/mokpojsk?Redirect=Log&logNo=120012530923 [2005.4.30]).

161 허도화는 예배의 공동체성 회복하려는 예배갱신과 역행하며 개인이나 몇 사람에 의해 지배되어 사유화된 예배를 비판한다. 그의 책, **예배 갱신의 이론과 실제: 주일예배의 공동체성 회복을 위한 안내서**(대구: 계명대학교, 2005) 34-38을 보라.

리에서 노래를 회중에게 들려주면서 과거 구약시대와 중세 성가대의 영광을 되찾으려 하고 있다. 대형교회일수록 예배 순서 중 성가대의 찬양은 회중의 귀를 즐겁게 하려는 순서와 또한 회중으로 하여금 성가대의 기교적인 노래와 연주를 감상하도록 만드는 순서가 되었다.

이와 같이 한국교회 안에서 점차 예배음악이 비회중화 되는 문제는 예배음악 또는 찬양에 대한 성서적인 근거와 신학적인 재해석을 요구한다. 예배음악은 그 형태의 다양성에도 불구하고 항상 회중에 의한 하나님을 향한 성경적 예배라는 틀 속에서 강조되어야 하고 예배신학적 관점으로부터 해석되어야 하기 때문이다. 이런 관점에서 생명의 위협을 주는 적들과 바다로부터 구원을 얻은 이스라엘 백성이 다 함께 하나님에 대해 찬양한 미리암의 노래(출 15:20-21)는 회중찬양의 한 모델로 그리고 모든 예배음악의 성경적 뿌리로 연구할 가치가 있다.

본 연구는 출애굽기 15장의 바다의 노래가 예배에서 음악과 회중찬송의 역할이 무엇인지를 분명하게 밝혀 주고 있다는 전제로부터 출발한다. 연구자는 바다의 노래가 예배찬송의 원형임을 밝히기 위해 먼저, 출애굽 사건과 예배의 관계를 밝힌 뒤, 출애굽기 15장의 구조와 특징을 중심으로 바다의 노래가 구약의 예배에서 찬양의 한 행위였는지, 어떻게 전승되었는지, 그리고 예배에서의 위치는 무엇이었는지를 밝힐 것이다. 다음으로, 본 연구는 회중찬송의 기원이라고 할 수 있는 미리암이 인도한 여성들의 노래가 레위지파(남성 중심의) 성전음악에서 어떻게 가능하였는지를 밝힐 것이다. 그리고 마지막으로, 여성들의 회중찬송이 교창으로 지니는 기능이 무엇인지를 밝힘으로 예배에서 회중과 회중찬송의 중요성을 제시할 것이다.

1. 예배행위로서 출애굽 사건과 바다의 노래

구약성경에 나타나는 많은 본문들은 출애굽 사건을 회상한다.[162] 출애굽 사건에 대한 회상은 이스라엘 백성들이 광야생활을 하는 동안 하나님의 백성으로서의 정체성을 지켜주었으며 하나님의 구원 사건에 대한 응답으로 예배의 중심이 되었다. 시편들과 예언서들에서, 출애굽 후 하나님과 이스라엘의 관계는 종종 출애굽 경험 자체에 의해 특징지어진다. 출애굽 경험으로 형성된 예배 대상자와 예배자들의 관계라는 주제는 단순히 출애굽 사건에 관한 이야기를 뛰어넘어 구약성경 전체로 확대된다.

또한 구약성경은 출애굽사건과 함께 예배와 음악을 동시에 이야기하고 있다. 예배와 찬송은 모두 하나님을 인식할 때 비로소 행해질 뿐 아니라, 예배의 대상이신 하나님과 그 하나님에게 찬양과 경배를 드리는 예배행위자로서의 백성 그 둘 사이의 관계와 교제를 이루어 간다. 하나님의 임재는 그의 백성에 의한 영광스런 찬송 중에 거하며 실재적인 영적 사역의 결과를 가져온다. 이런 점에서 음악은 가장 영적이며 음악적 수준을 목표로 하면서 회중을 예배의 위치로 이끌어 간다고 말할 수 있다.

그렇다면 출애굽 사건, 그리고 그 사건에 대한 공동체의 기억, 감사 그리고 찬양인 바다의 노래가 예배를 구성하는 기본적인 요소들을 갖추고 있는가? 이 질문에 답하려면 먼저 기독교 예배의 의미가 무엇인지를 말해야 할 것이다.[163] 예배학자들이 주장하는 기독교 예

162 구약성경에서 시편 외에 출애굽과 관련된 성경구절들은 출애굽기 1-20장, 여호수아 1:1-5, 이사야 35장, 43:16-21, 예레미야 24:1-10, 31:1-22 등에서 나타난다.

163 기독교 예배학자들이 말하는 예배의 정의에 대하여 James F. White, *Introduction to Christian Worship,* 3rd ed. (Nashville: Abingdon,

배의 정의가 경우에 따라 다소 차이는 있지만, 그들이 공통적으로 의미하는 바는 기독교의 예배가 하나님의 부르심과 그에 대한 인간의 응답으로 예배 대상자와 예배자의 관계를 기억하고 확인하며 재연하는 공동체적인 일로 이해되어야 한다는 것이다. 예배는 무엇보다 먼저 하나님에 의해서 부름을 받거나called 소집되어야convened 하고, 그 다음으로 그 부르심에 대해 예배 공동체가 능동적으로 참여해야 한다.[164] 여기에서 더욱 중요한 것은 예배가 하나님이 부르심으로 시작되더라도 결코 지도자 혼자나 몇 사람들만의 행위가 아니라 모든 회중이 참여하여 각자의 역할을 감당해야 한다는 것이다.

구약성경에서 하나님의 부르심과 그에 대한 인간의 응답이라는 예배의 기본적인 형식이 가장 먼저 나타난 것은 출애굽사건과 바다의 노래에서이다. 하나님의 부르심으로서 출애굽 기적 사건과 그 부르심에 대한 응답으로서 이스라엘의 찬양 속에 기본적인 예배의 형식이 잘 나타나기 때문이다. 이런 점에서 바다의 노래는 하나님이 행하신 여러 사건들 가운데 그 절정을 이루는 바다에서의 기적 사건에 대한 응답으로 표현된 하나의 예배행위이다. 하나님은 그 기적 사건을 통해 이스라엘을 예배공동체로 부르셨고 이스라엘은 기쁨의 찬양으로 응답했다. 이스라엘은 바닷가에서 애굽 사람들의 무수한 시체들을 보았으며 동시에 야훼께서 행하신 구원의 일도 보았다. 바다로부터 구원을 얻은 경험은 이스라엘 백성들 자신의 실제적인 하나님 경험이며 동시에 확실한 구원 경험이 되어 하나님 백성으로서의 정체

2000) 22-25를 보라.

164 Robert E. Webber는 시내산에서 하나님과 이스라엘이 맺은 계약사건으로부터 찾은 성서적인 예배의 네 가지 형식--하나님의 부르심(출 19:1-6, 20), 그의 백성들의 능동적 참여(출 24:1, 5), 하나님의 말씀선포, 그리고 관계를 증명하는 극적인 상징--을 찾는다. 그의 저서, *Worship Old & New: A Biblical, Historical, and Practical Introduction*(Grand Rapids, Michigan: Zondervan, 1994) 20-21을 보라.

성을 확인시켜주는 신앙고백과 예배의 동기를 부여하기에 충분했다: "이스라엘이 여호와께서 애굽 사람들에게 행하신 그 큰 능력을 보았으므로 백성이 여호와를 경외하며..."(출14:31).

또한 바다의 노래는 하나님이 행하신 사건에 대한 기억과 감사와 찬양의 내용으로 구성된다. 더구나 회중이 함께 참여한 바다의 노래는 예배음악으로서의 조건을 충분히 갖추고 있다. 바다에서의 기적 사건을 통해 하나님을 더욱 경외하게 된 이스라엘에게 바다의 노래는 춤을 동반한 찬양이며 하나님에 대한 믿음을 표현한 송영이다. 더구나 바다의 노래는 단순한 노래가 아니라 구원을 노래하는 축제적이며 역동적인 성격을 지닌 찬양이다. 예배를 예수 그리스도를 통한 하나님의 구원 역사의 요약이라고 말할 때, 이스라엘에게 예배는 출애굽이라는 하나님의 구원 역사의 요약이라고 할 수 있다. 또한 주일예배가 예수 그리스도의 부활 축제를 반복하는 것이라고 말할 수 있다면, 이스라엘에게 예배는 유월절 출애굽의 축제를 반복하는 것이라 말할 수 있다.

이런 예배학적 관점에서 출애굽 사건과 바다의 노래는 이스라엘에게 신앙공동체로서의 역사성을 부여한 것으로 전승사적으로나 내용상으로 가장 첫째 되고 가장 중심적인 신앙고백행위이며 예배행위이다.[165] 이스라엘은 출애굽이 그들의 신앙 고백의 기초가 된다는 것을 조금도 의심하지 않았다. 출애굽은 이스라엘에게는 나머지 구약성경들을 위한 하나님의 결정적인 행위이었으며 야훼가 그들을 대신하여 행동하실 것이라는 그들의 믿음을 뒷받침하였을 것이다. 이런 승리

165 김이곤은 출애굽 사건을 한 민족의 해방사건으로 이해한다. 이어 그는 "하나님의 인간 구원 행위를 계시한 신의 역사적 구원활동의 원형(prototype)으로...이스라엘 신앙의 출발점이요...이스라엘의 원 신앙고백(Urbekenntnis)"이라고 주장한다. "출애굽 해방사건의 구약신학적 의미: 출 14~15장 해석을 중심하여," 신학연구 32(1991): 143-178을 보라.

가 이스라엘의 예배를 위한 패러다임이 되었을 것이다(신명기 6:20-23).

2. 찬양의 노래와 춤

출애굽기에 나타나는 주된 주제들 중 하나는 하나님께서 이스라엘을 노예로부터 광야로 인도하시는 것으로 무엇보다 하나의 움직임으로 가장 잘 표현된다. 출애굽기 1장으로부터 20장까지에서 가장 뚜렷하게 나타나는 것이 바로 개인들과 이스라엘 백성 전체의 극적인 움직임이다. 출애굽기는 이와 같은 기본적인 움직임의 동기에 대해 매우 잘 이해하고 있음을 보여준다. 아울러 출애굽기는 기본적으로 이런 하나님과 이스라엘 백성들의 움직임의 동기에 대해 놀랄만한 사건들을 보여준다. 그 움직임은 출애굽 사건들 중 가장 극적인 사건이며 실제적으로 그 사건의 중심 부분인 홍해를 건넌 사건을 축하할 때 가장 잘 나타난다. 그리고 그 축하가 바로 노래와 춤으로 나타난다.

구약성경에서 이스라엘 백성들의 구원에 관한 경험을 멜로디와 가사로 표현한 대표적인 노래들[166] 가운데 가장 잘 알려진 것이 바로

166 미드라쉬((Midrash Tanchuma, Beshalach 10)는 이스라엘 역사에 나타난 뛰어난 10가지 노래들을 소개한다. 그 노래들은 모두 구원에 관한 경험이 멜로디와 가사로 표현된다: 출애굽 하던 날 밤에 부른 노래(사 30:29), "바다의 노래,"(출 15:1-21) "우물가 노래"(민 30:29), 토라 기록을 완성한 것에 대한 모세의 노래(신 31-32장), 여호수아가 태양을 멈추기 위해 부른 노래(수 10:12-13), 드보라의 노래(삿 5장), 다윗 왕의 노래(삼하 22장), 성전 봉헌의 노래(시 30편), 신랑 하나님과 그의 신부 이스라엘 사이의 노래를 격찬하는 솔로몬 왕의 "애가," 그리고 마지막으로 메시야 시대가 올 때 불러야 할 "새 노래." "Miriam's Song: The Womanly Strain in the 'Song at the Sea'" http://meaningfullife.com/torah/parsha/shmot/beshalach/MiriamDIVs_Song.php#essay
Based on an address by the Rebbe, *Shabbat Shirah* 5752 (January

모세와 이스라엘 백성들이 홍해를 건너자마자 부른 "바다의 노래"이다.[167] 출애굽 사건을 축하하는 노래와 춤이 노예로부터 자유에로의 움직임을 가장 잘 표현하기 때문이다. 이런 이유로 구약성경은 지속적으로 이스라엘 백성들이 자신들의 신앙과 일상생활에서 희노애락의 순간들을 맞이할 때 출애굽 15장에 나오는 바다에서의 노래와 춤을 예배적인 의미를 부여하는 은유로 사용할 수 있었다. 출애굽을 축하하는 노래와 춤은 이스라엘에게 노예와 자유, 그리고 과거와 미래 사이에 있는 적절한 분수령이다.[168] 이런 점에서 구약성경에서 출애굽 이야기들을 다룰 때는 항상 바다에서의 노래와 춤 이야기가 동반될 뿐 아니라, 또한 하나님에 의해 얻은 자유에 대해 감사하고 찬양하는 노래와 춤과 쉽게 연결된다.

바다의 노래의 내용은 크게 세 부분으로 구성되어 있다. 먼저, 하나님이 이스라엘을 구원하시기 위해 홍해를 가르시고 뒤쫓던 애굽인들을 물속에 사장시키셨을 때 하나님이 놀랍게 이룩하신 이스라엘의 구원을 찬양한다. 다음, 하나님이 이스라엘을 그들의 고향으로 인도하시고 성전 안 그들 가운데 임재하시기를 바라는 이스라엘의 욕구를 표현한다. 마지막으로, 하나님이 영원히 통치하실 궁극적 구원과 관련하여 결론을 맺는다. 이 노래에서 하나님에 의한 구원의 절정은 홍해가 갈라지는 기적을 경험한 모세와 이스라엘 백성들, 그리고 미리암과 여성들이 감동적인 노래를 부른 사건이다. 그 바다의 노래의

18, 1992).

167 오늘날에도 유대인들은 바다의 노래를 매일 아침 기도를 할 때, 그리고 공적으로 회당에서 1년에 2회 읽는다(바다가 갈라지고 노래가 지어진 것을 기념하는 날인 유월절 제7일째 되는 날과 토라를 읽는 겨울 중간 절기).

168 후기 Beshallach Midrash에서 이와 같은 노래와 춤을 언급할 때는 노래와 춤이 고통스런 과거를 잊어버리는 것과 그 고통으로부터 자유롭게 되는 것과 연관되어 나타난다. "Beshallach"(Exodus), XXIII.11, *The Midrash*, 290을 보라.

전형적인 구조는 다음과 같다:

1) 찬양 의도에 대한 서론적 선언 (1절 하)
2) 찬송으로서의 서론 확대 (2-3절)
3) 야훼의 행위에 대한 서사 이야기
(4-10절, 5절과 6절 사이에 전형적인 단절과 함께)
4) 찬송 종결부 (11절)
5) 야훼의 행위에 대한 서사 이야기
(12-17절, 13절과 14절 사이의 내용상 단절과 함께)
6) 찬송 종결부 (18절)
7) 찬송 의도에 대한 서론적 선언 (21절 하)

위의 구조에서 나타나듯, 바다의 노래는 세련되고 잘 구성된 시적인 작품이다. 이 노래는 애굽으로부터 구출된 것에 대해 하나님에게 찬양과 감사를 드리는 두 개의 찬송 가사들로 이루어져 있다. 하나는 모세와 백성들의 노래(출 15:1-18)이고 다른 하나는 미리암과 여성들의 노래(출 15:21)이다. 두 노래들은 모두 이스라엘을 대신한 하나님의 구원 행위(14:28-29; 15:19)에 대한 거의 동일한 언급들 뒤에 나온다. 이런 나열 방식은 하나님의 구원 행위를 리듬을 지닌 찬양으로 강조하려는 것이다.

모세의 노래와 미리암의 노래 모두 예배음악으로서 적절한 내용과 형식을 갖추고 있다. 먼저 내용상, 그 노래들은 모두 하나님께서 이스라엘을 위해 행하신 일을 역사적으로 그리고 우주적으로 이해한다. 하나님과 이스라엘의 승리는 역사적인 차원이나 우주적인 차원 어느 것으로도 가볍게 취급될 수 없다. 모세의 노래는 하나의 확대된 감사기도이다. 애굽으로부터 안전하게 나왔기 때문에, 모세는 백성들이 구원을 이룬 하나님의 강력한 행동들을 이야기함으로 하나님에게 감사드린다(출 15:1-2). 하나님에게 감사하는 것은 항상 하나님이 행하신 것으로, 추상적인 것이 아니라 구체적이며 역사적인 말들로 기억하는 것으로 시작된다. 모세의 노래가 모세 자신의 지도자로서의 인격, 예언, 그리고 시적 능력의 강점을 나타내면서 하나님과 다음 세대에 자신의 노래를 부를 모든 사람들에 대해 표현하는 반면, 미리암의 노래는 자신의 동시대인들에게 그 사건과 목격한 대중에 대한 직접적인 표현으로부터 나오는 힘, 마치 구출 받은 엄청난 감동으로부터 표출되는 힘을 표현한다.[169]

다음으로 형식상, 그 노래들이 지니고 있는 시적 구조와 분명한 리듬, 그리고 풍성한 은유들은 다른 이야기 구조와는 매우 다르다. 모세의 노래는 마리아찬가(Magnificat, 눅 1:46-55), 사가랴의 노래(Benedictus, 눅 1:68-79), 그리고 시므온의 노래(Nunc Dimitis, 눅 2:29-32)와 같이 구약이나 신약성경 또는 초기 교회로부터 나온 다양한 짧은 찬송Canticle의 하나이다.[170] 단순히 읽혀지거나 암기되는 정도의 찬송이 아니라 예배자들에게 매우 잘 알려진 그리고 매우 공명성을 지닌 멜로디를 붙여 그 선율이 모두의 마음속에 가장 깊은 곳에까지, 그리고 매우 비밀스럽게 숨겨져 있는 곳에까지 닿을 수 있는 회중찬송으로 불러졌을 것이다.[171]

한편으로, 모세의 노래의 서론부분(1절상)은 이야기식 구조를 가진 산문형인데, 모세가 찬송을 부르면서 "이스라엘 백성들"을 인도한다. 다른 한편으로, 미리암의 노래의 서론 부분(20절)도 이야기식 구조를 취하는 산문형으로 미리암이 "모든 여자들"의 맨 앞쪽에서 인도하고 있음을 묘사하고, 여자들은 탬버린을 들고 춤을 추고 "그들에

169 Susan J. White, *Foundations of Christian Worship*(Louisville: Westminster John Knox, 2006) 31.

170 Ibid., 216.

171 Michael Williams, ed. *The Storyteller's Companion to the Bible, Exodus-Joshua*(Nashville: Abingdon, 1992), 62.

게"lathem, 즉 이 문맥상으로는 명백히 여인 자신들에게 노래를 주고 받으면서(교창으로) 미리암을 따랐다. 그럼에도 불구하고 여자들의 노래는 찬양 형식으로 "야훼에게" 드리는 것이다. 먼저 부른 모세의 노래는 가나안 사람들의 언어와 이미지 냄새가 나며 모세의 명망 있는 권위를 드러내는 반면, 미리암의 노래는 출애굽 이야기의 결론으로 소개됨에도 불구하고 용두사미 형식의 내용으로 인해 독자를 당황하게 만든다.[172]

구약의 시편들이 축복과 구원에 관한 이스라엘의 감정으로부터 나온 것처럼 바다의 노래도 구원 받은 이스라엘의 감사와 찬양을 표현한다. 시편들이 성경 전체에서 자주 발견되는 이유는 그 시편들이 하나님에 대한 감사와 찬양으로 풍성하기 때문이듯이, 바다의 노래도 하나님의 영광을 목격한 무리들의 당연히 넘치는 기쁨, 축하, 그리고 감사의 찬양으로 넘친다. 또한 바다의 노래는 시편처럼 하나님의 승리를 높일 뿐 결코 이스라엘의 승리를 자랑하지 않는다. 모세와 이스라엘 백성들은 전사가 아니라, 단지 하나님을 따라 함께 홍해를 지나간 것을 매우 대담하게 찬양하며 축하할 뿐이다.[173]

실제적으로 홍해를 건너고 애굽인들이 사장되는 것을 보자마자 모세와 남자들이 노래를 불렀고, 그 다음에 미리암과 여성들이 노래를 불렀다. 남자들은 노래만 불렀지만, 그 다음 여성들은 춤을 추고 탬버린을 치면서 노래를 불렀다. 남자들은 자신들의 구원에 대한 기쁨과 더욱 온전한 구원을 향한 바람을 노래했지만, 무엇인가 부족하였다. 오직 미리암의 노래만이 악기와 춤을 동반하는 온전한 찬송을 하

172 Bernard W. Anderson, "The Son of Miriam: Poetically and Theologically Considered," *Directions in Biblical Hebrew Poetry*, ed. Elaine R. Follis (Sheffield, England: Sheffield Academic Press, 1987), 285.

173 Ibid.

나님에게 드렸다. 동생 모세와 남자들이 먼저 부른 노래를 앙코르처럼 두 번째 연주를 하는 미리암과 여성 성가대원들은 자신들이 부를 찬송을 선택하는데 시간을 허비하거나 높은 자리에로 올라가기 위해 줄서 기다리지 않았다. 구원의 현장에서 실제로 자신들이 구출된 것을 보고 생각하는 것만으로도 흥분되고, 떠들썩하고, 감정이 폭발하는 노래와 외침, 아우성을 억제할 수 없었다.

모세와 남자들의 노래 후에 미리암과 여자들이 부르는 노래는 놀라울 정도로 간결하고 직접적이다[174]: "너희는 여호와를 찬송하라 그는 높고 영화로우심이요 말과 그 탄자를 바다에 던지셨음이로다 하였더라"(출 15:21). 그러나 이 간결한 노래는 춤과 탬버린(또는 드럼)이 동반됨에 따라 반복적으로 불러지고 그러기에 더욱 구원에 대한 감사와 기쁨을 증가시킬 수밖에 없었을 것이다: "아론의 누이 선지자 미리암이 손에 소고를 잡으매 모든 여인도 그를 따라 나오며 소고를 잡고 춤추니..."(출15:20). 여기에서 "춤추다"의 히브리 동사 뿌리는 "빙글빙글 돌다," "회전하다," 또는 "몸부림치다"는 의미를 지니고 있다. 그래서 여자들의 춤은 미리 준비되지 않은 활기찬 것, 그리고 반복적인 것이었음이 틀림없다.[175]

미리암과 여자들이 함께 춘 춤은 그들이 부른 노래에 종교적 성격을 분명하게 더 해준다. 입다의 딸이 전쟁을 승리한 자신의 아버지를 환영하기 위해 춘 춤(삿 11:34)과 다윗이 다시 찾아 온 법궤 앞에서

174 성서학자들은 뒤에 나오는 간결한 미리암의 노래(출15:21)가 앞에 나오는 길게 확장된 모세의 노래(출15:1-18)의 모태였을 것으로 추측한다. 미리암이 원래 불렀던 노래를 후에 더 세밀한 내용으로 확장시켜 모세가 부른 것으로 만들어 출애굽의 해방감을 만끽한 그 축제를 모세 중심으로 만들었다고 보는 이런 주장은 오히려 미리암이 이스라엘이 해방되는 과정에서 큰 역할을 했음을 상징적으로 드러내는 것이다. Martin Noth/한국신학연구소 번역실 역. **출애굽기**. 제5판, 국제성서주석 1(서울: 한국신학연구소, 1993) 145를 보라.

175 Ibid.

춘 춤(삼하 6:14)들도 성전에서 행해지지 않은 춤이지만 종교적인 성격을 지닌 것들이다.[176] 비록 미리암과 여자들의 춤이 성전에서 일어난 것이 아니지만, 자신들의 적들과 바다로부터 구출을 받은 후에 춘 것이기 때문에 전쟁 승리자들이 승리의 찬가와 춤들로 환영을 받았듯이 전쟁 후의 승전가이며 찬송시를 표현한 것임을 알 수 있다. 구약성경 안에는 전투를 하기 전에 승리를 보증하기 위한 축하에서 전쟁 춤의 예가 전혀 나타나지 않는다. 여호와가 행하신 후에야, 즉 여호와가 백성들을 구하시고 그들의 적들로부터 구출하신 후에야 항상 춤들이 나타났다.[177] 미리암의 노래가 바다로부터 구출을 받은 것에 대한 감사와 찬양을 표현하는 종교적인 성격이 강하기 때문에 탬버린에 맞춰진 춤도 종교적인 것이라 말할 수 있다.[178]

이런 점에서 미리암은 춤을 통해 하나님의 승리와 구원을 축하하는 이스라엘의 예배전통을 시작한 예배인도자이다. 미리암은 춤은 백성들에게 하나님이 그들을 위해 행하신 것을 기억나게 하며 또한 다음 세대에 그들을 위해 오셔서 싸우실 전쟁의 신 하나님의 능력과 강하심을 소개하는 역할을 한다. 이와 같은 종교적 춤의 배경은 이스라엘 백성들이 광야에서 헤매는 동안 장막 예배에서 사용되었음을 보여주는 것 같다. 후에 이스라엘 백성들의 예배에서 춤은 여호와가 그들을 위해 싸우신 전투를 재연하는 하나의 방법으로 사용되었다. 그래서 그들은 여호와의 구출과 구원을 기억할 수 있었으며 그 믿음을 다음 세대에 계속 전할 수 있었다.

176 H. H. Rowley, *Worship in Ancient Israel: Its Forms and Meaning* (Philadelphia: Fortress, 1967) 104.

177 Shawna R. B. Atteberry, "Miriam: Standing between Life and Death," http://www.crivoice.org/WT-miriam.html (2007).

178 Ibid., 204.

3. 회중찬송의 교창

여자들의 목소리가 탬버린의 박자에 따라 바람과 바다물결을 타고, 그들의 치마들이 소용돌이치며 그들의 머리카락이 바람에 흩날렸다. "이리 오시오!"라는 한 목소리가 하나의 찬송으로 이어졌다. "이리 와서 여호와께 노래하고 춤춥시다! 우리를 자유롭게 하신 하나님을 찬송합시다!" 우리는 이 짧은 본문(출 15:20-21)으로부터 회중찬송과 관련된 두 가지 중요한 특징들을 다룰 필요가 있다: 1) 회중찬송의 인도자로서의 미리암의 역할, 그리고 2) 미리암이 여자들과 함께 부른 회중찬송의 교창 형식.

첫째로, 미리암은 회중찬송을 처음으로 시작한 예배인도자이다. 구약성경에서 가장 잘 알려진 초기 노래들의 하나가 드보라의 노래(사사기 5장)이다. 그러나 드보라가 백성들을 인도하며 여호와께 승리의 노래를 부른 첫 번째 예배인도자는 아니었다. 오히려 미리암이 여자들의 찬송과 춤을 인도하였으며 자유를 얻은 이스라엘 백성들이 드리는 첫 번째 예배를 인도하였다. 더구나 미리암은 홍해를 건넌 후에 모든 회중과 함께 승리의 노래를 부르는 하나의 예배전통을 세웠다. 비록 미리암이 모세와 아론과 같이 예언자로 알려지지만, 성경 어느 곳에서도 그녀가 하나님의 말씀을 전하는 전통적인 예언자 역할을 행하지는 않는다. 미리암의 역할은 회중찬송과 관련된 예전 전통을 시작한 예배인도자로서 더욱 분명하게 나타난다.

대부분의 성서학자들은 출애굽기 15:21이 구약성경에서 가장 오래 된 본문들 중 하나라고 동의한다. 또한 대부분의 학자들은 원래 "바다의 노래"가 미리암의 것이라고 생각한다. 출애굽기 15:19절은 홍해에서 여호와께서 이스라엘 백성을 구출하신 것과 바로의 군대를 파멸시키신 것을 자세히 설명한다. 그리고 출 15:20절에서 미리암은 분명하게 여자들을 춤으로 인도하며 여호와의 승리를 축하한다. 그러나 "찬송하라"(히브리어 shiru)는 명령어는 여성형이 아니라 남성 복수형이다. 히브리어는 혼합된 그룹의 성을 표현할 때 남성형을 사용하기 때문에, 20절의 경우는 미리암이 단순히 여자들만이 아니라 모든 이스라엘 백성들을 인도하여 자신들의 승리를 축하하며 여호와를 예배했다는 것을 암시하는 것이다.

하나님에게 드리는 기독교의 예배에서 여자들의 노래를 어떻게 이해할 것인가? 유대인 예배에서는 여자들로 구성된 성가대가 적지 않았다. 기독교 또한 여자들의 예배 찬송에 관해 특별한 입장을 취한다.[179] 애굽을 탈출 한 뒤 감사 예배를 드릴 때 미리암이 노래와 춤을 추는 여자들을 인도한 것은 유대교뿐 아니라 기독교의 예배에서 전통의 하나로 이해할 수 있다.[180] 구약시대 성전에서 노래를 부르는 자들의 임무는 찬양을 담당하는 것이다. 그러나 성전에서 노래하는 것은 현재 우리가 예배에서 찬송을 부르는 것과는 매우 달랐다. 성전에서의 노래는 회중적이지 않았다. 성전시대의 예배에는 전문적으로 노래 부르는 자들만이 노래를 부르고 연주를 하였으며 회중은 그렇게 할 수 없었다.[181] 예배음악에서 회중이 담당하는 부분은 노래를

179 그러나 Johannes Quasten은 처음 2세기 동안은 회중이 노래할 때 여성들이 참여했다는 기록이 거의 남아있지 않지만 여성들이 그런 회중 노래에 한 부분을 맡았을 것이 분명하다고 주장한다. Johannes Quasten, *Music & Worship in Pagan & Christian Antiquity*(Washington, D.C.: National Association of Pastoral Musicians, 1983), 77.

180 유대인 역사가 필로(Philo)는 초기 기독교에로 개종하였을 유대인 집단(Therapeutae)의 공동체들의 예배에서 여자들이 찬송을 부르는 일에 참여한 비슷한 내용에 관해 전해준다. Philo, *De vita contemplativa* 11, 83 (VI 68 Cohn-Reiter). 또한 필로는 그 유대인 집단에서 남자들의 합창과 여자들의 합창 사이에 교창이 있었다고 전한다. Philo, *De vita Moysis I 180*(163 Cohn).

181 W. O. E. Oesterley, *A Fresh Approach to the Psalms*(London, 1937), 91-122를 보라.

부르는 가운데 어떤 한 부분에서 '아멘'이나 '할렐루야' 또는 '영원히'와 같은 예배에서의 외침 그 이상은 아니었다.[182]

출애굽 사건에서 미리암을 포함한 여자들에게 주어진 역할은 이런 구약시대의 성직자들이며 전문가들, 그리고 남자들인 레위지파 중심의 성전음악에 대한 이해를 가지고 출발해야 한다. 여기에서 구조적으로 여자들의 역할을 이해하려면 출애굽기 1장에서 15장까지의 모든 내용에로 돌아가야 한다. 그래야 여자들의 중요성이 다시 한 번 두드러지게 나타난다. 전승에 의하면, 미리암의 노래가 먼저 나오고 모세의 노래가 미리암의 것을 확대한 것 같이 보인다. 그 두 노래는 일반적으로 히브리 성경에 나타나는 가장 오래된 시들로 인정된다. 그러나 현재 편집된 것에 의하면, 미리암의 노래가 모세의 것보다 더 교창의 기능을 지니고 전반적으로 회중에 의한 감사를 강화하는데 도움을 주고 있다.

둘째로, 바다의 노래의 내용이나 형식을 살펴보면 교창 형식으로 불러졌다는 증거들이 여러 곳에서 나타난다. 그리고 바다의 노래에 나타나는 교창은 다양한 형식을 취한다. 노래를 서로 주고받는 형식의 대구절들이 확대되어 사용되는 것, 바다의 노래shirah의 기원을 "모세와 이스라엘 백성들"에게로 돌리는 서론적인 산문형 문장, 그리고 미리암과 여자들이 함께 노래하는 것에 관한 언급 등 이런 모든 것은 바다의 노래가 바로 교창으로 불러졌음을 암시하는 것이다.[183]

먼저, 전체적인 구조에 의하면, 앞서 모세가 이끄는 남성합창(출15:1-18)과 뒤 따르는 미리암이 이끄는 여성합창(출15:19-21)은 서로

182 Sigmund Mowinckel, *The Psalms in Israel's Worship*(Oxford: Basil Blackwell, 1962), 83.

183 고대 근동에서 사용된 교창에 대해 see the references in J. L. Kugel, *The Idea of Biblical Poetry*(New Haven: Yale University Press, 1981), 116-119에 언급된 것들을 보라.

번갈아 노래하는 히브리의 창唱 형식인 화답창antiphonal singing으로 합창과 합창의 교창방식에 해당된다. 이에 반해 응창(應唱, responsory)은 독창자와 합창의 교창交唱방식을 말한다. 그 다음으로, 모세와 남자들의 노래도 교창 형식을 취한다(출 15:1-18). 모세와 이스라엘 백성들은 바다의 노래를 교창으로, 즉 부분적으로 응답하면서 불렀다. 그러나 모세와 이스라엘 백성들은 “여호와여 신중에 주와 같은 자가 누구니이까? 주와 같이 거룩함으로 영광스러우며 찬송할 만한 위엄이 있으며 기이한 일을 행하는 자가 누구니이까?”(출 15:11)라는 구절에서 서로 전반부와 후반부를 나누어 교창으로 불렀다. 이런 교창형식은 페르시아 예배(Shlomoh Tal 1980:9, lines 1-2; 65, lines 10-11)가 대답하다 또는 응답하다라는 단어('anu)를 반복하기 위해 편집된 경우처럼 보인다.[184] 그러나 그 교창이 정확하게 어떤 형식이었는지에 대해서는 아직도 논쟁의 여지가 있다. 첫째 견해는 백성들이 모세가 시작한 구나 절을 반복하거나 완성시켰다는 것이다. 둘째 견해는 그 구나 절들을 교대로 복창하였다는 주장이다. 그리고 셋째 견해는 모세가 먼저 끝낸 후에 백성들이 그 노래 전체를 복창했다는 것이다.

또한 미리암과 여자들의 노래가 지닌 교창 형식도 분명하게 나타난다(출 15:20-21). 옛 서사시 전통에 의하면, 미리암의 모습은 인도자로 묘사되는 반면, 여자들은 미리암의 춤을 따르면서 탬버린을 연주하였다(삼상 18:6, 삿 11:34, 렘 31:13 참조). 미리암은 자신의 노래를

184 Reuven Kimelman, “The Shema and Its Blessings: The Realization of God's Kingship,” in *The Synagogue in Late Antiquity* ed. by Lee I. Levine (Philadelphia: The American Schools of Oriental Research, 1987), 78을 보라. 한 걸음 더 나아가, Umberto Cassuto는 그 노래가 ‘각 절의 마지막에 나오는 후렴’으로, 즉 바다의 노래를 이끄는 각 절로 의도된 것이었다고 주장한다. 이것은 그가 한 때 독립적이었던 전통에 맞추려고 노력한 것처럼 보인다. Umberto Cassuto, *A Commentary on the Book of Exodus,* trans. by Israel Abrahams(Jerusalem: Magnes, 1967), 182를 보라.

부르면서 그 여자들에게 화답한다(21절 상). 여기에서 사용된 'anu(대답하다, 응답하다)라는 동사가 미리암이 화답하여 노래했다는 것을 암시한다. 이런 사실은 옛 주석가들에 의해 많이 언급되었다.[185]

교창의 역사는 고대 근동 지역에서 매우 오래되었다.[186] 그리고 랍비 시대에는 교창이 회당에서 일반적으로 사용되었다.[187] 예를 들어, 바빌론과 우가릭 문헌들이 교창에 대해 언급하고 있다. 어떤 히브리 노래들은 분명히 한 지도자와 합창단이 부르도록 또는 두 개의 합창단이 부르도록 만들어진 반면(예로, 시편 136편), 다른 곳에서는 교창의 가능성들이 분명하게 나타난다.[188] 이런 주장을 뒷받침하는 것으로, 주전 1세기 알렉산드리아의 필로는 이스라엘 백성들이 하나는 남성들을 인도하는 모세, 그리고 다른 하나는 여성들을 인도하는 모세의 누이 미리암으로 구성된 두 개의 합창대를 형성하였다고 추정했다.[189] 필로에 의하면, 초기 기독교에로 회심했을 유대인 분파 테라퓨테파 Therapeutae의 합창단이 바다의 노래를 부른 합창단을 모델로 하여 "때로는 함께 부르고, 때로는 교창으로 화음을 이루면서" 하나님에게 찬송을 했다고 전한다(Contemplative Life 88). 그러므로 테라퓨테파 Therapeutae의 거룩한 노래와 춤은 홍해에서 이루어진 이스라엘의 구원을 노래한 모세와 미리암의 노래를 간단히 모방한 것이었다.

바다의 노래와 같은 교창곡은 전반적으로 사람들의 목소리로 하나

185 W. H. Bennett: 'Miriam and her choir sang antiphonally'. *Exodus* (Edinburgh: T.C. & E. Jack, 1908), 137.

186 Eric Werner, *The Sacred Bridge: The Interdependence of Liturgy and Music in Synagogue and Church during the First Millennium* (New York: Columbia University Press, 1959), 203.

187 랍비 문헌들에 나타나는 다른 교창 형식들에 대하여 James L. Kugel, *The Idea of Biblical Poetry: Parallelism and Its History*(New Haven: Yale University Press, 1981), 116이하를 보라.

188 신명기 27:12 그리고 느헤미야 12:24, 37-47은 교창 음악이 분명하다.

189 Philo, *Vita Moses* I.32.

님의 구원에 대한 감사를 강조하기 위해 사용된다. 이런 노래 가사들은 과거에 구원 받은 자들과 현재 아직은 구원받지 못한 사람들 사이의 동일시를 분명히 하려는 것이다. 그런 노래들은 마치 최초에 불러진 노래처럼 느껴지고 표현된다. 예배에서 그런 노래를 부르는 자들은 이미 앞서 구원 받은 자들의 찬양가사에 갈채를 보내면서 쉽게 합창에 참여하게 된다. 또한 대구對句 방식을 취하는 교창곡은 서로에게 화답하게 함으로 예배공동체 의식을 강하하는데 도움이 된다.

4. 예배에서의 바다의 노래

바다의 노래가 지니는 가치는 무엇보다 그 노래가 성전예배에서 예배음악으로 받아들여졌다는 데 있다. 이스라엘은 하나님이 행하신 일에 대한 미리암과 여자들의 반응을 간단한 합창으로만 이해하지 않았다. 번스Rita Burns는 "모든 여자들"이 참여하는 악기 연주와 춤에 대한 구절들이 "바다를 건너는 것을 극적으로 재연하는" 더욱 복잡한 의식을 암시한다고 주장한다(예로, 삼상 18:6-7).[190] 그의 주장은 미리암과 여자들이 적극적으로 표현한 노래, 악기 연주, 그리고 춤이 출애굽 사건을 단순히 과거의 예전으로 끝나지 않고 보다 더 확대된 전체 예전의 한 부분이 되도록 하였으며, 한 걸음 더 나아가 정기적

190 Rita J. Burns, *Has the Lord Indeed Spoken Only Through Moses?: A Study of the Biblical Portrait of Miriam*(Atlanta: Scholars Press, 1987), 이 Marquette University 박사학위 논문은 앞으로 구약성서의 여자들에 관한 연구들에 기초를 제공하는 연구이다. 미리암의 이름이 나타나는 일곱 성경구절들을 자세하게 그리고 종합적으로 다룬 이 연구는 '역사적인 미리암 탐구'를 의도한 것이 아니라, 오히려 개별적인 본문의 증언들에 관한 종합적 분석으로 성서적인 미리암의 모습의 특징을 찾으려는 하나의 시도였다. 번스는 가장 오래된 바다의 노래에 관한 분석을 출 15:20-21(제2장)로부터 시작한다.

으로 재연되었다는 것을 반영하는 것으로 이해해야 한다는 것이다 (출 14:19-31).

바다의 노래가 하나님이 행하신 사건에 대한 공동의 기억과 재연으로서 예전적 가치와 필요성은 자연스럽게 이스라엘의 중요한 유월절과 연결된다. 그러므로 바다의 노래는 유월절에 관련된 본문들과 유사하며 바다의 노래와 유월절 축제 두 가지를 연결하여 확대된 본문(출 12:1-15:21)을 형성하게 된다. 이런 이유로 유월절이나 바다를 건너는 것과 관련된 이야기들은 예전과 관련된 본문들 속에 포함되어 있다. 이렇게 출애굽기 15장의 바다의 노래와 같이 시(찬양) 형식으로 표현된 사건이 절기와 결합될 때 나타나는 예전적 사건의 이미지는 출애굽기 14장에 나오는 비예전적 사건보다 더욱 인상적으로 보이게 된다는 것이다.

바다의 노래가 유월절 제의와 관련된 가능성이 있다는 주장의 배경으로 애굽인들의 음악적 관습이 중요한 역할을 한다. 필로는 애굽의 궁전에서 자라던 모세가 애굽인들로부터 "리듬, 화음, 박자와 악기와 관련된 모든 것"을 배웠다고 전한다.[191] 모세의 제의와 애굽의 제의들 사이의 차이에도 불구하고, 부인하기 힘든 것은 애굽인들이 유대인의 음악적 관습에 상당히 많은 영향을 끼쳤다는 것이다. 이것은 애굽의 제의 음악이 지닌 높은 수준을 고려할 때 합리적인 주장이 될 것이다. 탬버린이나 팀브럴(하얀 가죽을 펼쳐서 테에 종을 단) 악기들은 애굽으로부터 왔다. 미리암이 이 악기를 사용하여 홍해 해변에서 부르는 노래와 춤을 반주하였다.[192]

바다의 노래는 아주 일찍이 유대인 예전에서 특별한 위치를 차지

191 Philo, *De vita Moysis* I 23 (125 Cohn).

192 Johannes Quasten, *Music & Worship in Pagan & Christian Antiquity* (Washington, D.C.: National Association of Pastoral Musicians, 1983), 65를 보라.

한 것으로 보인다. 성전이 파괴된 후에는 팔레스타인 공동체들이 희생제사 없이도 레위지파의 관습을 지속시켰다. 제2 성전 시대에 레위지파 찬양대에겐 한 주의 안식일에는 1-10절을 영창으로 그리고 다음 주의 안식일에는 나머지 부분을 부르듯 두 파트로 나누어 바다의 노래shirah를 부르고, 안식일 오후에 드리는 제사장의 봉헌tamid을 동반하는 것이 관습이었다(Rosh Ha-Shanah 31a). 로마에 거주하던 유대인들은 이 바다의 노래 전체를 고정적인 매일 아침 예배로, 즉 점차 유대인들의 세계적인 관습으로 통합시켰다. 이처럼 매일 암송하는 것은 하나님께서 세계를 도덕적으로 다스리는 것을 인정하는 것으로, 즉 폭군들이 궁극적으로 그리고 필수적으로 몰락한다는 확신에 의해 보다 큰 의미를 부여하였다. 그런 부인할 수 없는 확신들이 포로기와 박해시기의 긴 어둠의 기간 동안에도 유대인들에게는 점차 중요한 의미로 다가왔다.[193]

기독교의 예배가 시작된 이래로, 바다의 노래는 유대인 예전과 신학에서 현저한 역할을 하였다. 바다의 노래는 일반 대중들 사이에서는 매우 인기가 있었으며 유월절 예전의 제 7일째 되는 날, 즉 유월절 원래의 사건이 일어났던 것으로 받아들여지던 때를 지키기 위해 성경을 읽는 것을 매우 필수적인 일로 받아들였다.[194] 매년 성서일과 주기를 따라 안식일에는 토라 가운데 출애굽기 13:17-17:16 Beshallah을 읽는데, 특별한 지시로 안식일의 노래shabbat shirah를 받게 된다. 페더슨J. Pedersen은 이 바다의 노래가 원래(포로기 후?) 유월절 축제를 위한 찬송이었는데, 후에 출애굽기 1-15장에 나오는 통일된 유월절 설화의 결론으로 오경 속에 통합되었다고 제안한다.[195] 크로

193 Mahzor Vitry, ed. *S. Hurwitz*(Nuremberg: Mekizei Nirdamim, 1923), par. 265, 226-227.

194 Etan Levine-Haifa, "Neofiti 1: A Study of Exodus 15," *Biblica* 54: 3 (1973), 303.

스Frank Cross는 이 노래가 봄을 맞이하는 옛 신년 축제 의식, 즉 후기 전승의 Massot(무교병을 먹는 축제)-Pesah(유월절 축제)와 관련이 있다고 주장한다.[196] 반면 뮬렌버그James Muilenburg는 이 바다의 노래가 가을 축제를 위한 예전의 한 부분이라고 제안한다.[197] 고대 회당에서는 유월절의 마지막 날에 읽는 미리암과 여자들의 노래(출 15:21)는 전통에 의해, 설교학적 정교함에 의해, 그리고 종말론적 설교에 의해 내려온 것처럼 춤을 동반하였다.[198]

바다의 노래는 이스라엘 역사에서 결정적이고 중요한 사건을 축하하는 이스라엘의 국가國歌와 같은 위치를 얻었을 것이다. 가장 이른 랍비 본문들 역시 바다의 노래를 메시아 시대가 올 때 불러야 할 "새 노래"와 함께 결론이 내려질 연속적인 노래의 한 부분으로 여긴다.[199] 전승 자료들에 의하면, 유월절과 관련된 종교적인 사건으로서의 출애굽 사건은 바다에서 여자 노예의 신분으로도 예언자 에스겔보다 하나님의 임재Shekinah를 더 많이 볼 수 있는 기회였다!"고 말할

195 J. Pedersen, "The Crossing of the Reed Sea and the Paschal Legend," *Israel, Its Life and Culture*(London: Oxford University Press, 1959) III-IV, Additional Note I, 736-37.

196 Frank Cross, "The Song at the Sea and Canaanite Myth," *God and Christ: Existence and Province,* ed. R. W. Funk, et al., (New York: Harper & Row Publishers, Inc., 1968) 11.

197 James Muilenburg, "A Liturgy of the Triumphs of Yahweh," *Studia Biblica et Semitica*(Wagenigen, the Netherlands: H. Veenman & Zonen, 1966) 236.

198 J. Mann, *The Bible as Read and Preached in the Old Synagogue*, Vol. I (Cincinnati, 1940), 435-440을 보라.

199 이 "새 노래"는 이 땅으로부터 일어나는 모든 고통과 무지함, 질투와 증오를 물리칠 우주적이며 절대적인 기쁨, 희망, 그리고 궁극적 구원을 노래한다. "Miriam's Song: The Womanly Strain in the 'Song at the Sea'" http://meaningfullife.com/torah/parsha/shmot/beshalach/MiriamDIVs_Song.php#essay Based on an address by the Rebbe, Shabbat Shirah 5752 (January 18, 1992).

정도로 하나님의 계시를 받을 수 있는 중요한 기회이었다.[200] 이런 이유로 바다의 노래는 하나님이 거하시는 성전에서 하나님의 임재를 경험할 수 있는 가장 적절한 회중찬송으로서의 예전적 기능을 가지고 있다.

5. 회중에 의한 찬양, 연주, 춤

우리는 바다의 노래가 유월절을 축하하는 제의 안에서 불러졌을 가능성이 매우 높다고 결론을 내릴 수 있다. 그 기능은 예배 가운데 찬양의 한 행위로 하나님께서 자신의 백성들을 위해 행하신 구속적 행위들을 축하하는 것이다. 모세(또는 남자들)의 노래와 미리암(또는 여자들)의 노래로 구성된 바다의 노래는 비록 성경의 인물들에 의해 특수한 역사적 상황 속에서 전해지거나 불러진 것들이었지만, 그 노래들은 하나님에 대한 찬양이며 또한 회중이 예배의 한 부분으로 말하거나 부르기에 적절한 찬양이었음을 말해준다. 성전예배 시대에 레위지파 찬양대원들뿐 아니라, "모든 이스라엘 백성들"에 의해 불러진 것으로 알려진 이 노래는 오늘날의 성가대나 찬양단 뿐 아니라 모든 회중이 예배찬송으로 부르기에 아주 이상적인 노래였다. 이런 점에서 바다의 노래는 처음부터 예배를 위해 특별한 것이었고 이스라엘의 성전예배 때부터 회중노래를 위한 모델로 여겨졌다.[201] 이런 이유로 출애굽기 15장의 바다의 노래는 이미 제2 성전예배의 한 부분으로 사용되었고 알려져 있었다.[202]

200 예를 들어, Mekilta', Shirata', ad (Exodus 15:1).

201 James L. Kugel, *The Idea of Biblical Poetry*, 116-118을 보라.

202 James L. Kugel, "Is there but One Song?" *Biblica* 63: 3 (1982), 335를 보라.

미리암의 노래가 보여주는 것처럼, 여성 찬양대원들은 유대인 예배에서 어느 정도 활동적이었다. 애굽으로부터 탈출한 후 감사하는 예배에서 미리암은 여성들로 구성된 찬양대를 인도했다. 화려하고 장엄한 바다의 노래(출 15:1-18, 모세의 노래) 그늘 밑에 가려져 있던 미리암의 노래(출 15:21)는 그 나름대로 가치 있는 것으로 여겨져야 한다. 미리암의 노래는 바다의 노래 속에 종속된 것이 아니라, 하나의 독립적인 노래로 그 축하하는 내용처럼 야훼가 해방을 이루신 사건에 대해 즉석에서 순수한 마음으로부터 우러러 나온 감사의 찬양으로 응답한 것이었다.[203] 또한 미리암의 노래는 자신의 동료 여성들과 함께 악기를 동반한 노래와 춤을 통해 그 바다에서 일어난 놀라운 사건을 모든 회중과 함께 축하했다. 그렇게 행함으로 그들은 오늘 우리에게 비탄과 감사와 찬송들을 전해준 시편 저자들을 포함하여 기독교의 시인들과 찬양자들이 회중찬송의 인도자로 서 있던 예배 전통을 세우기 시작했다.

모세의 노래와 미리암의 노래는 오늘 우리에게 예배음악 또는 찬양과 춤의 중요성에 대해 다시 생각하도록 한다. 예배음악은 하나님의 주권을 선포하는 행위로 살아 계신 하나님의 임재를 체험케 하며 하나님께 나아가는 길이 된다. 그러므로 예배음악은 무엇에 의해서도 수단화 될 수 없는 그 자체가 목적이어야 한다. 또한 미리암과 여자들이 보여준 것처럼, 구약의 예배에서 춤추는 것은 일반인들에게는 평범한 것이었다(대상 25장; 삼하 23장; 시편 47편; 에스라 3장). 그리고 예배 춤은 간단한 악기와 몸을 함께 움직이는 형식을 취했다(삼상 18:6; 사35:6; 시30:11; 렘31:13). 예배에서 전문 연주가들이 연주하고 춤을 춘 것은 후대의 일이다. 미리암과 여자들은 하나님께서 행하신

203 Claus Westermann, *The Praise of God in the Psalms,* trans. by Keith R. Crim (Richmond, VA: John Knox, 1965), 87-88을 보라.

일들에 대해 감사와 기쁨을 표현하기 위해 온 몸으로 반응하는 것을 조금도 이상하게 여기지 않았다. 오늘날 우리처럼 교회의 장의자에 빽빽하게 앉아 감상꾼이나 구경꾼으로 있지 않았다. 그래서 그들에게는 더욱 찬양이 폭발하고 충일한 상태에서 뛰며 춤추는 것이 쉬웠다. 오늘 우리의 예배찬송도 하나님 앞에서 미리암과 여자들이 표현한 구원의 기쁨과 감사를 풍성하게 표현해야 한다. 모든 회중과 함께 찬양뿐 아니라 악기연주와 춤으로도 표현하는 것이 우리의 예배에서 지속적인 도전과 유혹이 되어야 한다.

제 10 장

영상 예배

본 연구는 최근 멀티미디어 시대에서 사용되는 현대의 드라마 이미지들이 어떻게 젊은이들의 예배에 영향을 주는지를 살펴보려는 목적을 지닌다. 이 연구는 멀티미디어의 영향을 가장 강하게 받고 있는 예배 현장이 젊은이들의 예배일 것이라는 전제에서 출발한다. 그 이유는 영상세대인 젊은이들을 대상으로 기획되고 진행되는 예배가 다양한 매체를 복합적으로 사용하여 음성, 문자, 그리고 영상이 복합되어 들려지고 읽혀지고 보이며 재현되는 멀티미디어 예배를 대표하기 때문이다. 예배 현장에는 무대와 같은 분위기를 느끼게 하는 대형 스크린과 다양한 현대 악기들, 그리고 여러 마이크들이 설치된다. 다양한 미디어로 표현된 하나님은 쉽게 다가갈 수 있는 분으로 친근감 있게 느껴지며, 스크린에 투사된 노래 가사들은 하나님을 장엄하고 아름다운 단어들로 표현한다. 이처럼 표현 형식의 다양화를 통하여 진행되는 예배는 사회적 대화 매체의 변화에 따라 예배의 표현 방법도

개혁되어야 하는 멀티미디어 시대에 가장 충실하다고 볼 수 있다.[204]

그러나 이런 주장에도 불구하고 영상 매체를 통한 예배갱신에 대한 일반적 반응이 아직은 그리 긍정적인 것만은 아니다.[205] 일반적으로 영상예배에 대한 비판의 소리는 교회 건물의 앞쪽 중앙 무대 위에 설치된 대형 스크린에 나타나는 영상을 따라가는 예배가 마치 드라마를 상영하는 극장을 연상하게 한다는 것이다. 이런 비판의 소리는 크게 두 가지로 구분된다. 먼저, 영상을 만드는 과정에서 나타나는 원숙하지 못한 영상 제작기술이 하나님의 세계에 대한 예배자들의 다양한 경험과 상상을 획일화시키는 예배manipulation worship가 될 수 있다는 것이다. 또한 예배를 말로 인도해 오던 목회자들의 자리가 주로 문자로 진행되는 영상으로 대치되어 T.V.나 영화 등 영상문화에 익숙해져 있는 예배자들에게 예배가 유흥적인 것entertainment worship으로 여겨질 수 있다는 것이다.[206] 드라마와 자극을 통하여 하나님의 임재에 대한 깊은 느낌을 일으키는 예배는 좋지만, 일반 드라마에 익숙해져 있는 많은 예배자들은 "하나님을 찬양하는 대신 관중을 즐겁게 하는" 예배 형식에 압도되고 만다.[207] 그래서 예배의 내용에 대해 침묵

204 임태정, "멀티미디어 예배의 신학적 근거," 제3회 멀티미디어 예배 세미나(울산감리교회, 1999), 60.

205 예배학자들은 시대적인 현상으로 나타나는 새로운 형태의 예배가 길어야 20년을 넘기지 못할 것으로 예상한다. 이런 부정적인 견해의 한 예로, 정장복 교수는 영상매체를 통한 예배를 시도한 교회들의 결과적인 반응이 긍정적인 면보다는 부정적인 면이 더 많다고 전한다. 그의 책, **예배의 신학**(장로회신학대학교 출판부, 1999), 378을 보라.

206 예전 전통을 고집하는 자들은 현대적인 예배를 따르는 자들이 신앙과 신학의 깊이가 결여된 유흥적인 예배와 기술적인 예배를 경계해야 한다고 지적한다. Robert Webber, "How Will the Millennials Worship?" *Reformed Worship* 59 (March 2001), 2-3.

207 Marva Dawn, *Reaching Out Without Dumbing Down: A Theology of Worship for the Turn-of-the-Century Culture*(Grand Rapids: Eerdmans, 1995), 123.

하거나 하찮게 여길 수 있다는 지적이다.

그럼에도 불구하고 20세기의 마지막 시대가 이미 열어 놓은 다양한 정보매체의 세계에서 영상, 문자, 음악 및 음성 등을 복합적으로 처리하는 멀티미디어를 이용한 예배는 그 역기능에도 불구하고 급변하는 시대에 예배를 기획하고 진행하는 목회자가 무관심하게 지나쳐 버릴 수 없는 하나의 도전이 되고 있다. 더구나 이 새로운 예배 현상에 대해 일반 목회자들의 관심과 질문은 점차 증폭되고 있다. 우리 주변에서 대형 스크린을 설치하고 영상 매체를 사용하여 예배를 드리는 교회들을 찾는 것은 그리 어렵지 않다. 이미 영상예배를 시도하고 있는 교회들이나 영상예배에 대하여 관심을 가지는 교회들에게 다음과 같은 질문들이 일어나고 있다. 최근에 예배갱신을 부르짖고 있는 한국교회가 새롭게 등장한 영상예배가 주는 도전에 대해 어떻게 반응해야 할 것인가? 예배와 영상 매체의 결합이 바람직한가? 그리고 바람직한 예배를 위해 영상 매체를 효과적으로 사용할 수 있는 방법은 무엇인가?

1. 한국교회 예배의 새로운 현상

미국의 선교사들에 의해 심겨진 한국교회의 예배는 전형적으로 비예전적 전통을 지켜왔다. 1907년의 대부흥운동은 한국교회의 비예전적 전통을 더욱 견고하게 하였다. 이렇게 예전의 전통으로부터 자유로움을 누려온 한국교회의 예배는 20세기 후반에 이르러 교회성장을 위한 프로그램으로 굴곡되기까지 하였다.[208] 이런 한국교회의 현

208 한국교회 예배사에 나타난 예배현상의 특징들에 관하여 허도화, *한국교회 예배사* (서울 : 한국강해설교학교, 2004), 15-21을 보라.

상학적 관심은 최근에 비예전적 전통의 미국교회들을 중심으로 새로운 형태의 교회성장을 가져온 열린 예배 경배와 찬양 예배로 몰리기 시작하였다. 현재 한국의 개 교회들은 다양한 교인층을 고려하여 점차 예배의 차별화 또는 다양화를 시도하고 있다. 이런 이유로 우리는 주일예배를 2회 이상 드리는 교회에서 한국교회의 전통적인 예배 형식과 대형 스크린과 영상 매체를 이용하는 새로운 예배 형식을 동시에 경험할 수 있게 되었다. 이런 현상은 한국교회 안에 예배 1세대와 2세대를 구분하는 기회를 제공하였다.

최근 이런 예배의 차별화 또는 다양화로 변화를 기대하는 교회들이 영상 매체를 사용하는 예배에 많은 관심을 나타내고 있다. 그리고 영상예배가 많은 목회자들에게 예배갱신의 한 방법으로 이해되기 시작하였다. 이것은 급변하는 시대에 적절한 새로운 형태의 예배를 계속 찾아야 한다는 주장을 대변한다. 초대교회와 종교개혁시대의 예전 전통으로 돌아가야 한다는 주장은 아직 예식서나 강의실을 벗어나지 못하고 있으나 새로운 형태의 예배를 말하는 목소리는 교회성장을 추구하는 목회자들에게 기다리던 복음과 같다.

연극이나 춤, 각종 미디어를 활용하는 예배는 한국교회 안에 예배의 축제성과 다양성에 대한 새로운 이해가 일어나고 있음을 의미한다. 축제적인 예배에 대한 새로운 이해는 시대 변화에 적극적으로 대처하기 위한 정보와 통찰을 제공하였다. 예배는 무엇보다도 축제적이고 역동적인 모습을 되살려감으로 회중이 여흥을 즐기는 구경꾼이나 관객으로 남지 않도록 프로그램이나 참여자의 다양화를 꾀하여야 한다. 예배의 축제화는 교회 내 다양한 그룹들의 전폭적인 지원과 참여를 이끌어 회중의 삶과 연결되는 것이어야 한다.

이와 같은 새로운 예배 현상은 최근 세계교회에 일어나고 있는 예배갱신의 한 흐름에 속한다. 20세기 후반에 일어나기 시작한 개신교의 예전갱신운동은 초대교회의 예배 연구나 세계교회의 일치운동에 힘입어 예배에 대한 새로운 이해를 제공하였다. 가장 두드러진 변화는 예수 그리스도의 부활 축제를 반복하는 주일예배의 축제성을 회복하여 좀더 역동적인 예배를 경험하려는 노력에서 나타났다. 그러나 이와 같이 예배를 통하여 교회 공동체의 생명력을 표현하려는 노력은 예전회복운동뿐 아니라 오순절-카리스마적인 예배 또는 경배와 찬양을 중심으로 진행되는 비예전 전통의 예배에서도 나타나고 있다.

축제적인 예배란 드라마틱한 성격을 지닐 수밖에 없다. 축제적인 예배는 인간의 육감 전체를 활용한다. 예배의 내용이 말보다 행동으로 진행되며 무용과 연극과 같은 움직임과 리듬이 따른다. 축제적인 예배에는 같은 것의 반복만이 아닌, 새로운 창조적 표현이 요청된다. 이런 회중의 새로운 요구는 음악, 미술, 건축, 환경 예술, 드라마, 춤 등을 강조하는 예술의 문예부흥이 교회의 예배 안에 다시 일어나게 하였다.[209] 이와 같은 다양한 예술적 감각을 활용하는 "멀티미디어 예배"라고 불리는 새로운 예배가 한국교회에 등장한 것이다.[210]

209 Robert Webber, "The Future Direction of Christian Worship," *Ex Auditu: An International Journal of Theological Interpretation of Scripture*(8: 1992), 113.

210 한국에서 시작된 멀티미디어 예배와 현황에 관하여는 1997년부터 3년 동안 진행한 울산감리교회 멀티미디어 예배를 소개한 책, 임태정, **예배의 개혁, 멀티미디어 예배**(국민일보 출판사, 1999)를 참고하라.

2. 현대 예배와 미디어

현대 예배는 구도자들과 전통적인 예배 형식에 흥미를 잃은 자들에게 다가가기 위해 최신 커뮤니케이션 기술을 사용한다. 그래서 현대 예배의 형식은 문화적으로 접근이 가능하고 관계를 유지할 수 있어야 하며, 새로우며 개혁적인 것을 찾는다.[211] 이와 같은 현대 예배의 방향은 이 시대의 특징인 미디어와 자연스럽게 만나게 된다. 그러나 멀티미디어 예배에서 극적인 요소는 항상 논쟁의 대상이 되어 왔다. 멀티미디어 시대의 영향을 받기 시작하는 많은 교회들의 강단은 마치 텔레비전 스튜디오같이 보인다. 어떤 예배들은 비디오의 장면들을 빠르게 상영함으로 이루어진다. 예배 기획자들이 예배 분위기를 만들기 위해 다양한 장비들을 사용한다. 그러나 이런 노력들을 할 때, 예배를 스펙터클 영화로 만들려는 위험과 쉽게 미혹되는 사람들을 즐겁게 하려는 유혹에 빠지지 않도록 항상 조심해야 한다.

우리는 미디어 시대에 살고 있다. 미디어가 점차 거대한 힘을 가지고 영향력을 발휘하는 문화 속에서 우리들은 그 미디어로 인하여 종종 잘못된 것들을 예배하도록 유혹을 받는다. 그러므로 그리스도인들로서 우리는 예배에서 쉽게 미디어를 사용하려는 생각을 경계해야 한다. 실제로 예배에서 미디어를 사용하는 것이 최근에 새로운 문제로 등장한 것은 아니다. 고대 이스라엘 백성들도 창조주 하나님보다 그 분의 피조물들을 예배하도록 만들 수 있는 과학 기술을 사용하는 것에 대해 강한 경고를 받았다. 이와 같이 우리가 예배에서 미디어를 언제 사용하더라도 하나님이 우리 예배의 중심이 되어야지 과학 기술이나 제작자, 또는 배우들이어서는 안 된다. 일반적으로 목회자들

211 Daniel T. Benedict & Craig Kennet Miller, *Contemporary Worship for the 21st Century: Worship or Evangelism*(Nashville: Discipleship Resources, 1994), 120.

이 영상 매체를 통한 예배에 대하여 염려하는 이유는 "하나님을 예배하는 현장이 인간의 시각을 중심으로" 기획되고 진행되어 결국 "예배의 신성미"를 격하시킬 수 있기 때문이다.[212] 시대의 변화에 발맞추기 위해 몇 사람의 경험과 상상력에 의해 잘못 표현된 영상은 예배공동체의 정신을 상실할 수 있으며 또한 무질서한 예배를 생산할 수 있다.

그러나 아무리 예배를 위해 미디어를 사용하는 것에 주의할 필요가 있음에도 미디어가 여러 가지 면에서 우리의 예배를 도울 수 있음을 부인할 수 없다. 좋은 예술 작품(음악, 미술, 드라마, 춤 등)이 우리에게 말하고, 우리로 하여금 듣게 하며, 또한 우리를 형성하듯이 미디어를 바르게 사용하면 과거의 것이나 우리에게 익숙한 것들에 새로운 의미를 부여할 수 있다. 영상 매체는 예배자들로 하여금 인간의 다양한 감각을 활용하게 하여 예배의 각 순서들이 지니고 있는 의미들을 풍성하게 경험하게 할 수 있다. 또한 잘 기획된 영상예배는 예배자들의 상상력을 자극하여 예배를 자연스럽게 흐르게 할 수 있다.

예를 들어, 강같이 흐르는 예수의 깊은 사랑에 관한 찬송을 부를 때 대해의 파도를 본다면 그 영상은 하나님의 사랑에 관한 우리의 이해를 증대시켜 그 찬송에 생동감을 줄 수 있다. 또한 하나님을 찬양하는 수많은 사람들에 관해 이야기할 때 세계인들의 다양한 얼굴들을 본다면, 하나님의 가족에 관한 우리의 이해가 증대될 수 있다. 어려움을 당하고 있는 세계의 어느 한 나라 백성들을 위한 기도를 할 때 그들의 얼굴들, 마을들과 생활을 본다면, 우리의 기도는 더욱 이해와 애정을 가지고 확실하게 진행될 수 있다. 하나의 장면이 수천의 말만큼 가치가 있다는 말은 사실이다. 이처럼 미디어를 사용하면 길고 많은 설명이 필요 없게 되며 때때로 어떤 것들에 대해 말할 때 글

212 정장복, **예배의 신학**, 379.

보다 더욱 효과를 얻을 수 있다. 이와 같은 효과들이 직접 영상예배를 기획하고 참여한 자들의 신앙적 변화를 통하여 입증되고 있다.[213]

영상예배에 대한 긍정적인 기대는 진행자와 회중에게 예배의 변화를 경험하게 한다는 것이다. 영상예배를 통한 변화는 그 예배를 기획하고 진행하는 자들뿐만 아니라 그 예배에 참여한 자들 모두가 초대교회의 예배와 같이 모든 회중이 참여하고 관여하는 것으로부터 나타난다. 한편으로, 구체적인 기획과 준비 없이 진행하던 우리의 예배에 비해 영상예배를 기획하는 것은 신령과 진정으로 예배를 드리려는 노력의 하나이다. 영상을 통하여 신앙을 구체적으로 표현해보려는 노력은 신앙생활의 구체화를 위한 시도로 이해된다. 이런 이유로 영상예배는 먼저 많은 시간과 노력을 투자함으로 예배를 준비하게 한다.

다른 한편으로, 영상예배를 정기적으로 참여한 자들이 말하는 신앙의 변화는 예배에 대한 새로운 태도와 참여의식의 변화로 시작된다. 한 주일의 예배가 나타내야 할 주제는 영상을 통해 더욱 분명해진다. 준비된 영상을 통하여 예배자의 총체적 감각이 사용되는 예배는 현장감과 참여의식을 느끼게 하기 때문이다. 또한 영상 매체를 통한 예배는 공동체를 위한 축제의 분위기를 만든다. 예배 속에서 영상이 주는 계속적인 집중요구는 시청자와의 계속적인 대화를 유발하고 더 나아가 하나님의 세계에 대하여 새로운 시각으로 접근

213 예배자들의 신앙적 변화는 영상예배를 드리는 교회들이(특별히 울산감리교회) 말하는 가장 큰 긍정적인 결과이다: "멀티미디어 예배를 위하여 멀티미디어 설교를 하게 되면 문어적으로만 설교할 때보다 훨씬 더 풍부하게, 또 깊게, 다양하게 전달할 수 있습니다. 그러다 보면 점점 성경을 해석하는 눈도 입체적으로 변화됩니다. 이와 같이 메시지가 입체적이기 때문에 역동적이 되고, 예배가 살아납니다. 성도들의 오감이 살아나는 예배가 드려지는 것입니다." 임태정, "왜 멀티미디어 예배입니까?" http://www.usmc.or.kr/04/multi 03_1.htm 참조.

할 수 있기까지 한다. 그러면 영상예배가 주는 이와 같은 효과가 어떻게 가능한가?

3. 예배자의 경험과 영상 이미지

진정한 기독교 예배는 연극이라고 말할 수 있다. 효율적인 예배는 기도, 찬송, 그리고 암송들의 연속으로 딱딱하게 흘러가지 않는다. 오히려, 그런 예배는 복음의 이야기를 언어와 몸동작, 움직임과 이야기를 통하여 매우 활동적으로 그리고 재연하듯 참여한다. 예배의 극적인 요소들은 복음 자체 안에 있는 극적인 요소들로부터 직접 생성된 것이기 때문이다.[214] 이런 점에서 기독교의 예배는 근본적으로 하나님께서 그리스도를 통하여 보여주시고 경험하게 하신 극적인 사건--삶, 죽음, 부활, 승천, 재림--과 그에 관한 이야기를 극적으로 이야기하며retelling 오늘의 극적인 방법으로 재현하는reenactment 드라마라고 말할 수 있다.[215] 또한 기독교 사회학자 텍스 샘플Tex Sample이 말한 것처럼, "예배는 하나님의 이야기에 관한 축하요 극화이다."[216] 그러므로 예배의 본래적인 극적 특징들을 재발견하고 그 특징들을 예배자들이 더욱 분명하고 깊이 경험하도록 활용하여야 한다. 이 극적인 드라마의 주인공과 시공간적으로 멀지 않던 초대교회의 예배자들은 이 극적인 드라마를 재현하는 데에 어려움을 느끼지 않았다. 그

214 Thomas G. Long, *Beyond the Worship Wars: Building Vital and Faithful Worship* (West Bethesda, MD: The Alban Institute, 2001), 43.

215 Robert E. Webber, *Worship Is a Verb*(Dallas: Word, 1985), 29.

216 Tex Sample, T*he Spectacle of Worship in a Wired World: Electronic Culture and the Gathered People of God* (Nashville: Abingdon, 1998), 107.

러나 그들이 예배에서 경험한 감격과 승리감을 오늘 우리가 어떻게 재현하며 확대할 수 있을까?

예배에 참석한 자들은 예배의 순서를 통해 어떤 종류의 경험을 기대한다. 그러나 예배 형식에 치우친 예배 순서는 예배자의 내적 감정과 경험을 무시하기 쉽다. 우리는 청각적인 예배에 익숙해져 왔다. 그러나 청각적인 예배로 우리에게 전달된 극적인 드라마를 재현한다는 것은 무리한 강요이다. 예배를 인도하는 자들은 예배자들이 다양한 색채와 그 색채가 주는 의미와 분위기에 민감하다는 사실을 잊고 있었다. 마음으로 대화하기를 원한다면 점차 시각적인 예배를 기획해야 한다. 그 이유는 많은 사람에게 눈은 마음과 생각에 연결된 주요 채널이기 때문이다. 물론 조절되지 않은 음률과 부적절한 언어가 예배를 산만하게 하듯이 부족한 영상예배 기획도 예배 경험을 축소시킬 수 있다. 그러므로 예배 인도자 또는 기획자는 먼저 예배의 다양한 면들을 눈으로 분명하게 그리면서 생각해야 한다. 이런 의미에서 오늘날 예배를 인도하거나 기획하는 자들은 점차적으로 예배자의 상상력이 가지는 중요성을 발견하려고 노력한다. 그들은 이미지가 인간의 의식을 형성하는데 중요한 역할을 한다고 주장한다. 이와 같은 움직임은 21세기에도 계속적으로 이미지가 예배에서 중요한 역할을 할 것임을 예상하게 한다. 그러면 구체적으로 영상 이미지가 예배에서 중요한 이유는 무엇인가?

첫째로, 현대인은 텔레비전의 영향으로 영상 이미지에 익숙한 시각 중심적이다. 텔레비전, 특별히 MTV는 세계 도처에 있는 현대인들을 속도감 있으며, 끊임없이 변화하며, 그리고 사용하기 편리한 전원 연결 즉시 나타나는plugged-in and turned-up 영상으로 사로잡아 전통적인 예배에서 그들이 복음을 경험하게 하는 것이 더욱 어려워졌다. 그들은 이미 시각 중심적인 문화에 깊이 빠져 버렸다.[217]

둘째로, 영상 이미지는 시청자들에게 영향을 주어 그들의 의식 속에 정신적 그림으로 오래 머무르기 때문에 쉽게 기억된다. 시청자가 들은 설교의 주제와 본문을 기억하지 못해도 영상 이미지는 기억한다. 인간의 마음은 사진기와 같이 작동한다. 그러므로 현대 예배 및 설교의 과제는 청중들이 자신들의 마음의 필름에 잡을 수 있는 이미지를 남기는 것이다.[218]

셋째로, 영상 이미지는 상상을 자극하고 반응을 일으킨다. 영상 이미지는 시청자의 전 인격(지식, 정서, 의지)에 호소한다. 더구나 영상 이미지는 시청자에게 상상을 일으키어 예배의 순서 속에 참여하게 한다.

넷째로, 영상 이미지는 우리의 생활에 변화를 가능하게 하는 수단이다. 성도의 삶에 변화를 원한다면 그들 자신이 아닌 어떤 것으로, 다른 사람의 이미지로, 하나님의 자녀로 상상하도록 만들 필요가 있다. 인간의 의식은 상상을 통해 변화된다. 변화를 위해 먼저 우리가 어떤 사람인가 또는 어떤 사람이 되어야 하는가를 상상해야 한다. 예배 속에서 보여 진 영상 이미지가 시청자들로 하여금 자신들을 위한 새로운 가능성들을 상상하도록 도울 때 그들 자신들을 변화시킨다. 그러므로 예배를 기획하고 진행하는 자들은 먼저 영상 매체를 활용하여 효과적인 예배를 기획하며 진행하기 위해 영상 이미지가 주는 영향력을 이해할 필요가 있다.

이와 같은 영상 이미지가 지닌 영향력은 우리의 예배에 다음과 같이 세 가지 중요한 변화들을 요구한다: 예배 신학, 대화 방법, 그리고

217 Wiliam M. Easum, "Worship in a Changing Culture," *Contemporary Worship: A Sourcebook for Spirited-Traditional, Praise and Seeker Services*. eds. Tim and Jan Wright (Nashville: Abingdon, 1997), 17.

218 David Buttrick, *Homiletic: Moves and Structures* (Philadelphia: Fortress, 1987), 294.

예배 환경.

첫째로, 영상 이미지는 시청자의 마음에 신학적인 틀을 형성하는 힘을 지니고 있기 때문에 예배에서 이미지를 기획 하에 조심스럽게 사용하면 예배자의 신학적 이해를 도울 수 있다. 영상 이미지는 화면 속에 나타난 언어(글이나 그림)에 의해 시청자에게 일어나는 마음과 상상의 그림을 말한다. 예배에서 어떤 영상 이미지는 사진을 끌어내거나 시간적 행동이 포함되는 마음의 그림(활동 그림)을 가져온다. 이처럼 영상 이미지는 시청자로 하여금 비유적인 특징을 반영하여 자신들의 신앙과 관련하여 생각하게 만든다. 이런 점에서 영상 이미지는 예배자들이 예배의 구조를 신학적으로 이해하는데 도움이 될 수 있다.

기독교 예배의 극적인 특징을 재발견하려는 첫 번째 단계는 예배의 순서가 강하고 논리적으로 구성되어 자연스럽게 흘러간다는 것을 확인하는 것이다.[219] 복음 이야기를 재연하는 예배의 극적인 특징들은 예배 전체를 구성하는 몇 가지 주요 장면들로 구분된다. 모이는 장면, 말씀을 선포하는 장면, 성만찬을 나누는 장면, 그리고 세상으로 파송되는 장면으로 구성되는 예배는 가장 성서적인 배경(사도행전 2:42-47)을 지니며 특별히 처음 6세기까지의 교회에서 사용된 예배의 4중 구조였다.[220] 사도행전은 초대교회의 그리스도인들이 어떻게 예배를 드렸는지를 설명하고 있다. 그들은 함께 모여, 사도들의 가르침을 받고, 기도와 친교를 하면서 떡을 떼고, 다시 세상으로 흩어졌다. 이 구절은 기독교 예배가 처음부터 그 주된 초점을 말씀과 성찬

219 Thomas G. Long, *Beyond the Worship Wars*, 46.

220 모임(the Gathering), 말씀(the Hearing), 감사(the Thanksgiving), 흩어짐(the Sending-forth)의 예배의 4중 구조에 대하여 Robert Webber, *Planning Blended Worship: The Creative Mixture of Old and New*(Nashville: Abingdon, 1998), 23이하를 보라.

식 두 가지에 두었으며, 이 두 가지가 모이고 보냄을 받는 다른 두 가지와 함께 4중의 예배 구조를 형성하였다는 증거를 제공한다. 오늘날 세계 교회는 바람직한 예배가 4중 구조를 지녀야 한다는데 전적으로 동의하고 있다.

예배의 4중 구조는 다음과 같은 이야기의 특징에 의해 잘 나타난다.[221] 먼저, 그 예배 구조에 의해 함께 모인 우리는 먼저 하나님이 계신 곳으로 올라간다. 그 곳에서 우리와 하나님의 관계가 말씀을 통해 그리고 그 분(말씀)에 대한 감사의 반응을 통해 나타난다. 특별히 감사 단계에서 우리는 하나님 나라의 하나님의 보좌에로 나아가 그 곳의 성도들이 드리는 영원한 예배에서 축하되는 성만찬에 참여한다. 하나님을 만나고 경험한 우리는 그 하나님을 계속 사랑하고 섬기기 위해 세상으로 보냄을 받는다. 이 4중 구조는 성서적이며 역사적인 예배 구조로 예배의 내용을 가장 효과적으로 전달한다. 이 예배 구조는 우리가 지상에서 드리는 예배가 장차 하늘에서 경험하게 될 예배와 연결된다는 것을 약속한다.

이와 같은 예배의 구조에 담긴 신학적 의미를 영상으로 표현한다면 하나님의 임재를 강하게 느낄 수 있다.[222] 영상예배가 하나님 나라의 영광, 하늘과 지상에 있는 교회의 일치감, 그리고 영원한 삶에 대한 희망 등과 같은 이미지를 통하여 예배의 흐름을 유지한다면 예배자들은 무대에 등장한 인물들에게 집중되는 초점을 하나님에게 돌릴 수 있다. 우리의 예배는 소수의 구별된 자들에 의해 그들의 언어와 행위에 의해 조정되어 권위적이며 개인적으로 진행되었다. 무대에 선 자들은 무의식중에 예배자들이 하나님보다 자신들에게 집

221 Thomas G. Long, *Beyond the Worship Wars*, 47을 보라.

222 예배를 구성하는 각 장면들을 극적으로 표현하는 예들에 관하여 Thomas G. Long, *Beyond the Worship Wars*, 48-52를 보라.

중하도록 노력하게 된다. 예배의 초점을 상실해 가는 우리의 예배 현실에 양방향의 커뮤니케이션을 경험하게 만든 멀티미디어 시대의 등장은 그 초점을 조정하는 한 방법을 제시하였다. 이런 점에서 영상 매체를 통하여 예배를 탈성직자화 하는 것은 예배를 하나님의 백성들 모두에게 돌려주려는 예전갱신운동의 노력이다.[223]

둘째로, 영상 매체를 활용한 예배에서 모든 예배자들은 자신들의 다양한 감각--청각뿐 아니라 시각, 촉각, 후각--을 통하여 하나님뿐만 아니라 다른 예배자들과도 다양하게 대화를 나눌 수 있다. 다양한 감각을 통하여 살아 계신 하나님과의 만남을 경험하려는 예배는 예배자의 전인격(생각, 마음, 의지)을 고려한다. 이런 쌍방 대화를 가능하게 하는 영상예배는 하나님과의 관계뿐만 아니라 다른 예배자들과의 관계도 강화할 수 있다. 그 동안 소수의 선택된 자들의 지나친 말의 유희를 즐기던 우리의 예배는 모든 것을 말로 설명하는데 지쳤다. 이제는 예배자들의 상상력을 동원하고 이미지를 확대함으로 이 시대에 적절한 대화 형태 즉, 다양한 예술을 사용함으로 표현하는 동적인 상징, 눈으로 볼 수 있는 단어와 말 등을 사용하여야 한다. 모든 예배자들이 예배의 의식 행위에 참여하여 예배의 주체가 될 뿐만 아니라 공동체를 형성하는 방향으로 영상을 활용한다면 예전갱신운동에 일조를 더하게 될 것이다.

셋째로, 영상 매체를 효과적으로 활용하려면 예배 환경의 변화가 필요하다. 청각에만 의존하지 않고 시각, 촉각, 그리고 후각을 사용하는 영상예배는 예배 장소의 환경 예술의 중요성을 느끼게 한다. 예배 장소를 채우는 가구, 기, 상징물 등은 영상예배가 의도하는 예배 경험을 극대화하는데 도움이 된다. 라이트Frank Lloyd Wright가 말한 것처럼, "우리가 예배 환경을 만들지만 또한 우리의 예배 환경이 우

223 Robert Webber, *Planning Blended Worship*, 23.

리를 형성한다."[224] 예배 환경은 우리에게 온화함, 환영, 경이로움, 경건함, 그리고 하나님의 역사에 대한 기억 등과 같은 예배의 의미를 전달한다. 또한 예배 환경은 찬양, 경배, 침묵, 희망 등을 표현한다. 현대 교회들은 예배 환경과 예배의 의미 사이에 있는 관계를 이해하여야 한다.

그러므로 아무리 영상예배를 위해 예배가 진행되는 동안 제단 중앙에 대형 스크린을 설치함으로 십자가, 성찬상, 성경과 봉독대 등과 같은 예배의 상징물들을 가로막는 것은 바람직하지 못하다. 오히려 스크린을 제단 좌우측에 설치함으로 영상예배가 교회 안에 있는 예배의 상징물들이 주는 깊은 의미를 방해하지 말아야 한다. 또한 불행하게도 많은 한국교회들의 예배 환경은 주로 강의를 위한 학교의 강당이나 복음전도를 위한 공공 집회장소로 꾸며져 있다. 이런 이유로 많은 교회들은 앞쪽 중앙에 무대나 강단을 설치하여 3개 정도의 고급 의자들을 배치하고 그 좌우에 성가대석과 피아노 또는 전자 오르간을 배치한다. 이런 예배 환경은 청중이 듣고 보는 데에는 좋으나(그래서 청중의 시선이 무대 쪽에 있는 자들에게 집중된다) 참여하고 대화를 나누는 데에는 적절하지 않다.

4. 영상예배를 위한 준비

음악과 같이 미디어는 마음의 언어를 전할 수 있다. 영상들은 사람들이 예배를 드릴 수 있도록 예배 분위기를 만들고 예배 감정을 불러일으킨다. 또한 미디어는 하나님과 그의 백성들의 세계에 관한 구체

224 Robert Webber, "The Future Direction of Christian Worship," *Ex Auditu: An International Journal of Theological Interpretation of Scripture* (8: 1992), 119에서 재인용.

적인 정보를 제공할 수 있다. 여기에 영상예배를 준비하는데 도움이 될 수 있는 몇 가지 아이디어를 제시해 본다.

첫째로, 예배 분위기를 만들기 위해 모임의 예배 서두에서 예배자들에게 보여줄 한 영화로부터 그 주일예배의 주제에 맞는 몇 장면들a clip을 보여 주라. 이 장면들이 반드시 분명한 기독교 신학을 표현할 필요는 없다. 한 예로, 예배 시작 부분에서 예배자들의 두려움을 표현하도록 창조주 하나님의 위대하심에 관한 간단한 장면들을 보여준다면 그 장면들은 예배자들이 그들의 요구를 채우시는 하나님에게 초점을 두도록 예배 분위기를 만드는데 전주의 역할을 하기 때문이다. 그 장면들은 예배자 모두가 인간이며 때때로 두려움을 느낀다는 것을 생각나게 할 수 있다.

둘째로, 예배자들이 기도하기를 원하는 세계의 어떤 상황을 알려주는 간단한 뉴스나 신문기사를 발견하라. 기도 시간에 소개할 뉴스를 사용하여 예배자들이 기도하려는 것에 대한 이해를 돕는다.

셋째로, 부를 찬송가 악보 뒤에나 주위에 투사할 이미지를 선택하라. 예배 참석자들이 신선한 방법으로 찬송 가사에 대해 묵상하도록 도울 것을 선택한다. 성도 중에서 사용 가능한 모든 컴퓨터와 투사 기술을 가진 자를 찾는다. 예배에서 예배자들 자신의 다양한 재능을 활용하도록 기회를 만드는 것이 중요하다.

넷째로, 찬양을 할 때 음악 영상music video을 사용하라. 많은 비디오들로부터 필요한 장면을 보여주거나 직접 만들 수 있다. 역시 성도 중에서 음악에 재능을 가진 자를 발견한다. 영화의 장면을 보여 주는 것처럼 비디오를 보여줄 수 있으며 만일 그 방법이 효과가 있으면 회중들이 따라서 함께 노래를 부르도록 초청할 수 있다. 만일 클릭-트랙(click-track; 드럼을 치는 자나 피아니스트가 이어폰을 사용하여 들을 수 있는 메트로놈으로 음악팀이 화면에 나오는 음률에 맞추어 연주할 수 있도록 하는)

기술이 있으면 비디오 화면에 나오는 자막을 사용하는 것보다 예배 음악 팀이(만일 연습할 시간이나 연주 능력이 가능하면) 직접 음악을 연주하도록 할 수도 있다.

다섯째로, 예배자들이 자신들의 마음과 생각으로 예배에서 강한 메시지나 감동적인 순간을 반영할 기회를 주는 장면들을 발견하라. 이런 장면들은 앞으로 회중 각자가 성경 본문에 대해 또는 설교로부터 들은 것과 같은 도전들에 대해 어떻게 반응했는지를 보여주는 짧은 기록용으로 사용할 수 있을 것이다.

5. 영상예배의 미래

미래는 창조적인 예배 즉 창의력과 풍부한 상상력을 동원하는 예배를 요구한다. 특별히 멀티미디어 시대에 한국교회를 갱신하는 일은 예배 자체가 하나의 예술인 것을 알고 예배 속에서 영상 매체가 표현하는 다양한 예술 감각을 통합하는 일에 관심을 가져야 한다.[225] 그러나 다양한 예배 표현을 위한 영상 매체는 예배를 보조하는 역할을 넘어가서는 안 될 것이다. 미래의 예배는 예배를 어떤 형식으로 드릴 것인가에 있는 것이 아니라 예배의 본질을 회복하는데 있다. 권위적인 성직자 중심으로 진행되는 구태의연한 의식주의 예배도 문제이지만 몇몇 영상 기술자들에 의해 제작되는 유흥적이며 조작적인 예배는 더욱 심각한 문제가 된다.

영상예배는 이제 걸음마 단계에 있다. 더 많은 시행착오와 연구가 필요하다. 영상예배가 한국교회의 예배갱신에 얼마나 많은 영향을 줄지 그리고 그 영향이 얼마나 오래 지속될지 아직은 대답하기 어렵

225 *Ibid.*, 122.

다. 그러나 분명한 것은 그 어떤 유형의 예배도 영구적일 수는 없다. 다만 우리가 처한 이 급변하는 시대의 도전에 대하여 성실하게 대답하려는 우리의 태도를 하나님은 마다하시지 않을 것이다.

제 11 장

치유예배

본 장의 연구는 한국성결교회의 근간 사중복음(중생, 성결, 신유, 재림)의 하나인 신유에 대한 관심을 예배학적 관점에서 이해하며 치유예식으로 적용하려는 하나의 시도이다. 이것은 초기 성결교회가 사중복음을 실천하는데 중요한 역할을 하였던 신유집회에 대하여 그리고 동시에 오늘의 성결교회가 치유예식을 통하여 질병으로 삶의 위기의식을 느끼는 사람들의 목회적인 욕구에 대하여 새로운 관심을 가지게 하려는 시도이다. 또한 그러한 욕구에 직면한 성결교회의 예식적인 내용과 구조 및 형식을 확장하며 실천하는 자들에게 동기와 용기를 주려는 것이다.

치유사역은 기독교의 오랜 역사 가운데 예식을 통하여 새롭게 강조되어 왔다. 병자에 대한 관심은 다양한 제의적 활동들로 나타났다. 이러한 행위들은 단순히 침대 옆에서 기도하는 개인적인 치유행위로부터 공적인 치유예배에 이르기까지 다양하게 나타난다. 그러나 한국의 가톨릭은 공적으로 그리고 정기적으로 치유예배를 드리고 있는데 반해, 개신교는 병자에 대한 관심을 주로 공적 예배에서보다는 개인적 예배를 통하여 나타내고 있다. 대부분 한국교회의 치유목회는 병원이나 가정에 있는 병자들을 찾아보는 심방형태의 개인적 예배로 이루어져 있다. 최근에 주일예배 순서 가운데 치유를 위한 기도순서를 마련하는 교회들이 늘고 있는 것은 사실이나 이런 부분적인 치유기도로만은 충분하지 않다. 성경봉독, 기도, 안수, 그리고 도유를 포함하는 공적 치유예배가 점차 자주 시행될 필요가 있다. 이처럼 공적 치유예배에 대한 관심이 커져야 하는 이유는 예배공동체가 하나님의 뜻과 사람들의 영혼뿐 아니라 육신에 대해서도 관심을 가져야하기 때문이다.

특별히 한국성결교회는 치유예배에 대하여 관심을 가지고 시행할 필요가 있다. 한국 성결교회는 시작부터 신유가 포함된 4중 복음을 강조하였다. 그럼에도 불구하고 이 온전한 복음Full Gospel의 내용 가운데 신유에 관한 이론적, 교리적 연구는 이루어졌으나 실제적인 적용에 관하여는 연구가 없었다. 사중복음 가운데 현대 교회와 교인들에게 실제적인 적용이 가장 요구되는 것은 신유이다. 질병은 인생의 여로에서 반복적으로 일어나기 때문에 치유에 대한 관심과 주의가 요구된다. 이런 점에서 신유에 대한 연구는 목회현장에서 시행될 수 있도록 실제적인 관점으로부터 연구될 필요가 있다.

본 연구는 먼저 치유예배에 대한 성서적 근거를 살펴본 후, 초기 성결교회의 특징이었던 성별회를 중심으로 그 오순절적 신유집회가 오순절/은사 중심의 치유예배에 끼친 영향과 관계를 살펴본다. 그리고 배경을 가진 것으로 오늘의 성결교회를 위한 공적 치유예배가 될 수 있는 가능성을 제시하려 한다. 그리고 마지막으로 오순절/은사 중심의 예배 전통에서 시행되는 치유예배를 소개함으로 오늘의 성결교회에 적용될 수 있는 공적 치유예배에 대한 형식과 자료를 제시하려 한다.

1. 치유예배에 대한 성서적 근거

성경은 영적 치유와 육적 치유 목회를 강하게 인정한다. 헬라어 신약성경에 나오는 치유라는 단어 **쏘조***sozo*의 어근은 구원과 전인성 wholeness의 어근과 같다. 치유는 인간에게 몸, 영, 혼의 균형, 조화, 그리고 전체성과 고백, 용서, 그리고 화해를 통한 관계들을 제공하는 하나님의 역사이다. 그런 치유를 통하여 하나님은 자신과 인간 사이에, 개인과 공동체 사이에, 각 개인 안에, 그리고 인간과 다른 피조물 사이에 화해를 가져오기 위해 역사하신다.[226]

신약성경은 예수께서 소외되고 병든 자들을 치료하였으며 그 치유 사역을 위해 자신의 제자들을 파송하기까지 하였음을 말한다. 복음서는 예수의 치유사역에 대한 설명으로 가득 차 있다. 마가복음 6:13은 예수께서 많은 병자들에게 기름을 발라 고쳤다고 전해준다. 이 치유사역은 사도행전에서 사도들에 의해 계속되고 있음을 보여준다. 사도들의 치유사역의 결과에 대한 좋은 구절인 야고보(5:14-16)도 우리에게 병든 자들을 위해 기도하고 기름을 바르면 그들이 치유될 것이라고 약속하고 있다. 이 구절은 치유사역의 임무를 가진 장로들 혹은 교회를 치리하는 사제들이 할 일 두 가지는 병든 자에게 기도를 해주며 주의 이름으로 그에게 기름을 바르는 것이다. 그 목적은 분명히 육신의 치유이지만 또한 죄 사유와 함께 병행되었다. 이런 이유로

226 *The United Methodist Book of Worship* (The United Methodist Publishing House, 1992), 613.

모든 그리스도인들은 서로에게 자신들의 죄를 고백하고 서로를 위하여 기도하도록 권면을 받는다. 그렇게 함으로 그들은 육체적으로 치유되었다.[227]

성경은 모든 치유가 하나님에게 속한다고 말한다. 교회의 치유사역은 어떤 방법이라도 하나님께서 약과 심리치료를 통하여 주시는 선물들을 상쇄시키지 않는다. 약이나 사람의 건강을 위해 적절히 돌보는 것을 대신할 것은 없다. 오히려, 그것들은 우리의 완전함을 위한 통전적 자료들에 추가된다. 치유는 마술이 아니라 오히려 하나님의 사랑의 위대한 신비임을 강조한다. 영적 치유를 위해 사역하는 자들은 하나님의 사랑의 통로들이다. 비록 어느 누구도 주어진 치유예배에서 무엇이 일어날 것인지를 예상할 수 없지만, 많은 놀라운 치유들은 일어나고 있다.

그러나 하나님은 우리가 고통 없이 지낼 것이라고 약속하지 않으시고 오히려 우리의 고난 속에 우리와 함께 거하시기를 약속하신다. 우리는 그 약속을 믿으면서 고통, 질병, 부상, 그리고 소외됨 속에 머물고 계시는 하나님의 임재를 인식할 수 있다. 하나님은 우리가 모든 질병으로부터 치유될 것이라고 약속하시지 않는다. 우리 모두는 언젠가 불가피하게 죽음을 직면해야 한다. 그러므로 치유사역은 절대적인 치유를 위한 사역이 아니라 치유가 일어날 수 있는 분위기를 제공하는 것이다.

모든 것 가운데 가장 위대한 치유는 인간이 하나님과 재결합하거나 재화해하는 것이다. 이런 일이 일어날 때 육체적 치유가 일어나고, 정신적 그리고 정서적 균형이 종종 회복되며, 영적 건강이 증대되고, 관계가 치료된다. 이런 점에서 기독교는 기름 부음을 하나님의

227 James F. White, *Introduction to Christian Worship,* 3rd edition (Nashville : Abingdon, 1992), 269-70.

사하심을 중재하는 것으로 믿고 5세기까지 감독이 병자에게 기름을 붓는 축복을 기록한 예배의식집을 사용했다. 병자에게 기름을 바르는 것을 뒷받침해 주는 성경구절들이 있지만 병자에게 기름을 붓는 것은 직접적이고도 즉각적인 치료라기보다는 위로해서 믿음을 강하게 하려는 목적을 지닌 성례전적 완화제이다.[228] 비록 회개가 병자를 돌보는 일에 있어서 최우선적인 목적이 되어서도 안 되지만, 그리스도인에게 치유의 기본적 목적은 살아 계신 그리스도와의 관계를 새롭게 하며 강하게 하는 데 있다.

2. 신유집회

초기 한국성결교회의 예배는 "순복음"純福音을 전하려는 교단의 사명을 가지고[229] 그 시작부터 회심자들을 얻기 위한 복음 전도중심의 노방예배와 성령의 역사에 의한 완전한 은혜 곧 성결의 은혜를 강조하는 부흥운동집회의 예배형식으로부터 점차 선교와 예배 두 가지를 모두 포괄하는 형태로 나타났다.[230] 성결교회는 예배를 복음전도와 분리하지 않았다. 이와 같은 목적에 적절하게 나타난 예배가 바로 구령회(救靈會; the Salvation Meeting)와 성별회(聖別會; the Gospel Service 혹은 Holiness Meeting)이었다.[231]

228 Thomas C. Oden, *Pastoral Theology: Essentials of Ministry* (New York: Harper & Row, 1983), 259.

229 이명직, **조선야소교 동양선교회 성결교회 약사**(경성 : 동양선교회이사회, 1929), 1.

230 Ibid.

231 성별회와 구령회는 영국에서 시작된 구세군의 주일 낮예배와 저녁예배의 명칭으로 지금도 한국의 구세군은 주일 낮예배를 성결회(the Holiness Meeting)로, 주일이나 수요일 저녁예배를 구령회(the Salvation Meeting)로

한국성결교회는 초기부터 다른 교단들과 달리 신유를 강조하는 성별회라는 집회를 시작하였다. 한국교회는 처음부터 선교사들에 의해 전래된 주일 낮 예배만 드렸으나 1893년부터 평안북도 지역의 장로교회들이 주일날에 새벽기도회, 주일오전예배, 주일저녁예배 등 3회의 예배를 드리고 수요일저녁기도회를 드리기 시작한 것이 전국의 교회로 확산되어 한국교회의 전통이 되었다.[232] 초기 한국성결교회는 주일 3회의 예배 외에 성별회라는 또 다른 형식의 예배를 드려 주일에 4회의 예배를 드렸다. 1912년 7월 26일 충청도와 호남지방에서 가장 먼저 설립된 성결교회인 충남 부여의 규암교회(예성)의 역사에 의하면 복음전도관시대(1907-1920)의 성결교회는 주일 4회의 예배--새벽기도회, 주일 오전예배, 구령회 그리고 성별회--를 드린 것으로 나타난다.[233] 초기 성결교회의 주일예배의 특징이었던 구령회와 성별회는 "복음전도"와 "성결의 교리"를 강조하던 성격에[234] 알맞았다. 이 두 가지 집회는 성결교회가 사중복음을 실천하는데 적절한 전도집회와 신유집회로 발전되었으며 이런 이유로 부흥회 성격을 띠게 되었다.

구령회란 복음전도관의 기본 정책을 실천하기 위해 드린 주일저녁예배로 구원받지 못한 이들을 교회로 인도하여 그들에게 복음을 전하는 집회이었다.[235] 복음전도자들에 의해 교회라는 간판 대신 동양

부르고 있다.

232 차재명, **조선예수교장로회 사기**, 상[1928], 22 참조. 이런 주장에 의하면 새벽기도회는 일반적으로 알려진 것과 같이 1907년 대부흥운동에 의해 시작된 것이 아니라 이미 10여 년 전부터 부분적으로 시행되었다고 볼 수 있다. 그러나 대부흥운동은 새벽기도회를 전국적으로 확산시키는 역할을 한 것은 분명하다. C. F. Berrheisel, *The Apostolic Church as Represented in Korea* [1908], 4 참조(서정민, "초기 한국교회 대부흥 운동의 이해--민족 운동과의 관련을 중심으로," **한국 기독교와 민족운동**[보성, 1986], 248에서 재인용).

233 **규암 성결교회의 역사**: 1912년 7월-1951년 1, 13, 28, 44, 83.

234 이명직, **조선예수교 동양선교회 성결교회약사**, 1.

선교회복음전도관東洋宣教會福音傳道館이라는 간판을 걸고 시작된 성결교회는 순수하게 복음을 불신자들에게 널리 전하여야겠다는 그들의 선교정신에서 나왔다. 이와 같은 목적을 위해 구령회는 노방전도로 얻은 결신자나 초신자들의 영혼 구원을 위하여 준비된 집회이었다. 초기 성결교회의 전도자들은 구령회를 드리기 위해 길에서 북과 나팔 소리에 맞추어 찬송을 부르면서 사람들을 모으고 전도지를 나누어주었다. 이와 같은 전도 방법은 사람들을 복음전도관으로 불러 들여 그들에게 말씀을 전하여 예수를 믿게 하려는 열정으로부터 나온 것이었다. 이런 점에서 구령회는 미국 무디의 부흥운동과 같이 불신자들을 상대로 한 대중전도운동이라고 평가할 수 있다. 이 구령회의 주된 예배순서는 간절한 기도와 찬양, 간증, 설교 등으로 진행되었으며 옥외집회는 주로 전도와 노방설교로 이루어졌다.[236] 노방전도 후 주일저녁에 드려지던 구령회는 1940년대에 일제의 탄압으로 인하여 노방전도를 할 수 없게 되어 점차 부인회, 청년회, 소년소녀회, 찬양대와 같은 교회의 기관들을 위한 장로교형식의 주일저녁 찬양예배로 변하였다.

성별회는 성결교회의 독특한 성격을 나타낸 예배로 주일오후에 기존 신자들을 위해 드려진 은사집회이었다. 성별회는 일본에서 먼저 순복음과 성결의 복음을 중심으로 성결운동을 전개하던 영국 성공회 소속 선교사 벅스톤Berclay Fowell Buxton에 의해 시작되었다.[237] 1890

235 이응호, **한국성결교회사** 2권(성결문화사, 1994), 401.

236 *The Oriental Missionary Standard* 1919년 4월호 참조. OMST는 1914년부터 매월 2회씩 발행된 동양선교회 선교사들의 선교보고지 *The Electric Messages*의 새로운 이름이다. 동양선교회(The Oriental Missionary Society)에 의해 파송된 선교사들이 한국을 포함한 아시아지역에서의 선교활동에 대해 소식을 전한 The Electric Messages는 일본에서 설립된 동양선교회(도오쿄성서학원)가 발행한 월간 회보로 1901년부터 발행되기 시작했으며 1937년부터 1945년까지는 동양선교회 본부가 있는 L.A.에서 발행하였다.

년부터 일본에서 많은 성결지도자들을 배출하며 일본의 성결운동에 지대한 공헌을 하던 벅스톤은 "일본성결운동의 아버지"라고 불려지기까지 하였다.[238] 1905년 11월에 조직된 동양선교회는 벅스톤을 중심으로 일본성결교회의 전신인 복음전도관을 통해 불신자들에게 복음을 전하여 그들을 거듭나게 하는 것을 일차적인 목표로 세웠지만 명목상의 신자들을 진정한 신자들로 만들기 위해 더 높은 은혜, 즉 성결의 복음을 전하고자 했다. 이와 같은 복음전도관의 이차적인 목표를 위해 시작된 예배가 성별회이었다. 동양선교회는 일본에서 전개하던 성결운동을 한국에서도 전개할 목적으로 성별회를 강조하였으며 도쿄성서학원에서 열린 성별회에 참석하여 영향을 받은 김상준과 정빈이 한국으로 돌아와 초기 성결교회의 고유한 예배형식으로 정착하였다.

성별회는 동기와 진행 형식에 있어 19세기 전반에 미국 감리교의 놀라운 성장을 일으킨 캠프집회와 비슷하였다. 첫째로, 성별회는 미국의 캠프집회와 같이 성결의 복음을 회복하기 위해 신자들을 상대로 동일한 동기를 가지고 시작된 은혜운동이었다. 미국 전국성결연맹의 지도자였던 왓슨George Douglas Watson은 성결교회의 영적 부흥에 영향을 준 성별회의 성격을 다음과 같이 설명하였다: "성별회는 성결의 교리를 명백히 설교하고 성결의 은혜를 명백하게 실험적으로 경험하며, 경험한 은혜를 간증하는 집회이다."[239] 성별회는 초신자들을 대상으로 하지 않고 신앙생활을 이미 시작하여 더 차원 높은 신앙을 추구하려는 자들을 중심으로 이미 구원받은 자들의 영적 각성을 촉구하고 성결의 은혜를 경험하려는 의도를 가진 간증집회이었다.

237 이응호, **한국성결교회사**, 1권 214, 2권 400.

238 이응호, ibid., 2권, 208-209.

239 George Douglas Watson, "특별한 성결의 집회," **활천** 33권(1925년 8월호), 14-15.

성결교회는 이 성별회를 통해 성결의 체험을 집중적으로 강조하였다.[240] 이런 점에서 성별회는 성령의 인도하심을 전적으로 따름으로 생명력을 잃어가는 성도들의 성결을 회복하는 교회갱신운동이었으며 또한 예배의 역동성을 회복하는 예전갱신운동이기도 하였다. 성결교회의 초대감독 토마스John Thomas의 기록에 의하면 성령세례와 같은 성결의 체험은 한국의 무교정전도관(중앙성결교회의 전신)에서 주일 오후마다 열렸던 성별회에서도 나타났다.[241]

둘째로, 성별회는 정기적인 공식 예배 시간을 피해 주일 오후에 열렸으며 이런 자유로운 시간 운영으로 교파를 초월하여 누구나 참석할 수 있었다. 성별회의 시간 운영은 미국의 오순절교회들이 주일 아침예배 후에 "쉬는 시간"tarrying time을 즐기면서 보다 여유 있는 시간에 여러 가지 은사들을 경험하는 예배와 관련이 있다.[242] 매 주일 오후 2시에 무교동교회에서 열린 성별회는 서울 시내에 있는 성결교회의 신도들을 연합으로 모이게 했다. 강사로는 각 신학교 교수목사와 각 교회의 목사들이 초청되었다.[243] 성별회는 주로 주일 오후 2시경에 열렸으나 성령에 의한 변화라고 일컫는 성결의 은혜를 체험하기 위한 목적으로 점차 주간에도 드리는 예배로 확대되었다. 복음전도관 시대의 성결교회는 주일 오후뿐 아니라 주중에 열린 지방회, 연회(총회), 연차 수양대회 등 모든 연합 집회의 회기 동안 오후 시간에

240 John J. Merwin, "The Oriental Missionary Society Holiness Church in Japan: 1901-1983,"(D. Miss. dissertation., Fuller Theological Seminary, 1984), 83.

241 John Thomas, "The Opportunity in Korea," *God's Revivalist and Bible Advocate*(February 9, 1911), 10.

242 James F. White, *Protestant Worship: Traditions in Transition* (Louisville, KY: Westminster/ John Knox Press, 1989), 201.

243 배은성, "일제시대의 중앙교회를 회고하며," **중앙성결** 복간 제7호(2022년 5월 26일), 3.

성별회를 진행하였다.[244] 이처럼 자주 열리던 성별회는 점차 부흥회와 특별기도회의 성격을 가진 집회가 되었다.

서울에 위치한 성결교회들이 인도한 성별회는 타 교단의 신자들, 교역자들, 그리고 선교사들까지 참석하는 은사집회로 알려졌다.[245] 1907-1908년 사이 서울에 있는 장로교, 감리교, 구세군 등의 교역자와 신자들이 그리고 심지어 선교사들까지 복음전도관의 성별회 소문을 듣고 찾아왔다. 이 성별회를 통하여 1908년 겨울에는 성령의 크신 부흥의 역사가 일어나 각각 죄를 통회 자복하고 거듭나는 은혜와 성결의 은혜를 받게 되었다. 이명직목사는 이 역사를 "동양선교회가 조선에서 첫 번 추수하는 오순절"이라고 말하였다.

이 오순절 사건은 성별회를 예배의 생명력을 회복하기 위해 뜨거운 은혜의 체험을 강조함으로 초기 성결교회가 병자들에 대한 관심을 나타내던 공적 치유예배의 한 형식으로 발전하였다. 신유는 재림과 함께 성별회의 주된 관심사이었다. 타 교단의 많은 사람들이 성결회를 통하여 성결의 은혜와 신유와 방언의 은사들을 체험하게 되었으며 은혜를 체험한 신자들이 처음에는 자신의 교회로 돌아가 부흥을 일으키는 도화선이 되었다. 초기 성결교회의 오순절적 사건이었던 성별회는 1960년대까지 성결교회의 특징을 나타내는 집회로 존속되었다.

244 이응호, **한국성결교회사** 2권, 402.

245 이명직, ibid., 51.

3. 신유집회의 오순절적 배경

성결교회의 신유집회는 오순절적 배경을 가지고 있다. 성결교회는 사중복음을 중심으로 일어난 성결회복운동을 오순절적성결운동으로 이해한다. 성결교회의 사중복음은 원래 19세기 중엽 미국의 성결부흥운동에서 그 기원을 찾을 수 있기 때문이다.[246] 그 당시 미국은 유럽에서 불어 닥친 자유주의 신학사조에 교회가 오염되어 가고 있었다. 이런 자유주의적 풍조에 대항하여 전통적 신앙을 강조하는 영적 각성운동이 크게 일어났다. 웨슬리 전통에 기원을 둔 이 성결운동은 성령운동으로 연결되어 성령의 불세례, 성령 충만을 강조하게 되었다. 이러한 성령운동에는 자연히 기사와 이적이 일어나게 되었으며 특히 신유가 강조되었다. 이런 이유로 성결교회는 성결운동과 함께 신유를 강조하게 되었다.

이와 같이 신유를 강조하던 초기 한국성결교회의 예배의 배경과 성격을 이해하기 위해 웨슬리안 성결단체들의 예배를 이해하는 것이 중요하다. 성결교회는 19세기 미국의 감리교회와 미국의 대표적인 성결교파들(만국성결연맹)인 하나님의 교회와 나사렛교회의 예배와 어느 정도 관계가 있기 때문이다.[247] 성결교회Holiness Church는 19세기 감리교회로부터 유래되었기 때문에 성결교회의 예배 역시 감리교회의 예배로부터 영향을 받았다. 이런 점은 한국성결교회의 예배를 소개한 선교사 카우만과 길보륜이 미국감리교회의 교인들이었다는 사실에서 확인된다. 또한 이런 관계에 대한 언급이 성결교회 초기 역사의 결정적인 자료인 성결교회약사에서도 나타난다. 이명직목사는 성

246 기독교대한성결교회, "2000년 성결교회주일 참고자료," 1.

247 만국성결연맹과 동양선교회의 관계에 대하여 박명수, **초기한국성결교회사** (대한기독교서회, 2001), 81-131를 참조하라.

결교회의 신학적인 뿌리에 대해 다음과 같이 밝히고 있다.

> 조선예수교동양선교회성결교회의 신앙개조는 그리스도와 그 사도들로 말미암아 나타내심과 요한 웨슬리의 성경해석의 근본적 됴리와 만국성결교회의 신앙개조를 토대로 주 강생 일천구백이십오년에 공포하여 성서학원과 모든 교회의 신도들에게 가라쳐 영구하도록 지키는 신경으로 하나니라[248]

이것은 한국성결교회의 신학적인 뿌리가 요한 웨슬리와 만국성결교회에 있음을 분명하게 밝히는 글이다. 이명직목사가 말하는 만국성결교회 신앙의 토대는 신약성서의 사도적인 교회를 회복하려는 것이며 웨슬리의 중생과 성결을 넘어서서 또 다른 신약성서의 중요한 주제인 신유와 재림을 강조하는 초대교회의 온전한 복음을 전하는 것이었다.

성결체험을 할 때 동시에 신유의 체험을 하는 것은 19세기 말의 성결운동에서 많이 일어나는 현상이었다. 성결부흥집회에서는 죄의 회개를 강조하였으며 이때에 신유의 역사가 나타나는 경우가 많았다.[249] 만국성결연맹의 신조는 "이 단체가 육체의 치유에 대한 성서의 가르침을 믿으며 신유를 위한 기도는 신자의 특권이다"라고 말하고 있다.[250] 그러나 이 신조는 육체의 건강을 위해 다른 방법을 사용하는 것을 정죄하지 않았다.

19세기 후기 감리교회에서 발생한 성결운동은 종교개혁시대의 선행에 대한 논쟁들을 뛰어 넘어 그리스도인의 삶에 있어 성화의 중요성에 대한 강조를 회복시킨 요한 웨슬리의 신학에 근거하였다. 웨슬

248 이명직, **조선예수교 동양선교회 성결교회약사**, 10.

249 박명수, ibid., 107.

250 *Manual of the International Apostolic Holiness Union and Churches* (1912), 16.

리는 헬라 교부들을 추종하여 완전함이 그리스도인의 삶의 목표가 되어야 한다고 주장하였다. 그러나 그는 절대로 자신이 완전함을 성취하였다고는 주장하지 않았다. 웨슬리 신학의 이런 면들은 미국 독립전쟁 후에 여러 가지 신앙운동 가운데 전면에 등장하여 결과적으로 오늘날 성결교회 또는 나사렛교회와 같은 웨슬리안 교회들의 예전에 영향을 주었다.

성결교회는 "제2의 축복," 즉 그들의 성령의 내주를 받았다는 확신을 경험한다. 성화, 성령세례 그리고 제2의 축복은 성결교회에서 회심 또는 칭의와는 구별되는 그 이후의 경험을 묘사하는 동의어들이다. 최초로 성령세례(성령충만)가 외부적 표적--방언--과 연결시킨 오순절교회와는 달리 성결교회는 방언과 같은 성화의 어떤 가시적인 명시에 대한 필요성을 전혀 느끼지 않았다. 성결교회가 오순절교회와 구별되는 것은 방언이 성령을 받는데 필수적인 증거라고 주장하지 않는데 있다.[251]

그럼에도 불구하고 성결교회는 많은 오순절교회들의 기원이 되었다. 초기 성결교회의 예배 전통은 19세기 초부터 교회에 다니지 않는 주로 미국의 변두리 지역(변경)the Frontier의 사람들을 대상으로 복음을 전하고 회심자들을 만들려는 열정적인 부흥회식 변경 예배 Frontier Worship 전통과 연결된다.[252] 하나의 새롭고도 독특한 예배 모델로 발전한 이 부흥운동 집회형식의 예배가 초기 한국 성결교회의 예배 전통이라 할 수 있다. 성결교회의 예배는 엄숙-경건하고, 실용주의적이며, 동시에 자유스러운 예배 진행으로 특징 되는 변경예배 Frontier Worship의 부흥회 형태로부터 영향을 받았다.[253] 또한 이처럼

251 James F. White, *Protestant Worship*, 195.

252 *Ibid.*, 172.

253 초기 한국성결교회의 예배가 지닌 특징들에 대하여는 허도화, **예배갱신의 이론과 실제: 성결교회의 예배를 중심으로**,(대전: 복음신대출판부, 2002),

성결교회 예배의 특징이었던 회중의 자율성, 그리고 설교와 찬송의 많은 부분이 오순절교회들의 예배 형성에 영향을 주었다. 그리고 사중복음을 강조하는 성결교회의 메시지는 야영집회, 부흥회, 전도예배들을 포함하는 많은 부흥집회를 통하여 전파되었다.

예배에서 치유에 대한 강조는 오순절교회의 맥퍼슨(Aimee Semple McPherson, 1890-1944)이 1937년 주장한 4가지 복음--구원, 성령세례, 치유, 재림--과 매우 관련이 있다. 오순절교회는 예배에서 물세례, 방언으로 증거되는 성령세례, 성찬식, 그리고 치유를 강조한다.[254] 오순절교회의 예배는 방언, 통역, 예언, 간증, 치유와 같은 은사들로 특징지어진다. 오순절교회 신자들은 자신들을 사도행전이 증거하는 기독교 형태를 현대에 대표하는 인물들로 자처하여 종종 자신들의 명칭에 사도적Apostolic이라는 형용사를 사용한다. 성령임재의 통상적 표적으로서의 방언에 대한 사도행전의 증거(예를 들어 행 10:45-47)를 매우 중대하게 받아들이는 것이나 예배에서 흔히 치유를 기대하는 것은 우연이 아니다.

오순절적 예배 중 빈도가 높은 부분은 병든 사람들의 치유이다. 병자들은 종종 회중 앞에 나와 무릎을 꿇게 하고 목사와 치유의 은사를 소유한 사람들이 안수와 기도를 한다. 또 종종 건강을 얻기 원하는 사람들이 자신의 병세를 발표하고 기도를 받기도 한다. 어떤 경우에는 기름을 바르는 성경적 실천(약 5:14)이 따르기도 한다. 치유는 특별행사가 아니라 주일예배의 통상적인 구성 요소로 간주된다. 오순절 운동의 역사는 이런 치유의 실행이 바라는 결과들을 얻었다는 증거로 충만하다.

사중복음의 하나인 신유를 치유예배에 대한 관심으로 보여준 성결

42-58을 참조하라.

254 James F. White, *Protestant Worship*, 196.

교회는 오순절교회의 치유예배에 영향을 주었으며 또한 이런 영향이 오순절교회의 예배를 통하여 다른 교회들에게 전파되어 몸과 마음의 치유에 대한 책임을 보다 진지하게 받아들이도록 하였다. 과거에는 병자 치유 의식이 전혀 없었거나 엄격하게 사적으로 행해졌던 대부분의 예배전통들에 최근에는 주일예배와 성만찬을 통하여 치유예배가 나타나기 시작하였다. 이제 공적인 치유예배는 더 이상 희귀한 일이 아니라 필요한 일이 되었다.

4. 치유예배의 형식

치유예배의 형식들은 교회 전통들과 현실적인 필요 모두로부터 나온다. 대부분의 은사중심적이며 예배갱신을 추구하는 교회들은 치유예배를 진지하게 그리고 동시에 자유롭게 실시한다. 주일예배에서 치유예식은 성만찬과 진행되는 것이 좋지만, 성만찬이 없는 예배에서는 설교 후에 말씀에 대한 응답으로 진행하는 것이 적절하다. 필요하다면 이 사역은 성만찬 이후 그리고 파송의 순서로 넘어갈 때에도 계속될 수 있다. 이 때 집례자를 도울 수 있는 사람들은 치유예배에 대한 경험이 있는 자들로 예배가 진행되는 동안 제단 좌우에, 성만찬을 받으러 나오는 통로 근처에, 또는 그런 치유사역을 진행하기에 적절한 위치에 자리를 잡고 예배나 성만찬을 진행하는데 피해를 주지 않는다면 계속 병자들을 위한 치유기도를 할 수 있다.

1) 제단 / 응답에로의 초청

성만찬이 없는 주일예배에서 치유예식은 오순절/은사Pentecostal/Charismatic 중심의 예배의 3부분--경배와 찬양, 말씀, 제단/응답에로의 초청--가운데 마지막 부분에서 진행된다. 말씀을 들은 후 제단에로 초청을 하거나 회중의 응답을 요청하는 것은 주일오전 뿐 아니라 저녁예배에서도 진행될 수 있다. 이 마지막 순서는 기본적으로 회중에게 분명한 응답을 요청하는 예식의 역할을 한다. 이 응답 순서는 치유예식 뿐 아니라 악귀를 좇는 예식, 회심과 재헌신이나 결단 그리고 성례세례를 위한 생애통과passage 및 강화intensification예식과 함께 진행될 수도 있다. 응답의 주된 구조와 진행은 자주 담임목사에 의해 결정된다. 담임목사가 어떤 응답 초청의 메시지를 주지 않을 때라도 (예를 들어, 외부 사람이 설교를 한 경우) 목사는 대부분 제단/응답예식을 진행한다. 외부 설교자는 자신의 설교를 마치고는 응답순서를 담임목사에게 넘길 것이다. 그런 다음, 목사는 제단을 향해 나가고 그 때 회중은 결단을 한다.

설교가 끝날 때, 대부분은 치유예식에 대한 간단한 서론을 전한 후에 목사는 회중에게 몇 가지 응답을 요청한다. 이 때 간단한 서론으로는 짧은 기도, 오르간의 전주, 또는 회중찬송 등이 적절하다. 이 때 회중은 통성기도를 할 수도 있다. 물론, 말씀에 대한 응답을 초청하는 순서는 미국 부흥회 형식의 전도집회로부터 온 것이다. 제단에로의 초청은 복음주의 전통에서 하나의 예술적 형식으로 발전되어 왔다. 이 전통은 한국성결교회의 주일예배에도 나타난다. 1936년의 헌법에는 최초로 문서화된 성결교회의 구체적인 예배순서와 규범이 소개된다. 이 주일예배 순서에는 설교 다음에 설교자의 기도대신 은혜좌恩惠座라는 특별한 순서를 진행하여 설교의 열매를 얻으려는 의도를 분명히 하고 있다. 은혜좌는 예배자들이 들은 설교에 대하여 응답을 할 수 있도록 마련한 순서로 초기 미국 감리교회가 설교 후에 찬송을 부르면서 진행하던 "초청의 시간" 혹은 "결단의 시간"과 같은 성격을 지니고 있었다.

현대 오순절/은사 중심의 예배는 복음주의로부터 나온 제단에로의 초청을 자신들의 목적에 맞추어 다양한 응답 순서들로 진행하고 있다.[255] 다양한 기도와 치유예식은 목회자에게 회중의 요구들을 채울 수 있는 기회들을 제공한다. 응답 초청의 내용은 보통 목회를 위한 특별한 메시지 아니면 다소 일반적인 주제나 필요를 위한 것이 된다. 또는 이 때 회중은 자신들이 개인적으로 느끼는 특별하게 내적 성령의 부으심에 응답할 수도 있다. 때로는 회중끼리 나눈 은사에 의해 감동 받을 수도 있을 것이다. 모든 경우에 제단에로의 초청의식은 집례자에게 달려 있다.

제단/응답에로의 초청이 치유예식을 위한 순서로 사용되는 이유는 다음과 같다. 첫째로, 제단이 통과의례가 성취되는 거룩한 장소를 상징하기 때문이다. 예를 들어, 제단은 성결을 체험하기 위해 "머무르는" 장소이다. 오순절/은사 중심의 예배를 드리는 교회들은 제단을 성령세례를 체험하기 위해 머무르는 장소로, 재헌신을 위한 기도의 장소로, 또는 치유나 다른 삶의 문제들을 해결하기 위해 하나님의 백성이 기도하는 장소와 시간으로 사용해왔다. 이처럼 제단의 공간은 변화와 강화를 위한 장소를 상징하기 때문에 진지하게 진행된 제단예식은 변화를 동반한다.

둘째로, 치유를 위한 기도가 제단 주위에서 이루어질 때 가장 집중력과 공동체성을 나타내기 때문이다. 치유기도는 주일예배 순서 가운데 가장 회중을 위한 중요한 목회에 속한다. 이 예식은 공동체의 기도시간으로 이해되는 가운데 참여하는 개인들의 신앙을 강화시킬 뿐 아니라 신앙공동체의 결속력을 강화시키는 사회적인 모임으로 만든다. 기도를 위해 회중이 제단 주위로 모일 때, 그들은 하나님과 교

255 Daniel E. Albrecht, *Rites in the Spirit: A Ritual Approach to Pentecostal/Charsmatic Spirituality,*(Sheffield: Sheffield Academic Press, 1999), 166.

회공동체 서로에 대한 공통적인 위임을 표현하기 때문에 그들의 결속 의식을 보여주게 된다.

셋째로, 회중의 다양한 필요들을 충족시키는 목회예식으로 적절하기 때문이다. 치유예식이 다양한 형식을 취하는 이유는 회중의 다양한 필요들에 대한 관심 때문이다. 치유예식은 회중이 분명하게 표현하는 실제적인 필요들, 예를 들어 육체적, 정서적, 영적, 관계적, 심지어는 재정적인 필요들을 위한 사역과 기도를 목표로 하고 있다. 어떤 실제적 필요도 서로에게 기도로 사역할 때에는 불필요한 것처럼 보이지 않는다. 사회학적 관점은 현대 치유예식을 "대안적 치유"로 본다. 그리고 현대의학이 죽음을 극복하지 못하는 것과는 반대로 오순절/은사적 치유예식은 전인적인 치유로 이해된다.[256]

치유예식은 어떤 예배순서들보다 매우 실제적이며 효력이 있다. 설교가 끝난 후 다음 순서로 넘어가는 시간에는 회중의 기대감이 일어난다. 예배는 절정을 향하여 움직인다. 회중은 대단한 기대를 가지고 목사를 향하여 바라본다. 목사는 초청을 하고 회중은 이에 응답한다. 그들은 치유를 위해 앞으로 나아간다. 치유사역팀은 목사를 따라 그리고 목사를 도와 치유예식을 진행한다. 집례자가 치유사역팀과 또한 교인공동체가 함께 서로를 위해 기도할 때 기대감은 커질 수밖에 없다.

치유예식은 집례자에게 힘을 부여하는 역할을 한다. 그 예식에 나타나는 하나님의 임재 의미가 집례자에게 강화되기 때문이다. 또한 집례자는 예식에 참여함으로 느끼는 하나님의 임재를 자신의 신앙갱

256 Meredith B. McGuire, *Ritual Healing in Suburban America*(New Brunswick, NJ: Rugters University Press, 1988)을 보라. McGuire는 이 대안적 치유예식들 속에서 일반적으로 의학적 방법에 없는 의미를 생산하는 특징들을 관찰한다. 또한 그녀는 예식들의 결과일 수 있는 질서와 능력부여의 의미를 보여준다.

신의 의미와 연결시킨다. 이처럼 의미를 찾는 것은 치유기도를 받기 위해 나오는 자들과 치유예식을 집례하는 자의 영성을 형성하고 강화시킨다. 회중 역시 치유예식에 참여할 때 집례자와 비슷한 경험과 유익을 얻게 되기 때문이다. 이처럼 치유예식은 근본적으로 하나님에 대한 응답과 회중들 사이의 결속력을 상징한다. 치유예식은 하나님에 관한 것 뿐 아니라 하나님과의 관계를 강화시킨다. 이처럼 치유예식은 분명히 집례자와 회중 사이에 바람직한 상호교환의 효과를 나타낸다. 예를 들어, 집례자가 하나님의 도우시는 손길을 바라는 동안 치유예식이든 또는 신앙생활의 갱신과 함께 하나님에게 응답하도록 만드는 강화예식이든, 또는 제단 주위에서 일반적인 기도시간이든 그 예식에서 집례자는 하나님에게 반응하려하고 그래서 하나님과의 관계를 강화시키려 하기 때문이다.

다른 한편으로, 치유예식은 회중이 서로에게, 공동체에게 헌신하도록 기회를 부여한다. 회중이 하나님에 대하여 개방되고 응답을 취하는 것은 종종 서로에게 대한 개방성과 민감성을 반영한다. 치유예식은 근본적으로 평등주의 형식으로 진행되기 때문에 회중은 회중에게, 집례자는 집례자에게 서로를 위한 기도와 서로에게 사역하는 기회를 제공한다. 그리고 교회공동체가 공통적인 형식을 통하여 비슷한 기대를 가지고 서로 참여하기 때문에 결속력이 치유예식 이후의 순서들에게도 나타날 수 있다.

2) 치유예식의 요소

치유예식을 구성하는 중요한 요소들에는 인터뷰, 몸의 접촉, 기름바름, 그리고 치유기도가 있다. 첫째로, 치유예식 집례자는 초청에 응하는 자와 간단한 인터뷰를 할 필요가 있다. 치유예배를 위해 기도나 다른 예식적인 표현을 하려는 경우에 집례자는 무엇보다 먼저 아픈 사람에게 그것의 의미를 설명하고 그것을 할 것인지에 대한 여부를 그가 결정하도록 해야 한다. 그 이유는 목회예식의 일반적인 규칙이 예식적인 표현을 함께 탐구해서 교인들에게 의미하는 것을 발견하는 데서부터 시작하기 때문이다.

둘째로, 치유예식은 몸의 접촉이 가지는 심리적이고 영적인 중요성을 가지고 있다. 치유예식에서 병자의 고립을 치유하는데 커다란 역할을 할 수 있는 것은 몸의 접촉이다. 안수, 기름 바름, 그리고 사람의 손을 잡는 자연스런 행위는 모두 만지는 의식의 힘을 보여준다. 몸의 접촉 자체를 단지 몇 초안에 그치기보다는 적어도 몇 분 단위까지 가도록 지속해야 한다. 몸을 접촉하는 시간이 침묵 가운데 지속될 수도 있다. 실제로 이것이 관심을 집중하는 데는 도움이 되기도 한다.

만지는 의식은 신약성서에서 기록된 치유들 가운데 중심적 역할을 한다. 예수의 치유에 관한 이야기는 일반적으로 몸의 접촉에 관한 이야기를 포함하고 있다. 예수님은 종종 다른 사람들을 만지셨다--어린이들을 축복하면서, 발을 씻기면서, 부상이나 질병을 치유하면서, 그리고 죽음으로부터 살리면서. 성경에 나오는 예들은 치유기도를 원하는 자들을 부드럽게 그리고 사랑스럽게 만지도록 자극할 때 필요한 자들에게 손을 뻗어 우리의 자연스런 욕구와 결합된다. 그런 행위는 그리스도의 이름으로 사역하는 자들 안에서 그리고 그들을 통하여 역사하시는 치료자 그리스도의 임재를 구체적으로 표현하는 것이다. 야고보도 아픈 사람을 위한 기도와 함께 안수를 권고하고 있다.

몸의 접촉이 가지는 중요성은 심리학이나 행동생물학 심지어는 생리학 등에 대한 연구에서 강조되어 왔다. 어떤 사람이 병으로 고립된 상황에서 강해지고자 하는 것은 하나의 욕구이다. 입원하거나 병으로 집에서 두문불출하는 사람은 지리적으로 친구나 가족으로부터 멀어지기가 쉽다.[257] 의도적인 몸의 접촉은 좋은 결과를 가져온다. 그 이유는 손으로 하는 행위가 마술적인 몸의 접촉이 아니라 전적으로 의도적인 몸의 접촉이며 나아가 무엇인가를 명확하게 말하고 그렇게 함으로써 하나님의 치유하는 능력을 전달하는 몸의 접촉이기 때문이다. 이처럼 예배가 지닌 지혜는 우리가 단지 마음이나 말로만이 아니라 우리의 전체를 바쳐 기도한다는 사실에 있다. 우리가 안수하는 순간에 우리는 다른 사람의 전체, 즉 그의 몸과 영혼 전체를 위해서 기도한다는 사실을 보여주는 것이다.[258]

셋째로, 이마에 기름을 바르는 것은 하나님의 치유하는 사랑을 일으키는 하나의 표시이다. 기름은 그 자체 이상의 것과 성령의 역사에 기름을 바르는 것 그리고 하나님으로부터 기름을 받아 치료하시는 그리스도의 임재를 의미한다. 올리브유는 전통적으로 기름을 바르는데 사용되었으나 불쾌한 냄새가 날 수 있다. 방부제 성격을 가진 달콤한 올리브는 일반 약국에서 구할 수 있다. 향수 기름도 사용될 수 있으나 사용할 때 주의해야 한다. 그 이유는 향수에 알레르기를 가지고 있는 사람들이 있기 때문이다. 일반적인 치유예식 외에 유산 한 후 슬퍼하는 자들, 이혼을 경험한 자들, 약물 중독이나 남용으로 고생하는 자, 에이즈 병을 가진 자, 생명에 위협을 주는 병을 가진 자, 혼수상태에 빠진 자나 말을 할 수 없는 자를 위한 예식과 같이 특별한 요구들을 위해 사용될 수 있다.

또한 기름을 머리에 바르며 안수하는 경우 냄새나 느낌은 세례의식에서 기름을 사용했던 사람들에게는 바로 그 세례를 환기시키는 물질적인 표상이다. 아픈 사람에게 기름으로 안수하는 스웨덴의 루터교 예식은 이런 방식의 세례적인 연관성을 명백하게 한다. 다만 여

257 Elaine Ramshaw, *Ritual and Pastoral Care*(**목회와 교회예식**), 박근원 역 (진홍, 1997), 100.

258 Elaine Ramshaw, ibid., 101.

기에서는 기름으로 안수하는 행동의 상징적인 의미에 초점을 맞추어 자칫 초점이 기름 자체의 마술적인 능력에 있을 것이라고 생각하게 되는 경향을 감소시키도록 돕는다.

넷째로, 신체의 접촉이나 기름을 바른 후에 이어지는 진지한 기도는 그것이 그 순간을 위해 사려 깊게 선택되었으며 정성껏 말해지는 기도라는 점에서 공식적이거나 혹은 비공식적인 언어를 모두 사용할 수 있다. 몸을 접촉하면서 드리는 기도는 집례자가 그저 하나님을 향하여 드리는 기도, 말하자면 둘 다 머리를 숙이고 서로 만지거나 보지도 않은 채 단지 다른 아픈 사람에 대해 말하기만 하는 기도와는 전혀 다른 유형의 기도를 가능하게 할 것이다. 치유기도는 특별히 오랫동안 질병에 시달리는 사람들에게 매우 중요하다. 그들은 대개 자신들의 삶이 질병이 가져오는 질환이나 고통이나 무능력에 의해 지배되는, 나아가 아마도 이러한 상태의 극복이 단지 죽음에 의해서만 가능하다고 예견되는 상황에 처한 사람들이다. 그러한 경우에 기도의 초점은 회복이나 치유보다는 자신을 하나님의 돌보심에 맡기는 내용에 두어야 할 것이다.

병자에 대한 관심은 공적 예배로 발전되어야 한다. 교회공동체는 하나님께서 공적인 예배에서 하나님 자신을 주시는 행위를 하신다는 사실을 진지하게 다루는 치유예배를 기획하고 실천할 필요가 있다. 교회가 공적인 예배를 통하여 성도의 영혼뿐 아니라 육체까지도 치유하려는 것은 결코 화려하지도 않고 터무니없는 주장도 아니다. 신유는 하나님께서 주시는 은사 가운데 결코 작은 것이 아니기 때문이다. 그러므로 교회는 교인들의 실제적인 욕구를 충족시켜 줄 수 있는 예식을 창출하여 그 예식을 의미 있게 만들어낼 필요가 있다. 사람들은 자신의 질병으로부터 경험한 위기에 대해 교회가 어떤 방식의 예식을 통해서든 공식적인 관심을 가져주기를 바라기 때문이다. 치유예배는 인생 여로에서 반복적으로 일어나는 질병에 대한 관심과 주의를 나타내기 때문에 교회 공동체가 사랑으로 돌보며 참여한다는 것을 보여줄 수 있다.

성결교회는 신유를 사중복음의 하나로 전통적 유산으로 간직하며 강조하고 있다. 성결교회는 이런 전통을 기꺼이 진정한 치유예배로 발전시키며 교회공동체 성원의 삶 가운데 질병으로부터 일어나는 경험을 예식화하기 위해 지속적인 노력을 기울여야 한다. 이러한 노력은 전인건강운동을 강조하는 일이며 나아가 예수의 치유사역과 건강과 구원 사이의 연관성에 대한 관심을 나타내는 일이다. 교회는 목회적인 과제로 얼마동안 치유에 관한 새로운 예배를 시도해 본 후에 회중에게 의미를 준 것이 무엇인지 그리고 그들의 경험에 어떤 영향을 미쳤는지를 묻고 들어야 한다. 치유예배를 보다 광범위한 영역에서 사용할 필요가 있다.

그러나 아무리 치유에 대한 욕구를 충족시킨다 해도 치유예배는 사람들을 너무 수동적으로 만드는 경향이 있음에 유의해야 한다. 그 이유는 치유예배에 참여한 사람들이 자신들을 마치 치유의 수령자로서만 생각하기 쉽기 때문이다. 결국 바람직한 치유예배는 참여한 회중 각자가 하나님의 치유를 다른 사람들과 나누는 일에 대하여 인식하고, 확신하고 그리고 축복을 느끼도록 진행되어야 한다. 그런 확신으로 집례되고 참여하는 치유예배는 교회공동체를 변화시킬 수 있다. 공적 치유예배는 병자에 대한 사역에 새로운 길을 모색해줄 뿐 아니라 공동체의 삶을 형성하는 예배가 되어 교회의 변화를 이룩하는데 기여할 것이다.

5. 치유예배의 실제

다음에 미국 연합감리교회의 치유예배Healing Services와 성공회에서 사용하는 치유예배Ministration to the Sick의 순서를 소개한다.

1) 미국 연합 감리교(United Methodist Church)의 치유예배

이 예식은 치유를 위하여 회중이 모이는 예배로 특별한 요구에 따라 자유롭게 적용할 수 있다. 치유healing를 말하는 헬라어 쏘조sozo는 구원salvation, 또는 온전함wholeness의 의미를 가진다; 영적 치유는 사람에게 고백, 용서, 화해를 통해 육체, 마음, 영혼, 관계의 균형, 조화, 온전함을 주는 하나님의 역사이다. 모든 치유는 하나님과 연관되며 약과 정신치료를 통하여 하나님이 주시는 은사이다. 치유는 마술이 아니라 하나님 사랑의 위대한 신비이다. 모든 병이 치유된다는 약속은 없으나 하나님은 우리의 고통 가운데 함께 하신다는 약속을 주셨다. 이 약속을 믿으면서 우리의 고통, 질병, 상처, 소외(불화) 가운데 하나님께서 머물고 계심을 인식할 수 있다. 가장 위대한 치유는 인간이 하나님과 연합 또는 화해하는 것이다.[259]

안수와 기름을 바르는 것, 사람의 손을 잡는 것은 만짐으로 나타나는 능력을 보여주는 것이다. 예수님처럼 치유기도를 원하는 자들을 부드럽게 그리고 사랑스럽게 만지는 것은 치유하시는 그리스도의 임재를 사역하는 자들을 통하여 구체적으로 표현하는 것이다. 이마에 기름을 바르는 것은 하나님의 치유하는 사랑을 간구하는 행위이다. 기름은 성령의 행위와 치유하시는 그리스도(하나님의 기름 부음을 받은

259 *The United Methodist Book of Worship*(Nashville, TE: The United Methodist Publishing House, 1992), 613-14

자)의 임재를 거룩하게 하는 의미이다. 올리브기름은 역겨운 냄새를 내기 때문에 향내 나는 기름을 사용한다. 그러나 향수 냄새에 알레르기가 있는 자들이 있으므로 사용에 주의해야 한다.[260] 치유예식은 특별한 경우에 따라 다양하게 진행할 수 있다 -- 유산한 자, 이혼자, 약물중독자, 에이즈환자, 생명에 지장 있는 환자, 뇌사상태 환자 등.

다음에 소개된 치유예식순서는 미국 연합감리교회의 예배서에 소개된 것이다.[261] 순서 중 [ ] 안에 있는 순서는 생략될 수도 있다.

모임

예식말씀 약5:14-16상 또는 벧후1:2를 읽는다.

찬송 경배와 찬양 또는 신유(528-530장)에 관한 찬송을 부른다.

개회기도

성경봉독 적절한 성경구절들을 선택하여 봉독한다.

전 3:1-11상 모든 것에 때가 있다

사 26:3-4 주를 영원히 의지하라

사 35;1-10 깨어진 모든 것들의 회복

사 40:28-31 약한 자들이 힘을 얻을 것이라

사 43:1-3상, 18-19, 25 물 속을 지날 때

사 53:3-5 그가 채찍을 맞음으로 우리가 나았다

사 61:1-3상 고통받는 자들에게 기쁜 소식

시 13 고통과 슬픔의 기도

시 23 내 머리에 기름을 바르셨도다

시 27 주는 내 생명의 힘이시라

시 30 죽음의 질병으로부터의 회복

시 41 하나님의 도움에 대한 확신

시 51:1-12, 15-17 깨끗한 마음을 만드소서

시 91 하나님의 날개 아래의 피난처

시 103 하나님은 모든 죄를 용서하신다

시 130 깊음으로부터

260 *Ibid.*, 614

261 *Ibid.*, 615-21.

시 138 나를 위한 당신의 목적을 이루소서
시 139 하나님으로부터 피할 수 없다
시 146 하나님은 굴복한 자들을 높이신다
행 3:1-10 앉은뱅이를 고친 베드로와 요한
행 5:12-16 예루살렘에서의 치유
롬 8 하나님으로부터 떼어놓을 수 없다
롬 14:7-12 우리는 주께 대하여 살아있다
고후 1:3-5 고통에서 위로를 주시는 하나님
고후 4:16-18 보이는 것은 잠시뿐이다
골 1:11-29 모든 권능으로 강하여 지고
히 12:1-2 예수는 우리 믿음을 온전케 한다
약 5:13-16 너희 중에 병든 자가 있는가
요일 4:16하-19 사랑 안에는 두려움이 없다
요일 5:13-15 그리스도에 대한 신뢰
계 21:1-4 새 하늘과 새 땅
* 기타 복음서의 치유 이야기

설교(또는 묵상, 간증)

[신앙고백 또는 말씀에 대한 응답]

고백과 용서

예식말씀 순서에서 약5:14-16을 읽지 않았다면 고백에로의 부름으로 사용한다. 준비된 고백기도나 적절한 시편을 사용한다. 고백 후에는 침묵이나 다음과 같은 용서의 선언을 한다.

인도자 : 기쁜 소식을 들으세요. 우리가 아직 죄인으로 있을 동안 그리스도께서 우리를 위해 죽으심으로 우리에게 향한 하나님의 사랑을 증거 하셨습니다. 예수 그리스도의 이름으로 우리는 용서받았습니다!

회 중 : 예수 그리스도의 이름으로 우리는 용서받았습니다.

다같이 : 하나님께 영광을 돌립니다. 아멘.(회중은 용서에 대한 응답으로 찬양과 감사에 관한 찬송을 부른다.)

[평화의 인사] 봉헌, 성만찬과 함께 기름을 바르고 안수기도 후에 진행한다.

[봉헌]

[성만찬]

[성유감사기도] 성찬상 앞에서 치유에 사용될 거룩한 기름을 위해 기도

할 수도 있다.

[치유찬송] 회중, 성가대, 또는 독창으로 부를 수도 있다.

안수기도

회중을 개인적으로, 성만찬을 받기 위해 나올 때처럼 그룹으로, 또는 정해진 기도장소로 앞으로 나오도록 초청하여 그들이 가지고 있는 특수한 관심들을 표현하게 한다. 목사, 기도담당자, 또는 두 세 사람으로 구성된 기도팀이 기도를 한다. 모든 기도팀은 침묵으로 그리고 소리를 내어 기도를 하며 안수를 한다. 회중과 성가대가 찬송을 부를 수도 있다. 기름을 준비하였다면 집례자가 엄지손가락에 기름을 묻혀 기도 받는 자의 이마에 십자가를 그리면서 침묵으로 또는 다음과 같은 말을 한다. "(구체적인 목적)을 치유하기 위하여 내가 성부와 성자와 성령의 이름으로 (이름)에게 기름을 바르노라."

기름대신 안수를 하려면 각 사람의 머리 위에 손을 얹고 침묵이나 다음과 같은 말로 기도한다. "(구체적인 목적)을 위하여 내가 성부와 성자와 성령의 이름으로 (이름)에게 안수하노라. 우리 속에 거하시는 하나님의 능력으로 육체와 정신과 영혼 그리고 인간관계의 모든 질병을 치료하옵소서. 아멘."

[안수 또는 기름 바른 후 기도] 다음과 같은 기도를 할 수 있다. "전능하신 하나님, 우리의 형제자매들(이름)이 그들의 고통 가운데서 평안함을 얻고 온전해지기를 위해 기도합니다. 두려울 때 용기를 주옵소서. 약해질 때 당신의 힘을 주옵소서. 괴로울 때 인내심을 주옵소서. 상실하였을 때 소망을 주옵소서. 외로울 때 우리로 그들 편에 서게 하옵소서. [죽음이 다가올 때 당신의 팔을 벌려 형제(자매)를 받아주옵소서] 예수 그리스도의 이름으로 기도합니다. 아멘."

[감사의 나눔] 감사를 매우 강하게 느끼는 자들은 치유나 다른 축복에 대해 감사를 할 수 있다.

찬송

축복기도 "여러분의 모든 불의를 치유하신 주께서 여러분을 축복하시고 지키실 것입니다; 여러분의 모든 고통을 치유하신 주의 얼굴로 여러분에게 비춰사 은혜를 베푸실 것입니다; 여러분의 생명을 구원하신 주의 얼굴빛으로 여러분을 향하여 드사 평강을 주실 것입니다(민 6:24-26). 아멘."

파송

2) 성공회Anglican Church의 치유예배

환자를 위한 예배는 개인적으로(가정이나 병원에서) 또는 공적으로(교회의 정기 예배에서) 진행할 수 있다. 목사는 성도의 병을 알릴 필요가 있다. 주기도문은 항상 순서에 포함되어야 한다. 안수와 기름을 바르는 순서가 성만찬과 함께 진행될 때는 성만찬 분배 전에, 그리고 평화의 인사 직전에 진행하는 것이 좋다. 집례자는 다음과 같은 인사로 예배를 시작한다: "이 가정(장소)에 그리고 이 곳에 거하는 모든 자들에게 평강이 넘치기를 기원합니다."[262]

다음 3부로 진행되는 치유예식 순서는 성공회의 공동기도서에 실린 것이다.[263] 순서 중 [ ] 안에 있는 순서는 생략될 수도 있다.

1부 말씀예전

다음의 순서들에 적절한 성경구절을 선택하여 읽는다.

일반성구(General) 고후 1:3-5(고통 중에 있는 우리를 위로하시는 하나님) 시 91(천사로 지키실 것이다) 눅 17:11-19(믿음이 병을 낫게 하였다)

회개(Penitence) 히 12:1-2(믿음을 완전케 하신 예수) 시103(모든 죄를 용서하신다) 마9:2-8(죄가 용서받는다)

[기름 바름](Anointing) 약 5:14-16(병든 자가 있느냐?) 시 23(내 잔이 넘치나이다) 막6:7, 12-13(병든 자들에게 기름을 발랐다)

[성만찬](Communion) 요일 5:13-15(영생 얻은 것을 알다) 시 145:14-22(모든 눈들이 주님을 섬긴다) 요 6:47-51(나는 생명의 떡이니)

설교(Brief Comment) 성경봉독 한 구절에 대해 간단하게 설명한다.

[기도](Prayer)

[고백 또는 화해](Confession or Reconciliation)

262 *The Episcopal Church, The Book of Common Prayer*(New York: Oxford University, 1979), 453.

263 *Ibid.*, 453-61.

(공동고백기도문) "매우 자비로우신 하나님, 생각과 말과 행위로 행한 것과 행하지 못한 것으로 죄를 지었음을 고백합니다. 전심으로 주를 사랑하지 않았습니다. 이웃을 내 몸같이 사랑하지 않았습니다. 진실로 슬퍼하며 겸손히 회개합니다. 성자 예수 그리스도로 우리에게 자비를 베푸시고 용서하옵소서. 주님의 이름과 영광을 위해 주님의 뜻을 기뻐하고 주님의 길로 걷게 하옵소서. 아멘."

(집례자의 용서선언) "전능하신 하나님께서 여러분에게 자비를 베푸시고, 우리 주 예수 그리스도를 통해 여러분의 모든 죄를 용서하시고, 모든 선함으로 여러분을 강하게 하시고, 여러분을 성령 능력으로 영원까지 지키실 것입니다. 아멘."

2부 안수와 기름 바름(Laying on of Hands & Anointing)

성유감사기도 "오, 건강과 구원을 주시는 거룩하신 하나님 아버지, 당신의 성령을 보내어 이 기름을 거룩하게 하옵소서. 당신의 거룩한 사도들이 많은 병든 자들에게 기름을 바르고 치유하였듯이, 믿음과 회개로 이 거룩한 기름을 받는 자들도 온전하게 하옵소서. 한 분이신 하나님, 영원히 살아 계셔서 하나님과 성령과 함께 통치하시는 우리 주 예수 그리스도의 이름으로 기도합니다. 아멘."

찬송

안수 "우리 주 예수 그리스도께서 함께 하심으로 지키시고, 육체와 영의 모든 질병을 몰아내시고, 생명과 평강을 주셔서 이제와 영원토록 주님을 섬길 수 있게 하실 것을 간구하며, 내가 성부 성자 성령의 이름으로 (이름)에게 안수하노라. 아멘."

[기름 바름] 엄지손가락에 기름을 묻혀 기도 받는 자의 이마에 십자가를 그리면서 다음과 같이 말한다. "내가 성부 성자 성령의 이름으로 (이름)에게 거룩한 기름을 바르노라. 아멘."

마침기도 성만찬을 베풀지 않으면 주기도나 마침기도로 끝낸다. "주를 믿는 모든 자들에게 강한 성이시며, 마땅히 하늘과 땅 위와 아래에 있는 모든 것들로부터 경배와 섬김을 받으실 전능하신 하나님께서, 이제와 영원히 여러분의 방패가 되시며 우리 주 예수 그리스도만이 여러분의 건강과 구원을 위해 보냄을 받으신 하늘 아래 유일한 이름임을 알고 느끼도록 하시기를 기도합니다. 아멘."

3부 성만찬(Holy Communion)

제 12 장

생태예배

본 장의 연구는 생명과 생태를 축하하는 예배를 통하여 21세기 예배갱신을 위한 새로운 패러다임을 제공하려는 하나의 시도이다. 이것은 넓게는 한국교회 안에 예배학과 생태학 사이에 대화의 장을 마련하려는 것이며, 좁게는 예배를 생태와 연결시킴으로 예배갱신을 위해 비평적 기능을 갖는 생태학적 예배신학의 기초를 세우려는 것이다.

자연환경에 나타나는 생태학적 위기는 20세기 후반부터 윤리적 반성이 요구되는 주요 영역이 되어 왔다. 자연환경을 위한 싸움은 인간공동체의 건강과 생명을 위한 세계적인 이슈가 되었다. 이제 우리는 개인과 집단의 결정에 영향을 주는 환경을 총체적으로 건강하다 또는 병들었다고 진단할 수 있게 되었다. 그리고 이런 생태학적 도전은 교회로 하여금 세계에 대한 역할을 진지하게 생각하게 하였다.

21세기에는 기독교의 예배가 어느 시대보다 더욱 포괄적이어야 한다는 주장이 점차 힘을 얻고 있다. 이제 예전갱신운동은 세계적인 공동체를 반영하여야 한다. 이런 시대적인 요청은 우리 시대의 생태학적 위기와 관련될 때 최고조에 달한다. 이제 한국교회도 세계교회의 생태학적 위기의식을 함께 나누면서 예배를 통하여 예배와 자연, 예배와 창조와의 관계를 재평가할 필요를 느껴야 한다. 일반적으로 한국교회의 예배는 구원문제에 너무 치중하여 성경과 신학에서 다루고 있는 창조와 관련된 이슈들을 무시하였으며 어떻게 창조가 구원과 관련되는지를 이해하지 못하였다. 그 결과는 우리의 예배환경이 창조의 질서를 파괴하는 것으로 나타났다.[264]

이제 한국교회의 예배갱신은 생명과 생태와 관련된 질문들을 다루어야 한다. 예를 들어, 어떻게 우리의 예배환경이 세상과 세상의 자원들에 대한 존경심을 반영할 것인가? 어떻게 하나님의 창조물들을 사용하되 언어를 사용하지 않고도 그것들과 대화를 나눌 것인가? 어떻게 우리를 모든 피조물들과 연합시키며 이 지구의 이웃이 되도록 할 것인가? 이와 같은 질문들을 다루는 건설적인 신학이 필요하며 그 결과가 예배와 생활 속에서 구체적으로 표현되고 실천되어야 한다.[265] 그 이유는 특별히 우리가 생태학적 위기에 대한 깊은 인식이 일어나고 있으며 너무 자주 예배와 실제 생활 사이에 존재하는 간격을 채우는데 관심을 나타내야 할 시대에 예배를 드리고 있기 때문이다. 우리의 예배는 더욱 하나님의 창조와 이 땅의 것들에 대한 관심을 분명하게 나타내야 한다.

이와 같은 문제들을 해결하기 위해 본 연구는 먼저 예배와 생태 사이에 있는 연결을 찾음으로 새로운 예배신학의 가능성을 살펴볼 것

264 허도화, **한국교회 예배사** (서울 : 한국강해설교학교, 2003), 274.

265 이와 같은 이슈들을 새롭게 접근하는데 기초를 제공하는 연구로 Sally McFague, *The Body of God : An Ecological Theology*(Minneapolis: Fortress, 1993)를 보라.

이다. 그 다음에는 예배와 생태의 관계로부터 새롭게 이해된 예배신학의 방법론에 의해 생태학적 예배신학의 기초를 마련할 것이다. 그리고 마지막으로 생태학적 예배신학의 비판적 기능을 예배와 예배환경에 적용함으로 예배갱신의 새로운 패러다임을 제시할 것이다.

1. 예배갱신과 생태

교회는 항상 창조와 자연세계에 대한 관심들을 나타냈다. 그러나 이런 관심은 20세기에 주로 신학적이거나 윤리적인 반성을 요구하는 것이었지 예배학과 관련된 것은 아니었다.[266] 루터교 신학자 조셉 시틀러Joseph Sittler는 처음으로 환경 문제를 윤리적으로 다룬 학자들 가운데 하나였다. 그는 1959년 예일 대학교의 라이먼 비처 강좌Lyman Beecher Lecture와 그 후의 글들을 통하여 생태학적 위기에 대한 인간의 무책임을 죄로 지적하였다.[267] 그는 생태와 신학을 함께 다루면서 "깨끗한 공기를 파괴하는 것은 책임을 이해하지 못한 것이다; 신앙은 이것이 신성모독이라고 말해야 한다."고 주장하였다.[268] 이와 같이 교회 안에 점차 자연환경을 돌보는 것이 교회의 도덕적 의무이며 반면에, 공해와 환경을 파괴하는 행위는 죄라는 인식이 확산되기 시작하였다.

266 생태문제를 도덕적인 이슈로 보는 Lawrence E. Mick, *Liturgy and Ecology in Dialogue*(Collegeville, MA: The Liturgical, 1997), 1-15를 보라.

267 Joseph Sittler, "Called to Unity," *Ecumenical Review* 14(1962): 175-87; *The Care of the Earth and Other University Sermons* (Philadelphia: Fortress, 1972); *Essays on Nature and Grace* (Philadelphia: Fortress, 1972).

268 *Christopher News Notes*, no. 322, Feb. 1990에서 인용.

또한 교회의 현대화를 논의하기 위해 모인 가톨릭의 제2차 공의회 Vatican II는 교회로 하여금 시대의 조짐들을 읽고 하나님의 창조의 빛 안에서 해석하도록 촉구하였다.[269] 교황 요한 바울 2세는 1989년 12월 8일에 전한 평화메시지, *The Ecological Crisis: A Common Responsibility*를 통해 가톨릭 안에서 처음으로 생태문제를 공식적으로 언급하였다. 그는 "세계 평화에 대한 위협은 사람들과 국가들 사이에서 일어나는 무기 확장 경쟁, 지역 갈등, 계속적인 불의에 의해서만이 아니라, 자연에 대한 정당한 존경 결핍에 의해서도 일어난다"고 지적하였다.[270] 그도 역시 생태학적 위기를 도덕적 문제로 이해하였다.

1980년대 중반부터 에너지와 환경에 관한 관심이 강하게 일어났음에도 불구하고, 예배학자들 사이에 생태와 예배를 연결하여 생각하는 일은 거의 없었다.[271] 구약성경과 신약성경이 하나님의 창조를 찬양하고 창조에 관한 찬송들이 있지만 우리의 예배에서 창조에 관한 관심은 아직도 부족하다. 아직도 많은 예배학자들은 생태와 예배의 관계를 예배학적 이슈로 다루지 않는다. 그러나 최근 생태학적 위기 현상은 21세기를 맞이한 교회에 던지는 도전과 윤리적 반성으로 만족하지 않고 새로운 예배신학적 연구와 해석을 요구하고 있다. 이

269 Christopher Hollis, *The Achievements of Vatican II*(New York : Hawthorn Publishers, 1966), 23.

270 Pope John Paul II, *The Ecological Crisis: A Common Responsibility, World Day of Peace Message,* December 8, 1989, (Washington, DC: United States Catholic Conference, 1990).

271 Beryl Ingram, "Eco-Justice Liturgies," *Theology for Earth Community: A Field Guide*(Maryknoll, NY: Orbis, 1996), 250; Edward Foley et als., "The Preparatory Rites: A Case Study in Liturgical Ecology," *The Ecological Challenge: Ethical, Liturgical, and Spiritual Responses,* eds. Richard N. Fragomeni & John T. Powlikowski (Collegeville, MA: The Liturgical, 1994), 83-84.

런 시대적인 요구는 자연스럽게 예전갱신운동과 연결된다.

서구교회에서 생명과 생태에 관한 예배학적 관심은 20세기 후반에 발전하게 된 예전갱신운동으로부터 싹텄다고 볼 수 있다. 예배학자들은 초보단계인 예전갱신운동과 세계적으로 확산되고 있는 환경운동 사이에 있는 연결점들을 찾기 시작하였다. 그러나 아직은 예배학과 생태학의 연결은 갈 길이 멀다. 그 이유는 예전갱신운동과 관련된 연구들이 주로 개인과 교회 자체의 영적 성숙과 부흥을 얻기 위한 강한 목회적인 요구를 채우는데 치중되었기 때문이다. 여러 교단들은 예배갱신의 중요한 목적을 교인들이 하나님에게 더욱 생동감 있는 예배와 더욱 아름다운 예배를 드릴 수 있는 영적 성숙이라고 생각하였다. 그러나 예전갱신운동은 목회적 관심에만 한정되어서는 안 된다.

점차 개인주의와 주관주의로 치우치는 한국교회의 예배에서 생태에 대한 관심과 표현은 21세기의 예배갱신을 위한 하나의 중요한 패러다임으로 이해되어야 한다. 한국교회는 생태학적 위기를 진지하게 고려하는 방법 뿐 아니라, 그 위기에 대한 진지함을 예배 속에서 최대로 표현하는 방법을 배워야 한다. 21세기의 예배는 예식서의 기도 내용과 교회력과 같은 예배 구성요소들을 통하여 생태에 관한 주제를 더욱 발전시키도록 도전을 받고 있다. 예배에서 사용되는 빵, 포도주, 물, 꽃 등과 같은 하나님의 창조물들을 축하하는 일에 대한 관심은 예배자들에게 이 지구를 어떻게 돌보아야 하는지 뿐만 아니라, 우리의 예배를 어떻게 발전시킬지에 대한 하나의 모델을 제시할 수 있다.[272]

기독교의 교회력 형식은 그 기원을 지중해 지역의 농업 주기에 두

272 Frank C. Senn, "'The Care of the Earth' as a Paradigm for Treatment of the Eucharistic Elements," *Creation and Liturgy,* ed. Ralph N. McMichael, Jr. (Washington, DC: The Pastoral Press, 1993), 235.

고 있다. 그런데 교회는 창조의 생명력과 질서에 의존하는 인간적인 것으로부터 나온 교회력의 근거를 세련된 기독론으로 포장하여 사용하고 있다.[273] 이와 같은 교회의 포장을 그대로 받아들이는 것은 충분하지 않다. 우리는 우리의 피조물성을 분명히 인식하고 생태에 관심을 가진 예배를 드리는 방법을 다시 배울 필요가 있다. 오늘의 예배는 예배자들에게 창조의 부분인 그들의 삶을 그들의 문화 속에서 어떻게 축하할 것인지를 가르쳐야 한다.[274]

모든 예배 축하는 제사장이신 그리스도와 그의 몸인 교회의 행위이다[275]. 그러나 예수를 모든 생명의 주인으로 믿는 것은 한 가지 표현으로만 고정되어서는 안 된다. 교회는 다양한 방법으로 각기 다른 문화에 속한 사람들에게 교회의 신앙을 드러내어 표현하도록 노력한 긴 적용의 역사를 가지고 있다. 그러나 예배가 지니는 지속적인 문제는 전통적인 기독교 예배의 중요한 핵심을 문화에 동화시키려고 어떤 특수한, 현대적인, 그리고 문화적으로 적절한 형식들을 소개함에도 불구하고 그 핵심을 유지하는 것과 관련이 있다. 그렇다면 생태에 대한 관심이 고조되고 있는 문화 속에서 생태를 축하하는 예배가 예배갱신을 위한 하나의 패러다임으로 발전될 수 있는가? 생태에 관한 관심이 우리의 예배에 얼마나 영향을 주며 발전시킬 수 있는지를 알아보기 위해 예배의 본질이 무엇인가를 설명할 필요가 있겠다.

기독교의 예배는 생태를 전제로 한다. 인간은 자신의 피조물성을

273 Andre Pearson, *Making Creation Visible: God's Earth in Christian Worship,* Grove Worship Series No. 137 (Cambridge: Grove Books, 1996), 4.

274 Oliver O'Donovan & Michael Vasey, *Liturgy and Ethics,* Grove Ethical Studies No. 89(Nottingham: Grove Books, 1993), 14-15를 참조하라.

275 Walter M. Abbott, *The Documents of Vatican II*(New York: America, 1966), 168.

깨닫게 될 때 창조주를 인식하려고 노력하게 된다. 우리는 이런 노력을 예배라고 부른다. 예배는 예배에 참여한 자들을 신학적으로, 예전적으로, 그리고 성경적으로 숙련시킨다. 그들은 자신들이 믿는 것을 예배에서 표현한다. 예배는 하나님이 자신의 백성들을 위해 행하신 것에 대한 분명한 교육이며 또한 그 사실과 사건을 축하하는 것이다. 또한 예배는 우리가 예배를 통해 말하고 듣고 행한 것은 우리 삶의 모든 영역들에 중요한 영향을 주어야 한다는 기본적인 전제를 가지고 있다. 예배와 생활 사이에는 어떤 간격도 없어야 한다. 그 이유는 예배가 다름 아닌 우리 삶의 의미를 표현하기 때문이다. 생명과 생태에 대해 더욱 깊이 인식하는 것은 더 나은 예배를 드릴 수 있는 연결을 제공하는 것이다.

그러나 예배와 생태의 연결은 일반적으로 창조와 인간의 삶이 서로 연결되어 있다는 주장 그 이상을 말한다. 기독교가 지니는 독특함 그 중심에는 하나님의 아들이 인간의 몸을 입고 우리들 가운데 사셨다는 믿음이 있다. 이 교리는 교회의 거룩한 섭리를 강조하는 것이다. 그 이유는 하나님께서 인간 속에서 그리고 창조된 것들 속에서 만나질 수 있음을 말하기 때문이다. 하나님에게 드리는 거룩한 예배는 물, 기름, 빵, 포도주, 나무, 꽃, 향, 인간의 말들, 그리고 인간의 접촉을 사용한다. 이런 인간적인 것들과 창조된 것들을 통하여 우리는 하나님을 만나려 한다. 그래서 우리가 이런 창조의 선물들을 사용하는 것은 모든 하나님의 창조에 대한 존경을 표현하는 것이며, 동시에 생태보호운동을 위한 필수적인 기초와 존경을 제공하는 것이 된다. 그러므로 예배와 생태는 서로 그 중심에서, 창조물들에 존경을 표현하고 남용하지 않으면서 하나의 선물로 보는 인식 속에서 결합될 수 있다.

교회의 예배와 관계된 자들은 어떤 예배 경험과 어떤 예배공동체도 스스로 유지되지 못한다는 것을 알고 있다. 예배를 드리는 자들의 삶의 모든 부분들은 서로 연결되어 있으며, 따라서 비록 비예전적인 이슈들이라 할지라도 좋은 예배를 지원할 수 있다. 예배를 준비하는 사람들에게는 예배생활과 나머지 생활 사이에 연결이 필요함을 이해할수록 더욱 생동감 있고 기도가 풍성한 예배가 용이하게 된다. 그래서 예배와 생태의 연결은 우리의 삶 속에 있는 모든 것들이 서로 연결되어 있음을 강하게 느낄 것을 요구한다. 마치 세계와 각 지역에 있는 교회가 계속적으로 개혁과 갱신의 필요가 있는 것처럼, 교회의 예배 역시 그렇다. 마치 개인과 단체의 신앙 이해가 발전되는 것처럼, 예배에 관한 특별한 표현 역시 그렇다. 이런 이유로 교회는 예배의 갱신과 문화적응을 위해 이 시대의 중요한 예배환경인 생태에 대한 분명한 관심을 나타내야 한다.

생태에 관한 문제는 예배갱신을 위한 새로운 예배연구를 가능하게 한다. 그리고 생태 및 자연환경에 관한 연구는 예배에서 땅에 속한 것들을 더욱 의미 있게 사용하도록 인도할 것이다.[276] 그러나 생태와 관련하여 예배갱신의 한 방법을 제시하려는 연구는 무엇보다 먼저 예배를 하나님의 창조의 한 부분으로 이해함으로 창조에 속한 예배의 위치를 알 필요가 있다. 우리의 예배는 생태를 파괴함으로 물질을 남용해서도 안 되며 또한 물질에 의해 지배당해서도 안 된다. 항상 우리 앞에 놓여있는 질문은 우리의 예배가 물질적인 환경에 의해 얼마나 갱신될 수 있는가이다.

276 Andrew Dumas, "The Ecological Crisis and the Doctrine of Creation," *Catholic Mind* vol. 84, no. 1296(New York: American, 1975), 25를 보라.

2. 생태학적 예배신학

예배와 생태의 관계에 대한 새로운 이해는 새로운 예배신학을 위한 필요를 제시한다. 또한 생태에 관심을 가지는 예배는 예배의 요소들에 대한 비평적 기능을 가지는 방법론을 가능하게 만든다. 새로운 예배신학 방법론은 예배에 대해 새로운 신학적 의미를 발견하게 할 뿐 아니라 예배신학과 창조신학의 만남과 창조에 대한 상징 사용을 가능하게 하여 생태학적 예배신학의 기초를 제공할 수 있다.

1) 새로운 예배신학의 필요

예배갱신에 대한 관심이 커지면서 점차 주의를 끌고 있는 것은 예배신학에 대한 새로운 이해이다.[277] 예배신학은 일반적으로 알려진 것처럼 예배에 관한 신학이 아니라, 오히려 예배로부터 나온 신학이다. 일반적으로 현대 예배학자들의 글 속에는 예배로부터 나온 신학은 두 가지로 설명된다.[278]

첫째로, 많은 예배학자들은 예배의 신학적 의미가 무엇인가를 설명함으로 예배신학을 정의한다.[279] 그들이 주장하는 예배신학은 교회의 예배 행위에 대한 반영으로 특별히 교리문답과 성만찬으로부터 이끌어 낸 예배에 관한 신학적 의미를 중심으로 이루어진다. 예를 들

277 예배신학에 대한 좋은 서론과 참고문헌들에 대하여 Aidan Kavanagh, *On Liturgical Theology*(New York: Pueblo, 1984)와 Kevin W. Irwin, *Liturgical Theology: A Primer*(Collegeville, MN: The Liturgical Press, 1990)를 참조하라.

278 Kevin W. Irwin, *Liturgical Theology,* 19-29, 40-44 and bibliography, 74-77을 보라.

279 Mark Searle, "Renewing the Liturgy--Again," *Commonweal* 140(2): 617-22를 보라.

어, 교회는 말씀을 선포하고 듣는 행위와 성만찬을 축하하는 행위를 통하여 부활의 신학적 의미를 실현시킨다. 둘째로, 어떤 학자들은 예배 행위로부터 나올 수 있는 신학을 설명함으로 접근해 간다.[280] 그들이 설명하는 예배신학은 기독교의 신학적인 용어들과 개념들의 의미가 예배에서 신학적으로 분명해진다는 전제를 가진다. 이 경우, 예배는 조직신학을 위한 한 자료로 사용된다. 예를 들어, 하나님, 그리스도, 성령, 구속, 구원, 그리고 성화와 같은 용어들의 신학적 의미는 예배에서 사용될 때 음미될 수 있다. 예배신학에 대한 이 두 가지 견해들은 예배가 기독교에서 차지하는 비중이 큰 것처럼 예배로부터 나온 신학도 중요한 신학으로 취급되어야 함을 말하는 것이다. 하나님에 관한 어떤 것을 말하는 신학의 행위는 기독교 공동체가 하나님과 일차적으로 만나는 예배에서 시작되어야 한다.

새로운 시대는 새로운 예배신학을 요구한다. 전통적인 예배신학은 기술문명의 한계와 생태학적 위기와 같은 21세기의 문화현상들을 위해 새롭게 적용되고 수정되어야 한다. 새로운 예배신학이 필요한 이유는 예배가 다양성과 유연성을 가지고 새로운 문화현상들에 대처해야 하는 예배갱신의 성격 때문이다.[281] 기술문명은 하나님의 세계에 대한 우리의 비전을 제한시키기 때문에 하나님의 창조에 관한 상징이 풍부한 예배를 통하여 오늘을 위한 신학적 의미를 제시할 필요가 있다. 그러므로 기술문명의 환경과 자연환경을 동시에 설명하는 새로운 예배신학이 필요하다. 우리의 예배 본질이 특수한 형식과 표현을 가지고 한 시대의 문화에 적절하게 형성되었을지라도 또 다른 문화와 사람들의 요구들에, 특별히 자연과의 접촉을 상실한 기술사회

280 Ibid.

281 D. S. Amalorpavadass, "Theological Thoughts on Inculturation," *Studia Liturgica* 20(1): 36-54를 보라.

의 사람들에게 적응되어야 한다.[282] 자연과 기술사회의 생활을 함께 이끌어 갈 예배 축하들은 모든 예배의 생태학적 환경과 실제 생활과의 관계에 중심을 두어야 한다.

생태학적 위기는 예배신학의 범위를 확대시킬 것을 요구한다. 생태에 대한 관심은 인간의 남용으로부터 자연환경을 자유하게하고 하나님의 목적에 따라 이해되고 사용되도록 보는 창조신학에 대한 새로운 관점을 제시할 뿐 아니라, 기독론의 범위를 우주의 차원에까지 확대시킨다. 한편으로, 생태학적 위기는 확대된 기독론을 통하여 하나님 은혜의 범위를 광범위한 차원으로부터 이해하고 발전시킬 필요와 다른 한편으로는, 창조를 그리스도의 구속에 의해 이해할 필요를 요구한다.[283] 종교개혁 신학의 특징의 하나는 은혜를 하나님과의 개인적 관계에 한정시켜 기독교신학을 생태학적 실체와 그 실체와 인간과의 상호관계를 다룰 수 있는 근거를 축소시킨 것이다.[284] 오늘날의 예배는 은혜를 사적인 영역으로 제한시키는 신앙과 신학의 생태학적 위기로부터 자유로워져야 한다. 이와 같이 지구의 생명과 생태를 돌보는 관점으로부터 예배를 새롭게 이해하는 것은 전통적인 예배신학에 건설적인 도전을 주는 것으로 하나의 패러다임으로 추구될 수 있다.

282 A. Bugnini & C. Braga, eds. *The Commentary on the Constitution and on the Instruction on the Sacred Liturgy*(New York: Benziger Brothers, 1965), 100.

283 Joseph Sittler, *The Care of the Earth and Other University Sermons* (Philadelphia: Fortress, 1964), 91을 보라.

284 Frank C. Senn, op.cit., 236.

2) 새로운 예배신학 방법론

새로운 형식의 예배신학은 "구조상 이미 존재하고 있는 형식들로부터 나와야 한다."[285] 이런 이유 때문에 최근에 많은 예배학자들은 예배갱신의 필요성을 감안하여 예배전통과 현대의 요구들을 함께 다루는 새로운 예배신학의 방법론을 제시한다.[286] 예배갱신의 한 방법으로 예배와 창조의 관계를 연구하는 방법들이 많겠지만, 최근의 예배신학은 이 관계가 예배와 생활 속에서 어떻게 나타나는가를 발견하여 신학의 자료로 삼으려는 경향을 나타낸다. 그러므로 새로운 예배신학 방법론은 예배와 창조와의 관계가 예배와 예배 환경 속에 어떻게 나타나는지에 대한 "비평적 기능"을 적용하는 것이다.[287]

첫째로, 예배신학은 예배 현장에 대한 비평적 기능을 가진다. 이 기능은 세 가지 관심으로 나타난다. 먼저, 예배가 어떻게 준비되며 실제적으로 축하되는가에 관심을 가진다. 다음으로, 예배 행위가 어떻게 매우 다양한 예식으로부터 발전된 예배신학을 위한 자료로 사용되는지에 관심을 가진다. 그리고 마지막으로, 예배 문서들, 상징적 행위들, 예식 행동들을 해석하는데 필수적인 콘텍스트를 제공하는 실제적인 예배의 유형과 구성요소들에 관심을 가진다.[288] 예배학자들은 실제 예배에서 무엇이 경험되는가에 관한 질문에 더하여, 갱신된 예배에서 제공되는 것이 교회의 신앙 비전을 반영하는지의 여부를 묻는다.[289] 실제적으로 행해진 예배를 신학적 자료로 사용하는 결과,

285 Joseph Sittler, op. cit., 147.

286 Kevin W. Irwin, *Liturgical Theology,* 29-34 and bibliography, 75-76을 보라.

287 David N. Power, "Cult to Culture: The Liturgical Foundation of Theology," *Worship* 54(16): 482-95를 보라.

288 Theodore W. Jennings, "Ritual Studies and Liturgical Theology: An Invitation to Dialogue," *Journal of Ritual Studies* 1(1): 35-56을 보라.

무엇이 말해졌으며 예배학적으로 행해졌는지에 의해 그 예배가 적절한지를 평가하는 것이다. 이 비평적 기능은 예배에서 나타나는 현상들을 예배신학의 자료로 사용하기 위해 예배가 교회의 신앙을 어떻게 표현하는가를 관찰한다.[290] 이 방법은 예배 현상을 행해진 의식들로 설명하며 예배에서 행해진 의식들을 교회의 신앙credendi을 결정하는 중요한 자료orandi로 사용한다. 그래서 오늘날 예배를 행해진 사건으로 강조함으로 예식서를 단순히 예배 행위를 위한 것 이상으로 다루는 예배신학의 한 방법론으로 발전되었다.[291]

예배신학이 예배 없이는 효과적일 수 없듯이, 생태에 관한 신학도 변화된 예배 없이는 효과적일 수 없다. 그 이유는 예배가 예배환경과 필수적으로 연결되어 있기 때문이다. 그리고 공적 예배는 개인적인 신앙의 자료일 뿐 아니라 예배공동체에 의해 공유된 신앙의 근거이다. 이런 관점에서 볼 때, 신학은 제일 먼저 예배에서 나타나며 그래서 "예배는 교회의 첫 번째 신학으로 불릴 수 있다."[292] 예배공동체가 믿고 있는 것은 매 주일예배에서 창조되며 실체가 된다. 이것은

289 Mary Collins, "Critical Questions for Liturgical Theology," *Worship* 53(4): 302-17; "Liturgical Methodology and the Cultural Evolution of Worship in the United States," *Worship* 49(2): 85-102를 보라.

290 이 방법론은 전통적인 예배신학의 lex orandi, lex credendi 공식에 기초하여 기도와 믿음의 상호관계를 나타낸 것으로, 예배는 성경에 근거를 두는 만큼 신학의 자료가 되며 기도하는 교회의 표현이 된다는 것을 설명한다. 많은 현대 예배학자들에 의해 예배의 신학적 의미를 설명하기 위한 방법으로 사용되는 이 공식은 435-442년 사이에 나온 것으로 일반적으로는 Prosper of Aquitaine가 사용한 것으로 알려져 있다. Kevin W. Irwin, "The Sacramentality of Creation and the Role of Creation in Liturgy and Sacraments," *And God Saw That It Was Good: Catholic Theology and the Environment,* 105-6.

291 Kevin W. Irwin, ibid., 106.

292 Edward Foley et als., "The Preparatory Rites: A Case Study in Liturgical Ecology," *The Ecological Challenge: Ethical, Liturgical, and Spiritual Responses,* 84.

바로 우리의 예배행위들이 우리 속에 신학을 형성하고 있음을 증언하는 것이다.[293] 그러므로 예배현장에 대한 우리의 관심은 성경이 얼마나 생명, 생태 그리고 자연에 관하여 효과적으로 선포되고 기도와 설교의 내용이 되는지, 그리고 창조와 생태에 관심을 가진 예배행위와 성만찬의 빵과 포도주 사용이 얼마나 효과적인지를 평가하는데 있다. 또한 이 방법은 어느 정도 상징의 역할이 예배에서 실현되는지 그리고 어느 정도 상징 사용의 최대화가 실제적으로 일어나는지를 다룬다. 예를 들어, 이런 연구는 약식 세례보다는 침례가 일반화될 수 있는지의 여부를 묻는다. 우리는 마지막 부분에서 이와 같은 방법을 예배의 요소들을 평가하는데 사용할 것이다.

둘째로, 예배신학은 예배자들의 생활에 대한 윤리적인 비평 기능을 가진다. 이것은 예배에서 표현된 것들이 실제 생활 속에서 실천되는지, 그리고 예배의 윤리적 관점으로부터 어떻게 생활 속에서 실천된 것들이 예배신학의 자료로 사용되는지에 관심을 가진다.[294] 예배참석의 진정한 의미는 생활 속에서 실천하는 데에 있다. 그 이유는 예배에 대한 평가가 예배에 참석하는 자들의 교회의 전체 생활과 영적 삶의 갱신에 관심을 두어야 하기 때문이다.[295] 이런 관점에서 이해하면, 예배신학은 예배에서 일어난 것이 어떻게 예배 참석자들의

293 Troy Messenger, "These Stones Shall Be God's House: Tools for Earth Liturgy," *Earth Habitat: Eco-Injustice and the Church's Response,* eds. Dieter Hessel & Larry Rasmussen. (Minneapolis: Fortress, 2001), 174를 보라.

294 이 새로운 방법론은 전통적인 예배신학의 lex orandi, lex credendi 공식으로부터 lex agendi, lex vivendi 공식으로 발전된 것이다. 이 공식은 예배와 생활 속에서의 실천을 연결시킨 것으로, 서로에게 영향을 주는 관계인 기도와 믿음이 예배갱신을 위한 평가기준이 되기 위해서 예배현장과 생활현장에서 직접 실천되어야함을 강조한 것이다. Aidan Kavanagh, "On Liturgical Theology," *Worship* 61(2): 183-86.

295 Kevin W. Irwin, op. cit., 107.

삶 속에서 반영되는지를 평가하는 것이다. 여기에서 주된 관심은 예배에서 축하되고 믿게 된 것이 어떻게 교회가 자체의 신앙대로 실천되는지를 반영하는 것에 있다. 이와 같이 기독교의 예배생활은 인간이 매일 취하는 행동의 실제적인 부분이 되어야 할 필요가 있다. 그리고 또한 그 매일의 삶은 공동체의 예배를 살아 있게 그리고 개인적으로 의미 있게 만들 필요가 있다.[296] 그러므로 생활과 예배의 관계는 예배갱신의 기준으로 매우 중요하다.

예배신학은 단순히 믿는 것을 표현하는 것만이 아니라, 또한 관계를 맺으며 윤리적으로 변화되어 가는 것에 관한 것이다. 예배 속에서 하나님과 이웃과 관계를 맺기 위해 함께 모인 자들은 자신들을 둘러싸고 있는 자연환경과도 올바른 관계를 맺어야 한다. 이런 관계들은 끊임없이 형성되고, 유지되고, 강화되고, 그리고 갱신되어야 한다. 이런 점에서 예배는 하나님의 창조 세계를 만들어 가는 행위이다.[297] 예배신학은 바로 이런 관계들이 개념화로 끝나지 않고 특별한 곳에서 주어진 순간에 실천되도록 돕는다.

예배는 신학과 실천적 삶을 위한 훈련이다. 우리는 예배 속에서 모든 생명과 생태를 위한 모형이 되기 위해 영향을 주고 사랑하는 기술을 발전시키는 훈련을 한다. 만일 예배가 하나님의 창조와 연결되어 진행된다면, 자연환경과의 깨어진 관계가 회복될 것이다. 예배는 창조에 관해 말할 뿐 아니라, 그 창조의 완성이 우리의 삶 가운데 가시화되고 현존하도록 만든다.

296 Gerard A. Pottebaum, *The Rites of People*(Washington, DC: The Liturgical Conference Press, 1975), 47.

297 Troy Messenger, op. cit., 174.

3) 예배신학과 창조신학의 만남

실제적인 예배행위와 삶으로부터 예배의 신학적 의미를 설명하려는 새로운 방법론은 예배신학과 창조신학이 만날 수 있는 중요한 기회를 제공하여 생명과 생태를 축하하는 생태학적 예배신학의 기초를 제공한다. 이 두 신학의 만남은 예배에 두 가지 새로운 의미를 강조한다. 하나는 예배의 인류학적 기원을 밝히는 것이고, 다른 하나는 창조에 대한 예배자의 청지기직 책임을 강조하는 것이다. 전자가 예배 안에서 이루어지는 행위로부터 신학적 의미를 설명하는 노력으로부터 나온 것이라면, 후자는 예배자의 실제 삶으로부터 신학적 의미를 설명하려는 노력으로 나온 것이다.

첫째로, 예배신학과 창조신학의 만남은 예배의 기원과 깊이를 더욱 분명하게 설명한다. 이것은 예배의 순수함과 질을 위해 창조가 보존되어야 함을 주장하는 것이다. 창조 중심의 예배신학은 예배 행위들을 인류학적으로 이해하며 적용하는데 기초를 둔다.[298] 창조를 하나님의 본성과 선하심에 관한 표현으로 보존하고 그것이 예배에 얼마나 효과적인지를 강조하는 것은 예배신학을 위한 좋은 기초가 될 수 있다. 예를 들어, 예배가 인간에게 속하며 인간이 만든 말, 제스처, 자연 요소들, 그리고 상징들을 함께 사용함으로 진행되는 것은 예배가 인간 생활 속에, 특별히 인간 행동 속에 뿌리를 두고 있다는 인류학적 근거를 인정하는 것이다. 또한 이것은 인간됨을 존중하고 의사소통과 상호 작용을 위한 인간적인 사용을 의미한다. 그러므로 예배에서 단어, 행동, 그리고 상징들을 사용하는 것은 매우 적절하다. 그 이유는 이런 예배의 구성요소들이 일반적으로 인간 생활에서 인정된 것들이며 또한 생활 속에서 정기적으로 실행된 매일의 경험

298 Bernard J. Leeming, *Principles of Sacramental Theology*(London/New York: Longmans Green, 1956), 601, 각주 41.

과 행동으로부터 온 것으로 모두 창조에 의존하기 때문이다. 예를 들어, 세례에서 물을 사용하는 것은 목욕 행위에 근거하며, 성만찬에서 빵과 포도주를 사용하는 것은 식사 행위를 예시하고, 환자에게 기름을 바르는 것은 사람의 피부를 치료하는 인간의 행위를 예시한다. 이런 이유에서 David Power는 인간 생활 속에서 사용되는 이런 "일상적이며 가정적인 것들을" 예배와 성례전을 인류학적 기초 위에서 이루어지는 사건으로 이해한다.[299]

예배신학과 창조신학의 만남은 우리의 예배 태도에 깊이를 더한다. 예배에서 생명과 생태를 축하하는 것은 세계를 놀라움과 기쁨의 장소로 보려는 새로운neo-Franciscan 태도를 요구한다. 씨틀러Joseph Sittler가 언급한 것처럼, 하나님의 창조를 "즐거워하는 것은 그것을 바르게 사용하는 기초이다."[300] 예를 들어, 성만찬에서 포도주는 단순히 사용되는 것으로 끝나지 않고 즐거움을 주는 하나님의 창조물이 되어야 한다. 포도주를 즐거워하는 것이 바로 그것을 바르게 사용하는 것이 되기 때문이다. 하나님의 창조를 바르게 사용하면 은혜의 수단이 되지만, 그것을 남용하면 하나님의 화를 쌓게 된다. 사도 바울은 이미 고린도전서 1:11에서 교회가 주의 만찬을 어떻게 축하해야 하는지를 강조하였다. 바르게 사용하는 것이 거룩하게 만드는 것이며 윤리적인 의미를 부여하는 것이다. 또한 하나님의 창조물을 바르게 사용하는 것은 모든 좋은 것과 완전한 선물들에 대한 진정한 감사를 가능하게 한다.

둘째로, 예배신학과 창조신학의 만남은 청지기직이 기본적으로 예

299 David N. Power, *Unsearchable Riches : The Symbolic Nature of the Liturgy*(New York: Pueblo Publishing Co., 1984), Bernard J. Leeming, *Principles of Sacramental Theology,* 600에서 재인용.

300 Joseph Sittler, *The Care of the Earth and Other University Sermons,* 91.

배자의 주된 임무이어야 함을 강조한다.[301] 이와 같은 관점에서 보면, 생태에 관한 관심은 개인의 영적 성숙과 교회의 부흥에 치우치던 우리의 예배에 청지기직에 대한 의미를 재발견하도록 돕는다. 특별히 세상은 성만찬의 빵과 포도주와 같은 물질로 창조되었으며 인간은 이런 물질을 거룩하게 사용할 제사장으로 창조되었다.[302] 인간이 타락함으로 이와 같은 실체를 인식하지 못한 것을 생태에 관한 관심이 인식의 새로운 변화를 가져왔다.

공적인 예배는 하나님의 백성들에게 부여된 하나님의 창조에 대한 청지기직에 대해 2가지 기능을 가진다. 한편으로, 예배가 청지기직의 사명을 지속적으로 기억나게 한다는 것이다. 어원적으로 노동ergon과 국민laos에 해당하는 말로 합성된 헬라어 liturgy(예배)라는 용어가 공동체적 일의 의미에서 나타나듯, 예배에는 우리를 위한 하나님의 뜻을 실천한다는 동사의 의미가 담겨 있다. 예배가 우리에게 가장 자주 말하는 것은 아마 "가라!" "행하라!" 그리고 "되어라!"와 같은 요구들일 것이다.[303] 이런 요구들은 예배를 통하여 전달되는 하나님의 뜻에 대한 우리의 반응을 기대한다. 예배는 곧 하나님의 창조의 수레바퀴가 하나님이 의도하신대로 얼마나 잘 기름이 칠해져 생명을 보존하고 성장시키면서 질서 있게 돌아가게 해야 할 우리의 청지기직을 위한 지표를 제공한다.

다른 한편으로, 예배는 청지기직의 사명을 감당할 힘을 재충전한

301 Scott McCarthy, *Celebriting the Earth: An Earth-Centered Theology of Worship with Blessings, Prayers, and Rituals*(San Jose, CA: Resource Publications, 1991), 319 각주 192.

302 Alexander Schmemann, *For the Life of the World*(Crestwood, NY: St. Vladimir's Seminary, 1974), 15.

303 Nathan Wright, "Liturgy, Stewardship, and Creation," *Creation and Liturgy*, ed. Ralph N. McMichael, Jr. (Washington, DC: The Pastoral, 1993), 189.

다는 것이다. 예배는 정기적으로 우리의 임무를 밝혀주되 우리 생활의 모든 분야를 포함하여 공동의 임무가 되어야 하는 것을 서로 나누며 축하하도록 힘과 추진력을 제공한다.[304] 이처럼 생태에 관한 관심은 우리의 주일공동예배를 하나님의 창조에 대한 청지기직을 위한 헌신과 바른 방향을 제공할 뿐 아니라, 주간에는 하나님의 창조세계에서 청지기직을 실천하도록 우리의 생활에 초점을 제공한다. 그래서 우리는 창조의 목적을 지키면서 하나님의 완전한 계획에 따라 모든 것들을 회복시키는 생명운동에 참여하게 된다. 이처럼 생태에 관심을 가지는 예배는 우리의 청지기직을 재발견하게 하며, 이것은 또한 우리의 생활을 하나님의 능력 있는 창조의 말씀을 재축하하도록 인도하며 성장시킨다.

앞에서 언급한 것처럼, 행해진 예식들로부터 신학적 의미를 끌어내려는 우리의 방법은 우리의 예배가 창조에 대해 어떻게 창조가 하나님을 찬양하는 동기를 제공하는지 그리고 어떻게 창조가 인간 생활 속에 신적인 것을 나타내는지에 대해 주의하는 것을 의미한다. 또한 이것은 어떻게 현재 우리의 예배가 예배에서 사용된 이 땅의 것들에 대해 적극적인 관심을 나타내는지에 주목하는 것을 의미한다. 현대 예배학 방법론이 추구하는 예배와 삶의 만남은 생태학적 이해와 관심에 대한 우리의 연구를 예배신학에 적절한 것으로 그리고 실제적인 예배를 수반하는 것으로 만들 수 있다.

4) 창조에 대한 상징 사용

생태학적 예배신학의 기초를 세우는데 중요한 수단은 예배에서 창조에 대한 상징을 사용하는 것이다. 기독교의 예배는 전통적으로 형상과 상징을 통하여 실체를 나타내고 그 실체 속에 참여하려 하였다.

304 Ibid.

이런 예배의 역사는 학자들로 하여금 예배와 예식에서 사용되는 요소들(특별히, 빵, 포도주, 물 등)이 무엇을 의미하는지를 이해하고 해석하기 위한 논쟁에 빠지게 하였다. 개신교 전통은 메타포(은유; metaphor)를 사용하여 하나님과 창조 사이에 있는 차이와 대조를 보여주는데 익숙한 반면, 가톨릭은 상징을 사용하여 하나님과 창조 사이에 있는 유사성, 관계, 그리고 조화를 보려 하였다.[305] 개신교는 하나님과 자연세계에 대한 우리의 상호관계를 강화시키는 상징을 예배에서 충분히 사용할 필요가 있다. 그 이유는 점차 경험 중심으로 형성된 문화 속에서 사는 현대 예배자들은 실제적인 것은 감각에 의해 이해될 수 있어야 한다고 생각하기 때문이다. 반복되는 예배는 예배자들의 경건에 영향을 주고 그 경건은 교리 발전에 영향을 준다. 그러나 예배에 관한 훈련과 경건, 그리고 신학은 감각을 통하여 실체를 경험하려는 경험주의 욕구에 뿌리를 두고 있으며 아직도 이런 욕구는 형상과 상징을 통하여 구체화될 수 있다.[306] 그러므로 상징을 통하여 생태에 대한 인식을 촉진시키면 감정과 헌신을 불러일으킬 수 있다.

창조에 대한 상징을 사용하는 것은 예배가 단지 개념화에 머물지 않고 하나님을 경험하게 하는 중요한 방법이다. 이 경험은 자연스럽게 창조를 존경하고 보존하도록 예배의 윤리적 명령을 기초로 삼는다. 상징은 예배에서 순수한 이해를 가능하게 하며 예배의 목적을 성취하도록 돕는다. 그 이유는 창조와 상징적 요소들을 통해서만 하나님이 발견되고, 계시되고, 그리고 만나지기 때문이다.[307] 근본적으로

305 Sallie McFague의 주장으로 Celia Deane-Drummond, *A Handbook in Theology and Ecology*(London: SCM, 1996), 87에서 인용.

306 Frank C. Senn, op.cit., 236을 보라.

307 예배와 상징이 지니는 순수성이 상호보완적이라는 이론에 대하여 문서, *Bishops' Committee on the Liturgy, Environment and Art in Catholic*

예배가 의식 행위로서 가지는 독특성이 분명하게 이해되고 인정을 받는 이유는 예배서나 예식서가 성경이나 전통과 같은 다른 신학적 자료들과 동일하게 여겨지지 않기 때문이다. 예배 문서들은 상징적 행위와 의식적 동작을 동반한다. 이런 요소들을 통해서만 신학적이며 영적인 의미들이 구체적으로 밝혀질 수 있다. 교회가 의식 사건을 통하여 부활의 의미를 경험하기 위해 예배를 드린다는 사실은 예배가 신학을 위한 자료로 얼마나 중요한가를 말하는 동시에 이와 같이 예배신학에서 사용되는 방법을 설명하는데 어려움이 따른다는 것을 말하는 것이다.

현재의 예배갱신은 하나님의 계시와 그 분과의 만남을 상징의 수단을 통하여 설명하기 때문에 창조에 대한 관심과 사용을 극대화할 필요가 있다. 예배와 성만찬 예문의 정확성을 기하려다 고정화되기 쉬운 것은 상징의 극소화이다.[308] 예배와 예식에서 가능한 창조와 관련된 상징들을 많이 사용하려는 것은 자연환경에 대한 현대적인 관심 뿐 아니라 다양한 문화에 적응하려는 예배갱신에 대한 관심을 보여주는 것이다. 그 이유는 바로 창조가 위협을 받으면 동시에 예배의 행위도 위협을 받게 되기 때문이다. 이와 비슷하게 지구의 자원이 고갈하게 되면 예배와 성례전을 위한 상징의 신학을 확산시킬 근거들도 위협을 받게 될 것이다. 이런 점에서 생태의 위기를 맞이한 현대 기독교의 예배는 어느 때보다 더욱 창조에 그 뿌리를 두어야 할 필요가 있다. 그래야 예배신학이 원래의 인류학적 뿌리에 충실할 수 있다.

예배와 성례전을 인류학적 기초 위에서 이해할 경우, 성례전은 다른 어떤 것을 대신하는 것이나 다른 보이지 않는 실체를 위한 가시적

Worship, nos. 14-16을 보라.

308 예를 들어, 로마 가톨릭은 예식에서 가능한 창조와 관련된 상징들을 많이 사용하라고 지시하는 전통을 가지고 있다. 성만찬의 빵과 포도주에 관한 *General Instruction of the Roman Missal*, nos. 281-85를 보라.

표시가 아니다. 성례전의 본질은 은혜, 하나님 자신을 아가페로 주시는 선물이며 또한 그것이 무엇인지를 계시하는 능력이다. 성례전은 철저하게 그 선물 자체가 됨으로 하나님의 사랑과 창조의 전체성을 강조하며 하나님의 자아를 바치는 절대적인 사랑을 나타낸다. 성례전은 이런 성격에 의해 이해되어야지 어떤 목적을 위한 하나의 도구로 이해되어서는 안 된다. 부버Martin Buber의 말을 인용하면, 성례전은 항상 "당신"thou이다.[309] 그래서 예배 행위의 기초가 되는 인류학적 이해는 창조와 상징의 상호작용을 사용하는 것이다. 그 사용을 통하여 하나님의 것을 보여주는 수단들과 하나님의 것에 대한 신앙이 교회 안에서 형성되고 갱신된다. 예배에서 창조를 사용함으로 하나님에 대한 진실한 찬양을 드린다면 예배에서 창조의 역할이 강조되고 예배에서 축하한대로 삶 속에서 살아갈 방향까지 제공한다.

여기에서 중심이 되는 것은 창조를 사용하는 것과 창조에 대한 상징들을 사용함으로 가능해진 예배의 상징적 참여이다. 이것은 상징을 객관화하거나 하나의 표시로 축소시키는 것이 아니다. 객관화와 표시는 일반적으로 한 가지 의미를 전달하고 또한 그 의미하는 한 가지에 구속된다. 그러나 여러 가지 의미들을 전달하는 상징을 사용하면 예배에서 사용된 창조와 상징적 행위들이 자유로울 수 있다. 상징이 전달하는 이런 여러 가지의 의미들은 긍정적이거나 부정적일 수 있다.[310] 그러나 상징이 전달하는 부정적인 의미라도 예배를 통해 구두 묘사와 함께 사용되면서 경험되고 모범이 되고 적용이 가능하게 될 때에는 신학적 가치를 가지고 긍정적인 차원을 제공한다.

309 Michael J. Himes & Kenneth R. Himes, "The Sacrament of Creation," *Commonweal* 142(2) : 44-45.

310 Gordon Lathrop, "Holy Things: Foundations for Liturgical Theology," *Institute of Liturgical Studies,* no. 7(Valparaiso: Valparaiso Institute, 1991), 35.

창조로부터 상징을 사용하는 것은 정말 표현할 수 없는 것을 표현하는 효과를 가진다. 예배는 더욱 잘 이해되고 반영될 수 있는 여러 가지 방법을 통하여 우리를 하나님과 매우 깊은 관계에로 이끈다. 그래서 세례에서 물을 사용하는 것은 씻는 행위를 통하여 여러 가지 의미들을 불러오게 된다. 그 행위는 예배에서 활동하는 성령의 능력에 의해 그리고 그리스도의 부활을 통하여 물속에서 씻긴 자들을 하나님과의 관계에로 이끈다.

더구나 빵과 포도주같이 인간이 만든 것들에 대한 상징을 사용하는 것은 창조에 대한 신학적 의미를 전달한다. 빵과 포도주가 성만찬을 구성하는 것은 인간의 지식과 재능 또한 예배의 실제적인 부분을 형성한다는 것을 말한다. 이것은 인간의 손에 의해 씨를 뿌리고 추수하는 토지경작, 밀을 낟알로 정련시키고 가루반죽을 위해 재료들을 섞는 것(가루반죽을 만들기 위해 낟알들을 "파괴시키는" 것과 굽기 전에 보통 두 번 반죽이 일어나게 하는 행위를 포함하여), 그리고 빵을 굽는 것은 성만찬을 위해 중요하며 필수적인 것임을 강조하는 것이다. 이처럼 인간이 만든 것을 높이는 것은 그것의 신학적 가치를 전달하는 것이 된다. 최근에 빵과 포도주대신 "주식"과 "축제용 음료수"를 사용하자는 주장은 인간의 재능과 생산물, 특별히 자연과 경작의 "죽고 살아나는" 주기가 전달하는 신학적 가치를 축소시키는 것이다.

예배에서 창조에 대한 상징을 사용하는 것은 역동적인 효과를 제공한다. 그것은 공동체를 포함하며 궁극적으로는 공동체를 변화시킨다. 결과적으로 단순히 예배의 상황에서 사용된 상징으로부터 나온 예배신학은 "사물들"objects에만 관심을 가질 수 없다. 어떤 것도 창조로부터 오는 상징들을 하나님 경험을 위한 하나의 수단으로 언급할 수 없다. 예배에서 창조를 사용하는 것은 창조에 대한 존경을 나타내는 것이다. 창조를 통하여, 창조와 함께, 창조 안에서 인간이 되신 하나님이 드러나고 발견된다. 예배에서 물질을 사용하는 것은 전통적으로 창조주에 대해 생각하는 것으로 그리고 신학적 인류학에 올바르게 기초를 둔 하나의 이해를 의미한다.[311] 예배에서 창조를 사용하는 것은 때로 신학에서 발견되는 영적인 것과 물질적인 것 사이의 이원론 문제를 극복케 한다.[312]

3. 예배갱신 패러다임

자연현상에 나타난 생태학적 위기에 대한 교회의 윤리적 반성은 예배와 생활 속에서 창조에 관한 주제들을 구체적으로 평가하고 발전시킬 수 있는 예배갱신의 한 패러다임을 제공한다.[313] 생태에 관심을 둔 예배신학은 현재 각 교회의 예배와 교단의 예식서에 대한 비판적 기능을 갖는다. 또한 생태학적 예배신학은 예배갱신의 방향에 대해서도 비판적 기능을 갖는다. 이제 생태학적 예배신학의 비판적 기능을 갖는 방법론을 사용하여 예배갱신을 위한 패러다임을 제시해본다. 이를 위해 예배갱신의 중요한 자료들인 예식서, 성례전, 기도, 교회력, 그리고 예술과 공간을 중심으로 생태 또는 창조에 관한 표현과 상징이 어떻게 나타나야하며 예배와 실제 생활의 거리를 좁힐 수 있는지를 알아본다.

311 Michael Skelley, *The Liturgy of the World*(Collegeville, MN: Liturgical, 1991), 85-158을 참조하라.

312 The Ecumenical Forum, "Creation and Culture: An Ecumenical Challenge," *The Ecumenical Review* 37(4): 506-11을 보라.

313 Frank C. Senn, "'The Care of the Earth' as a Paradigm for the Treatment of the Eucharistic Elements," 235를 보라.

1) 예식서

예배갱신을 위한 생태학적 예배신학의 첫 번째 비판의 대상이 되는 것은 예식서이다. 예식서에는 예배신학이 분명하게 나타나 있다. 특별히 예식서에서 생태학적 예배신학의 관점으로부터 비평의 주요 대상이 되는 것들은 예식서 서론 부분에 나타난 예배신학에 대한 사용이다.

예식서의 서론 부분에 하나님의 창조에 대한 언급이 더욱 분명하고 충분하게 나타나야 한다. 특별히 성만찬예식의 서론 부분은 전통적으로 하나님의 창조를 찬양하고 그것에 감사하는 내용이 분명하게 나타나는 부분이다. 창조에 관한 내용이 주일예배에 관한 교부들의 글과 동방교회의 초기 예식에서 강하게 언급되었음에도 불구하고, 오늘날의 예식서들은 창조에 대해 관심을 보이지 않는다.[314] 현대 성만찬 예식의 본문들은 대부분 신학적으로 매우 기독론적이며 하나님의 창조를 찬양하기 보다는 구속을 찬양하는 것으로 채워져 있다.

이처럼 예식서가 하나님의 창조에 대해 많은 관심을 두지 않는 이유는 창조신학과 구속신학을 분리시켰기 때문이다. 전통적으로 신학이 하나님의 구속 역사에 지나치게 치중되는 반면, 하나님의 창조에 대해서는 충분하지 못하기 때문이다. 창조와 구속은 하나님께서 그리스도의 구원사건을 통해 세상을 변화시키기 위해 행하신 "한가지 일"의 두 가지 면으로 서로 연결되어 있는 것이다.[315] 또한 예식서에서 창조에 관한 언급이 부족한 이유는 기독교인들이 창세기에 나타

314 Kevin W. Irwin, "The Sacramentality of Creation and the Role of Creation in Liturgy and Sacraments," 146 각주 106.

315 Drew Christiansen & Walter Grazer, eds. *And God Saw That It Was Good: Catholic Theology and the Environment,* 10. 이와 같은 주장에 대해 더 자세한 연구를 위해 Dennis Edward, *Jesus the Wisdom of God: An Ecological Theology*(New York: Orbis Books, 1995)를 보라.

난 자신들의 근원을 하나님에 의한 거룩한 출발로 믿고 자연을 의인화하고 인간에 의해 지배당하는 것을 허락하지 않으려는 신앙 때문이다.[316]

그러나 비록 전통적으로 기독론적인 강조가 예식의 서론에 나타나지만, 이런 방향으로 성만찬이 진행되면 생태학적 관심 부족으로 성만찬의 나머지 부분이 깊이를 상실할 수 있게 된다. 또한 성만찬 예식에서 부르는 찬송들이 하나님의 창조에 대해 찬양하며 감사를 돌리는 내용을 담고 있는지 살펴볼 필요가 있다.

2) 성례전

예배갱신을 위한 생태학적 예배신학의 두 번째 비판의 대상이 되는 것은 성례전이다. 성만찬의 빵과 포도주를 하나님의 창조물로 보는 생태학적 예배신학이 언급되어야 한다. 우리의 성만찬 예식은 빵과 포도주에 너무 집중되어 있어서 우리의 양육과 생명 유지를 위해 이 땅의 모든 좋은 것들을 제공하시는 하나님의 섭리에 대한 언급을 간과하기 쉽다. 더구나 빵과 포도주의 생산과정에서 나타나는 인간의 재능, 제조, 생산성의 공헌에 대하여 신학적으로 더욱 적절하고 분명한 언급도 생략되어 있다. 성만찬 예식에서 제공되는 빵과 포도주는 심고, 추수하고, 정제하고, 밀가루를 만들고, 포도를 짜고, 빵덩어리를 굽고, 그리고 포도주가 되기 위해 포도를 숙성시키는 것을 포함하여 인간의 생산성의 풍부함을 나타낸다. 성만찬 예식에서 반영된 신학은 이처럼 빵과 포도주의 다양한 상징들이 예식에 대한 인간의 생산성이 주는 공헌을 반영한다는 사실을 어느 정도 인식해야

316 Anne M. Clifford, "Foundations for a Catholic Ecological Theology of God," *And God Saw That It Was Good: Catholic Theology and the Environment,* 19-46을 보라.

한다. 그러나 이런 경우, 물과 같이 자연으로부터 취해진 상징들을 사용하는 것과는 반대된다.

또한 생태학적 예배신학은 예식에 사용되는 요소들을 선택하는 기준이 지역적인 생태계와 조화를 이루고 영양을 위한 음식이어야 함을 주장한다. 개인용으로 제조한 빵과 포도주보다는 초대교회에서 행해진 것처럼 공동식사를 위해 직접 손으로 만들어진 빵과 포도주가 사용되는 것이 바람직하다. 초대교회가 성만찬에서 남은 빵과 포도주를 병자와 집에 남아 있는 자들에게 나누어 주거나 보관될 수 없다면, 땅에 뿌리고 붓는 것이 그것들에 대한 존경을 표하는 것이 될 수 있다. 이것은 빵과 포도주가 땅으로부터 와서 땅으로 돌아가는 창조의 원리를 잘 설명하기 때문이다. 남은 빵을 잘게 부수어 땅에 뿌리고 남은 포도주를 땅 속에 붓는 것이 십자가 위에서 찢기고 흘린 그리스도의 살과 피를 더럽히는 것이 될 수는 없을 것이다. 창조물이 하나님과 사귐을 가지는 수단으로 축하되지 않고서는 빵과 포도주가 생명을 주는 선물로 받아들여질 수 없다.

성만찬에서 거룩한 창조물을 제공하는 것은 공동체 내에 창조가 주는 구속의 차원과 가능성들을 스스로 불러일으키려는 것이다. 이런 차원과 가능성들은 문자적으로 말하면 인간의 삶 속에 육체가 된 것이며 자신을 봉헌하는 행위를 암시하는 것이다. 창조의 깨어짐--생태학적 위기--을 열심히 치유하려는 교회는 성만찬을 통하여 창조가 구속의 완성을 가져올 뿐 아니라 또한 교회 역시 구원되기 위하여 스스로 제사장직을 행하고 있는 것이다.

세례식은 물이 하나님의 창조물임을 경험하게 하며 동시에 물에 대한 감사를 경험하게 한다. 세례식에서 사용되는 물은 성례전의 진정성을 위해 그리고 위생적인 이유로 맑고 깨끗해야 한다. 물이 지닌 신선함과 생명을 주는 특성들이 반영되고 경험되어야 한다. 그러므로 부활절 세례식에 사용하기 위해 축복된 물은 그 기간에만 사용되어야 한다. 이런 이유로 임종이나 환자를 위한 개인적인 세례식에서 사용되는 물은 특별한 기도가 필요하다. 또한 물의 신선함과 생명을 주는 특성은 많은 양의 물을 사용하여 물소리가 들리고 눈에 보이게 함으로 강조되어야 한다. 물은 감각을 통하여 경험됨으로 살아있는 것이 된다. 세례식에서 사용되는 충분한 물은 그리스도의 구속의 신학적 의미를 강조하며 교회가 동일한 경험을 나눈 자들의 공동체임을 신학적으로 반영한다.

3) 상징 사용

예배갱신을 위한 생태학적 예배신학의 세 번째 비판의 대상이 되는 것은 상징을 사용하는 것이다. 예식에서 사용되는 언어와 행동들이 하나님의 창조세계에 대한 상징을 나타내야 한다. 여기에서 주된 관심은 예식이 얼마나 창조와 관련되어 땅의 소산물을 분명하게 드러내는가에 있다. 설교가 많은 시간을 차지하는 개신교의 예배는 상대적으로 상징적인 단어와 행동이 부족할 수 있다. 예배신학 역시 너무 기독론적이며 신학적이면 예배의 원시적이고 땅에 속한 면들이 의식 속에 잠기게 되고 예배 행위로 충분히 경험될 수 없게 된다. 많은 예배와 예식서에서 사용되는 언어와 행동들은 생각이나 의견, 태도를 이끌어내기보다는 지나치게 지시적이며 교훈적이다. 무엇을 형성하기보다는 정보 중심적이며, 만남보다는 배움을 강조하며, 하나님의 은혜를 경험하도록 인도하기보다는 이해시키는데 관심이 있다. 하나님의 세계를 경험하기 위해서는 역설적으로 인간의 언어, 의식, 그리고 동작을 통하여 표현할 필요가 있다. 그러나 단순히 하나님에 관해 묘사하는 것보다는 상징을 사용하여 하나님의 은혜와 타자성을 느끼게 하고 불러오는 예식이 되어야 한다.

상징을 사용하는 것은 예식을 집례하는 자들에게 중요하다. 인간의 솜씨에 의한 인간의 언어, 제스처, 그리고 자연물들--밀과 포도로부터 나온 빵과 포도주--그리고 물과 기름을 사용하는 것 모두가 구원의 상징적 재현으로 사용된다. 우리는 공동체의 변화로 이끄는 예배의 역동적인 성격을 강조한다. 결과적으로, 창조를 우리의 예배의 부분으로 사용하는 것은 우리가 그것을 통해 인간이 되신 하나님을 보고 발견하도록 창조에 대한 우리의 존경심을 보여주려는 것이다. 성만찬에서 그리스도의 살과 피가 되는 밀과 포도를 빵과 포도주로 변화시키는 인간의 작업은 우리의 찬양과 예배의 중심에 있을 필요가 있다. 이런 요소들을 사용하는 것은 창조신학과 구속신학사이에 조화를 만들어낸다. 이처럼 예배에서 창조를 인식하고 사용하는 것은 영과 물질을 이분법적으로 구분하는 문제를 극복하도록 돕는다.

4) 기도

예배갱신을 위한 생태학적 예배신학의 네 번째 비판의 대상이 되는 것은 기도이다. 우리는 기도한 것을 믿는가, 그리고 우리가 기도한 것을 믿는다면 그 믿음에 따라 어떻게 창조에 관한 관심을 우리의 예배와 매일의 삶의 중심에 둘 수 있는가? 이 질문에 긍정적인 대답을 줄 수 있는 것은 역시 기도이다. 기도는 믿는 것을 표현하는 교회의 예배신학이기 때문에 예배 속에서 사용되는 창조물들의 거룩성과 관련이 있기 때문이다. 우리의 관심은 기도가 우리로 하여금 얼마나 창조에 깊은 주의를 기울이도록 하는 가이다. 이것은 이 땅의 것들이 우리의 예배에서 사용되기 때문에 그것들에 대해 긍정적으로 생각하는 것을 의미한다. 그러므로 우리의 기도는 예배와 창조를 구체적으로 연결시켜야 한다.

창조에 관한 기도는 두 가지 초점을 가진다. 하나는 우리가 창조를 돌보는 것이 하나님의 영광과 은혜를 나타내는 하나님으로부터 오는 선물이기 때문이며, 또 다른 하나는 창조를 활용하고 분배하는 것이 굶주림, 가난, 그리고 정의롭지 못함을 완화시킬 수 있기 때문이다. 예배와 성만찬은 창조를 담당한 제사장들인 세례자들이 이것을 기억하고 실천하도록 하나님의 거룩한 창조물인 빵과 포도주를 반복적으로 제공하는 것이다. 이와 같은 초점을 가진 기도는 고백, 찬양, 그리고 중보기도와 같은 방법들을 통하여 창조에 대한 관심을 구체적으로 표현할 수 있다. 먼저, 기도의 내용 속에 청지기직을 성실히 수행하지 못한 것에 대한 고백이 포함되어야 한다. 이것은 자연환경과 생태에 대한 구조적인 파괴들에 대한 죄를 구체적으로 슬퍼하고, 회개하고, 회심을 결단하는 것이다. 그 다음에는, 생태에 대한 관심을 반영하는 기도하는 시편들(노래 또는 이야기)을 더 많이 포함시키는 것이다. 그리고 마지막으로, 생태에 관한 관심을 구체적으로 실천하고 생활 형식을 바꾸기 위해 중보기도 생활의 영역을 확대해야 한다.[317]

교회나 예배공동체 생활 안에서 우리의 기도는 믿음을 표현하고 행함으로 연속성을 가져야 한다. 그래서 예배갱신의 방향은 교회공동체가 스스로 기도하는 것을 믿고 있는지 그리고 그 공동체를 믿음에 따라 행하도록 인도하는지를 관찰해야 한다. 물론 이런 연속성은 기도에 믿음을 더하면 행함이 되는 것처럼 공식화될 수는 없다. 오히려 기도, 믿음, 행함은 서로에 대해 역동적이며 상호적인 관계 속에 있기 때문에 이런 관계의 한 차원이 다른 차원을 이해시킬 수는 없을 것이다. 그 이유는 우리의 기도, 믿음, 그리고 행함 가운데 어느 한 가지가 우리의 삶 속에서 하나님의 실체를 충분히 이해시킬 수 없기 때문이다. 이런 관계의 연결고리로부터 행함을 분리시킬 수는 없다.

317 Elizabeth Vander Haagen, "A Justice and Worship Checklist," *Reformed Worship* 68: 25 참조.

예배공동체는 항상 예배 속에서 선포되고 호소된 것에 따라 살아가도록 부름을 받는다. 그리고 이 부름은 '이미와 아직' 사이에 있는 것처럼 지속적이며 종말론적이다. 그러면 예배공동체가 어떻게 지신들의 기도로부터 표현되는 예배신학에 따라 살아갈 수 있는가?

기도는 한 공동체가 기도하는 것과 그 공동체가 기도에 따라 행해야 하는 것 사이에 분명한 연결을 만든다. 예를 들어, 우리는 예배에서 하나님이 만드신 모든 것들 속에 나타난 은혜로운 손길을 보도록 우리의 눈을 열어 주옵소서. 그래서 하나님의 모든 창조 속에서 기뻐하면서 그 피조물들로 하나님을 섬기고 하나님의 사랑을 실천하는 성실한 청지기가 될 수 있게 하옵소서라고 기도할 수 있다. 이런 기도에서 공동체에 속한 자들은 자신들이 창조 속에 퍼져있는 하나님의 은혜를 깨닫기를 기도하고, 그렇게 함으로 창조주를 영화롭게 하도록 인도되기를 기도한다. 하나님을 영화롭게 하는 것은 자신을 바치고 청지기로 살아가는 것으로 창조의 선물에 성실하는 것이다. 이런 점에서 특별히 성만찬의 기도 내용은 하나님을 창조주로 찬양하는 것으로부터 그 분의 창조를 책임 있게 돌보기 위한 간구로 바꾸어질 필요가 있다. 이런 변화는 우리의 관심이 하나님의 구속으로부터 창조로 발전된 것을 보여준다.

또한 우리는 하나님께서 우리에게 주신 좋은 지구를 위해 그리고 그 지구를 보존하기 위한 지혜와 의지를 위해 기도할 수 있다. 또는 우리 모두에게 지구를 하나님의 창조로 섬길 수 있는 마음을 주셔서 그 지구로 다른 사람들을 섬기고 하나님의 존귀와 영광을 위해 바르게 사용하도록 하옵소서라고 기도할 수 있다. 예배공동체가 지구에 대한 청지기직을 진지하게 받아들일 때, 그리고 우리의 현재 생태학적 위기를 개선하는 방향으로 구체적인 행동을 취할 때, 바로 이것이 하나님에게 영광을 돌리는 것이다. 기도와 행위로 하나님을 영화롭게 하는 것은 신앙의 정통성과 실천의 정통성이 공생하고 있음을 말하는 것이다. 이것은 행함을 하나의 렌즈로 사용하여 공동체의 기도와 믿음의 신빙성을 보려는 것이다.

기도의 내용 속에 창조를 포함시키는 것은 이 땅에 대한 우리의 바른 청지기직을 더욱 분명하게 표현하는 것이다. 예를 들어, 우리의 기도 내용이 모든 인간의 수고를 축복하고 창조의 부요함을 바르게 사용함으로 세상이 가난과 굶주림 그리고 재난으로부터 해방될 수 있게 하옵소서라는 것이 될 수 있다. 또는 창조를 정의롭고 올바르게 사용함으로 굶주림, 공포, 불의, 그리고 압제로부터 고난 받는 희생자들이 자유를 누리도록 기도할 수 있다. 이런 간구들은 강한 윤리적 명령을 포함하기 때문에 창조 질서를 따르는 인간의 행동이 단순히 자비로운 실천이 아니라 인간의 책임 영역을 가지는 것을 말하는 것이다. 교회가 창조에 대해 가지는 청지기직은 이 책임이 얼마나 인간의 삶 속에 존재하는 깨어짐을 치유하는가에 의해 판단된다. 이 깨어짐은 본래부터 문제가 있었던 것이 아니다. 깨어짐은 모두에게 골고루 돌아가기에 충분하지 못한 창조로부터 생긴 것이 아니라, 창조의 선물이 인간의 자유로운 실천이나 실천하지 못한 것에 의해 나누어짐으로 생긴 것이다.

5) 교회력

예배갱신을 위한 생태학적 예배신학의 다섯 번째 비판의 대상이 되는 것은 교회력이다. 생태학적 예배신학은 교회력에 대한 이해를 새롭게 한다. 북반구에 위치한 서구교회들에 의해 만들어진 교회력은 남반구에 위치한 교회들의 신앙이나 축제 경험을 무시하였다. 전통적인 교회력은 다양한 지역의 전통과 문화에 의해 새롭게 해석되어야 한다. 대강절-성탄절-주현절로 연결되고 사순절-부활절-오순절로 연결되는 교회력의 주요 계절은 전통적이며 시간 중심의 예배를 문자적으로 보는 것이 아니라, 한 해 동안 생태학적 관심을 가지고 축제와 계절에 맞는 예배신학을 위한 한 패러다임으로 보게 한다. 사실, 현재의 예배력은 겨울의 성탄절에 한 해의 가장 긴 밤이 지나가는 것이나 또는 봄의 부활절에 땅이 갱신되는 것을 예상하지 않고 있다. 자연의 주기에 대해 관심이 없는 예배력은 구속을 아직도 완성되어야 할 것으로 보기 때문에 믿는 자들이 가지는 희망이나 축제를 설명할 근거를 없앨 수 있다. 그러므로 생태학적 예배로부터 나오는 종말론적 열망과 희망은 북반구와 남반구 모두의 교회들에게 예배갱신의 바른 방향을 제공할 수 있다.

우리의 예배시간, 교회력, 그리고 절기 축제를 축하할 시간을 결정하는 것은 우주의 순환주기로부터 나온다.[318] 예를 들어, 부활주일의 날짜를 정하는 것은 달의 변화에 의존하며, 대림절과 성탄절은 북반구에서 태양의 강렬함이 사라지는 자연현상을 반영한다. 자연은 스스로 순환주기를 가지고 네 가지 계절의 변화를 제공한다. 계절은 네 가지 기본적인 방법으로 일치와 다양성을 표현한다. 그러나 또한 각 계절은 스스로 내구력과 무한한 회복력을 보여준다. 자연은 놀라울 정도로 끊임없이 베푸시는 하나님의 이타심의 매우 좋은 표시이다. 또한 자연은 기계문명시대에서 사는 모든 사람들에게 영적 원기회복을 주는 뛰어난 도구이다.

한 해를 구성하는 네 계절은 각기 자연 속에서 변화들을 가져온다. 이것은 네 계절을 따라 가는 우리의 예배생활도 중요한 변화들을 고려할 것을 암시하는 것이다. 비록 각 계절이 비움kenosis과 채움

318 Jürgen Moltmann, "The Sabbath: The Feast of Creation," *God in Creation: A New Theology and the Spirit of God*(San Francisco: Harper & Row, 1985), 275-95와 Appendix: "Symbols of the World," 297-56을 보라.

plerosis, 또는 줌과 받음의 요소들을 포함한다.[319] 그러나 봄과 여름은 그리스도 안에 있는 하나님의 이중적 선물들인 생명과 새 생명을 받는 특별한 시간들로 간주될 수 있다. 그리고 가을과 겨울은 창조주가 주신 선물들을 그분에게 돌려드리는, 추수에 대한 감사를 드림을 상징하는 땅의 비우는 것 뿐 아니라 또한 우리 자신들을 비우는 특별한 시간들로 간주될 수 있다. 이것은 그리스도 안 있는 생명과 새 생명의 선물들을 다시 받을 준비를 위해 이기심을 점차 버리는 것을 의미한다. 이와 같은 창조와 구속에 관한 주제는 각 계절이 주는 의미를 통하여 쉽게 축하될 수 있다.

네 계절을 예배학적으로 발전시킬 필요가 있다. 그 이유는 과거에 예배에서 계절에 관한 관심이 상당히 무시되어 왔을 뿐 아니라, 지금도 계절에 대한 신학적 이해가 부족하기 때문이다. 네 계절이 교회력과 연결되어 변화의 의미를 줄 수 있는 근거는 **케노시스***kenosis*와 **플레로시스***plerosis*가 그리스도와 창조의 관계를 쉽게 비유하기 때문이다. 창조의 순환주기, 특별히 네 계절의 특별한 주기는 예수의 놀라운 두 가지 행위들에 대해 말한다.

첫째로, **케노시스**는 다른 사람들을 채우기 위해 자신을 비운 예수의 삶에 적용된다(빌 2:6-8; 엡 1:23, 3:19, 4:10). 그리스도의 삶을 따르는 사람들은 교회력을 따르면서 항상 비우고 채우는 의식들을 축하하였다. 비우는 의식은 원죄, 타락, 그리고 인간의 죄에 빠지는 본성에 관한 주제들을 설명한다. 예를 들어, 창세기 3:6-7에 나오는 인간의 첫 번째 죄는 우주가 하나님의 우정과 은혜를 비운 것을 의미한다. 또한 비우는 것은 자신을 비우는 인생의 긴 과정의 극치인 그리스도의 죽음에도 적용된다(마 27:50).

둘째로, **플레로시스**는 태초의 창조가 하나님의 선하심과 권능으로

319 Scott McCarthy, *Celebrating the Earth*, x.

새롭게 된 것을 설명한다(창 1:31). 이것은 또한 타락한 피조물이 예수의 삶, 죽음, 부활, 그리고 승천에 의해 새롭게 성취된 것을 표현한다(요 1:14; 딤전 3:16). 그래서 요한복음 1:16-17과 로마서 5:15은 새로운 창조가 생명으로 채워지는 것에 대해 예수에게 감사한다.

그러면 **케노시스**와 **플레로시스**가 어떻게 교회력과 연결되어 예배생활을 더욱 의미 있게 만드는가? 네 계절을 그 주기에 따라 **케노시스**와 **플레로시스**로 구분할 때, 봄과 여름은 채우고, 활력을 주고, 또는 증대시키는 행위를 나타내는 반면, 가을과 겨울은 생명을 비우고 점차 사라지는 과정을 보여준다. 이와 같이 전통적인 교회력은 어느 정도 **케노시스**와 **플레로시스**의 개념을 표현한다. 교회력이 자연의 **케노시스**와 **플레로시스** 형식을 반영하기 때문에 예배를 기획하거나 집례하는 자들의 경험에 따라 모든 교회절기가 비우고 채우는 특징들을 잘 나타낼 수 있다. 모든 절기 축하에서 "거룩한 상호 교환"이 이루어진다.[320] 한 해 동안 절기를 축하할 때 하나님은 우리의 충성에 대하여 생명으로 채우시고, 여러 가지 방식으로 매우 자주 비우는 자들은 그리스도의 죽음과 부활을 통하여 다시 채워진다.

겨울에 축하되는 대림절은 상당한 분량의 비움, 채워지지 않음, 그리고 그리스도의 다시 오심을 기다리는 계절임을 느끼게 한다. 그리고 사순절은 비록 봄에 속하여 새로운 생명을 말하지만, 영적 갱신을 요구함으로 참회, 기도, 금식, 그리고 베푸는 것으로 자신을 비우는 분명한 행위를 요구한다. 풍성함의 의미는 성탄절에서 잘 나타난다. 그 이유는 그 절기가 비록 생명을 비우는 겨울 동안에 일어나는 사실에도 불구하고 구세주가 물질세계에 인간의 몸을 입고 오신 것을 축하하기 때문이다. 성탄절이 말하는 관계는 "주는 자와 받는 자들의 대조적인 관계, 자신을 가난하게 만드는 분과 그 분의 가난해짐에 의

320 Ibid., 97.

해 부요하게 된 우리 자신들과의 대조적인 관계"이다.[321] 부활절은 우주의 연약해진 상태를 재충전하고 높이는 최고의 절기이다. 오순절은 우주를 모든 것을 충만케 그리스도의 성령의 생명으로 채우는 절기이다.

흥미로운 것은 비록 정확하게 들어맞지는 않지만, 주요 교회력의 절기들이 자연의 절기들과 어느 정도 연결된다는 것이다. 예를 들어, 3월의 첫 주에서 4월의 두 번째 주 사이에 오는 사순절은 성장을 발달시키는 개념을 설명하는 겨울과 여름 사이에 축하되는 절기이다. 사순절은 곡식을 지속적으로 성장시키기 위해 땅을 준비하는 것처럼, 영적 성숙을 기대하며 영적으로 준비하는 계절이다. 3월이나 4월에 축하되는 부활절은 부활한 예수에 의해 세상이 새 생명을 얻은 것을 말하는 봄의 축제이다. 5월 늦게 혹은 6월 첫 주에 축하되는 또 다른 봄의 축제인 오순절은 예수의 영이 창조 전체 위에 영원히 거하기 위하여 오심으로 우주와 모든 사람들의 근본적인 연합을 이룬 것을 기념한다. 가을의 축제인 대림절은 11월 늦게 또는 12월 초 사이에 축하된다. 이 절기는 남아 있는 마른 잎들이 앙상한 나무로부터 바람에 불려 날아가는 것처럼 새로운 생명이 임박하였음을 예언한다. 이것은 새로운 생명이 예수 안에서 세상 속으로 들어온 것을 미리 말한 것이다. 그의 생일인 12월 25일은 마치 겨울이 시작되는 것처럼 다가온다. 그의 오심은 춥고 황량한 가운데서 희망의 세계가 옴을 확신시킨다.

계절은 더 이상 단순히 세속적인 시간으로 여겨져서는 안 된다. 그 이유는 계절이 거룩해진 시간이기 때문이다. 계절은 우주와 창조주와 교제를 나누는 놀라운 시간이다. 또한 계절은 세상을 새롭게 만드

321 Louis Bouyer, *Liturgical Piety*(Notre Dame, IN: University of Notre Dame, 1955), 201.

는 과정에서 나타나는 하나님의 행위를 인식하는 시간이다. 간단히 말해서, 계절은 하나님의 나라가 오고 있음을 말하는 시간이다. 그러므로 계절을 축하하는 것은 세상 속에 뿌리 깊이 있는 그리스도의 임재를 축하하는 것이며 예배갱신을 위해 가능한 물질을 충분히 활용할 수 있는 기초를 마련하는 것이다.

6) 예술과 공간

예배갱신을 위한 생태학적 예배신학의 여섯 번째 비판의 대상이 되는 것은 예술과 공간이다. 예배의 미적인 영역은 예배갱신에서 특별히 관심을 가져야 할 부분이다. 예배는 신학적으로 인간의 손으로 만들어진 것들에 의한 공헌을 전제로 한다. 예배의 미적인 영역에서는 인간의 작품들이 예배신학의 기초가 되는 높은 예술적 기준들을 반영할 뿐 아니라 또한 예배를 위한 예술과 건축의 범위가 광범위할 수 있음을 반영한다. 많은 사람들은 예배가 미적으로 즐거움을 주어야 한다는 것과 예배의 구성 요소들이 양적으로 아름다워야 한다는 주장에 동의한다. 그러나 미적인 것이 겉치레와 동일시되고 아름다움이 단순히 값비싼 것과 동일시 될 때는 도전을 받게 된다. 미적인 것과 아름다움이 어떻게 예배에서 고유한 부분이 되어야 하는지를 결정하는 것은 어렵다. 그러나 돈을 투자하였음에도 불구하고 예배와 예배공간에 이런 특징들이 부족할 때는 문제가 된다.

양적 성장을 추구하면서 점점 대형화 되어가는 한국교회의 예배와 예배공간에는 아름다움이 많이 결여되어 있다. 한국교회는 교회 건물, 예술, 음악, 조각, 예복, 그리고 장식에 나타난 예술적 깊이와 순수함으로 예배자들의 마음을 하나님에게로 이끄는데 더 많은 관심을 쏟아야한다. 미적인 예배공간이 그 자체의 아름다움을 뽐낼 뿐 예배의 권위를 손상시킨다는 주장은 잘못된 것이다. 예배와 예배공간을 기획하고 꾸미는데 미적인 영역을 고려하지 않는 것은 하나님의 창조가 지닌 아름다움으로 예배를 드리는데 무관심한 것이 된다. 신학적으로 예배는 인간의 손에 의한 작품들을 하나님에게 드리는 것을 전제하기 때문이다. 그러므로 인간의 노력이 깃든 아름다움 창조는 예배신학의 기초가 되는 높은 예술적 기준을 반영하고 또한 예배를 위해 예술과 건축을 사용하려는 기독교전통의 숨결을 반영하는 것이다.

생태학적 예배신학은 미적인 것들의 가치가 주장될 수 있는 가장 적절한 영역을 제공한다. 이런 주장은 미적으로 즐겁게 하는 것이 어떻게 하나님의 영광을 반영하는지, 그리고 미적으로 즐겁게 하는 예술과 가공품들이 어떻게 예배와 신학에 필수적인 경험을 제공하는지를 말하는 것이다. 선한 것, 진실한 것, 그리고 현대 윤리학에서 아름다운 것의 범주가 중요한 것으로 다시 관심을 얻게 된 것처럼, 예배갱신으로부터 발전된 신학도 필수적으로 아름다운 것들을 포함하고 그것들에게 고유한 형식을 부여한다.[322] 예배 축하를 설명하는 다양한 예술들은 건축, 미술, 조각, 음악, 안무를 포함한다. 예배에 참석하는 자들이 보는 모든 것은 빛과 색, 그리고 공간의 조화이다. 예배에서 그들은 목소리, 노래, 악기들의 소리를 들으며, 향이나 기름의 냄새를 맡으며, 빵과 포도주를 맛보며, 그리고 평화의 인사를 나누고 예배에 필요한 다양한 물건들을 만진다. 그리고 이렇게 감각을 통하여 경험하는 예배는 생태 중심의 예배를 예상하게 한다.

또한 생태 및 창조 중심의 예배는 필수적으로 교회 건축에서 양적인 것의 가치와 물질을 사용하는 것을 주장한다. 몇 가지 예배 상징들이 인간의 재능과 생산물의 결과인 것처럼, 교회 건물의 건축과 예배 공간도 예배에 고유한 창조적 정신과 인간의 제품에 관한

322 Don Saliers, "Liturgical Aesthetics," *New Dictionary of Sacramental Worship,* ed. Peter E. Fink(Collegeville, MN: The Liturgical Press, 1990), 80-89를 보라.

설명을 제공한다.[323]

건축은 거룩한 공간의 내부 경계선을 결정한다. 그러나 자연은 거룩한 땅의 외부 한계를 정하는데 사용될 수 있다. 예배를 위한 공간을 준비하고 경계를 정하는 것은 중요하다. 일반적으로 종교는 평범한 공간이 어떻든지 거룩해지기를 요구하는 특징을 가지고 있는 것 같다.[324] 그러나 평범하던 장소라도 일단 거룩한 곳으로 경계를 긋고 나면 그 거룩한 곳 이외의 곳을 사용하는 것을 제한하는 경향이 있다. 그럼에도 땅의 것들은 자신들의 조물주를 표현한다. 우리가 이것을 정말 인식하기 시작할 때 우리의 예배는 더욱 풍성해질 것이다. 자연에 대한 우리의 태도에 변화가 있어야 "생명을 가진 모든 것들"(시편 150)을 가지고 하나님을 찬양하는 것을 확신할 수 있다. 언덕과 계곡은 주님의 죽음과 부활을 축하하는데 매우 적절하다. 사실, 모든 장소들은 살아계신 하나님의 메시지를 선포하고 높이는데 사용될 수 있으며 그래야 한다.

지금까지 생태학적 예배신학의 비평기능을 가지는 방법론에 의해 예배갱신에 필요한 주요 자료들을 살펴보았다. 예배갱신은 생명과 생태를 위한 특별한 사랑과 열정적인 관심을 반영해야 한다. 이것은 우리가 다룬 것처럼, 예배의 각 다양한 순서들과 예식을 통해 그리고 우리가 예배시간과 공간을 어떻게 사용하는가를 통하여 이루어질 수 있다.[325]

323 이점에 대하여 교황 요한 바울 2세가 세계평화의 날에 전한 메시지를 보라. John Paul II, "Peace With God the Creator, Peace With All of Creation: Message of His Holiness Pope John Paul II for the Celebration of the World Dat of Peace, 1 January, 1990," *Origins* 19(28): nos. 14-16.

324 Scott McCarthy, *Celebrating the Earth*, 79.

325 지역교회를 위한 실제적인 제안들에 대하여 Lawrence E. Mick, *Liturgy and Ecology in Dialogue,* 71-90을 보라. 그리고 생태에 대한 관심을 예

우리는 지금까지 생태학적 예배신학이 얼마나 우리의 예배를 갱신할 수 있는지에 관하여 새로운 방법론을 중심으로 살펴보았다. 본 연구는 생태학적 예배신학의 관점으로부터 현대 교회의 예배와 예식서를 비평할 수 있는 패러다임을 제공하였을 뿐 아니라 예배갱신을 위한 바른 방향도 제시하였다. 우리의 예배와 예식은 생태학적 관심을 나타냄으로 예배와 실제 생활 사이에 존재하는 거리를 좁힐 수 있으며 더 넓은 공동체와 세계를 위한 것이 될 수 있다. 동시에 오늘날 생태학적 관심은 세계적인 예배 일치의 기틀을 제공하기 때문에 우리의 예배갱신이 세계적인 공동체성을 반영할 수 있도록 한다.

생태에 관심을 가진 예배는 예배공동체에 두 가지 유익을 줄 것이다. 하나는 예배에 참여하는 자들이 예배가 지니고 있는 다양성과 긍정적인 효과를 경험할 것이다. 다른 하나는 예배공동체가 자신들의 예배가 일어나는 실제적인 환경과 자신들의 거룩한 삶의 부분을 이루는 창조의 많은 면들에 대해 더욱 깊은 관심을 기울이게 될 것이다.

예배만큼 생태학적 윤리를 서서히 펼쳐나가는데 필수적인 것은 없을 것이다. 예배는 우리의 생활이 매일 그리스도 안에서 성장으로 나가는 필수적인 통로이다. 만일 우리가 신앙인으로서 그리스도를 예배하고 찬양함으로 성령에 의해 감동을 받지 않고 변화되지 않는다면, 우리는 하나님의 창조를 돌보기 위해 필수적인 존경심을 발전시키기에는 거의 희망을 가질 수 없을 것이다. 또한 예배 속에서부터 창조물들을 보존하지 않고서는 창조에 대한 관심을 신앙생활 속에

배와 공간에 적용하기 위한 실천적인 질문들에 대하여 Elizabeth Vander Haagen, "A Justice and Worship Checklist," *Reformed Worship* 68: 25, 행사들에 대하여 Beryl Ingram, "Eco-Justice Liturgies," *Theology for Earth Community: A Field Guide,* 254-59, 그리고 예배자료들에 대하여 Celia Deane-Drummond, *A Handbook in Theology and Ecology,* 149-65와 Raimundo Panikkar, *Blessed Simplicity,* 197-202를 보라.

통합시킬 수 없을 것이다. 다행스럽게도 예배는 "땅의 모습을 다시 새롭게 하시는"(시편 104:30) 하나님의 역사에 대해 증거하고 참여하도록 만드는 성령의 역사에 응답할 풍성한 자료들을 제공한다.

생명과 생태를 축하하는 예배에 더 많은 주의를 기울이는 것은 하나님의 창조의 선물을 존경하고 보존하도록 윤리적인 명령을 심어줄 뿐만 아니라, 바람직한 예배갱신의 방향을 잡아주는 역할을 한다. 진정한 예배갱신은 창조와 관련된 우리의 예배와 생활을 통해 변화된 삶이 따르는 것이다. 그 이유는 예배가 하늘과 땅에 있는 모든 것들을 갱신시키고 그것들을 그리스도 안에서 재현하기 때문이다. 생태학적 예배신학은 우리가 지금 여기에서 하나님 나라에서만 완전할 수 있는 예배에 가장 가까이 다가갈 수 있도록 우리의 예배를 바르게 해석하고 새롭게 할 수 있도록 인도할 것이다.

4. 생태예배의 실제

식목일, 지구 및 환경보호 등과 같은 기념일이나 창조 및 생태와 같은 주제를 위한 예배는 어떻게 가능한가? 여기에 그 한 예로 미국에서 4월 22일 환경보호 지구의 날을 기념하여 진행한 생태예배를 제시한다.

1) 창조를 축하하는 예배

예배 공간은 큰 원형 식탁을 중심으로 둥근 형태로 마련되며 사방 통로로 연결되도록 한다. 식탁 위에 견고한 식탁보를 덮으며, 식탁보의 각 네 끝부분을 리본처럼 말아 그 중앙에 물이 담긴 투명한 그릇을 놓는다. 성경봉독 순서에서 창세기의 창조 이야기를 읽는 동안 각 네 강을 의미하는 말려진 식탁보가 하나씩 펼쳐진다. 네 개의 강이 모두 펼쳐진 후 네 사람이 식탁의 네 모퉁이에 피조물들(깃털들, 돌들, 식물들, 산호들 등)을 올려놓는다. 대화 순서가 진행되는 동안 각 네 모퉁이에 놓인 피조물들을 차례로 그물로 덮는다. 참회기도와 용서선언 후 찬송의 각 절을 부르는 동안 피조물들을 올려놓았던 네 사람이 네 모퉁이를 덮었던 그물을 하나씩 벗긴다.

전주 : 자연의 소리

예배부름(음악) : 영원히 돌아가는 지구를 위해

환영과 예배부름 :

오라, 우리가 하나님의 피난처에 거하자.
우리가 하나님의 예술 작품 속에 거하자.
오라, 지구는 주님의 것이도다.
하나님의 지구는 우리의 집이며
우리는 하나님의 세계 속에서 사니; 우리는 혼자가 아니라.
우리는 이 삶을 하늘과 땅과 나눈다.
바다와 육지
나무와 잔디
물고기와 새, 동물
광물과 모든 형태의 피조물들과
그리고 모든 우리의 형제와 자매들과 나눈다.
하나님은 선하시니 그 만드신 모든 것이 선하도다.
하나님은 사랑이시니 그 만드신 모든 것이 사랑의 열매라.
이제 우리 함께 하나님께 예배하자!

***평화의 인사**

오늘의 기도 :

모든 생명을 은혜로 충만하게 유지하시는 살아계신 하나님,
지금 우리의 귀를 열어 끊임없이 펼쳐지는 하나님의 말씀을 듣게 하옵소서.
새롭고 생동감 있게 그리고 절박하게 우리에게 말씀하옵소서.
우리에게 주신 모든 능력으로 우리를 잠잠케 하사 성장과 위로를 위해, 그리고 도전과 새로운 초점을 맞추기 위해 우리를 잠잠케

하시고 말씀을 듣게 하옵소서. 아멘.

성경봉독 : 창세기 2:4하-15, 욥기 12:7-10, 시편 148편

***찬 송** : 온 천하 만물 우러러(33장)

대 화 : 모든 사람에게 보내는 편지

씨애틀의 회장이 우리의 땅을 사서 자신들의 소유로 삼고 싶어 한다는 말을 우리에게 전해 왔다. 그러나 하늘과 육지를 어떻게 사거나 팔수 있는가? 그런 생각은 우리에겐 이상하다. 만일 우리가 공기의 신선함과 물의 섬광을 소유할 수 없다면, 어떻게 그것들을 살 수 있겠는가? 이 대지의 모든 부분은 우리에겐 거룩하다; 모든 빛나는 소나무 잎, 모든 백사장, 모든 어두운 나무숲에 있는 안개, 모든 목초지, 모든 콧노래 부르는 곤충. 모두가 우리의 기억과 경험 속에는 거룩하다. 우리의 피가 혈관을 통과하는 것을 알고 있듯이, 우리는 수액이 나무를 통과하는 것을 알고 있다. 우리는 이 대지의 한 부분이며, 이 대지 또한 우리의 한 부분이다. 향기 나는 꽃들은 우리의 자매들이며, 곰, 사슴, 독수리는 우리의 형제들이다. 바위산 꼭대기, 목초지의 수분, 조랑말의 체열, 그리고 인간은 모두 같은 가족에 속한다.

21세기에 들어왔음에도 하나님의 거룩한 대지를 향한 우리의 방향은 더욱 죄로 가득 차고 있다. 우리의 소비적 습관을 따라 모든 생산적인 땅을 취하기 때문에, 우리는 각자 평균 12헥타를 착취하고 있다. 동시에 방글라데시에서 비참하게 사는 자들은 0.6헥타로 살아가고 있다.

개울과 강을 흐르며 빛나는 물은 단순히 물이 아니라 우리 선조들의 피다. 만일 우리의 대지를 당신에게 판다면, 그것은 거룩한 것임을 기억해야 한다. 호수에 비치는 각 그림자는 우리의 삶 속에 있는 기억들을 말한다. 물의 속삭임은 우리 할아버지의 목소리이다. 강들은 우리의 형제들이다. 그들은 우리의 갈증을 해소시켜준다. 그들은 우리의 배를 운반해주고 우리 자녀들을 키워준다. 우리는 우리의 형제자매에게 줄 친절함을 강들에게 주어야한다.

우리나라의 강들 가운데 7%만이 자연보호조약의 보호를 받았다. 그러나 우리 경제의 근간이 되는 지하층 수질은 더욱 위협을 받고 있다. 세계 도처에 있는 지하층 수질의 60%는 지금 오염되고 있다. 그것을 충분히 회복시키는데 약 1400년이 걸린다는 것에 주의하라.

만일 우리가 우리의 대지를 당신에게 판다면, 공기가 우리에게 귀중하며, 공기는 생명을 지탱해주는 힘을 모든 생물과 나눈다는 것을 기억하라. 우리 선조들에게 첫 번째 숨을 주었던 바람 또한 마지막 한숨을 받는다. 바람은 또한 우리 자녀들에게 생명의 힘을 준다. 그래서 만일 우리가 우리의 대지를 당신에게 판다면, 인간이 갈 수 있으며 목초장의 꽃들에 의해 달콤해진 바람을 맛볼 수 있는 장소로 거룩하게 보존되어야 한다.

공기오염 방지법에도 불구하고 오늘날 LA의 도시 젊은이들은 폐활량의 오직 평균 70%만을 가지고 있다. 시카고의 공기오염은 매년 500억만 마일을 날라 간다. 이것은 우리의 공기 오염의 주범이다. 1995년 시카고의 서부에 있는 Austin지역에는 다른 지역들보다 더 많은 사람들이 천식으로 죽었다.

당신들도 우리들처럼 대지는 우리의 어머니라고 당신의 자녀들에게 가르칠 것인가? 대지에 속한 것은 대지의 모든 자녀들에게 속한 것이다. 우리는 대지가 인간에게 속한 것이 아니라 인간이 대지에 속한 것임을 알고 있다. 모든 것은 우리 모두를 연합하는 피와 같이 연결되어 있다. 인간은 생명선을 엮지 않았으며, 단순히 그 선의 한 가닥일 뿐이다. 인간이 대지에 대해 무엇을 하든지 그것은 자신에게 하는 것이다. 우리가 아는 한 가지는 우리의 하나님이 또한 여러분의 하나님이시라는 것이다. 대지는 하나님에게 귀중하다. 그래서 대지를 해치는 것은 대지의 창조주에게 모욕을 쌓는 것이다.

하나님의 통치가 이루어지기를 바라는 우리의 희망에도 불구하고, 우리는 모든 생명의 어머니에 대해 경멸을 계속 쌓고 있을 뿐 아니라, 또한 수백만 파운드의 이산화탄소와 지구 온난화 가스를 공기 속에 쌓고 있다. 대기 온도와 대양의 수면은 이미 올라갔으며, 반면 우리의 친구인 물의 생명은 급속한 소멸을 경험하고 있다. 이런 속도로 계속되면, 남아시아와 남동아시아의 8천만 명 이상이 수면이 올라옴으로 육지로부터 떠나야 한다. 또한 우리는 대량의 빠른 통로를 계발하기보다는 계속 더 넓은 주차장을 만들면서 제방을 쌓고 있다.

우리의 운명은 하나의 신비이다. 물소들이 모두 도살당할 때는 무슨 일이 일어날 것인가? 야생마들이 갇혀 길들여진다면? 밀림이 인간의 자취로 짓밟힐 때 그리고 아름다운 언덕들이 전선줄에 의해 얼룩질 때 무슨 일이 일어날 것인가? 덤불은 어디에 있을까? 사라지고 만다. 독수리는 어디에 있을까? 사라지고 만다. 그리고 날렵한 조랑말과 수렵지에게 안녕하고 말하는 것이 무엇을 의미하는가? 삶의 종말이며 생존의 시작이다!

마지막 인디언이 사라지고 그의 기억이 초원을 가로질러 이동하는 구름의 그림자 외에 아무것도 아닐 때, 이 해안과 수풀은 계속 여기에 존재할 것인가? 우리의 정신이 남아 있을 것인가?

우리는 영혼이 다른 생명의 형태에 연결되어 있다는 것을 결코 몰랐다. 북극의 국립 야생보호지가 팔리려 할 때 우리는 영적인 사람들로 그 옆에 서 있다. 우리의 부회장은 어제 우리 정부가 기름, 가스, 석탄 채굴과 소비를 증가시키려는 의도를 전해주었다. 이미 기술적으로 유용한 자연보존과 대체 에너지 자원은 그들의 레이더 스크린에 뜨지 않을 뿐 아니라 우리의 것에도 없다.

우리는 새로 태어난 아이가 엄마의 심장박동을 사랑하듯 이 대지를 사랑한다. 그래서 만일 우리가 우리의 대지를 당신에게 판다면, 우리가 사랑했듯이 그 대지를 사랑하시오. 우리가 보호했듯이 보호하시오. 당신이 받을 때와 같이 그 대지를 당신의 기억 속에 간직하시오. 모든 자녀들을 위해 대지를 보존하고 하나님이 우리 모두를 사랑하시듯 대지를 사랑하시오. 우리가 그 대지의 일부분이듯, 당신도 그 대지의 일부분이요. 대지가 우리에게 귀중하듯, 당신에게도 귀하다오.

우리가 알고 있는 한 가지는 오직 하나님 한 분 만이 계신다오. 어떤 인간도, 인디언이나 백인도 서로 떨어질 수 없다오. 우리는 결국 한 형제들이요.

참회기도

자비가 풍성하신 하나님, 하나님의 은혜 안에서 우리의 죄와 이 세상의 죄를 고백합니다. 그리스도께서 죽음으로부터 살아나셔서 죽음의 권세를 깨뜨리셨음에도, 우리는 아직도 두려움과 의심의 포로가 되어 있습니다. 우리는 계속 의심과 질투에 사로잡혀 이웃과 이웃이 국가와 국가가 서로 반목하고 있습니다.

우리는 가난한 자들과 배고픈 자들에 대해 무관심했습니다. 우리는 부정한 방법으로 편안한 삶을 추구하였습니다. 우리는 핍박받는 자들의 신음소리를 무시했습니다. 우리는 땅을 해치고 바다를 오염시키면서 이익과 즐거움을 추구합니다. 우리는 파괴하는 기술로 선물인 대지를 탕진했습니다.

하나님, 우리에게 자비를 베푸소서. 우리의 삶을 변화시키며 새롭게 만드시는 당신의 능력을 의지하게 하셔서 우리와 당신의 모든 피조물들이 부활하신 주 예수 그리스도를 통하여 주어지는 풍성한 생명의 기쁨을 알게 하옵소서.

용서선언 호세아 4:1-3

***찬 송** 주 하나님 지으신 모든 세계(40장)

성경봉독 : 마태복음 25:31-46

설 교

창조 이야기의 회복 :

20년 전 아프리카의 서부 해안에 위치한 카메룬에는 열대지방의 풍부한 푸른 숲이 있어 동물들과 모든 종류의 새들에게 안식처를 제공하고 카메룬의 토질을 윤택하게 만들었다. 그런데 지난 15년 동안 이 숲은 카메룬 정부와 계약을 맺은 외국 목재공장에 의한 무차별 수풀제거로 거의 소멸되었다. 그 결과는 사하라 사막으로부터 메마른 바람이 쉽게 남쪽으로 불기시작하면서 가뭄을 일으키고 동물과 인간의 생활을 위기로 몰아갔다. 중앙아프리카 전체에 곡물을 대량으로 수출하던 카메룬은 이제 자국 백성들을 위한 식량 부족으로 어려움을 겪고 있다. 10년 전 카메룬의 장로교는 가뭄을 막기 위한 노력으로 매년 5월 마지막 주일에서 6월 첫 주일까지 나무 심기 행사를 시작하였다. 모든 장로교인들은 매년 이 일에 헌신한다. 이런 노력으로 매년 최소한 40만 그루의 나무를 심어 무책임한 인간들에 의해 파괴된 창조를 재생하고 있다.

결단기도

성만찬부름 :

주님이 여러분과 함께 하시기를 기원합니다.

목사님과도 함께 하시기를 기원합니다.

여러분의 마음을 높이 드십시오.

우리의 마음을 주께 높이 듭니다.

주 우리 하나님에게 감사를 드립시다.

우리의 감사와 찬양을 드림이 옳음이니이다.

천지를 창조하신 거룩하신 하나님, 기쁨으로 찬양을 드리오니...

영광스런 주의 이름을 영원히 찬양합니다.

거룩 거룩 거룩하신 주, 능력과 권세의 하나님,
하늘과 땅이 당신의 영광으로 가득합니다.
지극히 높은 곳에서 호산나
주의 이름으로 오시는 이에게 복이 있으라.
지극히 높은 곳에서 호산나
자비가 풍성하며 우리를 불쌍히 여기시는 하나님께 감사를 드리오니,
우리의 삶으로 십자가에 달리시고 부활하신 주를 선포합니다.

그리스도께서 죽으셨으며
그리스도께서 부활하시고
그리스도께서 다시 오시리라.

은혜로우신 하나님, 당신의 성령을 우리에게 부으소서...
모든 영광과 존귀를 전능하신 하나님에게 이제와 영원히 돌립니다. 아멘.

주 기 도
떡을 뗌
잔을 나눔
기 도
***찬 송**
***파송과 축도**
***찬양대 응답송**
후 주

2) 실제적인 제안과 토의질문

생태예배를 준비하는데 도움이 되거나 주의해야 할 것들은 다음과 같다.

1. 예배를 잘못 사용하지 말 것: 예배가 무엇을 가르치고 형성하는지를 이해하는 것이 핵심이다. 예배는 매우 강한 교사이다.

우리가 예배하는 방식이 개인으로 그리고 단체로 우리가 누구인지를 형성한다. 그러나 이것은 직접적으로나 강압적으로는 이루어지지 않는다. 예배 경험은 우리를 정치적인 연설이나 강의실 교육보다 더욱 미묘하게 그리고 점진적으로 형성한다. 예배는 삶의 기본적인 실체를 향한 우리의 태도와 감정을 형성하면서 점진적으로 우리를 만든다.

2. 상징에 대한 더 많은 주의할 것: 예배가 우리의 생각과 마음에 이미지를 만듦으로 우리에게 영향을 준다는 것은 우리에게 예배가 모든 축하 의식처럼 상징에 매우 의존한다는 것을 기억나게 한다. 생태학적 의식을 강조하는 자들은 상징의 힘을 알고 있다.
3. 지구, 물, 공기를 축하하기: 농촌 가족들을 초청하여 농장으로부터 교회로 흙을 담는 기계를 가지고 와서 축복을 받도록 한 후 농장으로 돌려보낸다. 이것은 흙의 소중함과 보존되어야 함을 기억나게 한다. 또한 선물로서의 물을 강조하는 기도회는 세례식의 주제를 수질오염 종식을 위한 기도와 그리고 선물로 물에 대한 감사와 결합시킬 수 있다.
4. 식목일, 지구환경보존을 위한 날 행사
5. 시골 생활을 위한 예배, 추수감사절
6. 생태에 대한 참회예배 및 설교
7. 창조 계약서 작성 및 선포
9. 농수산물 터전 축복
10. 지역공동체 정원 만들고 관리하기
11. 자연개방식 건축
12. 지역 환경보존과 재활용

생태예배를 준비하는데 다루어야 할 질문들은 다음과 같다.

1. 당신의 지역교회의 예배를 발전시킬 수 있는 첫 번째 단계는 무엇인가? 환경보존을 발전시킬 수 있는 첫 번째 단계는?
2. 다른 목적을 강조하기 위해 예배가 잘못 사용된 때를 생각할 수 있는가? 어떻게 반응했는가? 예배가 어떻게 우리를 가르치고 형성하는지를 이해하는가?
3. 당신의 교회예배에서 상징이 얼마나 잘 사용되는가? 어떤 상징이 잘 사용되며, 잘못 사용되는가? 예배에서 상징이, 특별히 성만찬의 주된 상징들이 잘 사용되기 위해 무엇이 가능한가?
4. 당신의 예배에서 어떤 가공자료들이 사용되는가? 그것들을 참 자료들로 대체할 수 있는 단계는 무엇인가?
5. 지역교회의 예배에서 땅, 물, 공기를 어떻게 축하할 수 있는가? 이런 종류에 중점을 두는 기도회를 상상할 수 있는가? 사람들이 올 것인가? 왜 또는 왜 안 올 것인가?
6. 당신의 교회는 생태나 환경보존과 관련된 행사를 진행하는가? 없다면 꼭 시작해야 하는가? 시골 생활에 적절한 예배는 어떤가? 도시 교회들도 이런 행사들을 진행해야 하는가?
7. 환경에 관한 질문들이 참회기도에 포함되었는가? 이런 주제는 별도의 참회기도회에서 다루는 것이 좋은가 아니면 정규예배에 포함시켜야 하는가?
8. 중보기도에서 환경에 관한 이슈들을 포함시킨 것을 들은 적이 있는가? 그런 간구를 써 본적이 잇는가? 예배 기획 과정에서 어떻게 포함시킬 것인가?
9. 밖에서 예배를 드린 적이 있는가? 언제 그리고 왜? 그 경험이 어떠했는가? 어떤 행사들이 그런 예배에 적절한가?

10. 당신의 예배 환경 속에 그리고 주변에 자연세계가 얼마나 많이 드러나는가? 이것이 좀 더 발전될 수 있는가?
11. 지역교회가 재활용에 대해 얼마나 헌신하는가? 집에서 재활용하는가? 지역 공동체에서 재활용을 격려할 수 있는가?
12. 환경이슈들을 다룬 설교를 들어보았는가? 어떤 성경이 이런 이슈들을 다루는가? 어떻게 지역 목사들에게 이런 이슈들을 다루도록 격려할 수 있는가?

부록

부록 1 예배컨설팅

부록 2 예배갱신을 위한 기획과 안내

부록 3 예배 평가서

부록 1

예배 컨설팅

본 장은 지역교회의 예배 변화를 시도하려는 목회자들에게 구체적으로 예배 평가와 갱신을 할 수 있는 컨설팅 방법을 제시하기 위해 Mark Earey의 연구서, *Worship Audit: Making Good Worship Better* (Nottingham: Grove Books Limited, 1995)를 번역하여 소개한다.

1. 서론

한 작은 그룹의 사람들이 푸근한 내부 분위기의 교회당을 떠나고 있다. 그들은 목사와 진지한 악수를 나누고는 교회 종 탑 한 모서리를 돌아 세차게 불어오는 바람을 등 뒤로하며 교회를 떠난다. 그들은 뒤에서 급하게 다가오는 발자국 소리들을 듣는다. 한 목소리가 묻는다. '오늘 저녁 예배를 어떻게 생각해?' 이 질문에 대해 그들이 먼저 생각하고 그 다음에 자신들의 생각을 정리할 때 곧 일어난 것이 '예배 평가'(예배자들로부터 예배에 대한 의견을 듣는 worship audit을 말함)이다.

이와 비슷한 대화들이 매주 나라 안팎에 있는 모든 교단의 교회들에서 일어난다. 비록 그런 질문을 묻고 그에 대답하는 표현과 방식이 교회의 종류와 예배의 형식에 따라 다르게 나타날 것이지만 원리는 동일하다--**예배는 평가될 수 있다.**

그러나 이런 대화들의 결과가 그 다음 주에 드려지는 예배에서 어떤 변화로 나타나는 경우는 거의 드물다. 예배의 변화는 목사가 예배자의 하나로 참석하거나 예배위원회를 인도할 때 그리고 예배위원회원들이 매우 자유롭게 비판을 받아들이고 그 비판에 창조적으로 응답할 때에만 가능하다. 그 이유는 그런 평가가 주로 개인들 사이에서 그리고 개인적 평가 기준을 근거로 이루어지기 때문이다. 보통 예배에 대한 평가는 어떤 형식의 음악, 예복, 예식 등을 개인적으로 선호하는 것과 관련이 있다.

그래서 예배에 관한 평가는 이미 각 예배자들 사이에서 일어나고 있다. 그러므로 공식적인 예배 평가(또는 worship review)에 대한 관심이 고조되는 것은 이렇게 개인들 사이에서 일어나는 비공식적인 평가에 확고한 발판을 제공하려는 바램의 결과이다. 또한 이런 관심은 개인적인 평가 과정을 조직화하여 그 평가가 더 많은 사람들의 의식적인 행위가 되도록 만들려는 바람의 결과이다. 그런 다음에는 그 행위가 예배를 개선시킬 수 있게 될 것이다.

이 서론 단계에서는 예배 컨설팅 또는 예배 상담liturgical consultancy이란 단어를 사용하는 것이 현명할 것이다. 예배 컨설팅과 예배 평가는 모두 기본적으로 예배 개선을 도모하려는 점에서 동일한 것이다. 유일한 차이가 있다면 그것은 서로 다른 각도에서 예배의 발전을 도모한다는 것이다. 예배 컨설팅liturgical consultancy은 교회 내에서 많은 관심을 끄는 분야로서 예배 평가의 한 부분이다. 예배 평가worship audit는 컨설팅이 없이도 일어날 수 있으나 그럴 경우 충분한 평가가 되지 못할 것이다. 따라서 예배 컨설팅은 예배자들이 자신들이 드리는 예배에 관하여 보다 충분히 생각하려는 콘텍스트 없이는 거의 쓸모가 없다. 이 글은 예배 평가를 위하여 쓰여 진 것이며 그래서 부분적으로 자신들의 예배가 개선되기를 바라며 '상담자'(전문가)의 도움을 필요로 하는 예배자들의 관점으로부터 예배를 이해한다. 예배 컨설팅은 주로 예배공동체를 돕고 충고하는 방법들을 생각하는 상담자들의 관점으로부터 상황을 보려는 경향이 있다.

이 글의 목적은 예배 평가에 대한 최종 해답을 제시하려는 것이 아니라 이미 사용되고 있는 예배 평가의 요소들을 한데 모으고 무엇보다 다른 사람들, 즉 하나님의 의견을 중요하게 여기는 평가 기준을 확대시키는 방법들을 제시하려는 것이다.

2. 예배란 무엇인가

1) 애매한 단어

한 때 신학 잡지 *Expository Times*가 의미가 분명하지 않은 단어들에 대한 설명('Slippery Words')을 연재한 적이 있었다. 독자들은 교회 안에서 일상적으로 사용하는 단어들 가운데 의미가 분명하지 않은 단어들이 많은 것을 발견할 수 있었다. 모든 사람들이 많은 단어들을 익숙하게 사용하지만 그 단어들에 분명한 정의를 내릴 수 있는 자들은 극히 적다. '예배'란 단어가 바로 그런 단어들 가운데 하나이다. 예배란 대부분 그리스도인들의 삶에서 종합적인 부분을 차지하기 때문에 우리는 스스로 예배가 무엇을 말하는 것인지, 또는 무엇을 말하지 않는 것인지를 안다고 **생각한다**. 오히려 우리가 아는 것은 **우리가** 스스로 의미한 것일 뿐이다. 그래서 문제는 우리와 다른 이해를 하고 있는 사람에게 예배에 관하여 말해야 할 때에 나타난다.

여기에서 말하는 예배는 개인적인 헌신이라기보다는 **공동**corporate 예배를 의미한다. 이것은 공동 예배가 다른 예배보다 더 참된 '예배'라는 것이 아니라 여럿이 공적으로public 드리는 성격의 예배이며 또한 다양한 문제들을 가지고 참석하는 많은 사람들을 포함하는 예배이기 때문이다.

2) 정의

예배가 무엇이냐에 관하여 일치된 정의를 내리는 것이 어려워도 그런 노력을 멈추어서는 안 된다. 확실히 예배 평가가 주는 한 가지 유익이 있다면 그것은 예배에서 우리가 무엇을 하는 가에 관하여 생각하도록 하는 것만 아니라, 우리가 예배를 드리는 이유는 무엇인지 그리고 무엇을 제일 **의도하는지** 까지도 생각하도록 할 수 있다는 것이다. 윌리암 템플William Temple이 시도한 예배의 정의는 모든 형태와 크기로 설명된다:

> 예배는 하나님의 거룩함으로 양심을 자극하는 것,
> 하나님의 진리로 생각을 채우는 것,
> 하나님의 아름다움으로 상상을 정화하는 것,
> 하나님의 사랑으로 마음을 여는 것,
> 하나님의 목적으로 의지를 바치는 것이다.

다소 멋있는 정의는 아니지만, 예배는 "하나님의 백성들이 함께 하나님을 향하여 행복해지는 것"이다. 이 예배 정의는 매우 초기에 나온 것이다. 누가 이 정의를 처음 말했는지 확실하지 않다. 이 표현은

'행복'이란 단어와 하나님에 관한 형태론적 언급으로 애매할 수도 있다. 만일 이 정의가 '하나님의 백성들이 하나님을 향하여 함께 **모이는 것**'으로 수정될 필요가 있다면, 주일 교회 모임을 이해하는데 매우 좋은 출발점을 제공한다. 이블린 언더힐Evelyn Underhill은 그것을 이렇게 표현한다: '예배는 모든 창조의 등급과 종류들 가운데 창조주에 대한 피조물의 응답이다'[326]

여기에서 예배wor*ship*란 하나의 자연스런 형태의 관계로서 이해된다. 이와 같은 방법으로 우정friend*ship*도 친구들 사이에 있는 자연스런 형태의 관계이다. 그래서 예배는 본래 홀로 계신 창조주이신 신에 관한 개념을 포함할 필요가 없었다. 예배란 단어는 인간들 사이의 관계에 대해 사용될 수 있었다. 그래서 신부가 신랑에게 복종하기를 주저하듯 오늘날 대부분의 신랑들도 자신들의 신부에게 예배(숭배)하기를 주저하지만, 인간이 다른 인간을 실제로 예배하는 것은 십대들의 방 벽(부착된 사진들)에서 이루어진다. --그런데 이것은 단지 십대들만의 경우는 아니다!

관계를 의미하던 예배의 개념은 한 단계 더 나아가 미국 연합감리교회의 예배서, *Hymns and Psalms*의 서론에서 더욱 상호관계로 강조된다. 이 예배서에서 예배는 '하나님께서 우리에게 다가오시고 우리가 하나님에게로 다가가는 것'으로 표현된다.[327] 마치 이런 정의가 충분하지 않은 것처럼, 대부분 그리스도인들이 주일에 함께 모이는 것은 전적으로 신약성경의 의미로 이해한 예배인지의 여부에 대한 논쟁이 있었다(특별히 복음주의자들 가운데서).[328] 결국, 신약성경은 우

326 Evelyn Underhill, *Worship*(Nisbet & Co., 1936), 3.

327 *Hymns and Psalms*(Methodist Publishing House, 1983), vii. Graham Kendrick은 이 정의를 되풀이하였다: "예배는 하나님이 우리를 기뻐하시는 것이고 우리가 하나님을 기뻐하는 것이다." (*Worship,* Kingsway, 1984, 22).

리의 삶 전체가 예배를 통해 희생 제물로 하나님에게 드려지는 것이라고[329] 그리고 성전, 제단, 제사장제도 등의 성취가 예수 자신 안에서 발견되어져야 한다고 강조하지 않는가?[330] 그래서 예배는 다음과 같이 정의될 수 있다: "...우리가 예수 그리스도에 관한 믿음과 그 분이 우리를 위해 행하신 것을 통하여 하나님과 맺는 계약."[331]

위에서 언급된 예배 정의는 정말 범위가 넓어서 그리스도인 삶 속에서 드리는 예배까지를 모두 포함한다. 이 정의는 주일 모임을 필수적으로 그리스도인 삶을 확립하고 교육하기 위한 것으로 이해한다.[332] 그러나 비록 예배가 우리 삶 전체에 관한 것이라 해도 분명히 성도들의 모임을 **강요하지** 않는다. 그 이유는 하나님께서 자기 백성들의 찬양에서뿐만 아니라 그들의 순종하는 삶에서도 기뻐하시기 때문이다. 그리고 성도들은 서로를 세워준다. 그 이유는 그것이 하나님을 기쁘게 하는 것이기 때문이다.[333] 그래서 그리스도인들이 공동예

328 I. Howard Marshall의 글, "How far did the early Christians worship God?" in *Churchman* 99(1985), 216-299 또는 그의 논문 "New Testament Worship," J.G. Davies, ed. *A New Dictionary of Liturgy and Worship*(SCM, 1986)을 보라.

329 롬 12:1 이하에서 1절을 언급할 필요가 있다: '너희 몸들을(복수) 하나의 산 제물로(단수) 드려라'는 바울이 촉구하고 있는 것의 공동체적 성격을 강조하는 것이다.

330 이것은 David Peterson에 의해 자세하게 설명된다. 그의 글 "Worship in the New Testament," Donald Carson, ed., *Worship: Adoration and Action*(World Evangelical Fellowship, 1993), 특별히 71이하.

331 David Peterson, ibid., 52.

332 그리스도인의 매주 모임이 얼마나 많이 하나님께서 우리에게 말씀하시고 우리가 하나님에게 응답하는가에 관한 질문은, 그리고 얼마나 많이 우리가 서로를 그리스도인으로 세우는가에 관한 질문은 실제적인 것이다. 이런 균형유지에 관한 문제가 1988년 감리교 예배위원회의 보고서 *Let the People Worship*, 44-56에서 다루어졌다.

333 이것은 Donald Carson의 주장이다. 그의 책 *Worship: Adoration and Action*, 16과 52를 보라.

배 안에 초월적이고 신비적인 것들이 있다고 강조하는 것을 어느 정도 의심해왔더라도, 이제는 하나님의 백성들이 함께 모일 때 그 백성들 가운데 특별히 하나님께서 임재하신다는 생각이 새롭게 일어나고, 새롭게 생각할 필요가 있다. 그래서 많은 사람들 가운데 우리가 그 하나님의 임재를 느끼고 경험할 수 있어야 한다는 기대가 생긴다. 이것은 특별히 은사 운동에 의해 영향을 받은 자들 가운데서 사실이다. Peter Ward는 자신의 최근 저서에서 '예배에서 하나님과의 만남'이라는 제목으로 한 장을 할애하였다. 그는 설명하기를,

> 젊은 사람들은 하나님의 임재를 경험할 필요가 있다...나는 복음전도에 대한 접근 방법이 상당히 하나님의 임재에 관한 이해에 근거해야 할 필요가 있다고 생각한다...이와 같은 기독교의 경험적인 면은 우리가 예배를 드릴 때 우리 가운데 있는 하나님의 임재에서 매우 자주 나타난다.[334]

이 예배의 정의를 다음의 감리교 보고서가 내린 정의와 비교해 보라 :

> 이 [하나님의] 임재는 그것을 느끼는 우리의 능력에 달려있지 않다. 감사하게도 하나님은 우리가 그 분을 인식하든지 않든지...우리의 일상적 삶의 모든 면에 임재하신다. 그러나 예배는 약속된 만남의 장소들의 하나로, 하나님은 그 곳에 임재하시기로 약속하셨다.[335]

그러므로 근본적으로 우리가 그리스도인들로서 함께 모이는 것은 자연스러운 것이다--결국 우리는 한 가족이다 그러나 때로는 관계

334 *Worship and Youth Culture* (Marshall Pickering, 1993), 23f.
335 1988년 감리교 예배위원회 보고서, *Let the People Worship,* 28.

가 원만하지 않은 가족이기도 하다! 그래서 우리가 함께 모일 때 우리를 서로에게 속하게 만드는 것을 말과 행동으로 표현하는 것은 자연스러운 것이다. 그 표현은 자연히 우리를 창조하시고 구속하신 그래서 우리를 함께 부르신 분에 대한 '존경'worth을 나타낸다. 여기에서 우리는 예배라는 영어 단어의 뿌리에 도달한다: '예배'worship는 존경의 표현worth-ship이다. 이 일반적 존경의 표현은 기독교에서 우리의 삶과 우리가 먼저 해야 할 일을 다시 우리의 왕과 그 분의 나라에 집중하는 것을 의미하게 되었다. 이것은 하늘에서 끊임없이 노래하는 자들의 자연스런 행동이다.

> 우리 주 하나님이시여 영광과 존귀와 능력을 받으시기에 합당하오니worthy 주께서 만물을 지으신지라. 만물이 주의 뜻대로 있었고 또 지으심을 받았나이다. 죽임을 당하신 어린양이...합당하도다. worthy (계 4:11, 5:12).

3. 왜 예배를 평가하는가

우리는 구약성경에 나오는 예배 행위의 기계적인 부분에 관한 자세한 지시 사항들에 익숙한 경향이 있다. 그러나 신약성경 교회가 모임을 가질 때 적절한 행동과 적절하지 못한 행동이 있음을 분명히 한다.[336]

영국 성공회가 번성하던 과거에 예배는 비교적으로 엄격하였다. 그 이유는 (다소 차이는 있더라도) 예배가 바로 **공동기도서**(*Book of Common Prayer;* 이하 BCP로 표기함)이었기 때문이다. 예전과 성령운동

336 예를 들어, 고린도전서 11장과 14장 그리고 야고보서 2:1-4을 보라.

의 갱신과 (최근에 나타난 다양한 예전 자료들의) 결합이 갱신 문제를 매우 실제적인 것으로 만들었다.[337] 물론 (교회 전통의 모든 어두운 면으로) 인쇄 글자들과 BCP 본문을 '확대'하기를 원하던 자들이 항상 있었다. 그리고 음악과 찬송들, 설교, 기도들 등을 선택하는데 다양성과 개선이 항상 있었다. 그러나 성공회예배서 ASB(Anglican Service Book)의 바로 이전 예배서들에서 어느 정도 나타났던 것처럼, ASB가 의도한 것은 예배서와 예배 인쇄물 자체에서 다양성을 유지하는 것, 곧 선택과 결정의 행위이었다.[338] 과거의 엄격한 시대 이후 예전이 지니는 융통성이 급속도로 나타났다.[339] 그러나 이런 발전은 성공회 예배를 인도하는 자들에게 자유뿐만 아니라 엄청난 책임을 부여하였다. 그 이유는 예배를 드리는 동안이든 그 이전 문서를 작성하는 기간이든 예배의 질이 더욱 그들의 책임과 결정에 달려있기 때문이다. 다르게 표현하자면, 이것은 **예배를 이해하는 것** (taking a service; 또는 예배를 읽는 것)으로부터 **예배를 인도하는 것**leading a service에로의 이동, 즉 말하자면 많은 사람들이 쉽게 행하지 못한 이동을 의미한다!

실습*Praxis*이 이루어지는 것은 바로 사람들이 이런 변화를 진지하게 취하는 결과의 하나이다.[340] 사람들에게 예배서들에 의해 무엇이 필

337 한 예로, (영국 성공회가 일정한 형식을 강조하는 것과는 다르지만) 같은 기간 동안 다른 교단들이 더 많은 예배서들을 제공하기 위해 반대 방향으로 움직이는 것이 흥미롭다. 또한 다소 산문적인 'Words for Worship'라고 불려지는 Spring Harvest의 찬송가들의 최근 모습을 보라.

338 검은 글자(필수적인 부분)과 파란 글자(선택적인 부분)로 된 부분의 번호들과 함께, '다른 적절한 말들'과 대안적인 성만찬 기도들, 고백, 그리고 중보기도의 형식들.

339 *Lent, Holy Week, Easter : Patterns for Worship: Promise of His Glory* 또한 최근에 저술된 *Service of the Word.*

340 실습(Praxis)은 예배위원회의 공동사업의 하나이다. Alcuin Club과 GROW (Group for Renewal of Worship; 예배갱신 그룹)은 훈련 행사들과 대회 일정을 조직함으로(주로 영국에서) 그리고 지역에 따라 조직된 비슷한 행사들을 후원하고 격려함으로 성직자뿐 아니라 또한 평신도들의 의제들에

요한지에 관한 지식을 주는 것, 그들의 기술을 강화시키고 그들의 신학적 사고를 돕는 것은 모두 유용한 일들이다. 그러나 예배가 일어나는 곳이 바로 교구 교회이나, 병원, 또는 교도소이든 핵심적인 가정과 같다. 그리고 그 곳이 바로 **이** 시간, **이** 장소에서 **이** 사람들을 위한 적절한 예배가 무엇인지에 관하여 결정이 이루어져야 할 곳이다. 그리고 적절한 예배가 계절에 따라 적절한 고백기도문을 사용하는지의 여부에 달려 있듯이 예배시간, 예배장소, 사람들, 교회의 건물, 환경, 그 교회의 전통 등에도 달려있다.

더구나, 전문적인 세상에서 황금률은 바로 평가가 없는 훈련은 무용지물이라는 것이다. 이것은 영국 성공회가 쉽게 타협을 이루지 못하는 것이다.[341] 그러나 평가는 반드시 행동으로 나타나야 한다. 예배 평가는 교회들로 하여금 고정화된 형식들을 변화하도록 만들어야 한다. 그러나 이것은 그런 변화의 과정에서 변화들이 얼마 되지 않아 되돌아가는 일이 거의 없도록 하는 것이 바람직함을 의미한다.

다른 경우, 예배 평가는 일단 멈추어서 이미 이루어졌거나 또는 기획된 변화들을 다시 생각해보는 기회, 그리고 상실된 것 또는 상실될 수도 있는 것을 점검하는 좋은 기회가 될 것이다. 특별히 중요한 것은 한 교회의 예배에 변화를 일으키는 위치에 있는 자들이 예배 평가와 같은 공적인 방법으로 재고를 조사하는 것이다. 이 방법이 그들로 하여금 다른 예배자들의 견해들을 고려하게 만든다. 비록 우리가 외부 사람들에게 관심을 가질 필요가 있지만, 그런 관심을 하나의 변명으로 쉽게 사용하고 또한 우리가 소유하고 **싶었던** 회중이 아니라 이미 소유한 회중을 위해 예배를 기획하고 인도해야 한다는 것을 쉽게 잊어버린다! 때로는 예배를 기획하는 위치에 있는 자들이 그들이 소

대한 예전 훈련을 실시한다.

341 예를 들어, 성직자 평가 분야에서 그리고 교구나 선교 평가 분야에서.

유하고 있는 회중들을 무시하거나 관계를 갖지 않는다. 또는 그들은 교회의 의자에 앉아 있는 사람들을 만화 속에 있는 것으로 생각하고 예배에 관한 것들을 결정한다. 물론, '시장성'이 예배에 관한 결정을 지배할 수는 없다. 그러나 변화를 위한 결정이 **불필요하게** 파괴적인 것이 되지 않으려면 상담은 필수적이다.[342]

예배의 변화를 위한 일에는 거의 언제나 긴장이 있게 마련일 것이다. 변화가 요구되는 곳에서 기꺼이 인기를 포기하려는 대담한 예언자의 지도력을 필요로 한다. 그러나 마음속에 사명을 가지고 예배를 변화시키려는 참된 바램은 교회 안에 널리 퍼져있는 비기독교적 문화들을 철저하게 그리고 **현실적으로** 이해하는 일들을 포함해야 할 것이다.

4. 예배 평가란 무엇인가

간단히 말해서, 예배 평가란 우리가 하나님에게 드리는 공동 예배의 질을 평가하려는 조직적인 시도를 묘사하는 한 방법이다. 물론 우리는 이 정의에서 즉시 문제를 느낀다. 그 이유는 '질'이라는 단어가 예배 영역에서는 그리고 특별히 음악에서는 극도로 한쪽에 치우친 것이기 때문이다.

342 변화를 다루는 것에 대하여, 다음의 자료들을 보라. Trevor Lloyd, *Introducing Liturgical Change*(Grove Worship Series No. 87) 그리고 교회행정 기획 자료(Administry's Project Resource Paper) 87.6 Changed for Life-Managing Change without Destructive Conflict.

1) 3가지 관점

적절하게 이루어질 수 있다면, 예배 평가는 다음의 3가지 각기 다른 관점들을 기초하여 예배를 평가해야 한다 :

1. **하나님**은 예배를 어떻게 생각하시는가?
   (이 예배가 하나님에 대한 '존경'을 드리는 그 목적을 성취하는가?)
2. 우리는 예배를 어떻게 생각하는가?
   (이 예배는 예배를 드리려 온 자들이 그들의 예배를 함께 드릴 수 있도록 도와주는가?)
3. 그들은 예배를 어떻게 생각하는가?
   (우리가 함께 예배를 드릴 때 우리의 예배에 처음 참석한 자들에게 필요한 것보다는 오히려 그들을 어렵게 만드는 어떤 것들이 있는가?)

이 3가지 관점들 가운데 세 번째는 교회의 예배가 교회라는 상점의 유리창으로 묘사되는 복음전도시대Decade of Evangelism에는 더 더욱 고려되어야 한다. 그러나 교회의 모임에도 불신자들이 참석할지도 모른다는 것과 (그래서 우리는 그들이 예배에서 일어나는 것들에 대해 이상하게 생각할 수도 있음을 알아야 한다는) 주장은 사도 바울에게까지 거슬러 올라간다.(고전 14:23-25)

두 번째 관점은 '오늘 저녁에 드린 예배가 좋았는지'의 여부 또는 '오늘 아침에 드린 예배가 내 마음에 들었는지'의 여부에 관한 우리의 평가와 함께 매우 자연스럽게 취하는 경향을 나타내는 것이다. 그 다음의 중요한 단계는 예배에 참석한 다른 사람들이 공동 예배의 사건에 단순히 우연히 참석한 것이 아니라 필수적이라는 것을, 그러므로 그들의 필요와 선택이 중요하다는 것을 인식하는 것이다. 그로부터 필요한 또 다른 단계는 '의무'를 다름 아닌 즐거움으로 생각하는 것이다.[343] 그러나 이것까지도 충분하지 않다. 예배는 하나님의 기쁨과 우리의 이익을 위한 것이어야 한다. 그러나 우리는 종종 예배를 다른 쪽으로 생각한다. 이런 문제가 바로 우리를 위의 3가지 관점 가운데 첫 번째에로 이끈다.

하나님의 기쁨을 위한 관점으로부터 이해된 예배는 평가하기 가장 어려운 것이며 자주 의견 충돌을 일으킬 수 있다. 우리는 하나님이 아니며 그래서 감히 설교하는 자는 누구라도 어느 정도 하나님을 위해 설교하는 위험을 감수해야 한다. 또한 우리가 교회로 함께 와서 하는 것이 실제로 어떤 것보다 가치 있는 것인지 또는 우리가 예배드리기를 포기하고 오히려 집으로 가서 TV의 아침 뉴스를 시청할지의 여부를 이해하는데 확실히 핵심이 된다. 물론, 많은 사람들이 그렇게 한다. 우리의 예배를 하나님의 관점으로부터 이해하려는 것은 쉬운 일이 아니며 그래서 우리가 여기에서 시작할 수 있는 많은 신학적인 작업을 포함할 것이다. 그러나 이것은 구약성서의 예언자들이 두려워하지 않고 행한, 그리고 오늘 우리 시대에서 피해서는 안 될 중요한 것이다.

2) 지도자를 위하여

예배 평가가 시작될 때 지도자들이 직면하게 될 독특한 도전들이 있다. 예배 평가란 실습이란 성격에 의해 회중들에게 있는 건설적이며 긍정적인 것들, 그리고 많은 부정적인 반응들과 두려움들과 함께

343 ASB의 예식 A형식이 첫 번째 성만찬 기도에서, '그것은 옳은 것일 뿐만 아니라, 우리의 의무요 우리의 즐거움이다' 라고 말한 것처럼, 의무라는 개념은 오늘날 인기 있는 것은 아니다. 특별히 의무일 뿐 그 이상 아무 것도 아닌 죽은 예배의 손아귀에 붙잡힌 경험으로부터 최근에 벗어난 자들과 그리고 살아있으며 성령이 충만하고 가슴과 정신 그리고 머리까지 감동시키는 예배를 경험한 자들에게 의무적인 예배는 부담을 주는 것이다.

표면화되는 것 같다. 이런 것들은 한 지도자나 여러 지도자들의 입장에서 볼 때 그들의 반응들이 방어적인 태도로 나타나는 것을 발견할 수 있다.

두 가지 영역들이 특별히 설명될 필요가 있다. 첫 번째는 지도자가 인도하는 방식, 즉 그가 예배의 행위들을 인도할 때 나타나는 그 자신의 독특한 형식과 선호도이다. 두 번째는 예배와 관련된 것들이 조직화되는 방식, 어떤 예배를 드리는가를 결정하는 사람이 누구인가, 어떤 순서로 맡을 것인가, 누가 무엇을 언제 할 것인가를 결정하는 사람이 누구인가, 누가 음악을 선택할 것인가 등등과 같은 목회 행정에 관한 문제이다.

여기에서 그 모든 것들을 설명하기에는 너무 많다. 그러나 또한 그 문제들을 미리 알아야 하고 아마도 어떤 사람의 예배를 인도하는 형식과 신학에 관한 개인적 평가를 조금은 해야 한다.[344]

3) 자기 평가와 상담

사명을 가장 바람직하게 평가하는 것처럼, 실제적으로 예배 평가도 '자신이 결정한' 평가기준에 따른, 그러나 외부 전문가의 도움과 조언과 함께 진행하는 자기 평가이다.[345] 영국의 경우에는 평가를 하는 자신이 감독관구의 예배Diocesan Worship나 예배위원회Liturgical

344 Colin Buchanan의 *Leading Worship*(Grove Worship series no. 76)은 바른 사고를 불러일으키는 신학적 배경뿐 아니라 매우 실제적인 조언들을 제공한다. 더욱 최근에는 Paul James의 *Liturgical Presidency*(Alcuin/GROW Liturgical Study 24)은 예배(주로 성만찬 예배) 인도를 위한 훈련에 관하여 잘 설명하고 있으나 예배 인도가 무엇과 같아야 하는가를 다룰 때는 부족하고 때때로 매우 제한적이다.

345 바라는 바이지만, '자신이 결정한' 이란 말은 개별적인 의미에서가 아니라, 성서적이며 신학적 기초에 의해 결정된 시간과 장소를 위해 우선적이라는 의미이다.

Committee의 한 구성원일 수 있을 것이다. 그러나 꼭 그렇게 될 필요는 없을 것이다. 이미 예배 평가를 행한 가까운 교회에 속한 한 사람이나, 또는 예배를 평가하는 일에 연관된 문제들에 관하여 어떤 아이디어를 가진 자로 잘 알려지고 존경을 받는 어떤 사람이 유용할 수 있다. 이처럼 외부의 전문가를 활용하는 것은 매우 놓치기 쉬운 예배 평가의 한 부분이지만, 그 일을 성공하기 위해서는 중요하다.

다음의 예배 평가를 세 꼭짓점들로 나타내는 삼각형 도표에서 전문가는 세 번째 꼭짓점에 해당된다. 첫 번째 꼭짓점은 우리 자신들과 우리가 드린 예배 행위에 관한 우리의 경험이다. 두 번째 꼭짓점은 성경이며 세 번째 꼭짓점은 장소와 시간을 가로질러 기독교 전통을 대표하며 예배에 관한 신학과 경험을 가지고 우리를 돕기 위해 온 전문가이다.

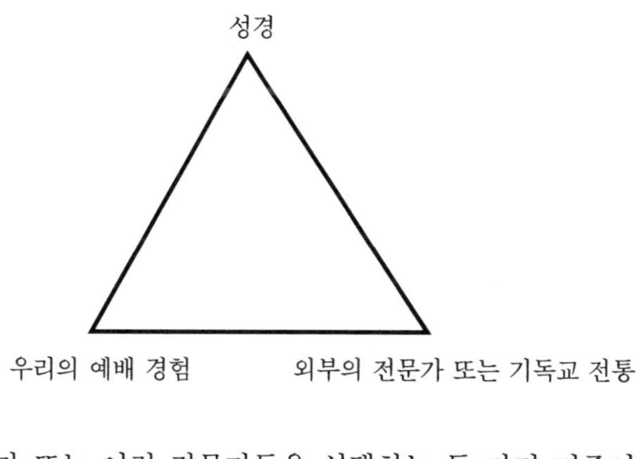

외부의 전문가 또는 여러 전문가들을 선택하는 두 가지 기준이 있다.[346]

346 그런 전문가들로 구성된 한 팀을 구성하려는 감독관구와 다른 단체들의 관점에서 볼 때, 그들의 훈련을 둘러싼 중요한 문제들, 매우 분명히 그들이 얼마는 가지고 있어야 할 문제들이 있다.

1. 교회에 속한 그리고 특별히 평가팀에 속한 사람들이 신뢰할 사람.
2. 이상적으로 다른 교회의 전통 출신이며 다른 관점을 가진 사람으로 교회에 관하여 언급 되지 않은 가정들(증거가 없는)을 발견할 수 있으며 그 가정들에 대해 도전할 수 있는 자, 그러나 공감을 불러일으키며 그런 가정들을 이해하려는 입장으로부터 도전을 할 자.

전문가는 '외부인의' 신학적 비평뿐만 아니라 또한 평가를 시도하는 교회의 예배가 그 교회에 처음으로 온 자에게 어떻게 느껴지는지에 관하여 정직한 보고를 줄 수 있다. 그런 '외부인'에 의해 발견된 모든 것들이 교회의 지도자와 정기적으로 출석하는 교인들에 의해 인정될 것이다. 그리고 그것들이 교회 지도자가 자신의 예배를 개선할 방법에 관한 중요한 실마리들을 놓치지 않게 할 수 있을 것이다. 더 좋은 방법은 순수하게 교회를 방문한 자들의 도움을 받는 것이다. 교회 지도자는 방문자가 관찰했을 것 같은 문제들에 집중하는 간단한 설문지를 만들어 회중들에게 그들과 함께 머물기 위해 온 그리고 예배를 드리러 온 가족들과 친구들에게 주도록 요청할 수 있을 것이다. 그 방문자들의 얼마가 그리스도인이 아니거나 어떤 교회에 정기적으로 출석하는 예배자가 아니면 더욱 좋을 것이다.

5. 어떻게 예배를 평가할 것인가

예배 평가를 실시하는 절차들을 탄력성 있게 운영하면 개 교회들의 특수한 상황과 필요에 맞출 수 있다. 대부분의 교회들은 다음에 제시한 절차 형식이나 이와 비슷한 형식을 따를 수 있을 것이다.

1) 1단계: 결심

무엇보다 먼저 개 교회들은 예배 평가를 실시할 것인지 그리고 언제 실시해야 할 것인지를 결정해야 한다. 예배 평가를 위한 모든 과정은 여러 달이 걸릴 것이다. 교단의 예배위원회의 위원이나 이미 예배 평가를 실시한 교회의 어떤 사람을 초청하여 처음에 무엇이 필요한 지를 설명하도록 결정해야 할 것이다. 교회 전반적인 예배 평가를 실시하려면 너무 많은 것들이 필요할 것이다. 그런 경우에는, 참석자들의 나이 구분이 없는 예배나 '가족'(또는 구역)예배, 또는 주일 오후 예배와 같이 부담 없이 시작할 수 있을 것이다.

평가는 하나의 팀에 의해 조정되고 진행된다. 평가팀은 보통 다음과 같은 사람들로 구성된다:

1. 정기적으로 예배를 기획하고 인도하는 책임을 맡은 자들--성직자, 성경 봉독자들, 반주자, 성가대나 음악팀의 지도자, 예배위원회위원들;
2. '소비자들'의 입장을 지닌 일반 신자 약간 명(최소한 교단의 예배를 경험한 자들을 포함하여)
3. 그리고 평가 과정을 함께 나눌 상담자로 초청된 교회 '외부인' (아마 교단이나 지방회의 예배위원회위원)

2회에 걸쳐 '평가될' 주요 예배들의 날자와 시간이 결정되어야 한다. 가능한 '1회에 한하여' 드려지는 특별 예배들을 피하고 대부분의 교인들이 참석하는 일반 형식의 예배를 중점적으로 평가의 대상으로 삼아야한다. 2회에 걸쳐 평가하도록 제안하는 이유는 한 번의 예배를 평가하는 것보다 더욱 평균치를 구하기 위함이다. 물론 2회 이상의 예배들을 평가할 수도 있다. 더 좋은 결과를 얻으려면 더 많은 예배들을 평가하면 되지만 더 많은 작업이 따를 것이다.

2) 2단계: 정기적인 예배 2회에 대한 평가

예배자들의 견해를 얻을 수 있는 매우 확실한 방법들의 하나는 설문지 형식을 사용하는 것이다. 이것은 대부분의 교회들이 사용하는 방법이다. 다음에 설문지의 한 예를 제시하지만, 개 교회는 자체의 필요에 따라 설문지를 작성할 수 있을 것이다.

설문지를 사용할 경우, 선정된 두 번의 예배에 참석한 모든 예배자들은 가능한 예배 직후 교회에 남아서 설문지를 받는다. 그들은 예배에 대해 아직 자신들의 살아 있는 느낌을 근거로 설문지를 완성하도록 그리고 곧 수집할 수 있도록 요청을 받는다. 이런 이유로 집으로 돌아가서 작성하지 않도록 하는 것이 좋다. 청소년들도 설문지를 받을 수 있다. 이럴 경우, 평가팀은 어린이들로부터 반응을 얻는 가장 좋은 방법들에 관하여 어린이들의 지도자들과 함께 상담해야 한다.

설문지를 사용하는 것이 결코 예배자들의 관점으로부터 예배를 생각하는 유일한(또는 가장 좋은) 방법은 아니다. 이점에 관한 충분한 논의는 예배에 관한 우리와 그들의 생각을 다루는 부분(7장)을 보라. 평가팀의 한 사람이 완성된 설문지들을 받아서, 다른 형태의 상담으로부터 얻은 결론과 견해들과 함께, 통계를 대조하고 의견들을 요약하면서 그 결과들을 분석한다.

3) 3단계: 예배 평가팀의 토론

무엇보다 먼저 예배를 평가하며 앞으로의 예배 발전을 위한 표준과 목표를 결정하는데 도움이 될 중요한 '신학적' 가정들을 세우기 위해 토의를 해야 한다. 이 토의를 위해 다음 6장에서 다룰 내용들 --하나님은 우리의 예배를 어떻게 생각하실까? 또는 다른 토의 주제들--을 사용할 수 있을 것이다.

회의 전에 모든 평가팀원은 설문지의 결과 분석표와 (작은 교회일 경우에는 작성된 모든 질문서와 함께) 설문지의 결과를 평가하기 위한 신학적 원리에 관한 자료들(책 또는 비디오 등)을 받아야 한다.

최소한 예배 평가팀의 몇 명은 로버트 웨버의 "살아 있는 예배를 위한 8가지 원리"를 읽는다면 도움이 될 것이다. 평가 모임은 예배에 관한 각 분야별로 토의하기 위해 2회 또는 그 이상의 평가 모임이 필요하다. 특별히 예배음악에 관한 평가 토의는 매우 중요한 부분임으로 더욱 관심을 기울일 필요가 있다.

그 다음 예배 평가팀은 설문지의 각 부분들을 철저하게 다루고 제기된 문제들을 고려해야 한다. 이 단계에서 외부의 전문가를 투입하는 것과 8장에서 제시된 토의 질문들이 특별히 도움이 될 것이다. 설문지의 각 예배 부분에 대한 의견일치가 있는 토의 사항에는 특별히 주의를 기울여야 한다. 예배 평가팀은 서기에게 토의 결과보고서를 각 위원들에게 주어 마지막 모임을 준비하도록 해야 한다.

4) 4단계: 마지막 모임-결론과 추천

모든 평가팀원들은 토의 결과보고서를 받아야 하며 또한 서기는 현재 한 달 동안 드린 주일예배의 형식을 보여주는 예배 순서지를 배부해야 한다. 먼저 서기가 제출한 보고서가 토의되어야 하며 예배의 모든 장점과 약점들에 관한 전반적인 평가에 대하여 회원들의 의견일치를 구해야 한다. 그 다음, 평가팀은 우선적으로 실시할 것들을 정해야 하며 미래의 발전을 위한 추천 사항들을 만들어야 한다. 그들이 다루어야 할 질문들은 다음과 같다:

1. 예배가 현재의 예배자들뿐 아니라 앞으로 참석할 자들의 다양한 필요들을 충족시키는가?
2. 최근의 예배 형식과 예배 출석수에 변화가 있었는가? 그 이유들은 무엇인가?

3. 평가팀의 평가 결과를 토의한 후, 앞으로 장기간의 공동 예배의 발전을 위해 우선적으로 실시해야 할 것들은 무엇인가?
4. 최근의 예배의 형식이나 출석수에 나타난 변화에 비추어 단기간에 실시할 것들은 무엇인가?

평가팀은 전반적인 평가와 추천 사항들을 교회의 예배위원회나 당회에 제출하여 실행할 것들을 고려하도록 요청한다. 이 때 중요한 것은 설문지의 결과와 예배자들에 대한 평가에 대해 서로 대화하며 앞으로 일어날 변화들에 대해 설명하는 것이 될 것이다.

6. 하나님의 예배 평가

하나님은 우리의 예배를 어떻게 생각하실까? 각 예배 평가팀 위원들은 자신들의 예배의 장점들과 약점들을 평가하기 전에 서로가 평가기준에 대해 동의하고 있는지를 분명히 하기를 원할 것이다. 그렇지 않으면 각 자가 예배에 관하여 다른 기준에 의해 평가할 것임으로 한 사람이 장점이라고 보는 것이 다른 사람에게는 약점으로 보일 것이다. 이것은 3단계(예배 평가팀의 토론)에서 이루어져야 한다. 여기에서는 현실을 직시할 필요가 있다. 여기에서 논의될 예배의 정의가 논리 정연하거나 전적으로 만장일치가 되지 않아도 되며 또한 그럴 필요도 없다. 필요한 것은 예배 평가팀의 생각이 하나의 초점을 가지도록 도울 신학적 뼈대이며 이것이 설문지를 만들 때와 예배 평가팀의 견해들을 모을 때 작용된다.

다음의 성서적 평가 기준들을 적용할 수 있을 것이다. 이것은 완전한 예배 신학을 세우려는 하나의 시도가 결코 아니며 또한 예배에 관하여 성경이 말해야 하는 모든 것들에 관한 윤곽을 제시하려는 것도 아니다.[347] 예배 평가팀은 다음에 제시된 3가지 원리들에 대하여 토의할 필요가 있으며 또는 다른 것들을 추가할 필요가 있을 것이다. 이 원리들은 어떻게 신학이 실제와 연관될 수 있는지를 보여주기 위한 것이다.

1) 희생제물

이것은 아마도 제물과 성전의 기물들에 대한 자세한 지시사항들에서 나타나는 것처럼 구약의 예배에 가장 자주 적용되는 단어일 것이다. 그러나 이 단어가 신약에서는 그리스도인들의 전체적인 삶을 위한 하나의 원리로 나타난다. 예수님은 자신을 따르려는 자들이 각 자의 삶을 포기하고 자신들의 십자가를 져야한다고 주의를 주었으며(막 8:34이하) 바울은 로마서 12:1에서 이와 비슷한 이미지를 사용하여 자신의 독자들에게 자신들의 삶을 하나님이 요구하시는 예배인 희생제물로 드리라고 촉구하고 있다.

우리의 삶 전체에 적용되는 것이 우리가 교회에 모일 때에도 동일하게 적용된다는 원리를 사용하여 우리의 예배가 우리 자신의 편리를 위해 계획되는가 아니면 우리를 '희생시키는가를' 스스로 묻는 것이 필요하다. 예를 들어, 우리의 예배가 우리가 자신들을 영적으로, 심리적으로, 심미적으로, 또는 정서적으로 만족시키려 오는 곳인가? 우리는 '값 없이는 내 하나님 여호와께 번제를 드리지 아니하는지?'(삼하 24:24) 물론, 구약성경에는 예배자들이 금식으로 그리고 음식으로 함께 여호와에게 자신들의 '제물'을 즐겁게 드리는 큰 장소가 하나 있다.[348] 그러나 이것은 항상 이야기의 절반일 뿐이다. 우

347 신구약에 나타난 예배를 잘 다룬 것으로 Donald Carson이 편집한 *Worship: Adoration and Action*(World Evangelical Fellowship, 1993)에서 Yoshiaki Hattori와 David Peterson이 각각 다룬 장들을 보라.

리의 공동 예배가 우리 자신과 삶 전체를 드리는 중심인가(롬 12:1이하) 아니면 그것을 대신하는 것인가? 우리는 아마도 나이가 많거나 교회 배경 없이 신앙을 갖게 되어 적응 능력이 떨어지는 다른 사람들을 위해 우리의 것들을 기꺼이 희생하려하는가?

2) 순수함

순수함은 구약 예언자들의 메시지를--예를 들어, 미가 6장, 아모스 5장, 이사야 66장 -- 요약한 것이 될 것이다. 그래서 이것은 공동 예배 안에 윤리학에 관한 의문을 일으킨다.[349] 예언자들의 메시지는 우리의 예배가 아무리 아름다워도 만일 우리가 예배자들 속에 있지 않을 때의 우리 삶과 (또는 교회를 운영하는 식과) 아무 관계없이 입으로만 노래를 부르고 말한다면 하나님은 기뻐하시지 않는다. 다르게 표현하여, 하나님은 공동 예배에서 중심이 되고 매일의 삶에서 나타나는 진실한 사랑을 원하신다.

우리는 하나님을 향한 우리의 헌신과 사랑이 우리의 도덕적인 행동과 떨어져서는 안 된다는 생각에 익숙한 것 같다. 결국, 그런 생각은 십계명에 의해 분명해진다. 그러나 우리가 모두를 향한 하나님의 사랑을 노래하는 동안, 우리의 교회 생활이 (또는 정말 우리의 예배 행위 자체가) '불의, 증오, 용서하지 않음, 시기, 빈정댐, 인종차별...'을 부르짖고 있지는 않은가?[350]

348 예를 들어 삼상 1:1-8이 그런 축제를 보여준다. 여기에서 예배자들은 예배의 한 순서로 자신들이 가지고 온 제물의 한 부분을 떼어 함께 먹었다.

349 영국의 한 대학에서는 윤리학 교수가 한 때 예배학 교수에게 다음과 같은 말을 들었다. '네가 가르치는 것은 예배인데--당신이 가르치는 것은 교회 그룹의 원동력이다.'

350 한때 멋진 합창 전통과 뛰어난 성가대를 가지고 있는 한 교회가 외관상 음악적이며 복음전도를 위한 목적으로 성가를 할 수 있는 기회를 남자들과 소년들에게만 열었다. 이 교회의 소녀들은 여자들이 성모 마리아의 찬가

신약성경의 야고보서는 교회의 모임에서 나타나는 편애의 악함에 대해 자주 언급한다. 이 지적은 우리가 성탄절 저녁 성만찬에 참석한 뜨내기들과 주정뱅이들에게 대하는 것과 공공기관과 연관된 예배, 감독 취임식, 그리고 창립예배에 참석한 시장들과 고위 관리들에게 대하는 것의 차이를 알려준다. 이와 비슷하게, 사도 바울도 성도들이 교회로 모여 분열된 것과 자신들의 욕심만을 채우고 서로에 대해 관대하지 못하는 것에 대해 지적한다(고전 11:18). 예배 지도자들 사이의 관계는 예배에 대해 심각한 영향을(무의식적으로라도) 줄 수 있다. 음악가들 사이, 또는 오르간 반주자와 목사 또는 성가대 사이에 있는 불신과 경쟁심이 있는 곳에서 하나님께서 변화를 일으키시도록 우리가 행동하겠는가 아니면 그것을 무시하고 예배가 좋지 않은 기분과 비난으로 감염되게 할 것인가? 이것은 오늘날 많은 교회에서 매우 중요한 이슈이다. 그래서 이것이 바로 내적인 순수함의 문제를 고려하는 것이다! 우리가 교회가 지역사회에서 어떻게 받아들여지는가를 묻기 시작할 때 더 많은 것들이 도전적으로 보인다. 우리는 적들을 사랑하고 있는 자들로, 다른 사람들과 함께 고통을 나누는 자들로, 다른 사람들을 먼저 생각하는 자들로 보이는가 아니면 무거운 짐을 주는 자들, 특권을 누리는 자들, 그리고 정죄하는 자들로 보이는가?

3) 신령과 진정

다소 수수께끼 같은 구절 요한복음 4:19-26은 신약성경의 관점으로부터 예배를 이해하는 핵심구절들 가운데 하나이다. 이 구절은 예

(Magnificat), 마리아의 노래(Song of Mary), 저녁찬송을 성가대에서 부를 수 없다는 불공평함과 불합리함을 설득력 있게 표현하였다. 성가대에 들어가지 못한 자들은 아마도 하나님께서 마리아가 부른 노래를 즐겨하셨지만 만일 요셉이 그렇게 하였다면 더 행복하셨을 것이라고 추론했을지도 모른다.

수께서 우물가에서 사마리아 여인과 나눈 대화의 부분이다. 여인은 예배를 드리는데 있어서 차이가 있음을 말함으로 위기를 벗어나려 한다. 여인에게 참된 예배는 성전을 세울 산에서 이루어지는 것이다. 예수님은 여인에게 하나님을 이 산이나 저 산에 묶어두는 생각을 뛰어넘어 '신령과 진정'(21절)으로 드리는 참된 예배를 찾으라고 촉구한다.

우리의 예배가 특별한 '산'과 너무 가깝게 연결되어 있는가 아니면 우리의 예배가 상자 속에 갇히기를 거절하시는 우리 하나님의 자유와 생명을 반영하는가? 우리가 공동으로 예배를 드리는 방법이 하나 이상인 것을 보여주고 있는가?

좀 더 넓은 요한복음의 상황에서 보면 영은 하나님 나라의 새 생명(요한 3)과 진리(요한 14-16)와 연관이 있다. 우리의 예배가 그리스도 안에서 계시된, 표현되고, 노래로 불려지고, 함축되어 있는 하나님에 관한 진리에 대한 관심을 나타내는가(요한 1:14). 우연히 방문한 자들이 우리의 신앙이 삼위일체에 근거한 것을 인식할 것인가? 삼위일체가 과거의 세대에서부터 이해되어 온 대로 신앙의 진리에 대한 존경심이 있는가 아니면 우리가 생각하기를 우리 시대에 참된 기독교를 만들었다는 인상을 주는가? 동시에 우리의 예배가 최근 기독교인으로 새로운 삶을 사는 자들을 위한 공간을 제공하는가?

좀 더 넓게 신약성경의 상황에서 볼 때 (예를 들어 고전 12-14) 영과 진리는 둘 사이의 균형으로 이해될 수 있다. 한편으로, 모든 사람이 영을 가지고 있기 때문에 공동 예배에 공헌할 수 있으며(고전 14:26) 다른 한편으로, '하나님께서 질서의 하나님이시기에...' 모든 것이 질서 있게 이루어진다(고전 14:33).

어떻게 영의 생명과 복음의 진리를 함께 유지할 수 있는가? 나는 젊었을 때 버스 조수로 일한 적이 있다. 이 경험으로부터 세 가지

'운송'-- 궤도전차tram, 버스, 무궤도버스trolley-bus -- 에 대한 비유를 사용하여 예배를 이해하여 보자.

한편으로, **궤도전차**는 진리와 질서를 강조하는 예배를 나타낸다. 그러나 때로 이런 생각이 영과 생명을 희생하는 것으로 나타난다. 노선이 길을 고정시킨다. 그러므로 항상 우리가 어디로 가고 있는지를 알아야 한다. 그리고 목적지에 조금 이르거나 늦게 도착하는 것을 제외하면 운전자가 다른 것은 거의 차이가 없다. 많은 사람들은 (비록 절대적이지는 않으나 특별히 성공회의 전통 안에 있는 사람들) 자신들의 예배가 그렇게 되기를 원한다. 전차는 노선에 고정되거나 지붕 위의 케이블을 이용하여 동력을 외부의 자원으로부터 얻는다. 그래서 많은 사람들에게는 예배의 힘이 여러 번 시도되고 검증되어 익숙한 형식을 통하여 중개된다고 생각된다. 그래서 노선을 이탈하면 멈춰 서게 된다. 전차는 믿을 만하지만 유연성이 없다. 길이 파여져 있다 해도 전차는 약간의 우회도 할 수 없다. 노선 위에 새로운 건물이나 발전 계획이 있으면 전차는 더 이상 운행할 수 없음을 의미할 수 있다. 어떤 사람들은 새로운 형태의 예배나 노래들, 또는 고정된 형식에 대한 변화에 의해 완전히 버림받는다. 때로는 너무 심해 그들이 교회 안에서 전혀 예배를 드릴 수 없음을 느끼고 다른 곳으로 가든지 아니면 어떤 곳으로도 갈 수 없게 된다.

다른 한편으로, **버스**는 매우 유연성이 있다. 노선이 작은 도로 공사나 새로운 지형에 따라 쉽게 변경될 수 있다. 그러나 이것은 어떤 승객들을 긴장하게 만든다. 결국, 버스가 우리가 가고 싶지 않은 곳으로 가거나 최소한 우리가 기대하지 않은 길로 가는 것이 운전자에게 달려 있다. 버스는 자체의 동력으로 움직인다. 그래서 (정규적인 연료를 가지고) 전차가 갈 수 없는 곳으로 우리를 데리고 갈 수 있다. 오늘날 교회 안에서 많은 사람들은 자신들을 색 다른 곳으로--때로는 매 주 새로운 곳으로, 그리고 분명히 다른 길을 통해--데리고 갈 유연한 예배 경험을 찾고 있다. 그런 새로운 경험으로 하나님의 능력을 느끼는 자들은 이미 낡은 도로에 고정될 필요를 느끼지 않는다. 그들은 전통에 대하여 말 탄 사람처럼 접근할 수 있다. 그래서 그들이 기대한 여정에서 현관의 계단에 있는 많은 것들을 잃어버리는 위험을 당하는 것으로 보인다. 전통으로 내려온 진리가 경험과 자유에 밀려 제 2의 자리를 차지하는 것 같다.

여기에 중간 길이 있는가? **무궤도버스**가 최근에는 교통수단의 문예부흥기를 맞이하고 있다. 레일보다는 타이어로 달리면서 도로 위에 장애물이 있거나 바꾸어진 상황에 대응하기 위해 길을 바꿀 필요가 있을 때 우연성의 장점을 이용한다. 그러나 무궤도버스는 동력을 지붕 위의 선으로부터 취하여 온전히 독립되지 않고 운전자 마음대로 되지 않는다. 이것이 신령과 진정으로 드리는 예배를 이해하는 한 가지 가능한 방법인가? 교통수단에 비유된 것들 가운데 당신의 예배는 무엇과 같은가?

4) 토의할 질문들

토의 결론에서 마지막으로 요약하는 것이 도움이 될 것이다. 모든 성경과 다른 자료들을 염두에 두고 자신에게 다음의 질문들을 던져보아라:

1. '공동 예배'를 어떻게 정의할 것인가?
2. (우리가 이해하는 바로는) 우리를 주일에 함께 모으시는 하나님의 목적은 무엇인가?
3. 그 목적이 일반적으로 우리가 행하는 것에 그리고 행하는 방식에 반영되어 있는가?
4. 우리가 그 목적을 위한 방향으로 또는 그 반대 방향으로 예배를

드리고 있는가?

5. 만일 우리의 예배가 가려움을 긁어줌으로 출발하였다면 그 다음에 무엇을 할 것인가?
6. 과거의 유산이나 전통으로부터 온 것들 중 우리에게 도움이 되는 것과 방해가 되는 것들은 무엇인가?
7. 전통이나 물려받은 것들 중 변화가 필요한 것들은 무엇인가?[351]

7. 우리와 그들의 예배 평가

'우리'는 우리의 예배를 어떻게 생각하며 '그들은' 우리의 예배를 어떻게 생각하는가? 설문지와 회중으로부터의 다른 피드백의 목적은 이 장의 제목--'**우리**는 우리의 예배를 어떻게 생각하는가? 그리고 그들은 우리의 예배를 어떻게 생각하는가?--에서 주어진 두 번째와 세 번째 평가영역을 다룰 때 평가팀에게 도움과 좀 더 넓은 관점을 제공하는 것이다.

설문지는 단순히 다루어야 할 질문들과 출발점으로 제시된 것임을 알아야 한다. 설문지는 지역교회의 상황에 맞도록 사용될 수 있다. 그러나 대부분의 경우 특수한 교회들과 그들의 필요에 연결시킬 필요가 있을 것이다.

예를 들어, 설문지의 질문들은 주로 사실에 입각하거나 예배자들이 어떻게 예배를 경험하는지에 관한 것들이다. 여기에는 우리의 생각에 우리가 예배에서 무엇을 **해야하는지**에 관한 신학의 특수한 면들을 다루는 질문들은 거의 없다. 설문지는 신중하게 준비된 것이다.

351 아마도 가장 먼저 생각할 수 있는 것들로 여성목사 또는 장로안수, 그리고 성만찬을 누가 인도할 것인가 등이 있다.

그러므로 평가팀의 개인적인 토론과 결론, 그리고 그들의 상황에 적절한 최우선적 관심사와 용어들을 미리 판단하는 것을 피해야 한다. 교회들이 설문지를 사용할 때 자세하고 기술적인 단계에 대해서는 대답의 범위를 1에서 10까지보다는 1에서 5까지 또는 '좋다-나쁘다'의 기준을 사용하는 것이 좋을 것이다.

설문지(또는 다른 피드백)로부터 나온 결과가 교회의 예배에 관하여 무엇이 잘되고 잘못되었는가에 대한 '대답'을 주려는 것이 아님이 강조되어야 한다. 그 결과들은 단순히 평가팀에게 예배자들의 생각을 분별하고 예배에 관한 평가팀의 관심들을 바람직한 예배신학과 조화를 이루도록 돕기 위한 하나의 도구일 뿐이다.

설문지를 잘 만드는 것은 쉽지 않다. 만일 질문들이 얻게될 대답들을 두고 조심스럽게 만들어지지 않으면 사용할 가치가 없을 것이며 또한 질문들을 만든 자들의 생각대로 대답을 얻게 될 때 결국 그들의 편견을 확인할 뿐이다.[352]

설문지는 아무리 주의 깊게 작성되어도 한계가 있다. 설문지로부터 얻은 정보는 주로 '검증되지 않은' 통계이기 때문에 조심스럽게 해석되어야 한다. 답안을 세분화하여 분명하게 답을 표시할 수 있는 네모 칸이나 1-10 범위를 제시하기보다 단순하게 제시하여 많은 해석의 여지가 많으면 많을수록 더욱 분명하지 않은 대답만 얻게 되어 간추릴 수 있는 형식으로 요약하기가 더욱 힘들어진다. 그래서 많은 경우에 말이 많은 설문은 필요한 정보를 얻는데 가장 좋은 방법이 될 수 없다. 평가팀은 예배자들의 다양한 의견과 제안들을 진지하게 얻기 위해 예배 후에 그룹토의나 구역, 남녀선교회, 청년회 등의 기관들을 활용하는 방법들을 생각해야 한다. 이것은 설문지와 함께 또는

352 Administry's Project Resource Paper 88:1 Taking Stock은 어떻게 교회 생활의 다양한 면들을 평가할 것인가와 이를 위한 설문지 사용방법을 다룬다.

그 대신으로 사용될 수 있다.

대부분의 경우 예배자들이 **한 가지 방법 이상**으로 자신들의 의견을 표현하도록 하는 것이 중요하다. 달리 말하자면 설문지에만 의존하지 않는 것이 좋다.[353] 또한 토의는 예배자들로 하여금 평가팀과 비슷한 방법으로 자신이 좋아하는 것과 싫어하는 것뿐 아니라 예배신학에도 관심을 갖게 할 수 있다.

교회가 설문지를 어떻게 사용할 것인가는 중요하다. 설문지는 교회를 돕기 위함이지 누군가에 의해 교회를 '평가'하기 위한 목적으로 사용되어서는 안 된다. 개 교회를 위해 완성된 설문지는 그 교회 밖에서 사용되지 **않을 것**과 예배자들이 설문지에 답한 내용들이 평가팀에게 신빙성이 있음을 설명한다. 만일 평가가 지방회적인 계획으로 이루어진다면 지방회의 예배위원회는 평가 전체로부터 나온 **일반적인** 결과들, 최근에 어떤 예배들을 드렸는지 (그리고 어떤 형식의 예배인지)에 관한 목록, 그리고 계획된 예배로부터 나타난 어떤 변화들에 관한 자료들을 사용할 수 있을 것이다. 그런 다음 지방회의 예배위원회는 그 지방회 교회들의 예배에서 어떤 일들이 일어나고 있는지 그리고 또한 어떻게 근본적인 필요와 상황에 더욱 잘 적절하도록 예배를 드릴 수 있는지에 관한 그림을 그릴 수 있다. 만일 이런 계획으로 예배 평가가 이루어진다면 그 계획이 설명되어져야 한다. 각 설문지는 무명으로 기록된다는 것이 분명히 언급되어야 하지만 원한다면 자신의 이름을 기록할 수도 있다.

설문지는 예배를 드린 직후 분배되어 교인들이 교회를 떠나기 전

353 이것은 심리학적으로 좋은 방법으로 'Myers-Briggs'의 용어에 의하면, 사람들은 외향성(Extraversion; E) 그리고(또는) 감정(Feeling; F)을 중요하게 여긴다(Myers-Briggs's Type Indicator에 익숙하지 않은 자들에게는 양해를 구하면서). MBTI에 대하여는 Isabel Briggs Myers, *Gifts Differing* (Consulting Psychologists Press, 1993) 또는 인격형태에 관한 많은 책들의 하나를 보라.

에 수집된다. 교인들이 더 많은 생각을 하기 위해 설문지를 집으로 가져가기를 원할지도 모르나 이런 방법은 다음과 같은 두 가지 이유에서 매우 좋은 방법이 아니다. 첫째로, 실제적으로 얼마의 설문지들이 되돌아오지 않을 위험이 있다. 그 이유는 교인들이 일단 집으로 돌아가면 결코 설문지를 완성하지 않거나 서너 주일 동안 미뤄두거나 또는 단순히 제출하는 것을 잊어버리는 경향이 있기 때문이다. 이것은 충분한 그림을 제시하지 않기 때문에 수집된 자료들의 유용성을 감소시킨다.

둘째로, 자신들이 참석한 특수한 예배에 관한 질문들에 대하여 집에서 생각하기 때문에 설문지로부터 얻는 결과들이 너무 일반적인 대답들이나 지난 과거로부터 나오는 불평들과 더욱 관련이 있을 수 있다. 물론, 그룹 토의를 활용한다면 더 일반적인 견해가 가치 있으며 분명한 결과가 될 것이다. 그러나 만일 각 예배 참석자들이 설문지를 완성하기 위해 좀 더 많은 시간을 필요로 한다면 예배가 끝난 뒤에 먼저 완성하도록 하고 그 다음에 다른 생각, 견해, 또는 의견들을 서신 형식으로 제출하도록 하거나 자신들의 견해를 그룹 토의에서 나누는 것이 가장 좋을 것이다.

8. 예배 평가를 위한 설문지

이 설문지는 본 교회의 예배를 평가하기 위해 그리고 발전이나 변화가 필요한 요소들이 있는가를 알아보기 위해 마련되었습니다. 귀하가 알고 있거나 느낀 대로 아래의 질문들에 솔직하게 답해 주신다면 본 교회의 예배 평가에 큰 도움이 될 것입니다. 각 질문의 가장 적절한 답을 골라 [ ] 속에 0표를 하시기 바랍니다. 어떤 질문들은

1점에서 10점까지 나열된 답 중에서 귀하의 느낌을 가장 잘 나타내는 번호에 0표를 하시기 바랍니다 (10이 가장 좋은 점수이고 1이 가장 나쁜 점수입니다). 이 설문지에 귀하의 이름을 기록할 필요는 없지만 원하시면 기록하셔도 됩니다.

* 귀하가 참석한 예배의 요일과 시간은?
년 월 일 시 분(오전, 오후)

A. 귀하 자신에 관해 몇 가지만 말해 주세요.

A1. 귀하를 가장 잘 표현하는 것은 무엇입니까?
1. [ ] 나는 본 교회의 거의 모든 주일예배에 참석한다 (1년 52회 주일 중 10회 미만 결석)
2. [ ] 나는 자주 참석한다 (1년 중 10-20회 결석)
3. [ ] 나는 가끔 참석한다 (1년 중 21회 이상 결석)
4. [ ] 나는 특별할 때 참석 또는 방문한다 (특별한 절기 예배, 성례식, 가족 방문시 등)
5. [ ] 기타 ____________________

A2. 귀하는 언제부터 본 교회의 주일예배에 참석하였습니까?
1.[ ] 1년 미만 2.[ ] 1-5년 사이
3.[ ] 5-10년 사이 4.[ ] 10년 이상

A3. 귀하는 다른 교회의 예배에 정기적으로 참석합니까?
[ ]예 [ ]아니요

A4. 다음 중 귀하의 나이는 어디에 속합니까?
1.[ ] 0-12 2.[ ] 13-20 3.[ ] 21-40
4.[ ] 41-60 5.[ ] 60+

A5. 귀하의 성은? [ ]남자 [ ]여자

B. 예배가 시작되기 전에 느낀 것에 관하여

B1. 귀하가 교회에 도착했을 때 얼마나 기분 좋은 환영을 받았습니까? (1점에서 10점까지)

1 2 3 4 5 6 7 8 9 10

B2. 예배가 시작되기 전 교회 실내의 분위기가 귀하의 예배 준비에 얼마나 도움이 되었습니까?

1 2 3 4 5 6 7 8 9 10

B3. 예배가 시작되기 전 예배 준비에 관한 귀하의 의견이나 제안을 주시겠습니까?

C. 예배를 드리는 중에 느낀 것에 관하여

C1. 예배 순서를 따라가며 예배 순서지, 찬송가, 성경을 사용하는 것이 얼마나 편리한가요?

1 2 3 4 5 6 7 8 9 10

C2. 예배 순서지의 인쇄 글자가 읽기에 충분히 큰가요?

[ ]예 [ ]아니요

C3. 예배를 드리는 동안 보고 듣는데 어떤 문제들이 있었는가요? 특별히 지적하고 싶은 문제들은 무엇인가요?

C4. 예배 인도자나 예배위원들이 예배를 위해 얼마나 도움이 되었는가요?

1. 2 3 4 5 6 7 8 9 10

C5. 예배가 전체적으로 얼마나 잘 연결되는 것 같은가요? (좋은 연결의 느낌을 주면 높은 점수를, 잘 연결되지 않으면 낮은 점수를 주세요)

1 2 3 4 5 6 7 8 9 10

C6. 예배에서 사용된 예식이나 상징을 나타내는 언어가 얼마나 도움이 되었는가요?

1 2 3 4 5 6 7 8 9 10

C7. 예배를 드리는 중에 귀하가 느낀 것들을 말해주시겠습니까?

D. 음악에 관하여 느낀 것

D1. 음악(회중찬송이나 성가대 찬양, 악기 연주)이 다른 예배 순서들과 얼마나 잘 어울렸는가요?

1. 2. 3. 4. 5. 6. 7. 8. 9. 10

D2. 예배에서 사용된 음악의 종류(전통적, 현대적, 복음송, 기타)가 얼마나 마음이 들었는가요?

1. 2. 3. 4. 5. 6. 7. 8. 9. 10

D3. 귀하가 익숙하지 않은 음악이 있었는가요? [ ]예 [ ]아니요

D4. 예배에서 사용된 음악이 하나님을 찬양하거나 경배하는데 얼마나 도움이 되었는가요?

1. 2. 3. 4. 5. 6. 7. 8. 9. 10

D5. 예배 음악에 관한 귀하의 의견이나 제안을 주시겠습니까?

E. 설교, 성경봉독, 기도에 관하여 느낀 것

E1. 오늘 귀하가 들은 설교가 얼마나 이해되고 분명하였는가요?

1. 2. 3. 4. 5. 6. 7. 8. 9. 10

E2. 설교가 얼마나 도전을 주거나 실천할 마음을 주었는가요?

1. 2. 3. 4. 5. 6. 7. 8. 9. 10.

E3. 성경이 소개되고 읽혀지는 방법이 하나님의 말씀으로 또는 설교의 본문을 위해 얼마나 도움이 되었는가요?

1. 2. 3. 4. 5. 6. 7. 8. 9. 10

E4. 중보/대표 기도가 얼마나 도움이 되었는가요?

1. 2. 3. 4. 5. 6. 7. 8. 9. 10

E5. 설교, 성경 봉독, 또는 대표 기도가 귀하 자신이 조용히 기도하고 싶은 마음을 가지는데 얼마나 도움이 되었는가요?

1. 2. 3. 4. 5. 6. 7. 8. 9. 10

E6. 설교, 성경 봉독, 또는 기도에 관한 귀하의 의견이나 제안을 주시겠습니까?

E7. 예배(예로, 설교나 기도에서 말해진 것)가 귀하의 일상생활과 얼마나 잘 연결된다고 느끼는지요?

1. 2. 3. 4. 5. 6. 7. 8. 9. 10

E8. 예배가 귀하에게 예배의 한 주인으로 평강을 느끼게 하였는가요 아니면 소외되고, 환영받지 못하고, 어리석고, 또는 서투른 사람으로 느끼게 하였는가요? 느낀 점을 적어 주세요.

F. 다음의 중요한 질문들에 관하여 한 번 생각해 보시겠습니까?

F1. "신령과 진정으로 드리는 예배"가 귀하에게 무엇을 의미하는가요?

F2. 같은 예배에 참석한 다른 사람들을 생각할 때, 그들이 느낀 것이 귀하가 느낀 것과 같지 않을 것입니다. 귀하와는 매우 다르게 그들이 특별히 느낀 것들에는 무엇이 있을까요?

F3. 귀하의 가정 분위기가 규칙적으로 또는 원할 때 개인 기도나 경건의 시간을 갖도록 허락하는가요?

[ ]예 [ ]아니요

[ ]예, 그러나 그런 시간을 어떻게 사용하는지를 잘 모르겠다

9. 설문지 분석

평가팀은 평가 기준을 위한 신학적 뼈대를 가지고 이제는 설문지의 특수한 문항들, 예배자들이 제시한 피드백 형식의 의견들, 그리고 그 피드백으로부터 나온 것들에로 돌아갈 필요가 있을 것이다.[354]

다음에서 다루게 될 질문들과 생각들은 주로 그룹 토의를 하는 평가팀을 돕기 위한 것이다. 그러나 어떤 아이디어들은 설문지를 사용한 후 (또는 사용하는 대신에) 서로의 의견들을 나누기 위해 모이는 회중들의 토의를 위해 유용하게 사용될 수도 있을 것이다.

이 모든 질문들이 설문지로부터 직접 대답되지는 않을 것이며 또한 그렇게 의도된 것도 아니다. 여기에서 제시된 질문들은 토의를 촉진시키고, **설문지에 따라** 고려해야 할 가능한 분야들을 강조하고, 토의를 제한시키기 위한 것이다. 어떤 것들은 다른 것들보다 더욱 타당성이 있을 것이다. 모든 문제들을 다루려고 시도된 것은 아니다.

다음에 제시된 질문들은 위의 설문지의 각 분야와 번호에 따라 제시된 것이다. 그러나 그 질문들이 반드시 설문지와 연관되어 사용될 필

354 여기에서 다룰 지면의 여유가 없지만, 또 다른 관점은 심리학적인 것이다. Myers-Briggs Type Indicator와 인격과 성격을 다루는 다른 기준들에 대한 점차적인 관심 증가는 영성과 예배 분야에 대한 사람들의 선호와 필요들이 그들의 심리학뿐 만아니라 신학에 의해 결정된다는 것을 보여준다. 이것은 예배를 기획하고 인도하는 자들에게 대단한 함축성을 준다. 그 이유는 우리 스스로가 도움이 된다고 발견한 것들을 다른 사람들에게 제시하는 경향이 있기 때문이다.

요는 없다.

A. 예배에 참석한 자들에 관하여

[A1과 A2] 예배자들의 몇 퍼센트가 5년 이상 (예를 들어) 정기적으로 예배를 드리고 있는가? 그 퍼센트가 예배 변화의 필요성에 대해 어떤 반응을 나타내는가?

[A1] 예배를 참석한 자들 가운데 본 교회를 방문한 사람들, 또는 불규칙적으로 참석하는 사람들은 얼마이며 그들을 정기적인 예배 참석자들로 만들기 위해 고려해야할 것들은 무엇인가? 그들이 본 교회의 예배에 참석하러 오는 이유는 무엇인가? 그들이 본 교회의 예배 형식에 익숙해서 참석하는 것은 아닌가?

[A4] 어떤 연령층이 특별히 많은가? 그 이유는 무엇인가? 어떻게 할 것인가?

나이가 많은 자들이 소외감을 느끼고 (또는 소외되고) 있는가? 젊은 이들을 예배에 참석시키는 것이 얼마나 쉬운가? 예를 들어, 유아들의 기저귀를 쉽게 그리고 편안하게 갈 수 있는 곳이 있는가? 화장실을 쉽게 찾아갈 수 있는가?[355] 예배에 참석한 어린아이들로 인하여 예배에 집중하는 것이 불가능하지는 않은가?

청년들이 예배에 대하여 소외감을 느끼고 있지는 않은가? 본 교회가 청년들과 함께 사역하는데 '성공적'인가? 1950년대 후기와 1960년대 초기 이후로 일어난 '청년 문화'가 규범, 가치, 음악에 있어서 널리 퍼져 있는 성인 문화와 현격하게 차이가 있다는 사실을 진지하게 생각하는가? 이런 차이는 형식style에서 나타난 차이 훨씬 그 이상

355 영국의 어떤 교회에서는 예배 도중에 화장실에 가려면 담당자에게 찾아가서 다른 건물에 딸린 화장실 열쇠를 얻어야 한다. 이 교회의 예배 방문자는 두 번 다시 오려고 하지 않을 것이다!

이다. 이것은 세상이 보여주는 모든 방식에서 나타나는 차이이다. 본 교회의 예배 기획자들과 설교자들이 청년들의 적극적인 참여를 강조하고 그들로부터 가능한 질문들을 받으면서 교육적인 차원에서 일어나는 변화들을 알고 있는가? 많은 청년들이 어떤 전형적인 모임들에 자신들을 맞추는 사회적 기술을 더 이상 필요로 하지 않고 스스로 예배에 참석한다는 것을 알고 있는가? 청년들이 '청년 예배'나 청년 그룹과 반대되는 의미에서의 교회의 평범한 예배와 관련될 때 교회는 '청년들의 관심사들'을 고려할 시간을 더 많이 투자할 수 있을 것이다.

[A5] 예배 참석자들 중 남자가 많은가, 여자가 많은가? 그리고 남녀의 비율이 가능한 여러 가지 면에서 예배를 위해 '중요한' 역할을 반영하는가? 그렇지 않다면, 정책과 결정에 관한 생각 때문인가, 말로 표현되지 않은 추측인가, 또는 누가 무엇을 할 것인가를 결정하는데 영향을 주는 선입견인가?

B. 예배자 환영과 예배 환경

대부분은 예배가 시작되기 전의 분위기가 어떠해야 하는지에 관하여 나름대로 생각을 하고 있다. 대부분 사람들이 무엇을 좋아하는지 (예를 들어, 개인기도를 위한 묵상이나 그룹으로 인도되는 영감 있는 노래들) 그리고 이것이 다른 사람들에게 (현실적으로) 가능한 영향을 주는지에 관하여 교회 안에 의견의 일치가 이루어져 있는가? 예배자들이 예배 전의 분위기에 관하여 만족하지 않는다면 예배 안에 또는 예배 후에 고요함(또는 즐거움이 넘치는 열정)의 요소를 강조하는 다른 방법들이 있는가?

항상 급하게 모든 것을 준비하려고 서두르며 그래서 예배자들의 예배 준비를 혼란케 하는가? 목회자와 다른 인도자들이 기도할 기회를 가지고 예배 시작 전까지 성급하지 않게 준비되도록 확인할 필요가 있으며 예배자들이 말하고 싶은 것들을 예배가 끝날 때까지 참고 기다리도록 만드는가?

기대감을 주는 분위기인가? 그렇다면, 예배자들이 기대하는 것은 무엇인가? 그리고 그들이 실망하고 돌아가지는 않는가?!

교회 건물의 일반적 상황은 어떤가? 내적 분위기가 요란한가 아니면 정돈되었는가? 색채감이 있는가 아니면 따분한가? 비록 단순한 아름다움이라도 아름다움이 있는가? 이것이 어떻게 예배자들의 분위기에 영향을 주는가?

C. 예배를 드리는 동안

[C1] 익숙한 형식의 예배에 참석하는 정기적인 예배자들에게는 찬송가 번호를 알리는 것과 같은 것들은 정말 예배를 산만하게 할 수 있다. 그러나 방문자들이 익숙하지 않은 책으로 계속 순서를 따라가지 못할 때 번호를 알려주지 않으면 예배를 드리는 것이 불가능할 수 있다. 실제적으로 예배자들의 필요에 대해 얼마나 도움을 주는가? 처음 참석한 자들에게 너무 교회 의식적인 용어가 사용되는가?

[C2와 C3] 지체부자유인들을 위해 고려되어야 할 문제들은 없는가? 인쇄물과 스크린의 글자 크기가 시력이 좋지 않은 사람을 고려된 것인가? 청각 장애자들을 위한 시설이 있는가?

잘못 이해하고 있는 지도자들은 회중의 시선을 자신들에게 끌어 예배의 방향을 잃게 만든다. 다른 말로, 항상 시계바늘이 도는 것처럼 진행되는 예배는 기계적이며 비인간적인 것으로 보일 수 있다. 한 방향이나 다른 방향으로 치우침으로 정도에서 벗어나고 있지는 않은가? '예배의 분위기 파괴'를 막을 수 있는 중요한 순서들이 있는가? 예배 순서 가운데 가장 좋은 위치에 '광고' 순서를 둠으로 예배 흐름에 틈을 만들고 있지는 않은가? 광고 순서가 정말 필요한가--동일한 정보를 전달하는 다른 방법은 없는가? 광고가 필요하다면 창조적으로 전달할 더 좋은 방법은 없는가? 누가 광고를 담당하는가?

[C5] 예배가 진행될 때 목적의식과 일정한 형식이 나타나는가? 오히려 예배가 목적 없이 무미건조하게 느껴지는가? 예배의 주제가 예배 전체를 하나로 묶는데 도움이 될 수 있지만 동시에 그 예배 주제를 무조건 따라간다면 오히려 예배를 제한하는 것이 될 수 있다. 예를 들어, 시리즈로 교육적인 면을 강조하기 위해 음악을 설교의 주제와 연결시킬 경우에는 특별한 주일이라도 주제를 강조하지 않을 수 있는 좋은 이유가 될 것이다. 예배와 연결되는 더욱 창의력 있는 주제 (암시에 의해) 또는 더욱 분명하고 직접적인 주제가 있는가? 단순한'주제' 이상으로 중요한 것은 주제를 통하여 예배의 응집력과 구조가 나타나며 예배가 움직이는 것을 느낄 수 있는가 아니면 연결성을 상실한 것들처럼 느껴지는지 이다.

[C6] 정기적인 예배를 살아있게 그리고 분명하게 만드는 상징이 있는가?[356] 예배에서 사용된 상징이 처음 예배에 참석한 자들에게 길게 설명할 필요가 있는 것이라면 매우 효과적이지는 못할 것이다. 상징이 형식화되고 깊이가 없는가? 몸, 마음, 영을 움직이는 예배 경험이 있는가?

D. 음악

예배에서 찬송, 설교와 같이 말을 하는 순서들과 침묵 사이의 건전한 균형이 있는가? 예배 평가팀은 이런 질문들을 던져야 한다.

[D2] 회중의 많은 사람들이 젊거나 교회에 익숙하지 않다면 오래되어 '익숙한' 찬송들이라도 새로운 노래들만큼 낯설다는 것을 기억

356 예배의 상징에 관한 자료로는 Trevor Lloyd의 *Ceremonial in Worship* (Grove Worship Series no. 75)을 보라.

할 필요가 있다.

[D3] 회중이 충분히 참여할 수 있도록 익숙한 찬송들을 사용하는 것과 부를 곡들을 늘이기 위해 새로운 것을 소개하는 것 사이에 균형을 이루고 있는가? 성가대나 찬양그룹은 회중의 능력에 적절한 곡들을 소개하는가? 예를 들어, 노래들을 함께 연습함으로 회중에게 새로운 음악(분위기나 곡들)을 배우는 기회를 제공하는가? 교회의 음악가들 사이에 다른 음악 형식들에 대한 갈등이 있다면 그 갈등이 정말로 음악의 형식에 근거한 것인지 또는 서로에 대한 불신에 근거한 것인지를 생각하는 것이 필요하다. 종종 근원적인 문제는 고전적인 오르간 반주자가 할 수 있는 최고의 질적인 음악을 하나님에게 드리려는 현대적인 음악 지도자의 이해와 관심을 믿지 않는다는 것이다. 그리고 음악지도자가 오르간 반주자가 이해하는 영적 예배를 신뢰하지 않을 수 있다.[357] 이런 갈등은 성직자와 음악가들 사이에서도 일어날 수 있다!

E. 설교, 성경봉독, 기도

이 부분에서는 설문지를 작성하는 주일이나 그 후 토론을 할 때 설교자, 기도자, 성경 봉독자의 개인적인 형식에 대하여 너무 자세히 다루지 않도록 주의해야 한다. 오히려 단체적인 도움이 될 수 있는 것에 집중할 필요가 있다. 쉽게 사용할 수 있는 OHP (또는 다른 시청각자료)와 같은 도구들이 있는가? 성경봉독 시간에 성도들이 성경을 찾아 읽을 수 있도록 의자에 (또는 교회의 필요한 곳에) 성경책들을 준비하는가? 성도들이 성경봉독순서를 따라갈 수 있도록 충분한 자료

357 이 점에 대하여 도움이 되는 책은 John Leach의 *Hymns and Spiritual Songs: the Use of Traditional and Modern in Worship*(Grove Worship Series no. 132).

(또는 구두로, 순서지, 칠판)를 제공 하는가 그리고 그들에게 충분한 시간이 주어지는가? 예배순서지가 성경봉독시간에 도움이 되는가? 설교 스타일이 예배 형식과 잘 어울리는가?(찬양예배, 모든 연령층이 모이는 예배, 또는 성만찬예배)

[E5] 침묵시간의 활용. 많은 성도들이 집에서 침묵을 위한 기회를 거의 가질 수 없기 때문에 침묵시간은 중요한 문제이다. 그러나 교회의 예배 시간에 침묵시간을 늘일 수 있는 기회가 있다하더라도 성도들은 침묵시간을 어떻게 활용할지를 몰라 안절부절 하게 된다. 공동예배에서 성도들이 침묵시간에 적응하도록 도울 수 있는 방법에는 무엇이 있는가?

[E8] 어린 사람이나 나이 많은 사람, 또는 새로 온 자들, 미혼자나 아이가 없는 자, 사회적 배경이나 지적 수준 등이 다르기 때문에 소외감을 느끼는가?

F. 선택 질문들

[F1] 경외감. 사람들은 종종 경외심이 무엇을 의미하는지 추측하거나 또는 엄숙하고 침묵하는 것과 연결시켜 이해한다. 이런 질문은 사람들을 생각하게 함으로 평가팀이 다른 질문들에 주어진 대답들 배후에 있는 이유들을 이해하도록 돕는다. 평가팀은 이런 문제를 토의할 뿐 아니라 경외심과 아울러 다른 것들도 예배에서 중요함에 관하여 질문하는데 시간을 낼 필요가 있다.

[F2] 다른 예배자들. 다른 예배자들에 관하여 생각하는 것은 공동예배가 많은 개인들이 같은 시간과 같은 장소에서 자신들의 예배를 드리는 것 이상을 의미한다는 것을 인식하는 첫 단계이다.

[F3] 가정 예배. 많은 사람들이 자신들의 개인적 헌신을 위해 교회로 온다. 그러므로 그들은 예를 들어 평화의 인사를 서로 나누는

순서에서 다른 사람들의 존재를 인식하게 될 때 어느 정도 당황하게 된다. 많은 사람들에게 이런 형상은 그들이 여러 가지 이유에서 집에서 예배를 드릴 수 없기 때문이며 또는 어느 누구도 그들에게 스스로 기도하며 성경을 읽는 방법을 가르쳐주지 않았기 때문이다. 그럴 때 종종 개인적 헌신을 위해 공간을 필요로 하는 자들과 함께 예배를 드리려는 공동의 모임을 필요로 하는 자들 사이에 있는 관심이 깨어진다.

이것은 교육과 목회자의 계속적인 관심이 요구됨을 나타낸다. 또한 한 주 동안 교회 건물을 사용하여 침묵기도, 매일성서일과, 주중예배, 개인의 예배와 기도(종종 잘 이행되지 않는 것)를 위해 여러 예배들이나 주일예배의 한 부분을 배려하는 것 같은 문제들을 고려할 필요가 있다. 또한 사람들이 주일에 기도하는 것을 주간에 혼자나 가족들과 함께 기도하는 것과 연결시키도록 만드는 다른 방법들을 고려할 수도 있다.

과거에 사람들이 자신들의 개인적 기도를 위해 도움이 된다고 본 한 가지는 공동기도 중 기억할만한 부분들로 예를 들어 주기도와 짧은 기도문들과 같이 익숙한 것들이었다.[358] 당신의 공동 예배가 성도들이 집에서 자신들의 기도로 사용할 수 있도록 규칙적으로 암송할만한 기도들을 제공하는가?

358 암기할 필요가 있는 핵심적인 기도문들의 가치를 다루고 그런 기도문들을 모아 사람들이 소그룹에서 사용하도록 토의 자료를 제시한 Graham Pigott의 *Prayers to Remember*(Grove Spirituality Series no. 52)를 보라.

부록 2

예배갱신을 위한 기획과 안내

여기에 소개하는 내용은 예배갱신을 위한 기획 및 안내 자료로 Robert E. Webber, *Planning Blended Worship: The Creative Mixture of Old & New*(Nashville: Abingdon, 1998)의 각 장으로부터 발췌한 것이다.

I. 당신 교회의 예배를 바르게 이해하라

1. 다음에서 당신의 교회를 가장 잘 표현한 것은 무엇인가?
   1) 가톨릭과 주요 개신교 교단의 전통적인 예배갱신에 의해 영향을 받는다.
   2) 오순절, 카리스마, 또는 경배와 찬양 중심의 현대적 예배갱신에 의해 영향을 받는다.

3) 전통적인 예배갱신과 현대적인 예배갱신 모두에 의해 영향을 받는다.
4) 어떤 예배갱신 운동에 의해서도 영향을 받지 않는다.

2. 당신 교회의 예배에 참석하는 자들의 연령층은 각각 얼마인가?
   1) 1945년 이전에 출생한 자들boosters은 몇 %인가?
   2) 1945년과 1961년 사이에 출생한 자들boomers은 몇 %인가?
   3) 1961년 이후에 출생한 자들generation X은 몇 %인가?

3. 다음의 예배갱신의 8가지 공통요소들은 각각 당신 교회의 예배에 어느 정도 영향을 주는가? 등급 표시는 가장 큰 영향이 10, 가장 작은 영향이 1이다. 가장 약한 분야들에 대해 토의하라.
   1) 우리 교회의 예배는 성서적인 이해에 근거하여 진행된다.
   1 2 3 4 5 6 7 8 9 10
   2) 우리 교회의 예배는 과거, 특별히 초대교회로부터 온 것이다.
   1 2 3 4 5 6 7 8 9 10
   3) 우리 교회는 주일예배에 특별히 비중을 둔다.
   1 2 3 4 5 6 7 8 9 10
   4) 우리 교회는 예배를 위해 음악에 관심을 가진다.
   1 2 3 4 5 6 7 8 9 10
   5) 우리 교회는 예배를 위해 미술을 이용한다.
   1 2 3 4 5 6 7 8 9 10
   6) 우리 교회의 예배는 교회력을 효과적으로 따른다.
   1 2 3 4 5 6 7 8 9 10
   7) 우리 교회의 예배는 경건한 생활을 회복하도록 돕는다.
   1 2 3 4 5 6 7 8 9 10

8) 우리 교회의 예배는 대 사회적인 목회에 힘을 부여한다.
1 2 3 4 5 6 7 8 9 10

4. 당신 교회의 예배 내용, 구조, 그리고 형식을 평가하라. 등급 표시는 가장 잘 표현한 것이 10, 가장 맞지 않는 표현이 1이다. 가장 약한 분야들에 대해 토의하라.
1) 우리 교회의 예배 내용은 성경적인 내용을 충분히 표현한다.
1 2 3 4 5 6 7 8 9 10
2) 우리 교회의 예배 구조는 세계적으로 인정받은 4중 구조를 따른다.
1 2 3 4 5 6 7 8 9 10
3) 우리 교회의 예배 형식은 회중과 구도자들에게 적절하다.
1 2 3 4 5 6 7 8 9 10

5. 당신의 교회가 예배를 위해 사용하는 언어를 이해하라.
1) 우리 교회의 예배에서 주로 사용되는 용어들은? 예를 든다면?
(1) 개념적인 용어이다:

(2) 상징적인 용어이다:

2) 우리 교회의 예배가 사용하는 의사전달 방식은 어떤 연령층에 가장 잘 어울리는가? 그 이유는?
(1) Boosters(1945년 이전 출생자들)
(2) Boomers(1945년과 1961년 사이에 출생한 자들)
(3) Generation X(1961년 이후 출생자들)
(4) 모든 연령층에 적절하다.

6. 우리 교회의 예배를 표현한다면? 그 이유는?
   1) 전형적인 과거형(전통 지향)의 교회

   2) 전형적인 미래형(예배갱신)의 교회

7. 지금까지 당신 교회의 예배를 이해하기 위해 앞의 질문들에 답하였다. 이제 그 질문들 대한 응답으로부터 다시 다음의 각 문장을 완성하라.
   1) 우리 교회에 영향을 준 예배갱신의 흐름은

   2) 우리 교회의 예배 참석자의 주된 연령층은
   3) 예배갱신의 8가지 공통요소들 중 우리 교회가 가장 중요하게 여기는 것은

   4) 우리 교회 예배의 내용은

   5) 우리 교회 예배의 구조는

   6) 우리 교회 예배의 형식은

   7) 우리 교회 예배의 의사전달 방법은

8. 당신 교회의 예배에서 어떤 변화들이 일어나기를 바라는가?

Ⅱ. 당신 교회의 예배 내용을 바르게 이해하라

1. 다음의 각 질문들에 답하라.
   1) 요한계시록 4:1-5:14에 의하면 하늘나라의 예배에는 어떤 일이 일어나고 있는가?

   2) 이 땅에서의 예배와 하늘나라에서의 예배는 어떤 관계가 있는가?

   3) 예배의 삼위일체 성격을 말하라. 왜 성부 하나님, 성자 예수 그리스도, 그리고 성령께서 각각 우리의 예배 대상이 되시는가?

   4) 역사적으로 반복된 예배의 내용을 말하라.

2. 다음의 질문들을 중심으로 최근 당신 교회의 주보에 나타난 주일예배의 내용을 평가하라.
   1) 당신 교회의 예배에서 삼위일체 성격이 어떻게 나타났는가?

   2) 당신 교회의 예배로부터 기독교의 예배 역사 속에서 반복된 표현들을 모두 찾아라. 그 예배 속에 과거나 오늘의 역사 속에서 역사 하시는 하나님의 이야기가 적절하게 표현되었는가?

   3) 어떻게 당신 교회의 예배가 예배자들로 하여금 그들의 잘못된 것을 발견하게 하였는가? 어떻게 그 예배가 하나님을 바르게 예배하게 만들었는가?

4) 그 예배의 순서 가운데 어느 부분이 예배자의 마음속에 두렵고 놀라운 느낌을 일으켰는가?

5) 당신 교회의 예배는 프로그램Program으로 진행되었는가? 이야기Narrative로 진행되었는가?

6) 그 예배의 어느 부분에서 예배의 목적(의도), 상상력, 신체의 움직임이 경험되었는가?

3. 다음의 질문들을 사용하여 다음 주일의 예배 내용을 계획하라.

1) 어떻게 당신 교회의 예배가 지상에서의 예배와 하늘나라에서의 예배 사이의 관계를 표현할 것인가?

2) 어떻게 당신 교회의 예배가 하나님의 삼위일체 성격을 반영할 것인가?

3) 어떻게 역사 속에 나타난 하나님의 구원 행위에 관한 이야기를 표현할 것인가?

4) 어떻게 당신이 기획한 예배가 참석한 자들의 필요들과 조화될 것인가?

Ⅲ. 모이는 예배순서 기획과 안내

다음의 예배 안내는 예배의 첫 번째 부분인 "모이는 예배"를 기획하는데 필요한 일반적 이론을 제시하여 전통적인 예배, 현대적인 예배, 그리고 혼합형의 예배를 기획하는 자들에게 똑같이 사용될 수 있다.

1. 모이는 예배를 기획하는 자의 주된 관심은 예배의 내용과 구조를 중심으로 생각하는 것과 예배자들의 경험에 주의를 기울이는 것이다. 예배의 형식에 관한 문제는 두 번째 관심으로 바라는 내용, 구조, 그리고 경험이 고려된 후에 다루어져야 한다. 다음에 하나의 예배 안내로 제시된 예배의 내용, 구조, 예배자의 경험에 관하여 토의하라. 특별히 예배자들이 모이는 예배 순서들에 의해 하나님이 계신 곳으로 영적인 여행을 떠난다고 생각해 보라.

1) 모임

(1) 예배의 내용과 구조 : 전주, 입례송, 인사, 예배 부름, 간구

(2) 예배자들의 경험 : 모이는 예배 행위들을 통해 예배자들은 하늘에 계신 하나님 앞으로 나아가서 그 분이 계신 곳에 서 있는 느낌을 경험한다. "예배 부름"에서 하나님의 백성들은 예배공동체가 되도록 부름을 받고 "간구"에서 하나님의 임재가 간구된다. 여기에서 예배자들은 자신의 영적인 목적을 나타낼 필요가 있다.

2) 찬양

(1) 예배의 내용과 구조 : 경배 찬송, 영광송, 기도송, 또는 합창곡

(2) 예배자들의 경험 : 찬양의 행위들을 통해 일반적으로 하나님의 초월성, 특별히 삼위일체 하나님에 대한 예배자들의 경험이 나타난다. 여기에서 예배공동체는 하늘에 계신 하나님에게 매우 가까이 나아가게 된다. 그러므로 예배자들은 영적인 상상력을 표현할 필요가 있다.

3) 고백과 용서

(1) 예배의 내용과 구조 : 역사적으로 유명한 고백기도와 용서의 말씀, 성경 말씀이 가사인 노래나 합창곡, 또는 침묵의 시간과 공동고백
(2) 예배자들의 경험 : 예배에서 고백과 용서의 시간은 특별한 시간이다. 이 때 예배자들은 자신의 죄와 허물들에 대해 깊이 생각하게 되며 그 다음 용서와 확인의 말씀을 듣게 된다. 그러므로 여기에서 예배자들은 기쁨이 동반되는 평강의 느낌을 경험해야 한다.

4) 기도

(1) 예배의 내용과 구조 : 기도문을 사용하거나 자유롭게 기도한다. 예배의 내용이 말씀을 듣는 예배의 주제를 향해 넘어간다.
(2) 예배자들의 경험 : 하나님 앞에 나와 용서의 말씀을 들은 예배자들은 이제 하나님께서 말씀하시는 것을 들을 준비를 한다. 여기에서 예배자들의 경험은 하나님의 말씀에 대해 마음을 열고 순종하는 것이어야 한다.

2. 예배의 내용, 구조, 그리고 예배자들의 경험이 진행되는 과정은 내적인 결합력을 가진 하나의 이야기와 같이 움직인다. 예배는

예배의 행위들이 고립되어 서로 연결됨이 없이 나타나는 하나의 프로그램이 아니다. 예배를 프로그램으로 진행하는 것은 일반적으로 예배를 영적인 여행이 아니라 연예로 보는 것이다. 그러므로 예배의 내용과 구조는 하나님이 계신 곳으로 나아가 그의 말씀을 들을 준비를 하는 이야기가 방해받지 않고 자연스럽게 흘러가듯이 영어의 브이V형으로 나타나야 한다. 이런 이유로 모이는 예배 부분에 광고나 선교보고 같이 예배의 흐름을 방해하는 순서들이 나타나서는 안 된다.

3. 일반적으로 모이는 예배에서 새로운 노래들을 소개하는 것은 좋지 않다. 모이는 예배 행위들은 가정으로 손님을 대접하는 것에 비유된다. 그러므로 예배의 첫 부분의 순서들은 따뜻하고 환영하고 즐거우며, 간단한 인사를 나누는 분위기를 나타낸다. 모이는 예배 행위들은 관계를 세우고 이전의 관계를 더욱 강하게 만든다. 만일 새로운 노래를 소개할 필요가 있다면 예배를 준비하는 시간에 가르쳐서 회중이 그 노래에 당황하지 않도록 해야 한다.

4. 모이는 교회의 주된 주제는 단순히 모이는 것임을 기억하라. 일반적으로 예배를 기획하는 자들은 말씀 듣는 교회의 주제를 미리 모이는 예배 행위들 속에 나타내려고 하지 않는다. 개회 찬송, 인사, 그리고 개회 기도에서 대림절, 성탄절, 주현절, 사순절, 고난주간, 부활절, 오순절과 같은 교회력의 절기들을 반영할 수도 있다.

5. 모이는 예배의 길이는 그 형식과 예배자들의 나이에 따라 다양

할 것이다. 많은 교회들은 모이는 예배에서 예배자들이 예배 내용의 흐름을 경험할 만큼 충분한 시간을 투자한다. 모이는 예배 순서들이 대부분 서서 진행되지만, 회중이 일어서고 앉는 순서를 구두나 신호, 또는 주보로 알려줄 필요가 있다. 대부분 서서 진행하는 모이는 예배 순서들이 길면 나이든 회중이 불편하게 느낄 수도 있다. 나이든 회중에게 앉아서 예배를 드리게 허락하는 것은 그들이 불쾌감 없이 예배의 흐름을 따라가게 할 것이다.

6. 이제 당신의 교회의 예배 형식을 생각하라. 당신의 교회의 예배를 전형적으로 나타내는 형식은 무엇인지 다음의 세 가지 형태의 예배 요소들에서 찾아라.

	전통적인 예배	현대적인 예배	혼합형의 예배
1. **형식**	형식을 갖춤	비형식적	혼합
2. **의사소통**	구두 중심	음악 중심	혼합
3. **악기**	오르간	피아노, 드럼, 기타(밴드)	혼합
4. **찬송**	찬송가 사용	OHP 사용	혼합
5. **기도자료**	기도서나 주보 사용	예배인도자나 위원들의 작성	혼합
6. **입례**	입례행렬	입례식 없음	
7. **예복**	가운사용	자유 복장	예복 또는 자유복장
8. **예배길이**	10분	30분	20분
9. **기도형식**	기도문 작성	자유기도	준비된 기도나 자유기도

7. 다음의 질문들을 사용하여 최근에 당신의 교회에서 진행하는 모이는 예배의 순서들을 평가하라.

1) 모이는 예배의 내용을 평가하라. 앞의 첫 번째 예배 안내(원

리)에서 제시된 예배의 내용과 비교하라.

2) 모이는 예배의 구조를 평가하라. 앞의 첫 번째 예배 안내(원리)에서 제시된 예배의 구조와 비교하라.

3) 당신의 교회가 선택한 예배의 내용과 구조가 의도하는 예배자들의 경험을 평가하라. 앞의 첫 번째 예배 안내(원리)에서 제시된 예배자들의 경험과 비교하라.

4) 당신의 교회에서 드리는 예배의 내용, 구조, 예배자들의 경험이 하나의 초점을 향하여(V형으로) 자연스럽게 흘러가는가 아니면 순서들이 서로 단절된 프로그램과 같은가?

5) 당신의 교회의 첫 번째 부분의 예배 주제가 주로 모임에 관한 것인가? 다른 어떤 주제 나타내는가? 목적이 없는가?

6) 당신의 교회의 모이는 예배 부분의 길이가 예배자들로 하여금 초월적인 하나님의 임재에 집중하게 하며 하나님의 말씀을 듣도록 준비시킬 만큼 적절한가?

7) 결과적으로 당신의 교회의 예배는 전통적인가, 현대적인가, 아니면 혼합형인가?

8. 당신의 교회의 예배갱신을 위하여 모이는 예배 부분을 새롭게 기획하라. 기획된 예배 순서를 따라 아래와 같은 형식으로 예배의 내용과 구조, 예배 행위(순서), 예배자들의 경험을 적어 보라.

예배의 내용과 구조　예배 행위(순서) 예배자들의 경험

1. 모임의 행위들 :
2. 찬양 행위들 :
3. 고백과 용서 :
4. 말씀으로의 전환 :

Ⅳ. 말씀 듣는 예배순서 기획과 안내

1. 말씀 듣는 예배를 위한 안내

말씀 듣는 예배가 가지는 성격이 교훈적이기 때문에 이 부분은 어느 다른 부분보다 회중에게 상당한 지적 노력을 요구한다. 다음의 안내는 말씀 듣는 예배가 회중에게 주는 수동적이며 비참여적인 태도를 해결하는데 도움을 줄 것이다. 다음의 순서들을 하나하나 따라가면서 말씀 듣는 예배 부분을 계속적으로 발전시켜라.

1) 말씀 듣는 예배를 기획할 때 그 부분의 구조가 선포와 응답인 것을 잊지 말라.
2) 회중이 봉독되는 성경을 주의 깊게 경청하도록 성경을 읽어라.
3) 회중이 성경봉독에 대하여 응답할 수 있는 형식을 정하라.
4) 새롭게 성경을 전하는 방법들을 찾으라(드라마, 이야기하기, 등).
5) 점차 시편을 나누거나 시편송을 사용하라.
6) 할렐루야송을 자주 불러라.
7) 적절한 곳에서 화답하게 하라(예, "하나님께 감사를").
8) 설교에 대한 의식적 반응을 개발하라(talk-back 설교).
9) 회중이 기도할 수 있는 기도형식을 개발하라(예, 중보기도)
10) 예술을 통해 성경 본문을 강화시키는 방법을 찾으라.

11) 평화의 인사 나눔을 즐거운 화해의 표현으로 만들어라.

2. 말씀 듣는 예배 내용: 성경 본문 정하기

설교가 말씀 듣는 예배에서 중심이기 때문에 먼저 성서일과나 자신의 기획을 따라 다음의 본문들을 선택하라.

1) 구약성경

2) 시편송 또는 말씀송

3) 서신

4) 복음서

그리고 선택된 본문을 읽고 연구하라. 성경의 중심 주제를 한 단어나 구절로 적어라.

3. 말씀 듣는 예배 구조와 순서 정하기

말씀 듣는 예배 구조는 선포와 응답의 대화에 근거한다. 아래와 같이 말씀 듣는 예배 부분의 각 순서를 따라 윤곽을 짜라.

	(선포)	(반응)	(예상되는 경험)
1)			
2)			
3)			
4)			

4. 말씀 듣는 예배 형식: 전통적인가, 현대적인가, 혼합형인가?

다음의 예배 행위들 가운데 자신이 사용하고 싶은 형식들에 대해 사용 기획을 말하라. 말씀 듣는 예배를 구성하는 모든 순서들에 적절한 형식을 정해야 한다.

1) 어떻게 회중이 성경봉독에 대해 응답하도록 요구할 것인가?
   -"하나님의 말씀"이라는 말로
   -노래나 합창
2) 시편이나 말씀송을 사용한다면, 어떤 형식을 사용할 것인가?
   -성가대와 회중의 응답(교창) 형식으로
   -인도자와 회중의 응답으로
   -합창
3) 설교 전의 기도를 말로 아니면 노래로 할 것인가?
4) 설교에 대한 응답을 어떤 형식으로 유도할 것인가?
   -초청
   -헌신
   -사도신경
   -결단의 찬송
   -talk-back 설교
   -기타
5) 중보기도를 한다면 어떤 형식의 기도를 사용할 것인가?
   -각자 기도bidding prayer
   -따라하는 기도litany prayer
   -제목기도directed prayer
   -원형기도prayer circle
6) 평화의 인사를 나눈다면, 어떤 형식이 회중에게 가장 효과적인가?
   -가까이 앉아 있는 자들과 간단한 인사 교환
   -자리에서 일어나 많은 사람들과 인사하도록 충분한 시간 할애

5. 말씀 듣는 예배에 대해 기획하고 있는 순서들과 이전에 따르던 순서들을 비교하라.

(이전의 말씀 듣는 예배 순서)　　(기획하는 예배 순서)

1)

2)

3)

4)

6. 기획하고 있는 말씀 듣는 예배 순서를 따라 선포와 응답의 구조를 채우라.

(선포)　　(응답)

1)

2)

3)

V. 감사하는/성만찬 예배순서 기획과 안내

1. 당신이 출석하는 교회의 성만찬 예배의 내용을 평가하라. 다음 신약성경에 나오는 용어들 가운데 당신 교회의 성만찬 예배를 가장 잘 표현한 것은 무엇인가?

1) 주의 만찬The Lord's Supper　　2) 떡을 뗌Breaking of Bread

3) 나눔Communion　　4) 감사Eucharist

2. 당신 교회의 성만찬 예배는 신약성경이 말하는 4가지 의미를 모두 표현하는가? 아니면 한두 가지의 의미가 부족한가?

1) 십자가에 달림 강조 2) 부활 강조
3) 가까운 관계 강조 4) 감사 강조

3. 당신 교회의 성만찬 예배는 전통적인가, 현대적인가, 또는 혼합형인가?

4. 아래의 공간에 당신이 출석하는 교회의 성만찬 예배를 당신의 예배 형식에 가장 가까운 규범적인(전통적인) 예배형식과 비교한 후, 규범적인 형식을 적어라.

(규범적인 형식) (출석교회의 형식) (갱신된 형식)

VI. 파송하는 예배순서 기획과 안내

1. 파송하는 예배 목적을 요약하라.

2. 당신이 출석하는 교회의 주일예배가 파송하는 예배 목적을 어떻게 성취하는가 또는 성취하지 못하는가?

3. 다음의 공간에 당신 교회의 파송하는 예배순서를 세계교회의 형식과 비교해보고 파송하는 예배에서 변화를 원하는 것들을 적어라.

	(세계교회)	(출석교회)	(갱신된 예배순서)
축도			
파송 찬송			
파송사			

부록 3

예배 평가서

평가일자 :　　　　　　　　　　예배 평가 대상교회명 :
평가자 이름(기록을 원할 경우에만) :

1. 예배 시작 전 예배 준비와 예배자들에 대한 환영, 교회 실내 분위기가 적절하였는가?
   그렇다___ 아니다___
   제안 :

2. 예배의 속도가 너무 느리거나 빠르지 않고 예배자들이 예배의 순서를 따라가기에 적절하였는가? 그렇다___ 아니다___
   제안 :

3. 예배의 진행이 예배자들의 시각과 청각에 적절하였는가?

그렇다___ 아니다___

제안 :

4. 전체적으로 음악(찬송, 성가대 찬양, 기악연주 등)이 오늘의 예배 주제에 적절하였는가? 그렇다___ 아니다___

제안 :

5. 구체적으로 찬송(음악)들이 예배의 각 부분에 적절하였는가?

1) 경배/찬양(하나님에게 초점을 맞추는)

그렇다___ 아니다___

2) 죄의 고백/용서의 선언(확신) 그렇다___ 아니다___

3) 감사/중보(간구) 그렇다___ 아니다___

4) 헌신/위임(하나님 또는 말씀에 대한 응답)

그렇다___ 아니다___

제안 :

6. 기도들이 예배의 각 부분에 적절하였는가?

그렇다___ 아니다___

제안 :

7. 설교가 성경본문, 예배의 주제, 또는 교인들에게 적절하였는가?

그렇다___ 아니다___

제안 :

8. 오늘 예배를 위하여 사용된 상징이나 시청각자료들(드라마, 율동, 그림, 배너 등)이 축제와 기쁜 소식의 예배가 되도록 예배를 강화하고, 활기차게, 그리고 유쾌하게 만들었는가?
그렇다____ 아니다____
제안 :

9. 예배가 예배의 흐름, 목적과 방향 감각을 상실하지 않고 전체적으로 잘 연결되었는가? 그렇다____ 아니다____
제안 :

10. 오늘의 예배에서 당신이 경험한 것은 무엇인가?
(해당되는 것은 모두 선택하라)
영감____ 교육____ 위로____ 도전____ 하나님의 사랑____
하나님의 거룩/정의____
기타 :
제안 :

11. 예배가 당신의 생각____ 감정____ 행동____에 변화를 요구하였는가?
제안 :

12. 종합적 평가 :

참고문헌

규암성결교회. **규암 성결교회의 역사: 1912년 7월-1951년**. 규암성결교회, 1951.

기독학술원. "영성과 사회변혁." 제14회 학술대회 (2010.11.12.): http://www.christiantoday.co.kr/view.htm?id=242326.

김경진. "한국 교회의 예배 진다." 한국교회의 예배, 어떻게 갱신할 것인가? (한국교회발전연구원 제1차 연구발표회 자료집, 2011년 10월 18일): 12-16.

김기현. **한국교회의 예배와 생활**. 서울: 양서각, 1984.

김소영. "한국적 예배, 그 실제의 모색." **빛과 소금**. 1993년 2월호: (http://www.duranno.com/sl/detail.asp?CTS_ID=4450).

김승연. **예배가 살아야 교회가 산다: 서구교회의 몰락과 한국교회의 미래**. 서울: 생명의말씀사, 2009.

김영봉. "영성목회." 와싱톤한인교회 홈페이지 (2010년): http://www.kumcgw.org/2010New/kumc/contemplative_ministry.asp.

김이곤. "출애굽 해방사건의 구약신학적 의미: 출 14~15장 해석을 중심하여." **신학연구**. 32 (1991): 143-178.

목회와 신학 편집부. "2010 한국 교회의 사회적 신뢰도 여론조사 결과에 대한 분석." **목회와 신학**. (2011년 1월): 94-101.

문성모. "한국교회 예배의 갱신과 과제." http://blog.daum.net/dbs3551/409045. 2006.

미래목회포럼. "시대 상황과 교회의 역할." (2011.5.11.):

http://christian.nocutnews.co.kr/show.asp?idx=1799500.
민장배. "예배를 통한 영성 회복에 대한 연구." **복음과 실천신학**. 20 (2009): 232-255.
바른교회아카데미. "한국교회 역할모델 조사." 아이굿뉴스 (2011.9.29.): http://www.igoodnews.net/news/articleView.html?idxno=32434.
박근원. **한국교회 성숙론**. 서울: 대한기독교서회, 1986.
_____. **오늘의 예배론**. 서울: 대한기독교서회, 1992.
_____. "21세기 한국 교회의 예배 갱신 과제." (2005), http://blog.naver.com/mokpojsk?Redirect=Log&logNo=120012530923.
박명수. **초기한국성결교회사**. 서울: 대한기독교서회, 2001.
박은규. **예배의 재발견**. 서울: 대한기독교출판사, 1990.
배은성. "일제시대의 중앙교회를 회고하며." **중앙성결**. 복간 제7호(2022년 5월 26일).
소의수. "한국 장로교회의 예배갱신의 원리와 실제." 박사학위논문 (아세아연합신학대학원, 1986).
안선희. "한국교회의 위기에 대한 실천신학적 성찰: 재사회화 통로로서의 예배갱신을 중심으로." 한국기독교학회 제37차 정기학술대회 자료집(상): 343-363.
우문선. "한국 개신교 예배의 본질과 표현에 관한 연구." 박사학위논문(아세아연합신학대학원 풀러신학교), 1986.
이만열. "한국교회 성장과 그 둔화 현상의 교회사적 고찰." (2007.1.29.): http://blog.daum.net/kmshim/2105384.
이명직. **조선야소교 동양선교회 성결교회 약사**. 경성: 동양선교회이사회, 1929.
이원규. **종교사회학적 관점에서 본 한국교회의 위기와 희망**. KMC, 2009.
_____. "사회학적 관점에서 바라본 한국교회의 둔화 요인: 한국교회 성장 둔화 분석과 그 대책(1)." **교회와 신앙**. (1996년 12월 1일) http://www.amennews.com/news/articleView.html?idxno=1031.

이응호. **한국성결교회사**. 1권, 2권. 서울: 성결문화사, 1994.
이학준. "공적 영성 이렇게 회복하라." **Korea Weekly**」(2011년 9월 25일): http://www.koreaweeklyfl.com/news/cms_view_article. php?aid=12417&start=0&sid=34532f86c37afa67f6784fb7a985af2a.
임태정. **예배의 개혁, 멀티미디어 예배.** 서울: 국민일보 출판사, 1999.
_____. "멀티미디어 예배의 신학적 근거." **제3회 멀티미디어 예배 세미나**. 울산감리교회 (1999): 22-67.
정숙희. **그들은 왜 교회를 떠났을까?** 서울: 홍성사, 2007.
정용섭. "한국 Protestant 교회 예배의 갱신." **신학사상** 14집 (1976 가을): 447-481.
_____. **교회갱신의 신학**. 서울: 대한기독교출판사, 1980.
정일웅. "한국교회 예배유형 연구." **목회와 신학** 1993년 2월호: 46-58.
정장복. **예배와 설교 핸드북**. 서울: 홍성사, 1984.
_____. **예배학 개론**. 서울: 종로서적, 1985.
_____. **예배의 신학**. 서울: 장로회신학대학교 출판부, 1999.
정진경. "영성목회와 예배갱신: 복음주의적 접근." 정진경 논설집. 리더십 연구원, 2006:
http://sgti.kehc.org/data/person/jung/articles/ 17.htm.
_____. "예배갱신을 통한 영성개발." **정진경 논설집**. 기독교리더십연구원, 2006: http://sgti.kehc.org/data/person/jung/articles/18.htm.
차재명. **조선예수교장로회 사기**. 상권 대한예수교장로회 총회, 1928.
한국기독교목회자협의회. "영성회복." 제9회 전국수련회 (2007.6.18.-19): http://www.1907revival.com/news/articleView.html?idxno=796.
한국교회발전연구원. "한국교회와 예배, 사회, 역사." (2011.9.8.): http://www.newsmission.com/news/articleView.html?idxno=42186.
허도화. **한국교회 예배사**. 서울: 한국강해설교학교, 2003.
_____. **예배갱신의 이론과 실제: 주일예배의 공동체성 회복을 위한 안내서**. 대구: 계명대학교, 2005.
_____. "멀티미디어 시대의 학생 채플: 영상 매체의 효과적인 활용." **대학**

과 복음. 8집 (2003): 149-170.
______. "성결교회의 신유에 대한 예배학적 이해와 적용." **성결교회와 역사**. 4집 (2002): 72-101.
______. "생명과 생태를 축하하는 예배: 21세기 예배갱신을 위한 패러다임." **한국기독교신학논총**. 30권 (2003): 493-528.
______. "John Wesley's Eucharist as a Context for Christian Spiritual Formation." *Korean Journal of Christian Studies* 51(2007): 233-256.
______. "바다의 노래 (출애굽기 15:1-21): 성전음악에서 회중의 역할." **대학과 선교**. 제14집 (2008): 333-359.
______. "한국교회의 위기 극복을 위한 대안교회로서의 대학교회." **대학과 선교**. 19집 (2010): 101-147.
______. "공동 예배의 영성: 한국교회의 변화를 위한 영성 목회 패러다임." **신학과 실천**. 제30호 (2012년 2월): 31-65.

Abbott, Walter M. *The Documents of Vatican II.* New York: America, 1966.

Abernethy, Alexis D. ed. Worship *That Changes Lives: Multidisciplinary and Congregational Perspectives on Spiritual Transformation.* Grand Rapids, Michigan: Baker Academic, 2008.

____________________. "Introduction: Spiritual Experience, Worship, and Transformation." *Worship That Changes Lives.* Grand Rapids, Michigan: Baker Academic, 2008: 13-22.

____________________. "Call and Response: Authors' Commentary on Lesson Learned from the Congregation." *Worship That Changes Lives.* Grand Rapids, Michigan: Baker Academic, 2008: 249-270.

____________________. "Implications for Theology, Research, and Worship Practice." *Worship That Changes Lives.* Grand Rapids, Michigan: Baker Academic, 2008: 271-279.

Ackerman, John. *Listening to God: Spiritual Formation in Congregation.* Herndon, VA: The Alban Institute, 2001.

Albrecht, Daniel E. *Rites in the Spirit: A Ritual Approach to Pentecostal/Charsmatic Spirituality.* Sheffield: Sheffield Academic Press, 1999.

Amalorpavadass, D. S. "Theological Thoughts on Inculturation." *Studia Liturgica* 20(1): 36-54.

Anderson, Bernard W. "The Song of Miriam Poetically and Theologically Considered." *Directions in Biblical Hebrew Poetry.* ed. by Elaine R. Follis. Sheffield: JSOT, 1987.

Anderson, E. Byron. *Worship and Christian Identity: Practicing Ourselves.* Collegeville, Minn.: The Liturgical Press, 2003.

Atteberry, Shawna R. B. "Miriam: Standing between Life and Death." http://www.crivoice.org/WT-miriam.html (2007).

Barthel, Alan, et als., eds. *A Guide to Sunday Worship.* 3rd. The United Church of Canada, 1992.

Bauman, Lynn C. "Spiritual Formation through the Liturgy." *The Christian Educator's Handbook on Spiritual Formation.* ed. Kenneth O. Gangel & James C. Wilhoit. Grand Rapids, MI: Baker, 1994: 99-110.

Benedict, Daniel T. & Craig Kennet Miller. *Contemporary Worship for the 21st Century: Worship or Evangelism.* Nashville: Discipleship Resources, 1994.

Bouyer, Louis. *Liturgical Piety.* Notre Dame, IN: University of Notre Dame, 1955.

Bradshaw, Paul and Peter Moger. *Worship Changes Lives.* London: Church House, 2008.

Brueggemann, Walter. *Israel's Praise.* Philadelphia: Fortress, 1988.

Bugnini, A. & C. Braga. eds. *The Commentary on the Constitution and on the Instruction on the Sacred Liturgy.* New York: Benziger Brothers, 1965.

Burns, Rita J. *Has the Lord indeed Spoken only through Moses?: A Study of the Biblical Portrait of Miriam.* Atlanta, GA: Scholars

Press, 1987.

Buttrick, David. *Homiletic: Moves and Structures.* Philadelphia: Fortress, 1987.

Byars, Ronald P. *The Future of Protestant Worship: Beyond the Worship Wars.* Louisville: Westminster John Knox, 2002.

Byworth, Christopher. *Millennium Liturgy.* Grove Worship Series 153. Cambridge, England: Grove Books Limited, 1997.

Carlton, Clark. "The Structure and Worship of the Early Church." *The Way: What Every Protestant Should Know About the Orthodox Church.* Salisbury, MA: Regina Orthodox, 1997.

Childers, Jana. "영성과 예배." (http://www.cjob.co.kr/mission-2531.html)

Christiansen, Drew & Walter Grazer. eds. *And God Saw That It Was Good: Catholic Theology and the Environment.* Washington, DC: United States Catholic Conference, 1996.

Chupungco, Anscar J. *Worship: Beyond Inculturation.* Washington, DC: The Pastoral Press, 1994.

Clifford, Anne M. "Foundations for a Catholic Ecological Theology of God." *And God Saw That It Was Good: Catholic Theology and the Environment.* eds. Drew Christiansen & Walter Grazer. Washington, DC: United States Catholic Conference, 1996: 19-46.

Coats, George W. "The Song at the Sea." *Catholic Biblical Quarterly* 31 (1969): 1-17.

Collins, Mary. "Critical Questions for Liturgical Theology." *Worship* 53(4): 302-17.

____________. "Liturgical Methodology and the Cultural Evolution of Worship in the United States." *Worship* 49(2): 85-102.

Cross, Frank M. Jr. and David Noel Freedman. "The Song of Miriam." *Journal of Near Eastern Studies* 14 (1955): 237-250.

Dallen, James. "Liturgical Spirituality: Living What We Sing About."

Liturgical Ministry 4 (Spring 1995): 49-59.

Dalmais, I. H. "Theology of the Liturgical Celebration." *The Church at Prayer.* vol. 1: Principles of the Liturgy. ed. A. G. Martimort, trans. Matthew J. O'Connell. Collegeville, Minn.: The Liturgical Press, 1987: 23-26.

__________. "The Liturgy as Celebration." *Primary Sources of Liturgical Theology: A Reader.* ed. W. V. Dwight. Collegeville: Liturgical Press, 2000: 18-26.

Dawn, Marva. *Reaching Out Without Dumbing Down: A Theology of Worship for the Turn-of-the-Century Culture.* Grand Rapids: Eerdmans, 1995.

Dawn, Marva J. and Daniel Taylor. *How Shall We Worship? Biblical Guidelines for the Worship Wars.* Wheaton: Tyndale House, 2003.

Deane-Drummond, Celia. *A Handbook in Theology and Ecology.* London: SCM, 1996.

Deis, Lucien. *Spirit and Song of the New Liturgy.* World Library of Sacred Music, 1970.

Dix, Dom Gregory. *The Shape of the Eucharist.* England: Norfolk, 2007.

Dueck, Alvin. et als. "Spirituality, Language and Behavioral Transformation." The Spiritual Transformation Scientific Research Program of the Metanexus Institute on Religion and Science (2003): http://www.spiritualtransformationresearch.org/news/PR_June1_release.html.

Earey, Mark. *Worship as Drama.* Grove Worship Series 140. Cambridge, England : Grove Books Limited, 1997.

__________. *Worship Audit: Making Good Worship Better.* Nottingham: Grove Books Limited, 1995.

Easum, Wiliam M. "Worship in a Changing Culture." *Contemporary Worship: A Sourcebook for Spirited-Traditional, Praise and*

Seeker Services. eds. Tim and Jan Wright. Nashville: Abingdon, 1997: 17-18.

Edward, Dennis. *Jesus the Wisdom of God: An Ecological Theology.* New York: Orbis Books, 1995.

Fenwick, John & Bryan Spinks. *Worship in Transition: The Liturgical Movement in the Twentieth Century.* New York, NY: The Continuum, 1995.

Foley, Edward et. als., "The Preparatory Rites: A Case Study in Liturgical Ecology." *The Ecological Challenge: Ethical, Liturgical, and Spiritual Responses.* eds. Richard N. Fragomeni & John T. Powlikowski. Collegeville, MA: The Liturgical, 1994: 83-101.

Ford, P. F. "Lived Liturgy, First Spirituality." *Liturgical Ministry* 10 (Fall 2001): 185-194.

Fragomeni, Richard N. "Liturgy at the Heart of Creation: Towards an Ecological Consciousness in Prayer." *The Ecological Challenge: Ethical, Liturgical, and Spiritual Responses.* eds. Richard N. Fragomeni & John T. Pawlikowski. Collegeville, MA: The Liturgical, 1994: 67-82.

Freedman, David Noel. *Pottery, Poetry, and Prophecy: Studies in Early Hebrew Poetry.* Winona Lake, IA: Eisenbrauns, 1980.

Fretheim, Terence E. Exodus. *Interpretation: A Bible Commentary for Teaching and Preaching.* Louisville: John Knox Press, 1991.

Gadamer, Hans-Georg. *Philosophical Hermeneutics.* Berkeley: University of California Press, 1976.

Gillingham, Susan E. *The Poems and Psalms of the Hebrew Bible.* Oxford: Oxford University Press, 1994.

Gnanakan, Ken. *God's World: Biblical Insights for a Theology of the Environment.* London, 1999.

Goldin, Judah. *The Song at the Sea: Being a Commentary on a*

Commentary in Two Parts. New Haven: Yale University Press, 1971.

Griffith, Cameron M. "What Is Spirituality?" *Spirituality for the 21st Century: Experiencing God in the Catholic Tradition.* ed. R. W. Miller II. Missouri: Ligouri, 2006: 1-12.

Grit, Betty. "Worship Renewal: What We Have Learned." *The Worship Renewal Grants Program of the Calvin Institute of Christian Worship*(November, 2010) (http://kncsb.org/blogs/dmanner/what-does-worship-renewal-look-like/P).

Guardini, Romano. *The Art of Praying: The Principles and Methods of Christian Prayer.* Manchester, NH: Sophia Institute, 1985.

Haagen, Elizabeth Vander. "A Justice and Worship Checklist." *Reformed Worship* 68: 25.

Hardy, Alister C. *The Spiritual Nature of Man: A Study of Contemporary Religious Experience.* Oxford and New York: Clarendon, 1979.

Hauerwas, Stanley. "The Sanctified Body: Why Perfection Does Not Require a 'Self'." *Embodied Holiness: Toward a Corporate Theology of Spiritual Growth.* ed. Samuel M. Powell & Michael E. Lodahl. Downers Brove, IL: InterVarsity, 1999: 19-38.

Hill, Brennan R. *Christian Faith and the Environment: Making Vital Connections.* Maryknoll, NY: Orbis, 1998.

Himes, Michael J. "Panel Discussion." *Spirituality for the 21st Century: Experiencing God in the Catholic Tradition.* ed. R. W. Miller II. Missouri: Ligouri, 2006: 93-112.

Himes, Michael J. & Kenneth R. Himes. "The Sacrament of Creation." *Commonweal* 142(2): 44-45.

Hollis, Christopher. *The Achievements of Vatican II.* New York: Hawthorn Publishers, 1966.

Hood, Ralph W. Jr. et als. *The Psychology of Religion: An Empirical Approach.* 2nd ed.. New York: Guilford Press, 1996.

Hull, Bill. The Disciple-Making Church. Old Tappan, NJ: Revell, 1990.

Ingram, Beryl. "Eco-Justice Liturgies." *Theology for Earth Community: A Field Guide.* Maryknoll, NY: Orbis, 1996: 251-64.

Irwin, Kevin W. *Liturgical Theology: A Primer.* Collegeville, MN: The Liturgical Press, 1990.

______________. *Context and Text: Method in Liturgical Theology.* Collegeville, Minn.: The Liturgical Press, 1994.

______________. "The Sacramentality of Creation and the Role of Creation in Liturgy and Sacraments." *And God Saw That It Was Good: Catholic Theology and the Environment.* eds. Drew Christiansen & Walter Grazer. Washington, DC: United States Catholic Conference, 1996: 105-46.

Irwin, Kevin W. & Edmund D. Pellegrino. eds. *Preserving the Creation: Environmental Theology and Ethics.* Washington, DC: Georgetown University, 1994: 67-111.

Jennings, Theodore W. "Ritual Studies and Liturgical Theology: An Invitation to Dialogue." *Journal of Ritual Studies* 1(1): 35-56.

Kasemann, Ernst. *Commentary on Romans.* ed. and trans. Geoffrey W. Bromiley. Grand Rapids, Mich: Wm. Eerdmans, 1980.

Kavanagh, Aidan. *On Liturgical Theology.* New York: Pueblo, 1984.

______________. "On Liturgical Theology." *Worship* 61(2): 183-86.

Klinghoffer, David. *The Lord Will Gather Me In: My Journey to Jewish Orthodoxy.* New York, NY: The Free, 1999.

Kugel, James L. *The Idea of Biblical Poetry: Parallelism and Its History.* New Haven: Yale University Press, 1981.

______________. "Is there but One Song?" *Biblica* 63 (1982): 329-350.

Lamm, Kenny. "Worship Wars." *Renewing Worship* web site (February 9, 2011) (http://blog.ncbaptist.org/renewingworship/2011/02/09/worship-wars/)

Lawrenz, Mel. *The Dynamics of Spiritual Formation.* Grand Rapids, Michigan: Baker Books, 2000.

Levine, Etan. "Neofiti 1: A Study of Exodus 15." *Biblica* 54 (1973): 301-330.

Lichtenstein, Murray H. "Biblical Poetry." *Back to the Sources: Reading the Classic Jewish Texts.* ed. by Barry W. Holtz. New York: Summit Books, 1984.

Leeming, Bernard J. *Principles of Sacramental Theology.* London/ New York: Longmans Green, 1956.

Liesch, Barry. *The New Worship: Straight Talk on Music and the Church.* Grand Rapids, MN: Baker Books, 2001.

Long, Thomas G. *Beyond the Worship Wars: Building Vital and Faithful Worship.* Bethesda, MD: The Alban Institute, 2001.

Madigan, Shawn. *Spirituality Rooted in Liturgy.* Washington, DC: The Pastoral, 1988.

McCarthy, Scott. *Celebrating the Earth: An Earth-Centered Theology of Worship with Blessings, Prayers, and Rituals.* San Jose, CA: Resource Pub. 1991.

McFague, Sally. *The Body of God: An Ecological Theology.* Minneapolis: Fortress, 1993.

McGuire, Meredith B. *Ritual Healing in Suburban America.* New Brunswick, NJ: Rugters University Press, 1988.

Merwin, John J. *The Oriental Missionary Society Holiness Church in Japan: 1901-1983.* D. Miss. dissertation., Fuller Theological Seminary, 1984.

Messenger, Troy. "These Stones Shall Be God's House: Tools for Earth Liturgy." *Earth Habitat: Eco-Injustice and the Church's*

Response. eds. Dieter Hessel & Larry Rasmussen. Minneapolis: Fortress, 2001.

Mick, Lawrence E. *Liturgy and Ecology in Dialogue.* Collegeville, MA: The Liturgical, 1997.

Miller, William R. & Janet C'de Baca. "Quantum Change: Toward a Psychology of Transformation." *Can Personality Change?* eds. Todd F. Heatherton & Joel L. Weinberger. Washington, DC: American Psychological Association, 1994: 253-280.

Moltmann, Jürgen. "The Sabbath: The Feast of Creation." *God in Creation: A New Theology and the Spirit of God.* San Francisco: Harper & Row, 1985.

Mowinckel, Sigmund. *The Psalms in Israel's Worship* Vol. II. Oxford: Basil Blackwell, 1962.

Moynahan, M. E. "The Disclosive Actions of Liturgical Spirituality." *Liturgical Ministry* 4 (Spring 1995): 69-76.

Muilenburg, J. "A Liturgy on the Triumphs of Yahweh." *Studia Biblica Et Semitica.* H. Veenman & Zonen N.V.: Wageningen, 1966.

Noren, Carol, *What Happens Sunday Morning: A Layperson's Guide to Worship.* Louisville, KY: Westminster/John Knox, 1992.

Noth, Martin. **출애굽기**. 국제성서주석 1 제5판. 한국신학연구소 역. 서울: 한국신학연구소, 1993.

Nouwen, Henri. *Creative Ministry.* New York, NY: Doubleday, 2003.

Oden, Thomas C. *Pastoral Theology: Essentials of Ministry.* New York: Harper & Row, 1983.

O'Donovan, Oliver & Michael Vasey. Liturgy and Ethics. Grove Ethical Studies No. 89. Nottingham: Grove Books, 1993.

Outler, Albert C. ed. *John Wesley.* Oxford, UK: Oxford University, 1964.

Pargament, Kenneth I. The Psychology of Religion and Coping: Theory, Research, Practice. New York, NY: Guilford Press, 1997.

Panikkar, Raimundo. Blessed Simplicity: The Monk as Universal Archetype. New York: The Seabury, 1982: 197-202.

Paul, John II, *The Ecological Crisis: A Common Responsibility.* World Day of Peace Message, December 8, 1989. Washington, DC: United States Catholic Conference, 1990.

Pearson, Andre. *Making Creation Visible: God's Earth in Christian Worship.* Grove Worship Series No. 137. Cambridge: Grove Books, 1996.

Peterson, Eugene. **유진 피터슨: 부르심을 따라 걸어온 나의 순례길**. 양혜원 역. IinterVarsity, 2011.

Pfatteicher, Philip H. *Liturgical Spirituality.* Valley Forge, PA: Trinity Press International, 1997.

Polen, Nehemia. "Miriam's Dance: Radical Egalitarianism in Hasidic Thought." *Modern Judaism* 12 (1992): 1-21.

Pottebaum, Gerard A. *The Rites of People.* Washington, DC: The Liturgical Conference, 1975.

Powell, Samuel M. "Introduction." *Embodied Holiness: Toward a Corporate Theology of Spiritual Growth.* ed. Samuel M. Powell & Michael E. Lodahl. Downers Brove, IL: InterVarsity, 1999: 7-18.

Power, David N. "Cult to Culture: The Liturgical Foundation of Theology." *Worship* 54(16): 482-95.

Quinn, Frederick. *To Heal the Earth: A Theology of Ecology.* Nashville: Upper Room, 1994: 131-46 Appendix I-II.

Quasten, Johannes. *Music & Worship in Pagan & Christian Antiquity.* Washington, D.C.: National Association of Pastoral Musicians, 1983.

Ramshaw, Elaine. *Ritual and Pastoral Care*(**목회와 교회예식**). 박근원 역. 서울: 진흥, 1997.

Rayburn, Robert G. *O Come, Let Us Worship.* Grand Rapids: Baker Book House, 1980.

Rowley, H. H. *Worship in Ancient Israel: Its Forms and Meaning.* Philadelphia: Fortress Press, 1967.

Rozelaar, Marc. "The Song at the Sea (Exodus XV, 1b-18)." *Vetus Testmentum* 2 (1952): 221-228.

Saliers, Don E. "Liturgical Aesthetics." *New Dictionary of Sacramental Worship.* ed. Peter E. Fink. Collegeville, MN: The Liturgical, 1990: 80-89.

____________. "Liturgy and Ethics: Some New Beginnings." *Journal of Religious Ethics* 7:2 (1979): 139-171.

____________. *Worship as Theology.* Nashville, TE: Abingdon Press, 1994.

____________. *Worship and Spirituality.* Arkon, Ohio: OSL Publications, 1996.

Sample, Tex. *The Spectacle of Worship in a Wired World: Electronic Culture and the Gathered People of God.* Nashville: Abingdon, 1998.

Sarna, Nahum M. *Exodus.* The JPS Torah Commentary. Philadelphia. New York. Jerusalem, 1991.

Schmemann, Alexander. *For the Life of the World.* Crestwood, NY: St. Vladimir's Seminary, 1974.

Schmit, Clayton J. *Too Deep for Words: A Theology of Liturgical Expressions.* Louisville: Westminster John Knox, 2002.

______________. "Worship as a Locus for Transformation." *Worship That Changes Lives: Multidisciplinary and Congregational Perspectives on Spiritual Transformation.* ed. Alexis D. Abernethy. Baker Academic, 2008: 25-39.

Schwartz, Arthur J. "The Nature of Spiritual Transformation." *A Review of the Literature* 2000: 1-15.

Searle, Mark. "Renewing the Liturgy--Again." *Commonweal* 140(2): 617-22.

Senn, Frank C. "The Care of the Earth' as a Paradigm for Treatment of the Eucharistic Elements," *Creation and Liturgy.* ed. Ralph N. McMichael, Jr. Washington, DC: The Pastoral, 1993: 235-250.

Siegler, Franklin M. & Randall Bradley. *Understanding, Preparing for, and Practicing Christian Worship,* 2nd edition. Nashville, TE: Braodman & Holman Publishers, 1996.

Sittler, Joseph. *The Care of the Earth and Other University Sermons.* Philadelphia: Fortress, 1964.

____________. "Called to Unity." *Ecumenical Review* 14(1962): 175-87.

____________. *Essays on Nature and Grace.* Philadelphia: Fortress, 1972.

Skelley, Michael. *The Liturgy of the World.* Collegeville, MN: Liturgical, 1991.

Stratford, Tim. *Liturgy and Technology.* Grove Worship Series 154. Cambridge, England: Grove Books Limited, 1999.

Taylor, Barbara Brown. *The Preaching Life.* Boston, MA: Cowley, 1993.

____________________. *Leaving Church: A Memoir of Faith.* New York, NY: HarperCollins, 2006.

____________________. *An Altar in the World: A Geography of Faith.* New York, NY: HarperCollins, 2009.

____________________. "Our Bodies, Our Faith: Practicing Incarnation." *The Christian Century*(Jan 27, 2009): http://www.christiancentury.org/article/2009-01/our-bodies-our-faith.

Templeton, John. *Possibilities for Over One Hundredfold More Spiritual Information: The Humble Approach in Theology and Science.* Philadelphia & London: Templeton Foundation Press, 2000.

Thompson, Bard, *Liturgies of the Western Church.* Philadelphia:

Fortress, 1961.

Ulmer, Kenneth C. "Transformational Worship in the Life of a Church." *Worship That Changes Lives.* Grand Rapids, Michigan: Baker Academic, 2008: 181-196.

von Allmen, Jean-Jacques, *Worship: Its Theology and Practice.* New York: Oxford University Press, 1965.

Wainwright, Geoffrey. *Eucharist and Eschatology.* London : Epworth, 1971.

__________. *Worship with One Accord: Where Liturgy and Ecumenism Embrace.* New York, NY: Oxford University, 1997.

Watson, George Douglas, "특별한 성결의 집회." **활천** 33권(1925년 8월호), 14-15.

Webber, Robert E. *Worship Is a Verb.* Dallas: Word, 1985.

__________. *Planning Blended Worship: The Creative Mixture of Old and New.* Nashville: Abingdon, 1998.

__________. "How Will the Millennials Worship?" *Reformed Worship* 59 (March 2001): 2-13.

__________. "The Future Direction of Christian Worship." *Ex Auditu: An International Journal of Theological Interpretation of Scripture* 8 (1992): 113-128.

__________. *The Renewal of Sunday Worship.* The Complete Library of Christian Worship. Vol. III. Nashville, TE: Star Song, 1993.

__________. Worship Old & New. Grand Rapids, MI: Zondervan, 1994.

__________. Ancient-Future Faith. Grand Rapids: Baker, 1999.

Werner, Eric. *The Sacred Bridge: The Interdependence of Liturgy and Music in Synagogue and Church during the First Millennium.* London: Dennis Dobson, 1959.

White, James F. *Sacrament as God's Self Giving: Sacramental Practice and Faith.* Nashville: Abingdon, 1983.

______________. *Protestant Worship: Traditions in Transition.* Louisville, KY: Westminster/ John Knox Press, 1989.

______________. *Introduction to Christian Worship.* 3rd ed. Nashville: Abingdon, 1992.

White, Susan J. *Foundations of Christian Worship.* Louisville: Westminster John Knox, 2006.

Willard, Dallas. *Renovation of the Heart: Putting on the Character of Christ.* Colorado Springs: Navpress, 2002.

______________. "Spiritual Formation: What it is, and How it is Done." http://www.dwillard.org/articles/artview.asp?artID=58.

Williams, Michael ed. *The Storyteller's Companion to the Bible, Exodus-Joshua.* Nashville: Abingdon, 1992.

Witvliet, John D. "Liturgy as God's Language School." *Pastoral Music*(April-May, 2007): 20-35.

______________. "The Cumulative Power of Transformation in Public Worship." *Worship That Changes Lives.* Grand Rapids, Michigan: Baker Academic, 2008: 41-58.

Wright, Nathan. "Liturgy, Stewardship, and Creation." *Creation and Liturgy.* ed. Ralph N. McMichael, Jr. Washington, DC: The Pastoral, 1993: 183-203.

Calvin Institute of Christian Worship. "What is Worship Renewal?" (http://worship.calvin.edu/resources/resource-library/what-is-worship-renewal/)(March 03, 2005).

______________. "Worship Renewal: What We Have Learned From Congregations." (November 10, 2010) http://worship.calvin.edu/resources/resource-library/worship-renewal-what-we-have-learned/).

Duke University Chapel. http://chapel.duke.edu/.

Lutheran Book of Worship. Green, 1978

Oriental Missionary Society. *The Oriental Missionary Standard.* April

1919.
PCUSA. *Book of Common Worship.* Philadelphia, PA: Presbyterian Board, 1993.
The Ecumenical Forum. "Creation and Culture: An Ecumenical Challenge." *The Ecumenical Review* 37(4): 506-11.
The Episcopal Church, *The Book of Common Prayer.* New York: Oxford University, 1979.
The United Methodist Book of Worship. Nashville, TE: The United Methodist Publishing House, 1992.